韓國人과 日本人의 삶
: 人物로 본 韓日交流史

韓國人과 日本人의 삶
: 人物로 본 韓日交流史

한일문화교류기금 편

경인문화사

이 책은 한일문화교류기금의 2023년 한일국제학술회의 '韓國人과 日本人의 삶-人物로 본 韓日交流史-'에서 발표된 내용을 단행본으로 엮은 것이다.

이번 학술회의는 지난해에 이어서 역사적으로 古代부터 日帝强占期까지 한반도와 일본 열도를 오가며 상대국에서 共存, 共生하며 살았던 한국인과 일본인의 삶의 궤적을 재조명하여 아직도 평탄치 않은 한일관계의 갈등을 풀어갈 역사적 해법을 모색해 보기로 했다.

학술회의는 羅幸柱 한일관계사학회 회장의 사회로 3개 세션을 시대순으로 나누어 진행했다. 李相禹회장의 개회사에 이어 지난해에 이어서 아이보시 코이치[相星孝一] 주한 일본대사가 축사를 했고, 사에키 코지[佐伯弘次] 규슈대 명예교수가 '조선전기 서울에 온 道安과 宗金'을 주제로 기조 강연을 했다.

제1세션 '고대의 한국인과 일본인'에서는 洪性和 건국대 교수가 '백제와 왜의 왕실교류'와 崔恩永 충남역사문화연구원 선임연구원이 '고대 일본 渡倭系 여성의 생애-百濟王明信·貴明·慶明을 중심으로-'를 주제로 발표했다. 이에 대해 延敏洙 전 동북아역사재단 연구위원과 宋浣範 고려대학교 교수가 약정토론을 했다. 제2세션 '근세 한국인과 일본인'에서는 韓文鐘 전북대교수가 '조선전기 향화왜인들의 조선에서의 삶-皮尙宜와 平道全의 사례를 중심으로-'와 아라키 가즈노리[荒木和憲] 규슈대 교수가 柳川調信의 生涯-壬辰戰爭의 講話에 바친 後半生-을 주제로 발표했다. 이에 대해 韓成周 강원대교수와 다사카 마사노리[田阪正則] 선문대 교수가 약정토론을 했다. 제3세션 '일제강점기 한국인과 일본인'에서는 林永彦 조선대 교수가 '在日同胞 企業家 徐甲虎의 삶과 기억', 金榮美 국민대 연구교수가 재조선 일본인 화가가 남긴 조선의 斷想-가토 쇼린진[加藤松林人]을 사례로-를 주제로 발표했고, 이에 대해 金仁德 청암대 교수와 金正善 동아대교수가 약정토론을 했다. 그리고 孫承喆 강원대 명예교수의 사회로 종합토론을 통해 고대부터 현대에까지 한국인과 일본인이 각기 상대국에서 어떻게 共存과 共生을 추구했는가를 질의 응답식으로 토론했다.

물론 이 자리에서 한국인과 일본인의 상대국에서의 삶의 전모가 다 드러났다고 말할 수는 없다. 그러나 발표자들은 고대부터 일제강점기에 이르기까지 마치 의사가 진단을 위해 온몸을 스캐닝을 하듯이 각 시대의 주인공들의 삶의 궤적을 들여 다 보았고, 나름대로 진단을 내렸다. 또한 토론자들의 진단과 처방전도 여러 가지였다. 그러나 일치하는 것은 그들의 삶의 궤적을 통해 共存과 共生을 위해 모두 치열한 삶을 살았다는 것을 확인할 수 있었다. 그리고 하나의 공통점은 그 사회에 억지로 同化가 됐든 아니면 자연스럽게 同化됐든 그렇게 많은 시간이 안 걸리고 그냥 동화가 되어 버렸다는 점이다. 그게 어떻게 보면 정착해 살아가기 위한 당연함 일 수도 있겠다는 것이다. 그러나 결국 문제가 된 것은 민족이 다르다는 생각, 상호 인식, 그것에 대한 차별감 멸시감, 그다음에 대우, 이런 것들이 정착하는 데 작용을 했던 것이 ㄴ아닐까 이런 생각을 해가면서, 각기 다른 두나라 사람이 공존, 공생하는 방식은 자기 나라에 살면서 다른 나라 사람하고 공존, 공생하는 방식도 있지만 서로 상대국 사회에 들어가서 공존, 공생하는 방식이 있었다는 것을 알게 되었다.

현재 한반도에 와서 살고 있는 38만 여명의 일본 사람, 또 일본에 가서 살고 있는 재일동포를 포함해서 7~80만 명의 한국 사람, 이 사람들에게 우리가 심플하고 간단하게 고대부터 현대까지 정착해 갔던 방식을 잘 정리해줄 수 있다면, 거기서도 하나의 共存, 共生의 역사적인 메시지가 가능하지 않을까 이런 생각을 해보았다.

최근 몇 년간 양국인의 상호인식과 삶의 형태를 가지고 연속적으로 학술대회를 개최하면서 양국인의 삶과 상호인식을 관통하는 어떤 원형이 있을까 하는 것을 찾아보려고 했다. 한일관계 학술대회를 하면서 늘 생각했던 문제는 기본적으로 한국인과 일본인은 어떤 자화상을 갖고 있고, 타자인식은 어떠했을까, 서로 미워하고 폄하하는 이유는 어디에 있었을까, 역사의 거울을 들어 다 보려고 노력했다.

아무쪼록 이 책에 실린 글들이 한일관계와 상호이해를 위해 지혜를 모으는 밑거름이 되었으면 좋겠다.

끝으로 이 학술대회를 위해 수고해 주신 한일문화교류기금의 김수웅국장, 문진옥님, 종합토론 녹취와 정리에 수고해 준 신태훈님에게 감사한다.

2024년 3월

한일문화교류기금 이사 손승철

| 개회사 |

지난 40年 동안 韓日文化交流基金은 基金創設目的인 韓國과 日本간의 關係를 돈독히 하는 사업을 해오면서 해마다 韓日兩國의 專門學者들을 모시고 두 나라 사이의 交流歷史를 되짚어보는 會議를 열어왔습니다. 先史時代부터 20世紀에 이르기까지 두 나라 사이의 交流變化를 추적해왔습니다. 이 論議에서 우리 基金은 政府間의 공식 外交關係보다 韓國 사람과 日本 사람 사이의 關係에 중점을 두고 회의를 열어왔습니다. 全 世界가 民主化의 물결 속에서 政府間의 外交도 主權者인 각국 國民間의 相互認識에 바탕을 두고 전개되기 때문입니다.

日韓文化交流基金 鹿取 克章 理事長께서도 兩國間의 交流의 基本을 이루는 것은 사람과 사람의 만남에서 이루어지는 相互認識이라고 말씀하셨습니다. 韓日文化交流基金도 이런 認識을 같이하고 있습니다. 그래서 앞으로도 兩國 國民間의 交流를 통한 相互 理解증진을 돕는 일에 사업의 重點을 두려고 합니다.

오늘 이 자리에서 하루 동안 여는 2023年度 韓日國際學術會議의 主題도 이런 취지에서 "韓國人과 日本人의 삶 - 人物로 본 韓日交流史"로 정했습니다.

오늘 會議에서 基調講演을 해 주실 佐伯 弘次 교수님, 제1부 회의 진행을 맡아주실 羅幸柱 교수님, 종합토론을 이끌어 주실 孫承喆 교수님 등을 비롯한 韓日兩國의 여러 교수님들께 미리 감사의 말씀을 드립니다.

좋은 會議가 되기를 바랍니다.

2023年 11月 10日

韓日文化交流基金

會長 李相禹

|차 례|

책을 내면서 · 4
개회사 · 7

기조강연

朝鮮前期 서울에 온 宗金과 道安 _ 사에키 코지 ························· 13
　「원문」 _ 佐伯弘次 ··· 40

제 1 Session 古代의 韓國人과 日本人

百濟와 倭의 왕실교류
- 4~5세기 왕족간 인적 교류를 중심으로 - _ 홍성화 ··············· 69
　「토론문」 _ 연민수 ··· 99

백제 도왜계(渡倭系) 여성의 생애
- 百濟王明信·貴命·慶命을 중심으로 - _ 최은영 ················· 103
　「토론문」 _ 송완범 ··· 143

제 2 Session 近世의 韓國人과 日本人

조선전기 向化倭人들의 조선에서의 삶
- 皮尙宜와 平道全의 사례를 중심으로 - _ 한문종 ····················· 147
　「토론문」_ 한성주 ··· 173

야나가와 시게노부[柳川調信]의 생애
- 임진전쟁 강화에 바친 後半生 - _ 아라키 카즈노리 ············· 177
　「원문」_ 荒木和憲 ··· 232
　「토론문」_ 다사카 마사노리 ······································ 282

제 3 Session 日帝强占期의 韓國人과 日本人

재일동포 기업가 서갑호 회장의 삶과 기억 _ 임영언 ·············· 287
　「토론문」_ 김인덕 ··· 319

재조선 일본인 화가가 남긴 조선의 단상(斷想)
- 가토 쇼린진(加藤松林人)을 사례로 - _ 김영미 ·················· 323
　「토론문」_ 김정선 ··· 351

종합토론

종합토론 녹취록 ·· 355

기조강연

朝鮮前期 서울에 온 宗金과 道安

사에키 코지ㅣ규슈대학교

Ⅰ. 시작하며

조선 전기의 한일관계(중세의 일조관계)는 多元的이고 放射狀的인 관계가 특징이다. 즉 조선국왕과 일본국왕(무로마치 쇼군)의 관계보다 조선왕조와 서일본의 다이묘·영주·해민·상인 등의 관계가 훨씬 긴밀하고 중요했다. 서일본의 각 세력 중에서도 특히 중요한 존재(key-man)는 쓰시마 宗氏[소씨]와 하카타 상인이었다. 바로 로컬이 글로벌한 존재였던 시대이다. 이 글은 조선 전기 하카타 상인과 조선 왕조의 관계를 주축으로 고찰하기로 한다.

中世 韓日關係史上에서 개인의 생활이나 삶의 방식을 검토하기는 어렵다. 史料的으로 단편적인 것만 남아 있는 경우가 많고, 경우에 따라서는 『朝鮮王朝實錄』에도 한 번밖에 등장하지 않는 人物도 많다. 博多의 貿易商人의 경우, 日本 국내에 史料가 남아 있는 것은 드물지만, 『朝鮮王朝實錄』, 『老松堂日本行錄』, 『海東諸國記』 등에 많은 所見이 있는 인물도 많다.

이번에는 중세 한일관계에서 活躍한 博多商人 중, 15세기 전반을 대표하는 宗金과 15세기 후반을 대표하는 道安을 중심으로 생각해 보고 싶다. 그 검토는 중세의 다양한 한일관계의 구체상과 특색, 나아가 중세 한일관계에서 博多의 위치를 이야기하는 것이 된다.

『海東諸國記』[1]는 宗金에 관해서 다음과 같이 기록하고 있다.

　　護軍宗家茂
　　乙亥年來 受圖書, 受職, 富商石城府代官宗金之子, 宗金, 大友殿所差, 大友殿管下
　　(乙亥年(1455)에 와서 圖書를 받고 관직도 받았다. 富商 石城府代官 宗金의 아들이다. 宗金은 大友殿이 보냈다. 大友殿의 管下이다.)

　이 記事는 宗金의 아들 宗家茂에 관한 기사이다. 宗金에 대해「富商」이고「石城府代官」이며「大友殿이 보낸 것」이라고 기록하고 있다. 石城(府)는 博多의 異稱이기 때문에 豪商이자 博多代官이며, 豊後의 大名 大友氏가 조선에 파견한 使者였다는 것이다. 1455년에 受圖書人이 되어 受職人이 된「大友殿 管下」(支配下의 사람)라는 대목은 宗家茂에 관한 기사이다. 大友氏領 博多 息浜에 거주하는 사람이라는 의미이다.
　한편, 道安에 대해서는 다음과 같이 기록하고 있다.

　　護軍道安
　　曾爲琉球使來聘於我, 因是往來, 乙亥年來受圖書, 丁丑年來受職, 大友殿管下
　　(일찍이 琉球國使로서 우리나라에 來聘해서 이로 인하여 往來하였다. 乙亥年(1455)에 와서 圖書를 받았다. 丁丑年(1457)에 와서 관직을 받았다. 大友殿의 管下이다.)

　道安은 護軍의 관직을 가진, 조선으로부터 官職을 받은 受職人이었다. 宗金과 달리, 琉球國使로서 조선에 來朝한 것이 계기가 되어 조선과 왕래하게 되었으며, 1455년에 受圖書人에, 1457년에 受職人이 되었고, 大友氏의 支配下에 있다고 기록되어 있다. 宗金과는 다른 경력이며, 宗金보다 한 세대 후의 인물이었다.

---

　1) 田中健夫譯注『海東諸國記』(岩波文庫, 岩波書店, 1991年).

이 두 사람의 博多商人과 조선과의 관계를 추구해서 조선 통교에 있어서
兩者의 성격 차이를 명확히 해 나가고자 한다.

Ⅱ. 韓日關係史上에서의 宗金

1. 宗金의 登場

宗金은 姓이 명확하지 않다.「藤氏宗金」이라고 自稱한 적이 있어 藤原
姓이었을 것으로 추정된다. 子孫들은 宗姓을 칭하지만, 宗金은 그것을 자
칭한 적이 없다. 宗姓이라고 하면, 對馬島宗氏와의 관계가 상기되는데, 對
馬宗氏는 본래 惟宗姓이며, 후에 平氏를 자칭하게 되지만, 藤原姓을 칭한
적은 없다. 對馬宗氏의 一族은 아니다. 또「石城管事」,「石城小吏」를 칭하
고 있어 大友氏의 博多代官이었다고 추측하고 있다.[2]

宗金이 처음 조선에 통교한 것은 1420년(世宗 2·応永 27) 11월이다.[3] 이
때 九州探題 澁川義俊 平宗壽(板倉宗壽)·平滿景(板倉滿景)과 함께「石城
商倭」宗金이 사신을 파견했다.「商倭」는 일본의 商人이라는 의미이므로
「石城商倭」는 博多의 商人이라는 의미가 된다. 동시에 파견한 澁川義俊는
九州探題로서 博多에 있었고, 板倉宗壽와 板倉滿景은 澁川氏의 家臣이었
으며,「石城管事」의 板倉滿景은 澁川氏의 博多代官이었다.[4]

이에 앞서 公家山科教言의 日記『教言卿記』의 応永 13년(1406)부터, 同
17년(1410)까지, 京都에 거주하는 円福寺僧 宗金의 이름이 등장한다. 이

2) 佐伯弘次『朝鮮前期韓日關係と博多·對馬』(景仁文化社, 2010年). 이하 宗金에 관한
　 서술은 주로 이것에 의한다.
3)『世宗實錄』2年 11月 己丑條.
4) 川添昭二『對外關係の史的展開』(文獻出版, 1996年).

京都의 宗金과 博多의 貿易商人 宗金을 동일인, 즉 宗金이 京都에서 博多로 이주했다는 견해5)가 있으나, 현시점의 사료 상황에서는 동일인으로 하기에는 사료가 부족하다. 또 応永 17년까지 記事가 보이고, 그 후 博多의 宗金 사료가 등장하기 때문에, 언뜻 보면 전후 관계에 모순은 없는 것처럼 보이지만, 이것은 山科教言이 応永 17년 12월 15일에 사망하고, 『教言卿記』의 記事도 同 17년 3월 29일條로 종료되었기 때문이며, 教言이 그 이후에도 살아 있었다면, 円福寺僧 宗金의 記事는 더 계속되어졌을 것으로 보인다. 따라서 현시점에서는, 양자는 다른 사람이라는 입장을 취한다.

1419년(応永 26) 6월, 조선의 大軍이 對馬를 공격하는 사건이 일어났다. 応永의 外寇(己亥東征)이다. 이 조선의 對馬 공격에 대해 室町幕府는 크게 놀랐다. 이 정보를 입수하고, 室町幕府에 통보한 것은 博多에 있던 九州探題 澁川義俊이다. 義俊은 博多의 居僧 宗金을 王所(京都)에 보냈다. 이것이 博多의 宗金의 初見이다. 이때 宗金은 京都에서 將軍 足利義持 측근 陳外郎(宗壽·宗奇)을 만나 이 사건을 전했고, 外郎은 이것을 足利義持에게 전했다.6) 陳外郎 宗壽는 中國에서 건너온 陳延祐의 아들이다. 延祐는 貿易港 博多에 살았는데, 아들 宗壽는 將軍 足利義満의 초청을 받아 京都로 가서 醫師·貿易商人이 되어 室町幕府의 外交 브레인이 되었다.

이 応永의 外寇 후, 사건의 진상을 살펴보기 위해 日本國王使가 조선에 파견되었다. 正使는 博多 妙樂寺僧 無涯亮倪이며, 副使는 陳宗壽의 아들로 博多商人인 平方吉久(陳吉久)였다. 이 日本國王使가 모두 博多의 인물인 것은 이례적인 일이며, 이 人選과 國王使 파견에는 九州探題 澁川氏와 陳外郎 宗壽의 의향이 반영된 것이라고 생각된다.

日本國王使는 이듬해인 1420년에 귀국하는데, 그에 동행해서 조선으로

5) 田中健夫「日鮮貿易における博多商人の活動」(同『海外交渉史の研究』東京大學出版會, 1959年), 上田純一『九州中世禪宗史の研究』(文獻出版, 2000年).

6) 『老松堂日本行錄』跋語(村井章介校注『老松堂日本行錄』岩波文庫, 岩波書店, 1987年).

부터 일본에 파견된 것이 回禮使 宋希璟이다. 宋希璟의 紀行詩文集 『老松堂日本行錄』에 따르면, 宗金은 博多에 거주하는 商人으로서 宋希璟 일행의 접대를 한 것 외에 일행과 동행하여 博多에서 京都까지 왕복하고 있다. 이것은 이때만 특별히 京都에 파견된 것이 아니라 원격지 商人 宗金의 京都(畿內)와의 상업활동의 일환이었다고 생각된다.[7]

『老松堂日本行錄』에 의하면, 1420년 3월 4일 博多에 도착하여 모 절[某寺]에 숙박하였다. 일행은 九州探題와 博多商人・僧侶들의 환대를 받았다. 이것은 京都에서 처음 室町幕府에게 냉대를 받는 것과 대조적이다. 「僧宗金・善珍・宝倪・吉久殿 등이 날마다 연속해서 오고 대접한다」라고 하는 것처럼 宗金과 平方吉久 등은 연일 宋希璟을 酒食으로 대접했다. 또 3월 21일, 일행은 石城(博多)을 출발해 志賀島에 투숙했는데, 石城의 僧宗金・善珍・道成 등이 배를 타고 찾아와 船上에서 送別의 酒宴을 베풀었다. 그리고 宗金은 다른 배를 타고 京都로의 왕복에 동행한 것이다.

일행은 동쪽으로 항해하여 兵庫에 상륙해서 4월 21일, 京都에 들어갔다. 宗金은 將軍 足利義持의 말을 宋希璟에게 전하는 등 兩者의 중개를 하고 있지만, 주로 그것을 맡은 것은 陳外郎과 禪僧들이며, 『老松堂日本行錄』에도 京都 체류 중 宋希璟과의 교류는 거의 기록되어 있지 않다. 이것은 宗金이 본래의 京都 방문 목적=商賣에 종사했기 때문이라고 생각된다.

宋希璟 일행은 使節로서의 목적을 달성하고 6월 27일, 京都를 출발했다. 宗金은 歸路에도 동행하였으나 어디에서 합류하였는지는 알 수 없으며, 다음으로 宗金이 등장하는 것은 7월 22일, 安芸國 蒲刈에서이다. 『老松堂日本行錄』은 다음과 같이 기록하고 있다. 「그 땅(蒲刈)에 東西의 海賊이 있다. 동쪽에서 오는 배가 東賊 한 사람을 싣고 오면, 西賊이 해치지 않는다. 서쪽에서 오는 배가 西賊 한 사람을 싣고 오면 東賊이 해치지 않는다. 그러

7) 佐伯弘次 「室町時代の博多商人宗金と京都・漢陽・北京」(中島樂章・伊藤幸司編 『東アジア海域叢書 11 寧波と博多』 汲古書院, 2013年).

므로 宗金이 돈 七貫을 주어서 東賊 한 사람을 사서 싣고 온다. 그 賊倭此에 이르러서 작은 배를 타고 와서 말하기를, 『내가 왔으니, 바라건대 官人은 安心하십시오』라고」. 蒲刈를 경계로 東西에 해적이 있었으며 宗金은 그들의 관습에 따라 동쪽 해적 1명을 돈 77貫文(약 70万円)으로 고용하여 항해의 안전을 기하였던 것이다. 그 결과 일행은 瀨戶內海을 무사히 서쪽으로 항해할 수 있었다. 宗金은 京都와의 왕복 경험으로부터 이러한 바다의 관습을 숙지하고 있었던 것이다.

8월 3일에 博多로 돌아온 宋希璟에게는 또 하나의 과제가 있었다. 大宰府에 있는 守護大名 少貳滿貞과의 교섭이다. 宋希璟은 往路, 對馬에서 早田左衛門太郞으로부터, 「이 섬(對馬島)은 곧 小二(少貳)殿 祖上에게서 대대로 전해진 땅이다. 二殿이 만약 이것을 듣는다면, 百戰百死한다고 하더라도 누구도 이것을 다투어서는 안된다」라고 하는 말을 들은 적도 있어 少貳滿貞을 면회하여 그 이해를 얻을 필요가 있었다. 希璟은 少貳滿貞과 면회하기 위해 滿貞과 교우관계가 있는 宗金에게 少貳氏의 의향을 확인시켰다. 그 결과 少貳滿貞이 對馬討伐을 원망하고 있어서 壹岐 등의 兵船을 조선에 보낼 수도, 宋希璟 일행의 귀로인 壹岐·對馬 사이에서 일행의 배를 습격하는 것도 가능하다고 말하며 협박하였다. 이것에 대해 希璟은 宗金에게 反論을 滿貞에게 전하게 하였다. 滿貞은 家臣을 博多로 보내어 비슷한 말을 하였고, 希璟이 똑같이 반론하자 使者는 납득해서 對馬島를 보호해 줄 것을 의뢰하였고, 少貳滿貞도 실은 「和好를 맺는」 것을 바란다고 하는 本音를 끌어냈다. 이리하여 少貳氏와의 교섭도 종료해서 일행은 무사히 귀國했다. 宗金은 守護大名인 少貳氏와도 교류가 있어 宋希璟과의 중개를 행한 것이다.

2. 日本史料에 보이는 宗金

永享 3年(1431) 8월 10일, 室町幕府는 다음과 같은 奉行人 奉書를 보냈다.[8]

> (花押影)
> 宗金九州下向周防·長門兩國事, 嚴密致警固, 無其煩可被勘過之, 次來
> 年二月上 路 云々, 同以可致其沙汰之由候也, 仍執達如件,
> 永享三
> 八月十日 (飯尾)貞連
> (飯尾)爲種
> 內藤肥後入道殿

將軍 足利義教가 袖判을 행한 奉行人 奉書이다. 내용은 宗金이 九州로 下向하므로 周防·長門 兩國에서는 엄중히 경고하여 번거로움이 없도록 통교시킬 것, 내년 2월에 上洛할 것이므로 같은 조처를 하도록 명한 것이다. 수신처 內藤肥後入道는 大內氏의 重臣으로 長門守護代를 지낸 內藤智得 (盛貞)이다. 이 직전 永享 3년 6월 28일, 少貳氏·大友氏 등과 싸우고 있던 大內氏 堂主 盛見이 筑前國 怡土郡에서 敗死해, 中國 地方 西部에서 北部 九州에 걸친 정치 정세가 극히 불안정했던 시기이다. 이러한 시기에 京都에서 博多로 下向하는 宗金이 무사히 下向될 수 있도록 室町幕府는 大內氏의 重臣 內藤智得에게 宗金의 庇護를 명령한 것이다. 이러한 정치적으로 불안정한 시기에도 宗金은 京都와 博多를 왕래했음을 알 수 있다. 宗金에 대해서 외교나 정치상의 문제에 관해 室町幕府의 어떠한 지시가 행해지고 있었을지도 모른다. 永享 4년 8월에 오랜만에 遺明船이 兵庫를 출발하고 있다. 前年이라고 하면, 遺明船 파견의 여러 준비가 되어 있었고, 당시 宗金도 이때의 遺明船으로 入明하고 있다. 그렇다면, 宗金의 上京, 下

---

8) 「御前落去奉書」(『室町幕府引付史料集成上』近藤出版社, 1980年).

向, 上京, 室町幕府의 보호라고 하는 움직임은 宗金이 室町幕府의 명을 받아 遣明船 파견 준비를 하고 있었음을 이야기하고 있는 듯 하다. 또 이처럼 室町幕府가 宗金의 왕래를 보호하고 있는 것은 藤九郎이 宗金에 대해 한 말 중의 「日本國王賜御書於宗金, 故到處皆厚接」이라는 기사와 부합한다. 日本國王이 宗金에게 준 「御書」가 바로 이 문서이다.

「兵庫北關入船納帳」[9]은, 文安 2년(1445)의 東大寺領 兵庫 北關에 入港한 배의 목록으로 船籍地, 積荷·數量, 關錢, 納入日, 船頭, 船主(問丸)가 기록되어 있다. 여기에도 宗金이 등장한다. 즉 동년 卯月 9일 入船 기사에, 門司의 배(船頭 太郎左衛門)에 쌀 120석을 싣고 있으며 16석은 大內過書, 45석은 新善法寺過書, 20석은 田中(力)殿過書라는 注記가 있다. 新善法寺와 田中殿은 모두 石淸水 八幡宮의 祠官으로 九州의 石淸水 八幡宮領의 年貢을 畿內로 수송하였던 것으로 추측된다. 莊園領主는 關所에서 關錢 등을 면제하는 過書(過所)를 발행하였던 것이다.

한편, 16석의 쌀 大內過書란 16석의 쌀(年貢)에 관한 關錢 등의 면제를 요구한 大內氏의 過書였다고 생각된다. 여기에는 「此過書, 宗金卜門司□□卜二樣指出アリ」라는 注記가 있다. 이 16석의 쌀에 관하여 宗金과 門司 某로부터 두 종류의 大內氏 過書가 제출되었다는 것이다. 이 쌀 역시 九州의 莊園이나 직할령으로부터의 年貢일 것으로 생각된다. 宗金과 門司某의 관계는 알 수 없으나, 宗金이 北部 九州에서 畿內로의 年貢 운반에 관여하고 있는 것으로 추측된다. 이 역시 그의 廻船商人으로서의 활동의 일단일 것이다.

3. 宗金의 朝鮮通交

宋希璟 일행이 귀國한 직후인 1420년 11월, 「石城商倭宗金」은 조선에

---

9) 林屋辰三郎編 『兵庫北關入船納帳』(中央公論美術出版, 1981年).

사신을 파견하여 土宜(특산품)를 헌상했다.[10] 이때 宗金은 九州探題 澁川義俊·板倉宗壽·板倉滿景과 동시에 사신을 파견하고 있어 博多商人과 九州探題가 연계된 사신 파견이었다고 생각된다. 이것에 대해 조선은 宗金에게 答書하고, 綿布 70필을 回賜하였다.[11] 宗金의 첫 조선 통교가 받아들여진 것은 回禮使 宋希璟 일행에 대한 두터운 접대와 京都로의 호송 공적을 인정받았기 때문으로 생각된다.

宗金은 후에 조선으로부터 圖書를 받아서 受圖書人이 되는데, 그 이전인 1420년 11월부터 25년 7월까지를, 宗金의 조선 통교 제1기로 규정한다. 이 제1기에는 5차례의 통교가 확인되는데, 특히 1425년 1월에는 鏤金酒旋子와 鑞鐵을 헌상하고 正布 190필을 回賜받고 있는 것이 주목된다. 酒旋子는 金으로 장식한 酒器=공예품이지만, 철은 광산물이며, 바로 貿易商人으로서의 통교였다고 할 수 있다.

이후 宗金은 1425년 10월, 조선에 사신을 파견하여 10월 18일, 그의 청에 의해 圖書를 만들어서 주었다.[12] 이렇게 宗金은 受圖書人이 되어 조선 통교권을 획득하였다. 당시 한일관계에서는 授圖書의 제도가 막 시작되었고, 宗金은 그 흐름에 따라 圖書를 청구하여 인정받은 것이다. 이 시기는 九州探題 澁川氏가 博多에서 肥前으로 몰락한 직후로 九州探題와 그 家臣들의 조선 통교를 뒷받침했을 것으로 생각되는 宗金은 보다 확실한 통교를 지향했기 때문에 圖書 求請=受圖書人化를 도모한 것으로 추측된다.[13] 이후 宗金의 조선 통교는 제2기로 규정된다.

이듬해인 1426년 11월 「日本筑州石城管事」인 宗金은 사람을 보내서 禮曹에 글을 보내 圖書의 賜給을 감사하였다. 그리고 摺扇 100본·樟腦 5근·大刀 10병·犀角 1두·鬱金 20근·銅 200근·藿香 20근·硫黄 1,000근을 헌상

---

10) 『世宗實錄』 2年 11月 己丑條.
11) 『同』 3年 正月 己巳條.
12) 『同』 7年 10月 癸未條.
13) 佐伯 2010.

하고, 正布 240필을 回賜받았다. 일본산 공예품·武具·광산물, 중국과 동남아시아산 약재·향료 등 내용이 다양하며, 博多를 거점으로 한 무역 행위를 하고 있다. 또한 이때 少貳滿貞도 동시에 使者를 조선에 파견하고 있어 宗金이 여기에도 관여했을 가능성이 있다.

이 1426년 11월부터 1450년 11월까지 제2기 25년간 宗金은 26차례의 통교를 하였다. 평균적으로 1년 1회 통교이다. 宗金의 헌상품은 일본산 공예품·광산물, 동남아시아산 약재·향료·염료, 중국산 약재였으며, 회사품으로는 綿布·正布·綿紬·燒酎·田犬·大藏經 등이었다.[14] 동남아시아산·중국산 물자는 琉球의 중계무역 등을 통해 博多에 유입되었을 것이다. 헌상품으로는 구리[銅]나 유황과 같은 광산물이 많은 것이 특징이다. 또한 회사품은 섬유품이 주를 이루지만, 마지막 통교에서는 대장경을 구청하여 주어지고 있는 점이 주목된다. 田犬(수렵견)은 豊後의 守護大名 大友持直의 의뢰를 받고 조선에 구청한 것이었다.

4. 宗金의 서울 訪問

통교의 형태로서는 「遣人獻土物(土宜)」이라는 使人을 파견한 통교가 주체이다. 使者로는 子弟를 파견하는 경우와 그 이외의 인물을 파견하는 경우가 있었다. 또 1429년, 1434년, 1447년, 1450년의 4회는 자신이 渡航하고 있다. 이 4회에 대해 알아보자.

1) 1429년의 도항

1429년 11월, 宗金은 조선에 도항하였다. 그 명목은 前年에 조선이 일본에 파견한 通信使船의 선원 두 명이 병에 걸려 송환한다는 것이었는데, 동

---

14) 佐伯 2010.

시에 宗金의 日本國王使로서의 도항이기도 했다.[15] 전년의 「日本通信使」 朴瑞生은 前日本國王(室町將軍)인 足利義持를 조문하고, 新國王 足利義敎의 취임을 축하하기 위한 목적으로 파견되었다. 이것에 대해서 博多商人인 宗金이 日本國王使로 발탁된 것이다. 世宗은 이 日本國王使 파견을 「日本國, 其王薨, 不遣使訃告, 及卽位, 又不遣使通好, 我國亦不必遣通信使也, 然在我交隣之礼, 不可不修, 故遣使致賻, 且賀卽位, 彼宜報謝, 又不遣使, 反因求請, 乃遣宗金, 失礼之中, 又失礼焉」이라고 비난하고 있다.[16] 조선과 일본의 대외교섭 자세 차이를 잘 알 수 있다. 室町殿 足利義持가 죽은 것은 1428년(正長 元) 정월 18일이며, 동년 3월 12일, 동생 足利義円이 時期將軍으로 환속하여 義宣(후에 義敎)이라고 자처했다. 이 정보를 조선에 전달한 것은 對馬의 早田左衛門太郎, 博多의 宗金, 博多에 있던 室町幕府 奉公衆 小早川淨嘉(則平), 大宰府의 少貳滿貞 등이었다.[17]

이때 足利義敎는 중국산 「綵段」(綾絹段物)을 조선에 요구했지만, 日本國王使 宗金 파견의 진의는 거기에 있었던 것은 아니다. 朴瑞生과 京都에서 대면한 足利義敎는 瑞生에게 父王(足利義滿)의 遺志를 잇기 위해 上國(明)을 섬기고 싶다고 말하고, 朝鮮國王에게 그 의지를 明에 전달하도록 요구했다. 足利義持 시기에 明에 대한 朝貢을 단절했기 때문에, 義敎는 이것을 부활하고자 하여 조선을 경유하여 그 의지를 明에 전달하고자 했던 것이다. 이 때문에 조선 통교 실적이 있고, 明과의 무역 경험이 축적되어 있는 博多의 商人 宗金이 日本國王使에 임명되었을 것으로 생각된다. 그러나 조선에서 明에 朝貢을 거부한 일본의 의지를 전달하기는 쉽지 않아 이 교섭은 실패로 끝났다.

---

15) 『世宗實錄』 11年 11月 辛酉條, 12月 辛巳條他.
16) 『同』 11年 12月 辛巳條.
17) 佐伯 2010.

2) 1434년의 도항

「商倭宗金, 來獻土宜」[18]라고 되어 있을 뿐 土宜의 내용도 자신이 도항한 목적도 불분명하다. 전년 宗金의 아들 家茂가 조선에 파견할 때의 記事에, 「宗金, 輸款有旧, 今朝于上國, 其子家茂使人來獻方物」[19]이라고 되어 있기 때문에, 宗金은 전년인 1433년에는 부활한 遣明船을 타고 入明하였음을 알 수 있다. 明으로부터의 귀국 직후에 조선에 도항한 것은 宗金에게 어떤 의미가 있었음에 틀림없다.

3) 1447년의 도항

1447년 4월, 宗金은 조선에 도항해서 「私物」을 모두 서울로 수송할 것을 청하였다.[20] 이에 한해서는 자기 무역을 완수하기 위한 도항이었는데, 5월 26일, 宗金 등 50명은 勤政殿 西庭에 가서 肅拜하고 土物을 헌상하였다. 王世子는 繼照堂 안에서 宗金을 引見하고, 「艱難辛苦하면서 먼 곳에서 왔다. 내가 진심으로 칭찬한다」고 말하고, 宗金은 「王의 德이 심히 중하여서 바람이 평온하여 바다를 건넜다. 도중에서도 접대가 매우 후하였다」고 답했다.[21] 그동안의 조선 통교 실적과 조선에 대한 공헌으로 이처럼 후한 접대를 받은 것이다.

그러나 이때 宗金의 활동은 그뿐만이 아니었다. 宗金은 일본에서 被虜되었던 唐人(明人) 觀音保를 조선으로 데려와 그를 중국으로 송환하도록 요청했다.[22] 조선 정부 내에서는 이 요구에 응해야 하는지 의논이 이루어졌지만, 결국 중국으로 송환하게 되었다.

---

18) 『世宗實錄』 16年 12月 己酉條.
19) 『同』 15年 11月 甲申條.
20) 『同』 29年 4月 庚辰條.
21) 『同』 29年 5月 丙辰條.
22) 『同』 29年 5月 丙辰條.

4) 1450년의 도항과 宗金의 죽음

1450년 11월, 宗金은 조선으로 도항해 土物을 헌상하였다. 12월 1일, 宗金 등 18명은 輝德殿에 進香했다. 그리고 대장경을 구청하여 善山府 得益寺 소장 대장경 3,800권을 급여받았다.[23] 일본의 한 商人이 대장경을 급여받은 것은 이례적인 일이었다. 이것이 宗金의 마지막 통교이다.

1455년 7월, 禮曹判書 姜孟卿은 倭護軍 藤九郎을 접견하고, 일본과 일본인 통교자 등에 대해 질문하였다. 그중에서 「宗金이라는 富人이 있다고 들었는데, 어떤 사람인지, 子孫은 있는지 없는지」라는 질문을 하자, 藤九郎은 「富人也, 又有子孫, 年前八月物故, 宗金之言曰, 『吾子三人, 皆謁朝鮮國, 獨末子未謁, 將伝図書於末子』, 往謁朝鮮, 面囑而死, 日本國王賜御書於宗金, 故到處皆厚接, 昔日, 大內, 小二殿相戰時, 他富人未免兵禍, 宗金得脫」[24]이라고 답변했다. 이것에 의하면, 宗金은 富者로 후손이 있고, 작년(1454) 8월에 사망한 것, 아들 3명은 조선에 건너간 적이 있으나 막내아들은 아직 없고, 막내아들에게 圖書를 계승시키려고 조선에 도착해 그것을 부탁하고 사망한 것, 日本國王이 文書를 宗金에게 주었기 때문에 宗金이 이르는 곳에서는 모두 후하게 접대하는 것, 옛날 大內氏와 少貳氏가 싸울 때 다른 富人들은 전쟁의 피해를 피할 수 없었으나 宗金은 그것을 면했음을 말하고 있다.

宗金에게는 모두 4명의 아들이 있었던 것이 된다. 宗金은 막내아들에게 자신의 조선무역권=圖書를 계승시키고 싶었지만, 그의 圖書를 계승한 것은 長子인 宗家茂였다. 宗金의 子孫으로는, 아들 宗家茂·宗性春, 손자 三末三甫羅(左衛門三郎)·宗茂信 등이 조선과 明과의 외교·무역에서 활약하였다.

宗金은 受圖書人으로서 조선에 통교하는 한편, 日明貿易에도 관여하였으며, 장자 宗家茂는 수도서인·수직인으로서 조선 통교를 계속하였다. 그

---

23) 『文宗實錄』 卽位年 12月 癸未條.
24) 『世祖實錄』 元年 7月 丁酉條

의 일족·자손들도 조선 통교에 관여하다가 점차 對馬宗氏의 산하에 들어가게 된다. 그것과 병행해서 日明貿易이나 琉球貿易에 깊이 관여하였다. 宗金과 그 일족은 15세기 博多의 貿易商人을 대표하는 존재였다고 할 수 있다.

Ⅲ. 韓日関係史上에서의 道安

「시작하며」에서 제시한 바와 같이 『海東諸國記』에 의하면, 道安은 琉球國王使로서 조선에 來聘하였고, 그로 인해 조선에 통교하게 되어 수도서인·수직인이 되었다. 시기적으로는 宗金의 아들 宗家茂와 동세대이며, 宗金과는 다른 경위로 조선과 관계를 가지게 되었다. 그의 구체상을 사료부터 살펴보도록 하겠다.

道安에 대해서도 宗金과 마찬가지로 姓이 불분명하다. 道安에 대해서 『朝鮮王朝實錄』에서는 「日本僧」, 「倭僧」, 「僧」으로 나오므로, 僧体=출가한 인물이었음을 알 수 있다. 또한 「琉球國使者覇家島冷泉津平氏護軍道安」이라는 표현도 있다.25) 「覇家島」는 博多을 말하며, 冷泉津은 博多의 異稱이다. 「平氏」라는 표현에서 道安이 平姓이었음을 알 수 있다. 藤原姓을 자처하는 宗金과 마찬가지로, 道安도 俗姓이 불분명하다.

1. 琉球國王使로서의 道安

道安은 朝鮮-博多-薩摩-琉球라는 동아시아 교역 루트 상에서 활동하는 貿易商人이었음은 이미 지적되고 있다.26) 道安의 한일관계에 있어서 初見은 端宗 元年(1453) 3월에 琉球國王使로서 조선에 도항한 것이다.27) 道安

---

25) 『同』 5年 正月 癸巳條.
26) 田中 1959.

은 1453년, 1455년, 1457년 세 차례 琉球國王使로서 조선에 도항한다. 각각의 통교에 대해서 살펴보자.

1) 1453년의 琉球國王使

1453년 3월, 「琉球國王使者道安」이 慶尙道 富山(釜山)浦에 도착했기 때문에, 內贍寺尹 鄭自濟를 파견해서 접대하게 했다. 조선 정부는 道安의 이름이 倭名과 비슷하므로, 使者에게 자세히 묻고, 만약 琉球國人이 아닌 경우는, 倭人의 例를 가지고 접대하라고 지시하였다.[28] 동년 4월 24일, 「琉球國中山王尙金福使」道安은 方物을 헌상했다. 이때 琉球國王 尙金福의 咨文에서, 조선 人民이 태풍을 만나, 日本 薩摩州 七島嶼에 표착하여 노예로 부려지던 중, 琉球國의 배가 이들을 발견하고, 이들을 사서 琉球로 데리고 돌아갔으며 琉球國王은 이들을 후하게 보호하고, 조선에 송환할 기회를 엿보았는데, 日本 花島(博多)에서 進物을 보낸 배가 도착했기 때문에 그 船頭 道安이 博多로 돌아갈 때에 2명의 표류민을 맡겼다고 기록되어 있다.[29]

동년 5월 11일 琉球國王使 道安은 禮曹의 祝宴에 초대받았다. 이때 예조는 道安이 말한 것을 기록하고, 이것을 國王에게 上言하였다.[30] 이 道安의 발언에 의해, 일의 次第가 한층 밝혀졌다. 그에 의하면, 이하와 같은 경위가 있었다. 庚午年(1450), 조선인 4명이 臥蛇島에 표착했다. 이 섬은 琉球와 薩摩의 중간에 있고, 반은 琉球에 속하며, 반은 薩摩에 속했다. 그래서 두 사람은 薩摩人이 얻고, 두 사람은 琉球國 王弟가 「岐浦島」(喜界島)에 遠征했을 때 발견해 매입해서 琉球國王에게 헌상했다. 琉球國王은 宮殿 안에 두 사람을 살게 해 후하게 대접했다. 국왕은 일찍이 琉球人이 조선

---

27) 『端宗實錄』 元年 3月 戊辰條以. 이하 道安과 조선의 관계에 관해서는 주로 佐伯 2010에 의한다.

28) 同前.

29) 『端宗實錄』 元年 4月 辛亥條.

30) 『同』 元年 5月 丁卯條

에 표류했을 때, 조선이 보호하고 후하게 대우하여 琉球로 송환한 것을 감사하고 있어 博多에서 온 道安에게 송환을 맡겼던 것이었다.

道安은 온화한 기후와 쌀의 이모작, 산물, 의복, 商船이 사방에서 모여들기 때문에 여러 나라의 물품이 아닌 것이 없다는 등, 琉球에 관한 정보를 전했다. 또 하나, 道安은 중요한 발언과 행위를 하고 있다, 그것은 博多에서 琉球에 이르는 루트에 관한 정보이다. 道安의 말에 의하면, 琉球國과 薩摩의 관계가 양호했기 때문에 博多 사람들은 薩摩를 경유하여 琉球에 가도 방해받지 않았다. 최근 琉球와 薩摩가 사이가 나빠졌기 때문에 薩摩에서 모두 포로가 되어 재물을 빼앗기게 되었다. 이 때문에 반대로, 大洋에서 이어져서 琉球로 가게 된 것은 매우 어려운 일이다. 이번에 우리가 (博多에서 琉球로) 나올 때, 商船 2척이 약탈당했다며 말하고, 「博多·薩摩·琉球相距地圖」(博多·薩摩·琉球 사이 거리 地圖)를 제시했다. 「薩摩」의 主體는 守護 島津氏이다. 최근, 琉球國과 薩摩 島津氏가 사이가 나빠졌다는 것은, 당시 琉球는 奄美大島 주변에 遠征을 행하고 있었으며, 세력을 북방으로 확장하려는 琉球와 남방으로 확장하려는 島津氏의 이해가 충돌하여 兩者가 사이가 나빠졌을 것으로 추정된다. 그 때문에 九州에서 琉球로 도항하는 배들은 종래에는 薩摩를 경유하여 섬을 따라 琉球로 도항하던 것이, 島津氏의 방해·약탈행위로 인해 「大洋」 즉 동중국해를 직접 渡海해야 했기 때문에 어려움을 겪고 있다고 조선 정부에 어필하여 항해의 어려움을 토로한 것이다.

그 후 「博多·薩摩·琉球相距地圖」는 4건이 模寫되어 宮中·議政府·春秋館·禮曹의 각 곳에 分藏되었다.[31] 이것이 『海東諸國記』에 수록된 日本·琉球地圖의 바탕이 되었던 것이다.

동년 6월, 道安은 귀국길에 올라, 朝鮮國王으로부터 琉球國王에 대한 國書(答書)를 받았다. 그리고 琉球國王에게 주는 안장[鞍] 이하의 「土宜」가

---

31) 『同』 元年 7月 己未條.

나타나 있는데, 그 뒤에 「其進上銅鑞鐵及蘇木答賜紬二千五百七十七匹·綿布三千八百六十四匹·布七千七百十九匹」이라고 기록되어 있다.[32] 여기서 琉球로부터의 進上品 중, 銅·鐵(鑞鐵)은 일본 국내산 광물이어서 琉球國王에서 朝鮮國王으로의 진상품은 있을 수 없다. 使者 道安의 개인적인 무역품으로 볼 수 있다. 蘇木은 동남아시아산 염료인데, 이 역시 琉球를 통해 道安이 입수한 무역품으로 여겨진다. 그렇다면, 道安은 단순한 琉球國王의 使者가 아니라 자신의 무역도 겸한 使行이었다고 할 수 있다. 게다가 대량의 수출품을 휴대한 무역이었다.

2) 1455년의 琉球國王使

1455년 8월, 「琉球國使者」倭僧 道安이 勤政門에서의 朝參에 供奉하여, 國王 尙泰久의 書契를 進上하고, 花錫·蘇木 각 천 근을 헌상하였다.[33] 世祖는 「本國에서 표류한 인구를 두 차례나 쇄환하니 매우 기쁘다」고 말하고, 道安은 「藏經을 얻어 가지고 돌아가기를 원한다」라고 대답하였다. 世祖는 道安에게 食事를 보내게 했다. 두 번째 琉球國王使로서의 조선 도항이다. 世祖의 말을 보면 이번에도 琉球에서 조선 표류민을 송환했음을 알수 있다. 道安이 가져온 琉球國으로부터의 선물은 花錫·蘇木 각 천 근이라는 내용이며, 道安은 琉球國王의 요청으로 대장경을 요구하였다. 이때의 도항은 1453년의 첫 회와는 다른 점이 있다. 그것은 지난번 琉球國王 尙金福의 외교문서가 「咨文」이었던 것에 비해, 이번 國王 尙泰久의 외교문서가 「書契」라는 점이다. 咨文은 대등한 관계의 지위에서 왕복되는 공문서이지만, 書契는 일반적인 문서이다. 이 점에 대해서는 본래 琉球國王이 朝鮮國王에게 보내는 공문서는 咨文이기에, 書契를 지참하는 使節은 僞使임이 지적되고 있다.[34] 이 원칙에 따르면 이때의 琉球國王使 道安은 僞使였던 것

---

32) 『同』元年 6月 庚子條.
33) 『世祖實錄』元年 8月 戊辰條

이 된다.

琉球國王으로부터의 선물은 暹羅國 특산 광산물 花錫과 동남아시아산 염료·蘇木 두 종류였는데 이때 道安은 銅·鑞鐵(鐵)·蘇木을 대량으로 가져와 모두 浦所=三浦에서 교역하겠다고 조선 정부에 건의해서 조선 정부를 괴롭혔다.[35] 가져온 양은 正布 9만여 필에 해당하는 방대한 양이었다. 道安의 도항 목적은 자신의 무역에 있었던 것으로, 이것은 1453년의 도항과 동일한 성격을 가지고 있다.

동년 12월 14일, 世祖는 慶會樓에서 道安·井太郎와 野人들을 인견하여 술을 하사하고 道安·井太郎에 대해서 虎豹皮 각 1장·細紬 3필·藥囊을 하사하였다.[36] 이듬해 1월 7일, 道安은 世祖에게 작별 인사를 올렸다.[37] 이 직후 귀국길에 올랐을 것으로 생각된다. 『實錄』에는 기술이 없으나, 『海東諸國記』에는 1455년, 道安에게 受圖書했다고 하여 琉球國王使로서 표류민을 송환한 공적에 의해 圖書를 받아서 受圖書人이 되었다고 추측된다.

3) 1457년의 琉球國王使

道安은 1457년 7월 14일, 「琉球國王使者」 倭僧 道安 등 15명이 조선에 來朝해서, 土物을 헌상하였다.[38] 濟州人 韓金光 등이 琉球에 표류했기 때문에 琉球國王이 金光 등을 道安에게 맡겨 송환시켰다는 것이다. 지난번과 같은 패턴이다. 世祖는 7월 19일, 思政殿에서 道安 등 13명을 引見했다.[39] 琉球國王 使者인 倭僧 道安과 倭 信沙也文(信左衛門)에게는 護軍職이 주어지고 銀帶를 하사받았다.[40] 道安은 세 차례, 琉球國王使로서 조선 표류

---

34) 橋本雄 『中世日本の國際關係』(吉川弘文館, 2005年).

35) 『世祖實錄』 元年 9月 戊寅條.

36) 『同』 元年 12月 乙卯條.

37) 『同』 2年 正月 丁丑條.

38) 『同』 3年 7月 乙亥條.

39) 『同』 3年 7月 庚辰條.

민을 송환한 공적으로 受職人이 되었다. 『海東諸國記』의 기술과 일치한다.

동년 7월 22일, 世祖는 道安에게 禮曹에서 연회를 베풀었다.[41] 道安은 酒宴 도중에 노래를 부르며 춤을 추었다. 禮曹判書 李承孫이 道安에게 「國王이 너에게 護軍職을 내렸다. 너는 이것을 알고 있는가?」라고 말했다. 道安은 이마를 조아리고 공손히 예를 표하며, 「(나는) 本國으로 돌아가지 않고, 이곳에 거주하는 것을 원합니다」고 말했다. 護軍은 正四品의 관직으로, 다른 倭人의 受職하는 관직보다 높은 지위에 있었기 때문에 李承孫은 술에 취해 歌舞하는 道安의 모습에 실망하여 이러한 발언을 했을 것이다. 道安은 이곳에 거주한다고 말했지만, 머무르지 않고 귀국한다. 동년 9월 13일, 道安은 작별인사를 했다. 세 번째 道安의 통교는 記事가 간단하고 내용을 잘 알 수 없다. 이때 道安에게 맡겨 朝鮮國王이 琉球國王에게 보낸 것은 「綿布·紬布·書契」[42]였던 것으로 미루어 이때 琉球國王의 외교문서도 書契였을 가능성이 높다. 따라서 1455년의 例와 마찬가지로 이때의 琉球國王使도 僞使였을 것으로 생각된다.

이듬해인 1458년 3월, 琉球國王이 조선에 사람을 보내 土物을 헌상했다. 그 琉球國王의 咨文에 「琉球國, 去歲蒙賜礼物幷大藏尊經」[43]이라 하여, 전년인 1457년에 조선은 礼物과 함께 大藏尊經 즉 대장경을 琉球에 선물했음을 알 수 있다. 전년에 그것을 위탁받은 使者는 道安임에 틀림없다. 즉 道安은 거짓 琉球國王使로서, 1455년에 대장경을 求請했지만, 이것을 받은 것은 1457년 세 번째의 琉球國王使 때였다. 게다가 세 번째도 僞使였던 것이지만, 조선이 선물한 대장경은 琉球國王에게 도착해 있었다. 道安의 僞使로서의 조선 통교는 자신의 무역 기회 획득이라는 성격을 가지고 있었지만, 그뿐만 아니라 琉球측의 의향이나 사정도 감안한 통교였을 가능성이 있

40) 『同』 3年 7月 壬午條
41) 『同』 3年 7月 癸未條
42) 『同』 5年 正月 癸巳條.
43) 『同』 4年 3月 戊戌條.

다. 여기에 道安의 조선 통교 성격이 잘 드러나 있다고 생각된다.

1457년 귀국시 道安은 對馬島 沙浦(佐賀)에서 朝鮮國王이 琉球國王에게 주었던 禮物과 道安 자신의 교역물을 빼앗겼다고 조선에 호소했다.[44] 이에 분노한 조선 정부는 對馬宗氏에 대해서 범인을 규명하고 빼앗은 물건을 반환하라고 명령했다. 이에 대해서 對馬의 「關所鎭守」인 秦盛幸이 조선에 회답 書契를 보내, 道安의 주장은 虛說이라고 반론하였다. 조선 정부는 이 宗氏측의 주장을 신용하였다. 이 결과 道安은 허위의 주장을 한 것으로 인정되어 또한 對馬宗氏의 분노를 샀다. 道安은 수도서인·수직인이라는 이중의 조선 통교권을 획득하였으나 이것을 자신의 조선 통교에 충분히 활용하였다고 보기 어렵다. 수도서인·수직인은 모두 조선에 통교할 때에는 對馬宗氏의 文引을 획득할 필요가 있으며, 그 발행자는 佐賀에 거주하는 秦盛幸이었다. 宗氏를 화나게 한 道安이 文引을 획득하기는 어려웠고, 원활한 통교를 확보하는 것은 어려웠다.

2. 그 후 道安의 조선 통교

그 후 道安이 조선에 통교한 것은 1468년 12월이다. 「日本國冷泉津倭護軍道安, 來遣土物」[45]이라는 記事가 보인다. 「護軍」이라는 受職人으로서 자신의 도항이다. 그 다음은 1473년 6월에 「倭護軍」 道安이 來朝하고 있는 기사가 있을 뿐[46], 受圖書人으로서의 통교는 거의 없으며 受職人으로서도 그다지 빈번하게 통교하지는 않는다. 그 한 원인은 對馬宗氏와의 관계 악화인데, 道安은 博多-琉球 간을 왕래하는 琉球貿易이 主體였던 商人으로 생각할 수도 있다.

---

44) 『同』 5年 正月 癸巳條, 正月 戊戌條, 8月 乙丑條, 8月 壬申條.
45) 『睿宗實錄』 卽位年 12月 庚寅條.
46) 『成宗實錄』 4年 6月 丁丑條.

道安의 子孫으로는 四郞三郞(四郞)과 林沙也文(林左衛門) 두 사람이 확인된다. 四郞三郞은 1476년 10월에 「道安子」로 처음 조선에 來朝했다.[47] 1479년 10월에 「司正」(正七品), 1491년 정월[48]과 1493년 3월[49]에 「司果」(正六品)로서 도항하고 있다. 아버지와 마찬가지로 어떠한 공적에 의해서 受職하여 受職人이 되어 스스로 도항하였다. 그때에 자신의 무역을 한 것으로 생각되지만, 내용은 불분명하다.

1497년, 濟州道에 출신지가 불분명한 사람들이 漂着했다. 조선 정부는 이들에 관해 漢陽의 東平館에 머물고 있던 倭人에게 물었다. 많은 사람들은 그들이 어떤 나라의 사람인지 몰랐으나, 宗材盛 使送 和知難麗毛와 國久 使送 四郞三郞이 琉球人이라고 하였다.[50] 이후 이들 표류민을 어떻게 琉球로 호송하느냐가 문제가 되어 정부 내 의논이 이루어졌다. 이 四郞三郞은 「俺昔隨父, 往返琉球, 今已二十余年, 此輩服色, 正是琉球人也」라고 발언했다. 이 國久 使送으로서 東平館에 체재 중이었던 四郞三郞은 道安의 아들로, 아버지를 따라 琉球와 왕복한지 20년이 되었다고 말하고 있는 것이다. 國久는 『海東諸國記』 對馬州에 나오는 宗播磨守 國久로, 「對馬州佐護郡代官」이었던 受圖書人으로 歲遣船 1船의 定約者였다. 道安의 아들 四郞三郞은 受職人이기도 하고 자신의 통교권을 가지고 있었지만, 對馬의 유력자 宗國久의 使送人으로서 그의 조선 통교 밑받침을 하고 있었다. 宗國久는 『海東諸國記』에 「지금 군사를 거느리고 博多에 있다」고 기록되어 있으며, 応仁의 亂 중에 九州에 出兵하여 博多에 머물고 있었다. 이때 貿易商人 道安과 그의 아들 四郞三郞을 알게 된 것으로 생각된다. 道安의 아들 시절에 이르러 道安家는 對馬宗氏의 산하에 들어가 그의 통교·무역을 뒷받침하는 존재가 되었다. 이것은 宗金家와 모두 같은 경향이다.

---

47) 『同』 7年 10月 辛卯ス條.

48) 『同』 22年 正月 丙戌條.

49) 『同』 24年 3月 庚辰條.

50) 『燕山君日記』 3年 10月 壬午條.

道安의 또 다른 아들 林沙也文에 대해서는 『海東諸國記』에 기재되어 있다.

司正林沙也文
道安의 아들이다. 庚寅年(1470), 그의 아버지를 따라와서 관직을 받았다.
大友殿 管下이다.

林沙也文도 道安이나 四郎三郎과 마찬가지로 受職人으로서 활동했다.
다만, 『朝鮮王朝實錄』에는 1485년 5월에 「倭司正林沙也文」이 來朝하였다
고 하는 記事51)가 보일 뿐이다. 林沙也文도, 琉球貿易이 主体였기 때문인
지 受職人이 되었음에도 불구하고 활발한 조선 통교는 하지 않았다.

3. 道安과 「琉球國圖」

1453년 5월 道安이 조선 정부에 대해 「博多·薩摩·琉球相距地圖」를 헌
상한 것은 아마도 자신이 얼마나 힘들게 博多와 琉球 사이를 왕래하고 있
는지를 조선 정부에 어필하기 위한 목적이었을 것으로 생각된다. 그 지도는
複數의 模寫가 이루어졌으며, 그것이 『海東諸國記』에 수록된 지도의 기초
가 되었음은 이미 말한 바 있다. 道安은 地圖史上에 있어서 중요한 역할을
했다.

『海東諸國記』에는 「海東諸國總圖」, 「日本本國之圖」, 「日本國西海道九
州之圖」, 「日本國一岐島之圖」, 「日本國對馬島之圖」, 「琉球國之圖」, 「熊
川薺浦之圖」, 「東萊富山浦之圖」, 「蔚山塩浦之圖」가 수록되어 있다. 「海
東諸國總圖」는 조선의 동남단과 일본열도·琉球가 그려진 지도이며, 특히
琉球의 지도로서는 가장 오래된 것으로 알려져 있다. 「日本本國之圖」는 이
른바 行基圖인데, 나라의 중앙에 「日本國都」가 있고, 거기에 「天皇宮」과

---

51) 『成宗實錄』 16年 5月 癸丑條.

「國王殿」이 있다. 또 거기에는 「畠山殿」, 「細川殿」, 「武衛殿(斯波氏)」, 「山名殿」, 「京極殿」이라고 하는 室町幕府 重臣 守護大名의 이름이 기록되어 있다. 本州 서쪽 끝의 周防國에는 「大內殿」의 이름이 보인다. 西日本 해역에는 흰색 선으로 배의 항로가 적혀 있는 점도 주목된다.

「日本國西海道九州之圖」는 九州와 그 주변의 섬들이 그려져 있다. 「小二殿」, 「大友殿」, 「千葉殿」, 「節度使(九州探題)」, 「菊池殿」이라고 하는 유력 大名·國人의 이름이 기록되어 있다. 또한 西日本과 마찬가지로 항로가 백색 선으로 기록되어 있다. 이 백색 선은 행선지가 명시되어 있으며, 「自兵庫浦」, 「自赤間關」, 「指赤間關」, 「指出雲州」, 「指岐瀨渡浦」, 「指岐毛都伊浦」, 「指大島」라고 하는 文字가 기록되어 있다. 이 당시 해상 교통로가 명시되어 있어 흥미롭다. 九州 서안에는 博多에서 나온 백색 선이 남쪽으로 뻗어 있다. 이 백색 선은 下松浦 부근에서 두 갈래로 나뉘며 서해 연안을 따라 남쪽으로 가는 루트와 동중국해를 직접 大島로 가는 루트로 나뉜다. 연안 루트가, 道安이 「薩摩를 거쳐 琉球로 간다」고 지적한 薩摩를 경유하는 종래의 루르이며, 직접 루트가 道安이 「大洋보다 배회해서 간다」고 하는 새로운 루트이다. 이와 같이 도안의 발언이 직설적으로 이 지도에 표현되어 있으며, 「博多·薩摩·琉球相距地圖」라고 하는 것은 이 두 지도를 합친 것이었다고 할 수 있다.

九州 남쪽의 백색 선은 「琉球國之圖」에 연결되어 있다. 「琉球國之圖」에는 琉球國都=首里의 성벽이 그려져 있으며, 海岸部에는 「那波皆渡」=那覇港이라고 기록되어 있고, 그 灣口에는 「江南·南蛮·日本商船所泊」이라는 注記가 있다. 江南(중국)·南蛮(동남아시아)·일본에서 온 商船이 那覇港에 정박해 있었음을 말해주고 있다.

이들 지도에 그려진 九州와 琉球의 사이에는 많은 섬이 존재한다. 이 島嶼部에서 주목되는 것은 섬 각각의 이름과 함께 注記가 이루어지고 있다는 점이다. 예를 들면, 種島(種子島)에는 「上松(浦)을 떠나 1백 75리, 大島를

떠나 1백 55리」라고 上松浦와 大島(奄美大島)와의 거리가 日本里로 기록
되어 있다. 鬼界島(喜界島)에는 「琉球에 속한다. 上松을 떠나 2백 98리, 大
島를 떠나 30리」라고 적혀 있고, 鳥島에는 「琉球을 떠나 70리」라고 적혀
있으며, 惠平也島(伊平屋島)에는 「琉球를 떠나 20리, 上松을 떠나 3백 95
리」라고 적혀 있다. 이러한 기술을 종합하면 上松浦·大島·琉球가 이들 항
로의 기점으로 여겨지고 있는 것을 알 수 있다. 모두 바다 항로상의 중요한
지점이었다.

최근 沖繩縣立博物館 소장 「琉球國圖」가 주목받고 있다.[52] 『海東諸國
紀』 지도와 많이 닮았기 때문이다. 이 「琉球國圖」는 1696년(元祿 9) 8월에
福岡 藩士 竹森道悅에 의해 太宰府 天滿宮에 奉納된 것이다. 지도는 채색
되어 산이나 바다를 그리는 방식에 있어 『海東諸國紀』 지도와는 차이가 있
지만, 섬의 배치와 항로·注記의 방식은 공통점이 있어 兩者의 관계성이 높
음을 말해주고 있다. 「琉球國圖」의 방식이 大和繪風이며, 근세의 사본이기
는 하지만, 道安이 헌상한 지도에 가깝다고 생각된다.

다만, 명확한 차이점이 있다. 그것은 섬들의 注記 내용이다. 예를 들면,
「種島」(種子島)의 기술에서는 『海東諸國紀』에는 「去上松一百七十五里,
去大島一百五十五里」라고 되어 있는 반면 「琉球國圖」에는 「自博多百七
十七里, 至大島百五十五里」라고 하여 2리의 차이가 있다. 다른 섬의 기술
도 마찬가지로 2리의 차이가 난다. 『海東諸國紀』는 上松浦 기점, 「琉球國
圖」는 博多 기점으로 비슷하지만, 별도의 지도라는 생각도 할 수 있다. 道
安이 헌상한 지도는 「博多·薩摩·琉球相距地圖」로, 上松浦가 아닌 博多가
기점이었다고 생각된다. 그렇다면 그것을 模寫했을 『海東諸國紀』의 지도
와 기점·거리가 왜 다른가. 兩者의 거리 수를 보면, 博多 기점과 上松浦 기

---

52) 上里隆史·深瀨公一郎·渡辺美季「沖繩縣立博物館所藏『琉球國図』」(『古文書研究』 60,
2005年), 佐伯弘次 「『海東諸國紀』の日本·琉球國図と『琉球國図』」(『九州史學』 144,
2006年) 등.

점에는 2리 차이가 난다. 즉 博多와 上松浦는 日本里 2리(약 8km)의 거리
가 있는데, 上松浦의 중심지 唐津과 博多(福岡市)의 거리는 약 50km이며,
日本里로 12.5리가 된다. 2리라는 거리 설정은 현지를 잘 모르는 인물이 설
정했을 가능성이 높다.

『海東諸國紀』「琉球國紀」의 「道路里程」에는 富山浦에서 琉球까지의 경
로와 里數가 기록되어 있다. 이에 의하면, 富山浦-(48리)對馬島 都伊沙只
(豊崎)-(19리)船越浦-(48리)岐島 風本浦-(5리)毛都伊(元居)浦-(13리)肥前州
上松浦-(165리)惠羅武(口之永良部)-(145리)大島-(30리)度九島(德之島)-(55
리)興論島(与論島)-(15리)琉球國都인데, 모두 543리로 日本里로 기록되어
있다. 上松浦·惠羅武 간의 거리는 『海東諸國紀』 지도가 165리(「琉球國圖」
는 博多에서 167리), 惠羅武·大島 간은 前者가 145리, 後者가 145리, 大
島·度九島 간은 전자가 30리, 후자가 30리[53], 度九島·興論島 간은 전자가
55리, 후자가 55리, 興論島·琉球 간은 전자가 15리, 후자가 15리라 하여 「道
路里程」와 『海東諸國紀』 지도의 숫자가 완전히 일치하고 있다. 이것은 무엇
을 의미하는가 하면, 道安이 조선 정부에 헌상한 지도에는 道安이 거주하는
博多 기점이 기재되어 있었다는 점, 『海東諸國紀』 편찬 시에 「道路里程」에
壹岐에서 남쪽으로 가는 루트를 博多를 경유하지 않고 上松浦에 이르는 루트
를 기재했기 때문에 道安이 헌상한 지도의 기재에 차이가 생겼기 때문에
上松浦와 博多의 거리를 2리로 정하고 기계적으로 2리를 적게 표기한 것으
로 추정할 수 있다.[54]

---

53) 「琉球國圖」에는 大島·度九島 간, 度九島·興論島 간의 거리를 기록되어 있지 않지
   만, 大島·琉球 간의 거리가 100리, 度九島·琉球 간의 거리가 70리, 興論·琉球 간의
   거리가 15리라고 기록되어 있기 때문에 大島·度九島 간은 30리, 度九島·興論島 간
   은 55리가 된다. 또한, 惠羅武에서는 博多까지 167리, 大島에서는 博多까지 302리,
   度九島에서는 博多까지 342리, 興論島에서는 博多까지 397리라고 기록해 『海東諸
   國紀』의 上松浦까지의 거리와 2리의 차이가 있다.
54) 佐伯 2006.

이 「琉球國圖」는 17세기 말에 福岡藩內에서 그린 그림이지만, 어디서 누구의 그림을 그렸는지는 불분명하다. 道安의 子孫 혹은 그 관계자가 당시 博多 주변에 있었고, 원래의 그림을 소유했을 가능성이 있다. 앞으로 이 지도가 발견되기를 기대해 본다.

Ⅳ. 마치며

15세기에 활약한 博多의 貿易商人 宗金과 道安에 대해 검토해 왔다. 宗金과 그의 子孫들은 조선·중국에 대한 지향성을 지니고 있었으며, 중앙(室町幕府)과 지역 권력과도 깊은 관계를 가지고 있었다. 한편, 道安과 그 자손들은 조선에 대한 지향성도 갖고 있었으나, 주요 교역선은 琉球였으며, 琉球國王은 물론 薩摩 島津氏 등과의 관계 깊이를 추측할 수 있다. 남방으로의 지향이다.

두 가문의 事績을 종합하면, 15세기 博多 貿易商人 전체의 지향성이라 할 수 있다. 일본에서 조선에 헌상된 물품 중에는 蘇木이나 후추[胡椒]와 같이 동남아시아산 물품이 많이 포함되어 있다. 博多 商人의 조선 통교와 琉球 통교는 여기서 결합하는 것이다.

앞으로, 『朝鮮王朝實錄』이나 『海東諸國紀』 등의 記事에 대한 엄밀한 검증이 필요하지만, 그와 함께 일본 국내 사료의 발굴이 요망되는 부분이다.

朝鮮前期ソウルに来た宗金と道安

佐伯弘次｜九州大

Ⅰ. はじめに

　朝鮮前期の韓日關係(中世の日朝關係)は、 多元的で放射状の關係が特徴である。すなわち、朝鮮國王と日本國王(室町將軍)との關係よりも、朝鮮王朝と西日本の大名・領主・海民・商人等との關係の方がはるかに緊密であり、重要であった。西日本の各勢力の中でもとくに重要であった存在(キーマン)は、 對馬宗氏と博多商人であった。 まさにローカルがグローバルな存在であった時代である。本稿では、朝鮮前期の博多商人と朝鮮王朝の關係を主軸に考察することとする。

　中世の韓日關係史上で、 個人の生活なり、 生き方なりを檢討することは難しい。史料的に斷片的なものしか殘っていないことが多く、 場合によっては、『朝鮮王朝實錄』にも1回しか登場しない人物も多い。博多の貿易商人の場合、日本國內に史料が殘っていることは稀だが、『朝鮮王朝實錄』、『老松堂日本行錄』、『海東諸國紀』等に多く所見がある人物も多い。

　今回は、 中世の韓日關係で活躍した博多商人の中で、15世紀前半を代表する宗金と15世紀後半を代表する道安を中心に考えていきたい。その檢討は、 中世の様々な韓日關係の具体相や特色、さらには中世韓日關係における博多の位置づけを物語ることになる。

『海東諸國紀』1)は、宗金に關して、以下のように記している。

護軍宗家茂

乙亥年來受図書、受職、富商石城府代官宗金之子、宗金、大友殿所差、大友殿管下

(乙亥年(一四五五)、來りて図書を受け、職を受く。富商石城府代官宗金の子なり。宗金は大友殿の差(つかわ)す所なり。大友殿の管下なり。)

この記事は、宗金の子宗家茂に關する記事である。宗金について、「富商」で「石城府代官」であり、「大友殿の差す所」と記している。石城(府)は博多の異稱であるから、豪商で博多代官であり、豊後の大名大友氏が朝鮮に派遣した使者であったというのである。 1455年に受図書人となり、受職人となった、「大友殿管下」(支配下の人)という箇所は、宗家茂に關する記事である。大友氏領博多息浜に居住する人という意味である。

一方、道安については次のように記している。

護軍道安

曾爲琉球國使來聘於我、因是往來、乙亥年來受図書、丁丑年來受職、大友殿管下

(曾て琉球國使として我に來聘し、是に因りて往來す。乙亥年(一四五五)、來たて図書を受く。丁丑年(一四五七)、來りて職を受く。大友殿の管下なり。)

道安は、 護軍を冠するように、 朝鮮から官職を與えられた受職人であった。宗金と異なり、琉球國使として朝鮮に來朝したことがきっかけとなって朝鮮と往來するようになり、1455年に受図書人に、1457年に受職人になり、 大友氏の支配下にあると記されている。 宗金とは異なるキャリアであり、宗金より一世代後の人物であった。

この2人の博多商人と朝鮮との關係を追求し、 朝鮮通交における兩者

---

1) 田中健夫譯注『海東諸國紀』(岩波文庫、岩波書店、1991年)。

の性格の違いを明確にしていきたい。

Ⅱ. 韓日関係史上における宗金

1. 宗金の登場

宗金は、姓が明確ではない。「藤氏宗金」と自称したことがあるので、藤原姓であったことが推定される。子孫たちは宗姓を称しているが、宗金はそれを名乗ったことはない。宗姓と言えば、對馬宗氏との關係が想起されるが、對馬宗氏は本來、惟宗姓であり、後に平氏を名乗るようになるが、藤原姓を称したことはない。對馬宗氏の一族ではないことになる。また、「石城管事」「石城小吏」を称しており、大友氏の博多代官であったと推測している[2]

宗金が初めて朝鮮に通交したのは、1420年(世宗2・応永27)11月である[3]。この時、九州探題澁川義俊・平宗壽(板倉宗壽)・平滿景(板倉滿景)とともに、「石城商倭」宗金が遣使した。「商倭」は日本の商人という意味であるから、「石城商倭」とは、博多の商人という意味になる。同時に遣使した澁川義俊は九州探題として博多にいたし、板倉宗壽と板倉滿景は澁川氏の家臣であり、「石城管事」の板倉滿景は、澁川氏の博多代官であった[4]

これ以前、公家山科教言の日記『教言卿記』の応永13年(1406)から、同17年(1410)まで、京都在住の円福寺僧宗金の名前が登場する。この京都の宗

---

2) 佐伯弘次『朝鮮前期韓日關係と博多・對馬』(景仁文化社、2010年)。以下、宗金に關する叙述は主としてこれによる。
3) 『世宗實錄』2年11月己丑條。
4) 川添昭二『對外關係の史的展開』(文獻出版、1996年)。

金と博多の貿易商人宗金を同一人、つまり宗金が京都から博多に移住したとする見解がある[5]が、現時点の史料状況では、同一人とするには史料が不足している。かつ応永17年まで記事が見え、その後、博多の宗金の史料が登場するため、一見すると前後關係に矛盾はないように見えるが、これは、山科教言が応永17年12月15日に死去し、『教言卿記』の記事も同17年3月29日條で終了したためであり、教言がそれ以降も生きていたならば、円福寺僧宗金の記事はさらに續いていたものと思われる。したがって現時点では、兩者は別人という立場をとる。

　1419年(応永26)6月、朝鮮の大軍が對馬を攻擊するという事件が起こる。応永の外寇(己亥東征)である。この朝鮮の對馬攻擊に對して、室町幕府は大いに驚いた。この情報を入手し、室町幕府に通報したのは、博多にいた九州探題澁川義俊である。義俊は、博多の居僧・宗金を王所(京都)に送った。これが博多の宗金の初見である。この時、宗金は京都で、將軍足利義持側近の陳外郎(宗壽・宗奇)に會い、この事件を伝え、外郎はそれを足利義持に伝えた[6]。陳外郎宗壽は中國からの渡來者陳延祐の子である。延祐は貿易港博多に住んだが、子の宗壽は將軍足利義滿に招かれて京都に行き、医師・貿易商人となり、室町幕府の外交ブレーンとなった。

　この応永の外寇の後、事件の眞相を探るために日本國王使が朝鮮に派遣された。正使は博多妙樂寺僧・無涯亮倪であり、副使は陳宗壽の子で博多商人の平方吉久(陳吉久)であった。この日本國王使がいずれも博多の人物であるのは異例のことであり、この人選と國王使派遣には、九州探題澁川氏と陳外郎宗壽の意向が反映していると考えられる。

　日本國王使は翌1420年に歸國するが、それに同行して朝鮮から日本に

---

5) 田中健夫「日鮮貿易における博多商人の活動」(同『海外交涉史の研究』東京大學出版會、1959年)、上田純一『九州中世禪宗史の研究』(文獻出版、2000年)。
6) 『老松堂日本行錄』跋語(村井章介校注『老松堂日本行錄』岩波文庫、岩波書店、1987年)。

派遣されたのが、回礼使・宋希璟である。宋希璟の紀行詩文集『老松堂日本行録』によると、宗金は、博多在住の商人として、宋希璟一行の接待を行った他、一行に同行し、博多から京都までを往復している。これは、この時だけ特別に京都に派遣された譯ではなく、 遠隔地商人宗金の京都(畿内)との商業活動の一環であったと考えられる[7]。

『老松堂日本行録』によると、1420年3月4日に博多に到着し、某寺に宿泊した。一行は、九州探題や博多商人・僧侶たちに歡待された。これは、京都で初め室町幕府に冷遇されるのと對照的である。「僧宗金・善珍・宝倪・吉久殿等、日々連續して來り饋す」とあるように、宗金や平方吉久らは連日、宋希璟を酒食でもてなした。また、3月21日、一行は石城(博多)を出發して志賀島に宿泊したが、石城の僧宗金・善珍・道成らが船に乗ってやってきて、船上で送別の酒宴を開いた。そして、宗金は別の船で京都への往復に同行するのである。

一行は東に航海し、兵庫から上陸し、4月21日、京都に入った。宗金は、将軍足利義持の言を宋希璟に伝えるなど、兩者の仲介をしているが、主としてそれを担ったのは陳外郎と禪僧たちであり、『老松堂日本行録』にも、 京都滞在中の宋希璟との交流はほとんど記されていない。 これは、宗金が本來の京都訪問の目的＝商賣に従事していたからだと思われる。

宋希璟一行は、使節としての目的を達して、6月27日、京都を出發した。宗金は歸路にも同行したが、どこで合流したのかは不明であり、次に宗金が登場するのは、7月22日、安芸國蒲刈でのことである。『老松堂日本行録』は次のように記している。「其の地(蒲刈)に東西の海賊あり。 東より來る船は、東賊一人を載せ來れば、則ち西賊害せず。西より來る船は、西賊一人を載せ來れば、則ち東賊害せず。故に宗金、錢七貫を給いて東賊

---

7) 佐伯弘次「室町時代の博多商人宗金と京都・漢陽・北京」(中島樂章・伊藤幸司編『東アジア海域叢書11 寧波と博多』汲古書院、2013年)。

一人を買い載せ來る。其の賊倭此に到り、小舟に乘りて來りて曰く、『吾
れ來る、願わくば官人安心せよ』と」。蒲刈を境として、東西の海賊がお
り、宗金は彼らの慣習に則って、東の海賊を1人、錢7貫文(約70万円)で雇
い、航海の安全を期したのである。その結果、一行は瀬戸内海を無事、西
に航海することが出來た。宗金は京都との往復の経驗から、こうした海
の慣習を熟知していたのである。

　8月3日に博多に歸った宋希璟には、もう一つ課題があった。大宰府に
いる守護大名少貳滿貞との交渉である。宋希璟は往路、對馬で早田左衛
門太郎から、「此の島(對馬島)は乃ち小二(少貳)殿祖上相伝の地なり。二
殿若しこれを聞かば、則ち百戰百死すと雖もこれを爭いて已まざらん」
という言葉を聞いていたこともあり、少貳滿貞と面會して、その理解を
得る必要があった。希璟は、少貳滿貞と面會するため、滿貞と交友關係
がある宗金に少貳氏の意向を確認させた。その結果、少貳滿貞が對馬討
伐を恨んでおり、壹岐等の兵船を朝鮮に送ることも、宋希璟一行の歸路、
壹岐・對馬の間で一行の船を襲撃することも可能であると述べ、脅迫し
た。これに對し、希璟は宗金に反論し、滿貞に伝えさせた。滿貞は家臣を
博多に送って同様のことを述べ、希璟が同様に反論したことによって、
使者は納得し、對馬島を保護することを依賴し、少貳滿貞も實は「和好を
修する」ことを願っているという本音を引き出した。こうして少貳氏と
の交渉も終了し、一行は無事歸國した。宗金は守護大名である少貳氏と
も交流があり、宋希璟との仲介を行ったのである。

2. 日本史料に見える宗金

永享3年(1431)8月10日、室町幕府は次のような奉行人奉書を出した[8]。
(足利義教)(花押影)

宗金九州下向周防・長門兩國事、嚴密致警固、無其煩可被勘過之、次來
年二月上路(洛カ)云々、同以可致其沙汰之由候也、仍執達如件、

永享三

八月十日(飯尾)貞連

(飯尾)爲種

內藤肥後(智得)入道殿

將軍足利義教が袖判を行った奉行人奉書である。內容は、宗金が九州
に下向するので、周防・長門兩國では嚴重に警固を行い、煩いがないよ
うに通交させるべきこと、來年2月に上洛するので同樣の取り計らいと
行うように命じたものである。宛所の內藤肥後入道は、大內氏の重臣で、
長門守護代を務めた內藤智得(盛貞)である。この直前の永享3年6月28日、
少貳氏・大友氏等と戰っていた大內氏当主盛見が筑前國怡土郡で敗死し、
中國地方西部から北部九州にかけての政治情勢が極めて不安定になって
いた時期である。このような時期に京都から博多に下向する宗金が無
事に下向できるように、室町幕府は大內氏の重臣內藤智得に宗金の庇護
を命じたのである。こうした政治的に不安定な時期においても宗金は京
都と博多を往來していたことがわかる。宗金に對して、外交や政治上の
問題に關して、室町幕府の何らかの指示が行われていたのかもしれな
い。永享4年8月に久しぶりの遣明船が兵庫を出發している。前年といえ
ば、遣明船派遣の諸準備がなされていたし、当の宗金もこの時の遣明船
で入明している。そうすると、宗金の上京、下向、上京、室町幕府の保護

---

8) 「御前落去奉書」(『室町幕府引付史料集成上』近藤出版社、1980年)。

という動きは、宗金が室町幕府の命を受けて遣明船派遣の準備をしていたことを物語っているようである。また、このように室町幕府が宗金の往來を保護していることは、藤九郎が宗金について語った言葉の中の「日本國王賜御書於宗金、故到處皆厚接」という記事と符合する。日本國王が宗金に与えた「御書」がまさにこの文書である。

　「兵庫北關入船納帳」[9]は、文安2年(1445)の東大寺領兵庫北關に入港した船のリストであり、船籍地、積荷・數量、關錢、納入日、船頭、船主(問丸)が記されている。ここにも宗金が登場する。すなわち、同年卯月九日入船の記事に、門司の船(船頭太郎左衛門)に米120石を積んでおり、16石は大内過書、45石は新善法寺過書、20石は田中(カ)殿過書という注記がある。新善法寺と田中殿はいずれも石清水八幡宮の祠官であり、九州の石清水八幡宮領の年貢を畿内に輸送していたことが推測される。莊園領主は、關所で關錢等を免除する過書(過所)を發行していたのである。

　一方、16石の米の大内過書とは、16石の米(年貢か)に關して關錢等の免除を求めた大内氏の過書であったと考えられる。これには、「此過書、宗金ト門司□□ト二樣指出アリ」という注記がある。この16石の米に關して、宗金と門司某から2種類の大内氏過書が提出されたというのである。この米もやはり、九州の莊園か直轄領からの年貢であると考えられる。宗金と門司某の關係は不明であるが、宗金が北部九州から畿内への年貢の運搬に關与していることが推測される。これも、彼の廻船商人としての活動の一端であろう。

3. 宗金の朝鮮通交

　宋希璟一行が歸國した直後の1420年11月、「石城商倭宗金」は朝鮮に遣

---

9) 林屋辰三郎編『兵庫北關入船納帳』(中央公論美術出版、1981年)。

使して、土宜(特産品)を献上した[10]。この時、宗金は九州探題澁川義俊・板倉宗壽・板倉満景と同時に遣使しており、博多商人と九州探題が連携した遣使であったと考えられる。これに對して朝鮮は宗金に答書し、綿布70匹を回賜した[11]。宗金の初めての朝鮮通交が受け入れられたのは、回礼使宋希璟一行への厚い接待と京都への護送の功績が認められたためと考えられる。

宗金は後に朝鮮から図書を与えられ、受図書人になるが、それ以前の1420年11月から25年7月までを、宗金の朝鮮通交の第1期と規定する。この第1期には、5回の通交が確認されるが、とくに1425年1月には、鏤金酒旋子と鑞鐵(鐵のこと)を献上し、正布190匹を回賜されていることは注目される。酒旋子は金で装飾した酒器=工芸品であるが、鐵は鉱産物であり、まさに貿易商人としての通交であったといえる。

その後、宗金は、1425年10月、朝鮮に遣使し、10月18日、その請により、図書を造給された[12]。こうして宗金は受図書人となり、朝鮮通交權を獲得した。当時、韓日關係では、授図書の制が始まったばかりであり、宗金は、その流れに乗って図書を請求し、認められたのである。この時期は九州探題澁川氏が博多から肥前に没落した直後であり、九州探題とその家臣たちの朝鮮通交を下支えしていたと考えられる宗金は、より確實な通交を志向したため、図書の求請=受図書人化を図ったものと推測される[13]。これ以降の宗金の朝鮮通交は第2期と規定される。

翌1426年11月、「日本筑州石城管事」の宗金は、人を遣わして礼曹に書を出し、図書の賜給を感謝した。そして、摺扇100本・樟腦5斤・大刀10柄・犀角1頭・鬱金20斤・銅200斤・藿香20斤・硫黃1000斤を献上し、正布240匹を

---

10) 『世宗實錄』2年11月己丑條。
11) 『同』3年正月己巳條。
12) 『同』7年10月癸未條。
13) 佐伯 2010。

回賜された。日本産の工芸品·武具·鉱産物、中國や東南アジア産の藥材·
香料など內容は多彩であり、 博多を據点とした貿易行爲を行っている。
またこの時、少貳滿貞も同時に使者を朝鮮に派遣しており、宗金がこれ
にも關与した可能性がある。

　この1426年11月から1450年11月までの第2期25年間に、宗金は、26回の
通交を行った。平均すると、1年1回の通交である。宗金の獻上品は、日本
産の工芸品·鉱産物、東南アジア産の藥材·香料·染料、中國産の藥材であ
り、 回賜品としては、 綿布·正布·綿紬·燒酎·田犬·大藏経等であった[14]。
東南アジア産·中國産の物資は、琉球の中継貿易等によって博多にもたら
されたものであろう。獻上品としては、銅や硫黄といった鉱産物が多い
ことが特徵である。また、回賜品は、繊維品が主であるが、最後の通交で
は、大藏経を求請し、与えられている点が注目される。田犬(狩獵犬)は豊
後の守護大名大友持直の依賴を受けて、朝鮮に求請したものであった。

4. 宗金のソウル訪問

　通交の形態としては、「遣人獻土物(土宜)」という使人を派遣しての通
交が主体である。使者としては、子弟を派遣する場合とそれ以外の人物
を派遣する場合があった。また、1429年、1434年、1447年、1450年の4回
は、自身で渡航している。この4回について見てみよう。

1) 1429年の渡航

　1429年11月、宗金は朝鮮に渡航した。その名目は、前年に朝鮮が日本

---

14) 佐伯 2010。

に派遣した通信使船の船員2名が病氣になったので送還するというものであったが、同時に宗金は日本國王使としての渡航でもあった[15]。前年の「日本通信使」朴瑞生は、前日本國王(室町將軍)の足利義持を弔い、新國王足利義教の就任を祝賀するという目的で派遣されていた。これに對して、博多商人の宗金が日本國王使に拔擢されたのである。世宗は、この日本國王使派遣を、「日本國、其王薨、不遣使訃告、及卽位、又不遣使通好、我國亦不必遣通信使也、然在我交隣之礼、不可不修、故遣使致賻、且賀卽位、彼宜報謝、又不遣使、反因求請、乃遣宗金、失礼之中、又失礼焉」と非難している[16]。朝鮮と日本の對外交渉の姿勢の違いがよくわかるものである。室町殿足利義持が没したのは、1428年(正長元)正月18日であり、同年3月12日、弟の足利義円が時期將軍として還俗して義宣(後に義教)と名乗った。この情報を朝鮮に伝えたのは、對馬の早田左衛門太郎、博多の宗金、博多にいた室町幕府奉公衆小早川淨嘉(則平)、大宰府の少貳滿貞らであった[17]。

　この時、足利義教は、中國産の「綵段」(あやぎぬの段物)を朝鮮に求めていたが、日本國王使宗金派遣の眞意はそこにあった譯ではない。朴瑞生と京都で對面した足利義教は、瑞生に對して、父王(足利義滿)の遺志を継ぐために上國(明)に仕えたいと思うと述べ、朝鮮國王に對して、その意志を明に伝達するように求めた。足利義持の時期に明への朝貢を斷絶したため、義教はこれを復活しようとして、朝鮮経由でその意志を明に伝達しようとしたのである。このため、朝鮮通交の實績があり、明との貿易の経驗が蓄積されている博多の商人宗金が日本國王使に任命されたと考えられる。しかし、朝鮮から明に、朝貢を拒否した日本の意志

---

15) 『世宗實錄』11年11月辛酉條、12月辛巳條他。
16) 『同』11年12月辛巳條。
17) 佐伯 2010。

を伝達することは容易ではなく、この交渉は失敗に終わった。

2) 1434年の渡航

「商倭宗金、來獻土宜」[18]とあるばかりで、土宜の内容も自身が渡航した目的も不明である。前年、宗金の子家茂が朝鮮に遣使した時の記事に、「宗金、輸款有旧、今朝于上國、其子家茂使人來獻方物」[19]とあるため、宗金は前年の1433年に復活した遣明船に乗り、入明していたことがわかる。明からの歸國直後に、朝鮮に渡航したことは宗金にとって何らかの意味があったに相違ない。

3) 1447年の渡航

1447年4月、宗金は朝鮮に渡航し、「私物」を全て京に輸送せんことを願い出た[20]。この限りでは、自己の貿易を完遂するための渡航であったが、5月26日、宗金ら50人は勤政殿西庭に行って肅拝し、土物を獻上した。王世子は継照堂内で宗金と引見し、「艱難辛苦して遠方からやって來た。予は眞心を褒める」と述べ、宗金は「王の德は大変重く、風は穏やかで海を渉った。かつ道中、接待が大変厚かった」と答えた[21]。これまでの朝鮮通交の實績と朝鮮に對する貢獻から、こうした厚い接待をされたのである。

しかし、この時の宗金の活動はそればかりではなかった。宗金は、日本で被虜となっていた唐人(明人)の觀音保を朝鮮に連れて來て、彼を中國に送還するように要請した[22]。朝鮮政府内ではこの要求に応えるべき

---

18) 『世宗實錄』16年12月己酉條。
19) 『同』15年11月甲申條。
20) 『同』29年4月庚辰條。
21) 『同』29年5月丙辰條。
22) 『同』29年5月丙辰條。

かどうか、議論がなされたが、結局、中國に送還することになった。

4) 1450年の渡航と宗金の死

　1450年11月、宗金は朝鮮に渡航し、土物を獻上した。12月1日、宗金ら18人は輝德殿に進香した。そして大藏経を求請し、善山府得益寺所藏の大藏経3800卷を給与された[23]。　日本の1商人が大藏経を給与されることは異例のことであった。これが宗金最後の通交である。

　1455年7月、礼曹判事姜孟卿は、倭護軍藤九郎と接見し、日本や日本人通交者等について質問した。その中で、「宗金という富人がいると聞くが、いかなる人か、子孫があるかどうか」と質問すると、藤九郎は、「富人也、又有子孫、年前八月物故、宗金之言曰、『吾子三人、皆謁朝鮮國、獨末子未謁、將伝図書於末子』、往謁朝鮮、面囑而死、日本國王賜御書於宗金、故到處皆厚接、昔日、大內、小二殿相戰時、他富人未免兵禍、宗金得脫」[24]と返答した。これによると、宗金は富者で、子孫があり、昨年(1454)8月に死去したこと、子供3人は朝鮮國に渡ったことがあるが、末子はまだなく、末子に図書を継承させようとして朝鮮に到り、それをお願いして死去したこと、日本國王が文書を宗金に与えたため、宗金の到るところ皆厚く接待したこと、昔、大內氏と少貳氏が戰った時、他の富人は戰爭の被害を逃れることができなかったが、宗金はそれを免れたことを述べている。

　宗金には計4人の子がいたことになる。　宗金は末子に自分の朝鮮貿易權=図書を継承させたかったが、彼の図書を継承したのは、長子の宗家茂であった。宗金の子孫としては、子の宗家茂・宗性春、孫の三未三甫羅(左衛門三郎か)・宗茂信らが朝鮮や明との外交・貿易で活躍した。

　宗金は受図書人として朝鮮に通交する一方で、　日明貿易にも關わり、

---

23) 『文宗實錄』即位年12月癸未條。

24) 『世祖實錄』元年7月丁酉條。

長子の宗家茂は、受図書人・受職人として、朝鮮通交を継續した。その一族・子孫たちも朝鮮通交に關わったが、次第に對馬宗氏の傘下に入るようになる。それと並行して日明貿易や琉球貿易に深く關わった。宗金とその一族は、15世紀の博多貿易商人を代表する存在であったと言える。

Ⅲ. 韓日関係史上における道安

「はじめに」で示したように、『海東諸國紀』によると、道安は、琉球國王使として朝鮮に來聘し、それによって朝鮮に通交するようになり、受図書人・受職人となった。時期的には、宗金の子宗家茂と同世代であり、宗金とは異なる経緯で朝鮮と關わりを持つようになった。その具体相を史料から見ていきたい。

　道安についても、宗金と同様に姓が不明である。道安について、『朝鮮王朝實錄』では、「日本僧」「倭僧」「僧」と出てくるので、僧体＝出家した人物であったことがわかる。さらに「琉球國使者覇家島冷泉津平氏護軍道安」という表現もある25)。「覇家島」は博多のこと、冷泉津は博多の異称である。「平氏」という表現から、道安が平姓であったことがわかる。藤原姓を名乗る宗金と同様、道安も俗姓が不明である。

1. 琉球國王使としての道安

　道安は、朝鮮-博多-薩摩-琉球という東アジアの交易ルート上で活動する貿易商人であったことはすでに指摘されている26)。道安の韓日關係に

---

25)『同』5年正月癸巳條。
26) 田中 1959。

おける初見は、端宗元年(1453)3月に琉球國王使として朝鮮に渡航したことである[27]。道安は、1453年、1455年、1457年の3回、琉球國王使として朝鮮に渡航している。それぞれの通交について見てみよう。

1) 1453年の琉球国王使

1453年3月、「琉球國王使者道安」が慶尙道富山(釜山)浦に到着したので、內膽寺尹鄭自濟を派遣して接遇させた。朝鮮政府は、道安の名前が倭名に似ているので、使者に詳しく問い、もし琉球國人でない場合は、倭人の例をもって接遇するように指示した[28]。同年4月24日、「琉球國中山王尙金福使」道安は方物を獻上した。この時の琉球國王尙金福の咨文で、朝鮮の人民が大風に遭い、日本薩摩州七島嶼に漂着し、奴隷とされていたところ、琉球國の船が彼らを發見し、買い取って琉球に連れ歸ったこと、琉球國王は彼らを厚く保護して、朝鮮に送還する機會を窺っていたところ、日本花島(博多のこと)から進物を贈る船が到着したので、その船頭道安が博多に歸る時に2名の漂流民を預けたことが記されている[29]。

同年5月11日、琉球國王使道安は、礼曹の祝宴に招かれた。この時礼曹は、道安が述べたことを記録し、これを國王に言上した[30]。この道安の發言によって、事の次第が一層明らかになった。それによると、以下のような経緯があった。庚午年(1450)、朝鮮の人4名が、臥蛇島に漂着した。この島は、琉球と薩摩の中間にあり、半ばは琉球に屬し、半ばは薩摩に屬した。ゆえに2人は薩摩人が得て、2名は琉球國王弟が「岐浦島」(喜界島)に遠征した時に見つけて買い取り、琉球國王に獻上した。琉球國王は、

---

27) 『端宗實錄』元年3月戊辰條。以下、道安と朝鮮の關係に關しては、主として佐伯2010による。

28) 同前。

29) 『端宗實錄』元年4月辛亥條。

30) 『同』元年5月丁卯條。

宮殿内に2人を住まわせて、厚くもてなした。國王はかつて琉球人が朝鮮に漂流した時、朝鮮が保護し、厚く待遇して琉球に送還したことを感謝しており、博多から來た道安に送還を託したのであった。

　道安は、温暖な氣候や米の二期作、産物、衣服、商船が四方から集まるため、諸國の物品でないものはないことなど、琉球に關する情報を傳えた。いま一つ、道安は重要な發言と行爲を行っている。それは、博多から琉球に到るルートに關する情報である。道安の言によると、琉球國と薩摩の關係が良好であったので、博多の人は薩摩を経由して琉球に行ってもじゃまされることがなかった。近年、琉球と薩摩が不仲になったので、薩摩ですべて捕虜となり、財物を奪われるようになった。このため反對に、大洋から連なって琉球に行くことになったのは大変難儀なことである。今回我らが(博多から琉球に)出てくる時、商船2艘が略奪にあった、と述べ、「博多・薩摩・琉球相距地図」(博多・薩摩・琉球あい距(へだ)つる地図)を提示した。「薩摩」の主體は、守護島津氏である。近年、琉球國と薩摩島津氏が不仲になったというのは、当時琉球は奄美大島周辺に遠征を行っており、勢力を北方に擴張しようとする琉球と南方に擴張しようとする島津氏の利害が衝突し、兩者が不仲になったものと推定される。そのため、九州から琉球に渡航する船は、從來は薩摩経由で島伝いに琉球に渡航していたのが、島津氏の妨害・略奪行爲により、「大洋」すなわち東シナ海を直接渡海しなければならなくなったため、難儀であると、朝鮮政府にアピールし、航海の困難さを述べたのである。

　その後、「博多・薩摩・琉球相距地図」は4件模寫され、宮中・議政府・春秋館・礼曹の各所に分藏された[31]。これが『海東諸國紀』所收の日本・琉球地図のもとになったのである。

　同年6月、道安は歸國の途につき、朝鮮國王から琉球國王に對する國書

---

31) 『同』元年7月己未條。

(答書)が与えられた。 そして琉球國王に与えられる鞍以下の「土宜」が示
されているが、 その後に、 「其進上銅鑞鐵及蘇木答賜紬二千五百七十七
匹・綿布三千八百六十匹・布七千七百七十九匹」と記されている[32]。 ここで
の琉球からの進上品の内、 銅・鐵(鑞鐵)は日本國內産の鉱物であり、 琉球
國王から朝鮮國王への進上品ではありえない。 使者道安の個人的な貿易
品と捉えることができる。 蘇木は東南アジア産の染料であるが、これも
琉球を介して道安が入手した貿易品と考えられる。そうすると、道安は
單なる琉球國王の使者ではなく、自身の貿易も兼ねた使行であったとい
える。しかも大量の輸出品と携行しての貿易であった。

2) 1455年の琉球国王使

　1455年8月、「琉球國使者」倭僧道安が勤政門での朝参に供奉し、國王尙
泰久の書契を進上し、花錫・蘇木各千斤を献上した[33]。世祖は、「本國漂
流人口、再度刷還す。甚だ喜ぶ」と述べ、道安は「願わくば藏經を得て持
ちて歸らん」と答えた。世祖は道安に食事をおくらせた。2回目の琉球國
王使としての朝鮮渡航である。世祖の言葉から、今回も琉球への朝鮮漂
流民を送還したことがわかる。　道安がもたらした琉球國王からの贈品
は、花錫・蘇木各千斤という内容であり、道安は琉球國王の要請で、大藏
経を要求した。この時の渡航は1453年の初回と異なる点がある。それは、
前回の琉球國王尙金福の外交文書が「咨文」であったのに對し、今回の國
王尙泰久の外交文書が「書契」である点である。咨文は對等な關係の地位
において往復される公文書であるが、書契は一般的な文書である。この
点については、本來、琉球國王から朝鮮國王に出される公文書は咨文で
あり、書契を持参する使節は偽使であることが指摘されている[34]。この

32) 『同』元年6月庚子條。
33) 『世祖實錄』元年8月戊辰條。

原則にのっとれば、この時の琉球國王使道安は偽使であったことになる。

　琉球國王からの贈物は、暹羅國(シャム)特産の鉱産物・花錫と東南アジア産の染料・蘇木の2種類であったが、この時、道安は、銅・鑛鐵(鐵)・蘇木を大量にもたらし、それを全て浦所＝三浦で交易したいと朝鮮政府に願い出ており、朝鮮政府を悩ませた[35]。もたらした量は、正布9万余匹に相当するという膨大な量であった。道安の渡航の目的は、自らの貿易にあったのであり、これは1453年の渡航と同じ性格を持っている。

　同年12月14日、世祖は慶會樓で道安・井太郎や野人らを引見し、酒を下賜し、道安・井太郎に對して、虎豹皮各1張・細紬3匹・藥囊を下賜した[36]。翌年1月7日、道安は世祖に暇乞いをした[37]。この直後に歸國の途についたと思われる。『實錄』には記述がないが、『海東諸國紀』では、1455年、道安は受図書しており、琉球國王使として漂流民を送還した功績によって、図書を与えられ、受図書人となったと推測される。

3) 1457年の琉球国王使

　道安は、1457年7月14日、「琉球國王使者」倭僧道安ら15人が朝鮮に來朝し、土物を獻上した[38]。濟州人韓金光らが琉球に漂流したため、琉球國王が金光らを道安に託して送還させたというものであった。前回と同じパターンである。世祖は、7月19日、思政殿で道安ら13人を引見した[39]。琉球國王使者の倭僧道安と倭信沙也文(信左衛門か)には、護軍職が授けられ、銀帯が下賜された[40]。道安は、3回、琉球國王使として朝鮮漂流民を送

---

34)　橋本雄『中世日本の國際關係』(吉川弘文館、2005年)。
35)　『世祖實錄』元年9月戊寅條。
36)　『同』元年12月乙卯條。
37)　『同』2年正月丁丑條。
38)　『同』3年7月乙亥條。
39)　『同』3年7月庚辰條。

還した功績により、受職人となった。『海東諸國紀』の記述と一致する。

　同年7月22日、世祖は道安に礼曹にて宴會を賜った[41]。道安は、酒宴の最中に歌いかつ舞った。礼曹判書李承孫が道安に、「國王が汝に護軍職を授けた。汝はこのことを知っているのか?」と言った。道安は額ずいて恭しく礼を述べ、「(私は)本國に歸らず、ここに居住することを願います」と述べた。護軍は正四品の軍官であり、他の倭人の受職する官職より高い位にあったため、李承孫は酒に酔って歌舞する道安の姿に失望し、このような發言をしたものであろう。 道安はここに居住すると言ったが、留まることなく、歸國する。同年9月13日、道安は別れの挨拶をした。3回目の道安の通交は、記事が簡單で、內容がよくわからない。この時、道安に託して朝鮮國王から琉球國王に贈られたものは、「綿布・紬布・書契」[42]であったことからすると、この時の琉球國王の外交文書も書契であった可能性が高い。したがって、1455年の例と同様、この時の琉球國王使も偽使であったと考えられる。

　翌1458年3月、琉球國王が朝鮮に人を遣わし、土物を獻上した。その琉球國王咨文に、「琉球國、去歲蒙賜礼物幷大藏尊経」[43]とあって、前年の1457年に朝鮮は礼物とともに大藏尊経すなわち大藏経を琉球に贈ったことがわかる。 前年にそれを委託された琉球の使者は道安に他ならない。つまり、道安は偽の琉球國王使として、1455年に大藏経を求請したが、これを贈られたのは1457年の3回目の琉球國王使の時であった。しかも、3回目も偽使であったのであるが、 朝鮮が贈った大藏経は琉球國王のもとに到着していた。道安の偽使としての朝鮮通交は、自身の貿易機會の獲得という性格を持っていたが、それだけではなく、琉球側の意

---

40)『同』3年7月壬午條。
41)『同』3年7月癸未條。
42)『同』5年正月癸巳條。
43)『同』4年3月戊戌條。

向や事情も勘案しての通交でもあった可能性がある。ここに道安の朝鮮
通交の性格がよく出ていると考えられる。

1457年の歸國時、道安は、對馬島沙浦(佐賀か)で、朝鮮國王が琉球國王
に贈った礼物や道安自身の交易物を奪われたと朝鮮に訴えた[44]。これに
怒った朝鮮政府は、對馬宗氏に對して、犯人を究明し、奪った物を返還
するように命じた。これに對して、對馬の「關所鎮守」である秦盛幸が朝
鮮に回答の書契を送り、道安の主張は虚說であると反論した。朝鮮政府
は、この宗氏側の主張を信用した。この結果、道安は虚僞の主張をした
と認定され、また對馬宗氏の怒りを買った。道安は、受図書人・受職人と
いう二重の朝鮮通交權を獲得したが、これを自身の朝鮮通交に十分に活
用したとは言いがたい。受図書人・受職人はいずれも、朝鮮に通交する
時には對馬宗氏の文引を獲得することが必要であり、その發行者は佐賀
在住の秦盛幸であった。宗氏を怒らせた道安が文引を獲得することは難
しく、円滑な通交を確保することは困難であった。

2. その後の道安の朝鮮通交

その後、道安が朝鮮に通交したのは、1468年12月のことである。「日本
國冷泉津倭護軍道安 來遣土物」[45]という記事が見える。「護軍」という受
職人としての自身渡航である。その次は、1473年6月に「倭護軍」道安が來
朝している記事があるのみで[46]、受図書人としての通交はほとんどな
く、受職人としてもそれほど頻繁に通交はしていない。その一つの原因
は、對馬宗氏との關係惡化であるが、道安は、博多-琉球間を往來する琉

---

44) 『同』5年正月癸巳條、正月戊戌條、8月乙丑條、8月壬申條。

45) 『睿宗實錄』卽位年12月庚寅條。

46) 『成宗實錄』4年6月丁丑條。

球貿易が主體であった商人と考えることもできる。

　道安の子孫としては、　四郎三郎(四郎)と林沙也文(林左衛門か)の二人が確認される。四郎三郎は、1476年10月に、「道安子」として初めて朝鮮に來朝した[47]。　1479年10月に「司正」(正七品)、　1491年正月[48]と1493年3月[49]に「司果」(正六品)として渡航している。父と同樣、何らかの功績によって受職し、受職人となって自身渡航した。その際に自身の貿易を行ったと考えられるが、内容は不明である。

　1497年、濟州島に出身地が不明の人々が漂着した。朝鮮政府は、彼らに關して、漢陽の東平館に滯在していた倭人に尋ねた。多くの者は彼らがいかなる國の人か知らなかったが、宗材盛使送の和知難麗毛と國久使送の四郎三郎が、琉球人であると述べた[50]。その後、これら漂流民をいかに琉球に送還するかが問題となり、政府内で議論がなされた。この四郎三郎は、「俺昔隨父、往返琉球、今已二十余年、此輩服色、正是琉球人也」と發言した。　この國久使送として東平館に滯在中であった四郎三郎は、道安の子であり、父に從って琉球と往復すること20年になると述べているのである。國久は、『海東諸國紀』對馬州の出てくる宗播磨守國久で、「對馬州佐護郡代官」であって、　受圖書人で歲遣船1船の定約者であった。道安の子四郎三郎は、受職人でもあり、自身の通交權を有していたが、對馬の有力者宗國久の使送人として、その朝鮮通交の下支えをしていた。宗國久は、『海東諸國紀』に「今、兵を領して博多に在り」と記されており、応仁の亂中に九州に出兵し、博多に滯在していた。この時、貿易商人道安やその子四郎三郎と知り合ったものと考えられる。道安の子の時代になると、道安家は對馬宗氏の傘下に入り、その通交・貿易の下支え

47) 『同』7年10月辛卯條。
48) 『同』22年正月丙戌條。
49) 『同』24年3月庚辰條。
50) 『燕山君日記』3年10月壬午條。

を行う存在ともなっていた。これは宗金家と全く同じ傾向である。

　道安のもう一人の子林沙也文については、『海東諸國紀』に記載がある。

　司正林沙也文

　道安の子なり。庚寅年(1470)、其の父に從いて來り、職を受く。大友殿管下なり。

　林沙也文も、道安や四郎三郎と同様に、受職人として活動した。ただし、『朝鮮王朝實錄』には、1485年5月に「倭司正林沙也文」が來朝したという記事[51]が見えるのみである。林沙也文も、琉球貿易が主体であったためか、受職人になったにもかかわらず、活發な朝鮮通交は行っていない。

3. 道安と「琉球國図」

　1453年5月、道安が朝鮮政府に對し、「博多・薩摩・琉球相距地図」を獻上したのは、おそらくいかに自分が苦勞をして博多と琉球の間を往來しているかを朝鮮政府にアピールする目的であったと考えられる。その地図は複数の模寫がなされ、それが『海東諸國紀』所收の地図の基礎になったことはすでに述べたところである。道安は地図史上においても重要な役割を果たした。

　『海東諸國紀』には、「海東諸國總図」「日本本國之図」「日本國西海道九州之図」「日本國一岐島之図」「日本國對馬島之図」「琉球國之図」「熊川薺浦之図」「東萊富山浦之図」「蔚山塩浦之図」が收められている。「海東諸國總図」は、朝鮮の東南端と日本列島・琉球が描かれた地図であり、とくに琉球の地図としては最も古いものとして知られている。「日本本國之図」はいわゆる行基図であるが、國の中央に「日本國都」があり、そこに「天皇宮」と「國王殿」とある。また、そこには、「畠山殿」「細川殿」「武衛殿(斯波

---

51) 『成宗實錄』16年5月癸丑條。

氏)」「山名殿」「京極殿」といった室町幕府重臣の守護大名の名前が記されている。本州西端の周防國には、「大內殿」の名前が見える。西日本の海域には、白い線で船の航路が記されている点も注目される。

「日本國西海道九州之図」は、九州とその周辺の島々が描かれている。「小二殿」「大友殿」「千葉殿」「節度使(九州探題)」「菊池殿」といった有力大名・國人の名前が記される。また、西日本と同様に、航路が白線で記されている。この白線は、行き先が明示されており、「自兵庫浦」「自赤間關」「指赤間關」「指出雲州」「指岐瀬渡浦」「指岐毛都伊浦」「指大島」といった文字が記されている。この当時の海上交通路が明示されており、興味深い。九州西岸には博多から出た白線が南の方に伸びている。この白線は、下松浦付近から二つに分かれ、西海岸沿いに南に行くルートと東シナ海を直接大島に行くルートに分かれる。沿岸ルートが、道安が「薩摩を経て琉球に往く」と指摘した薩摩を経由する從來のルートであり、直接ルートが、道安が「大洋より迤邐して行く」という新しいルートである。このように、道安の發言がストレートにこの地図に表現されており、「博多・薩摩・琉球相距地図」というのは、この二つの地図を合わせたものであったと言える。

九州南方の白線は、「琉球國之図」につながっている。「琉球國之図」には、琉球國都＝首里の城壁が描かれ、海岸部には「那波皆渡」＝那覇港と記され、その湾口には「江南・南蛮・日本商舶所泊」という注記がある。江南(中國)・南蛮(東南アジア)・日本からの商船が那覇港に停泊していたことを物語っている。

これらの地図に描かれる九州と琉球の間には、多くの島が存在する。この島嶼部で注目されるのは、島それぞれの名前とともに注記がなされている点である。例えば、種島(種子島)には、「上松(浦)を去ること一百七十五里、大島を去ること一百五十五里」と上松浦と大島(奄美大島)から

の距離が日本里で記されている。鬼界島(喜界島)には、「琉球に屬す。上松を去ること二百九十八里、大島を去ること三十里」とあり、鳥島には、「琉球を去ること七十里」とあり、惠平也島(伊平屋島)には、「琉球を去ること二十里、上松を去ること三百九十五里」とある。これらの記述を總合すると、上松浦・大島・琉球がこれらの航路の起点とされていることがわかる。いずれも海の航路上の重要な地点であった。近年、沖縄縣立博物館所藏「琉球國図」が注目されている[52]。『海東諸國紀』の地図によく似ているからである。この「琉球國図」は、1696年(元祿9)8月に福岡藩士竹森道悅によって太宰府天滿宮に奉納されたものである。地図は彩色され、山や海の描き方に『海東諸國紀』地図とは相違点があるが、島々の配置や航路・注記の仕方は共通しており、両者の關係性が高いことを物語っている。「琉球國図」の方が大和繪風であり、近世の寫しではあるが、道安の獻上した地図に近いと考えられる。

ただし、明確な相違点がある。それは、島々の注記の内容である。例えば、「種島」(種子島)の記述では、『海東諸國紀』では「去上松一百七十五里、去大島一百五十五里」とあるのに對し、「琉球國図」では「自博多百七十七里、至大島百五十五里」と2里の差があるのである。他の島の記述も同様で、2里の差が出ている。したがって、『海東諸國紀』は上松浦起点、「琉球國図」は博多起点の似てはいるが別々の地図という考え方もできる。道安が獻上した地図は、「博多・薩摩・琉球相距地図」とあり、上松浦ではなく、博多が起点であったと思われる。そうすると、それを模寫したはずの『海東諸國紀』の地図と起点・距離がなぜ異なるのか。両者の距離數を見ると、博多起点と上松浦起点では、2里の差がある。つまり博多と上松浦は、日本里の2里(約8km)の距離があることになるが、上松浦の中心地

52) 上里隆史・深瀨公一郎・渡辺美季「沖縄縣立博物館所藏『琉球國図』」(『古文書研究』60、2005年)、佐伯弘次『海東諸國紀』の日本・琉球國図と『琉球國図』」(『九州史學』144、2006年)など。

唐津と博多(福岡市)の距離は約50kmであり、 日本里で12.5里になる。2里
という距離設定は、現地をよく知らない人物が設定した可能性が高い。

　『海東諸國紀』「琉球國紀」の「道路里程」には、富山浦から琉球までの経
路と里数が記されている。これによると、富山浦-(48里)對馬島都伊沙只
(豊崎)--(19里)船越浦-(48里)一岐島風本浦-(5里)毛都伊(元居)浦-(13里)肥前
州上松浦-(165里)惠羅武(口之永良部)-(145里)大島-(30里)度九島(德之
島)-(55里)興論島(与論島)-(15里)琉球國都とあって、 全てで543里と日本
里で記されている。上松浦・惠羅武間の距離は、『海東諸國紀』地図が165
里(「琉球國図」は博多から167里とする)、 惠羅武・大島間は前者が145里、
後者が145里、大島・度九島間は前者が30里、後者が30里[53]、度九島・興論
島間は前者が55里、後者が55里、興論島・琉球間は前者が15里、後者が15
里と、「道路里程」と『海東諸國紀』地図の数字は完全に一致している。こ
れは何を意味するかと言えば、道安が朝鮮政府に獻上した地図には道安
が居住する博多起点の記載がなされていたこと、 『海東諸國紀』編纂時
に、「道路里程」に壹岐から南方に行くルートを博多を経由せず、上松浦
に到るルートを記載したため、 道安獻上の地図の記載を差が生じたた
め、上松浦と博多の距離を2里と定め、機械的に2里少なく記したという
ことが想定できる[54]。

　この「琉球國図」は17世紀末に福岡藩內で寫された繪図であるが、どこ
で誰の繪図を寫したのかは不明である。道安の子孫もしくはその關係者
が当時、博多周辺にいて、元となった繪図を所有していた可能性がある。

---

53) 「琉球國図」には、大島・度九島間、度九島・興論島間の距離を記さないが、大島・琉球
　間の距離が100里、度九島・琉球間の距離が70里、興論・琉球間の距離が15里と記して
　いるので、大島・度九島間は30里、度九島・興論島間は55里となる。なお、惠羅武で
　は博多まで167里、大島では博多まで302里、度九島では博多まで342里、興論島で
　は博多まで397里と記し、『海東諸國紀』の上松浦までの距離と2里の差がある。
54) 佐伯2006。

今後、この地図が發見されることを期待したい。

　　　　Ⅳ．おわりに

　15世紀に活躍した博多の貿易商人宗金と道安について檢討してきた。宗金とその子孫たちは、朝鮮・中國への志向性を持っており、中央(室町幕府)や地域權力とも深い關係を持っていた。一方、道安とその子孫たちは、朝鮮への志向性も持っていたが、主たる交易先は琉球であり、琉球國王はもちろんのこと、薩摩島津氏等との關係の深さが推測される。南方への志向である。

　両家の事績を總合すると、15世紀の博多の貿易商人全体の志向性ということができる。日本から朝鮮に獻上される物品の中には、蘇木や胡椒のように東南アジア産の物品が多く含まれている。博多商人の朝鮮通交と琉球通交はここで結合するのである。

　今後、『朝鮮王朝實錄』や『海東諸國紀』等の記事の嚴密な檢証が必要であるが、それとともに、日本國內史料の發掘が望まれるところである。

제 1 Session
古代의 韓國人과 日本人

百濟와 倭의 왕실교류
- 4~5세기 왕족간 인적 교류를 중심으로 -

홍성화 | 건국대학교

Ⅰ. 머리말

전근대 한일관계사에 있어서 특징적인 것 중에 하나로서 百濟와 倭의 관계를 들 수 있을 것이다. 일본의 사서인 『日本書紀』에는 백제 관계 기사가 다수 적시되어 있어서 百濟와 倭가 여타 어느 국가들보다 매우 긴밀한 관계를 유지하고 있었음을 알 수 있다.

하지만, 『日本書紀』는 후대의 번국사관에 의해 윤색되어 있어서 倭가 한반도 남부를 지배했다는 것을 전제로 하여 서술하고 있기 때문에 당시의 역사적 사실을 확인하기 위해서는 반드시 추가적인 사료를 통한 검증이 필요할 수밖에 없다.

『三國史記』의 경우 「백제본기」를 통해 百濟와 倭의 관계 기사를 확인할 수 있지만, 대체적으로 4세기후반에서 5세기 전반에 걸친 단편적인 기사만을 보이고 있기 때문에 『三國史記』만으로 당시 百濟와 倭의 관계를 확인하는 것에는 많은 어려움이 있는 것이 사실이다.

그런 상황에서 최근 고대한일사학계에 관심을 불러일으키고 있는 石上神宮 소장 七支刀와 隅田八幡神社에 소장되었던 人物畵像鏡의 銘文에 대한 새로운 해석을 통해 百濟와 倭 왕실의 구체적인 교류 현황을 파악할 수 있는 실마리를 갖게 되었다.[1]

지금까지 百濟와 倭 왕실의 관계에 대한 다수의 연구가 있었지만[2] 대체적으로 양국 왕실간의 외교 관계에만 중점을 두고 있었기 때문에 百濟와 倭 왕실이 특수 관계를 유지할 수 있었던 기반은 무엇이었는지, 또는 『日本書紀』의 이면에 보이고 있는 百濟와 倭 왕실의 역사적 실상이 무엇이었는지에 대한 고찰에는 다소 미흡한 점이 있었다고 판단된다.

이에 본고에서는 『三國史記』, 『日本書紀』를 통해 상호 검토가 가능한 4~5세기를 중심으로 살펴보면서 이 시기에 해당되는 금석문의 해석을 포함하여 百濟와 倭 왕실의 교류 현황을 살펴보도록 하겠다.

구체적으로는 百濟와 倭의 최초 교류에서부터 동성왕대에 이르기까지 나타나고 있는 왕실의 왕족간 인적 교류에 대한 실상을 종합적으로 검토하여 百濟와 倭 왕실이 특수 관계를 유지할 수 있었던 기반은 무엇이었는지에 대해 파악해보고자 한다.

Ⅱ. 근초고왕~비유왕대의 왕실교류

1. 백제와 왜의 초기 교류 현황

百濟와 倭의 최초 교류 현황은 『日本書紀』 神功 46년조에 등장한다.

(ㄱ) 『日本書紀』 卷 第9 神功 46年 春3月乙亥朔

---

1) 洪性和, 「石上神宮 七支刀에 대한 一考察」, 『韓日關係史硏究』34, 2009a : 『칠지도와 일본서기』, 경인문화사, 2021 ; 洪性和, 「隅田八幡神社(스다하치만신사) 人物畵像鏡에 대한 一考察」, 『한국고대탐구』43, 2023a

2) 김현구, 「백제와 일본간의 왕실외교-5세기를 중심으로」, 『백제문화』31, 2002 : 『고대한일교섭사의 諸問題』, 일지사, 2009 ; 연민수, 「백제의 대왜외교와 왕족」, 『백제연구』27, 1997 : 『고대한일관계사』, 1998 ; 鄭載潤, 「百濟 王族의 倭 派遣과 그 性格」, 『百濟研究』47, 2008 ; 나행주, 「한반도제국과 왜국의 사신외교-백제·신라의 대왜외교의 형태와 그 특징-」, 『韓日關係史硏究』56, 2017

爰斯摩宿禰卽以傔人爾波移與卓淳人過古二人 遣于百濟國 慰勞其王 時
百濟肖古王 深之歡喜 而厚遇焉 仍以五色綵絹各一匹 及角弓箭 幷鐵鋋卌
枚 幣爾波移 便復開寶藏 以示諸珍異曰 吾國多有是珍寶 欲貢貴國 不知道
路 有志無從 然猶今付使者 尋貢獻耳 於是 爾波移奉事而還 告志摩宿禰
便自卓淳還之也

이 기사에서는 倭의 爾波移 등이 백제에 파견되자 肖古王이 비단, 무기,
철정 및 각종 보물을 선물하면서 百濟와 倭가 서로 통교했다는 내용이 보
인다.

통상 神功 46년조의 기년을 조정하면 366년이 되어[3] 『日本書紀』의 肖
古王을 근초고왕으로 추정할 수 있기 때문에 근초고왕 21년에 百濟와 倭가
공적인 외교관계를 수립했던 것으로 보고 있다.[4]

한편 『三國史記』의 기사 중에서 백제가 처음으로 왜와 외교관계를 맺은
것은 아신왕 6년(397년)인 것으로 나온다. 이와 관련된 기사가 『日本書紀』
에는 應神 8년조에 등장한다.

(ㄴ) 『三國史記』 卷 第25 百濟本紀 阿莘王 6年
王與倭國結好 以太子腆支爲質

(ㄷ) 『日本書紀』 卷 第10 應神 8年 春3月
百濟人來朝 【百濟記云 阿花王立无禮於貴國 故奪我枕彌多禮 及峴南
支侵 谷那 東韓之地 是以 遣王子直支于天朝 以脩先王之好】

---

3) 통상적으로 神功紀는 那珂通世의 사료 비판 이후 2주갑을 내리면 실제 연대에 해당
한다고 보고 있다. (那珂通世, 「上世年紀考」, 『史學雜誌』8-8~11, 1893 ; 『外交繹史』
1, 那珂通世遺書, 岩波書店, 1958, pp.37-39)
4) 이홍직, 「三國時代의 海上活動」, 『韓國海洋史』海軍本部 戰史編纂官室, 1955 ; 이기
동, 『백제사연구』, 일조각, 1996

(ㄴ)과 (ㄷ)의 기사는 동일한 사건을 기술하고 있는 것으로 보이는데, 각각 교류의 목적이 달리 기술되어 있다. 즉, 『三國史記』에서는 아신왕이 倭와의 結好를 위해 태자인 腆支를 質로서 파견했다고 되어 있으며, 『日本書紀』에서는 백제가 日本에 예의를 잃어서 日本이 백제의 땅을 빼앗자 直支(전지)를 파견한 것으로 되어 있다.

그런데 당시에 있었던 百濟와 倭의 상황에 대해서는 廣開土王碑文을 통해 고찰해볼 수 있다.

(ㄹ) 廣開土王碑 永樂 9年 己亥
百殘違誓 與倭和通

(ㄹ)의 廣開土王碑文의 399년조에는 백제가 맹약을 어기고 倭와 和通했다고 씌어 있다. 아마 이는 (ㄴ), (ㄷ)의 기사와 같이 397년에 백제와 왜가 교류했던 사실을 보여주는 기록일 것이다.

이후 廣開土王碑文에는 신라에 침입한 倭를 고구려가 평정하는 내용이 보인다.[5] 이는 永樂 6년(396년)과 永樂 8년(398년)에 있었던 고구려의 백제 공략으로 인해[6] 백제가 腆支를 倭로 보내 통호한 후 倭에 군사 요청을 함

---

[5] 廣開土王碑 永樂 10年 庚子 教遣步騎五萬往救新羅. 從男居城至新羅城 倭滿其中 官軍方至 倭賊退. □□背急追至任那加羅從拔城 城卽歸服 安羅人戍兵. □新羅城□城 倭□大潰. 城□十九 盡拒□倭 安羅人戍兵. 新□□□□[其]□□□□□□[言]□□□□□□□□□□□□□□□□□□□□□□□□辭□□出□□□□□□□[殘][倭]遣□. □□□ 安羅人戍兵. 昔新羅寐錦 未有身來論事 □□□□[廣]開土境好太王□□□□寐錦□□僕勾□□□□朝貢.

[6] 廣開土王碑 永樂 6年 丙申 王躬率水軍 討伐殘國 軍□□南 功取壹八城, (중략) □□□□□其國城. 殘不服義 敢出迎戰 王威赫怒 渡阿利水 遣刺迫城 殘□歸穴 □便圍城, 而殘主困逼 獻出男女生口一千人 細布千匹 跪王自誓 從今以後 永爲奴客. 太王恩赦□迷之愆 錄其後順之誠 於是得五十八城 村七百 將殘主弟幷大臣十人 旋師還都. 廣開土王碑 永樂 8年 戊戌 教遣偏師觀帛愼土谷 因便抄得莫□羅城 加太羅谷男女三百餘人 自此以來 朝貢論事.

으로써 倭로부터 지원군을 받았던 상황인 것으로 짐작된다.

이러한 상황을 고려한다면 우선 『日本書紀』의 기록과 같이 백제왕이 무례해서 전지가 파견되었던 것으로 보기는 어렵다.

이에 대해서는 『日本書紀』의 내용을 적극적으로 해석하여 (ㄷ)의 분주에 보이는 백제왕의 무례라는 것이 廣開土王碑文에 나와 있는 것처럼 고구려에 침탈당했던 백제 阿莘王(阿花王)의 소극적인 대고구려정책이라는 견해가 있었다.[7] 하지만, 고구려의 공세에 견디지 못한 백제에게 원군을 파견하는 것은 고사하고 오히려 백제의 땅을 빼앗는다는 것은 상식적으로도 납득이 가지 않는 내용이다.

따라서 이 기사는 후대 『日本書紀』의 찬자에 의해서 「百濟記」의 기록에 윤색이 가해졌던 것으로 판단된다. 즉, 「百濟記」의 기록 중에 '无禮於貴國'은 '貴國'이라는 표현을 통해서도 알 수 있듯이 본래 백제 측의 기록에 대해 찬자가 후대의 번국사관에 입각하여 삽입한 문구로 추정할 수 있다. 또한 이후는 '故奪我枕彌多禮 及峴南 支侵 谷那 東韓之地'로 되어 있지만, 이 문장에서는 '奪'의 주체가 생략되어 있다. 그렇기 때문에 그동안 많은 연구자들이 이 문장을 앞 문장과 연결되는 것으로 파악하면서 倭를 주어로 해서 해석해왔던 것이다.

하지만 전지가 倭에 파견된 이유는 廣開土王碑文에 보이는 바와 같이 백제가 고구려의 공격으로 인해 침탈당하자 倭에 원군을 요청하기 위한 목적으로 보는 것이 타당한 인식일 것이다.

그렇다고 한다면 (ㄷ)의 「百濟記」 기록 중 '奪'의 주어를 고구려로 보는 것이 자연스러울 것이고 고구려는 『日本書紀』 찬자에 의해 의도적으로 삭제가 되었을 것으로 보인다. 『日本書紀』의 찬자가 고구려에 패배해서 枕彌多禮, 峴南, 支侵. 谷那, 東韓之地 등을 빼앗겼다는 실상을 숨기고 오히려 일본이 빼앗아 다시 돌려줬다는 식으로 「百濟記」의 내용을 왜곡했을 가능

7) 三品彰英, 『日本書紀朝鮮關係記事考證』上, 吉川弘文館, 1962, pp.217-218.

성이 높다.[8)]

한편 『三國史記』의 경우에는 아신왕 6년(397년)에 왜와 結好를 하면서 太子 전지가 '質'로서 갔던 것으로 표현하고 있다. 하지만, 이에 대해서는 『三國史記』에 보이는 '質'이라는 것이 일반적으로 인식하듯 상하, 복속 관계를 의미하는 것이 아니라는 분석이 있다.[9)]

또한 石上神宮에 보관되어 국보로 지정되어 있는 七支刀의 銘文 분석을 통해 전지왕 시기 백제가 왜 보다 우위에 있었던 정황을 알 수 있기 때문에 『三國史記』에 쓰인 '質'은 후대의 質과는 다른 인식의 표현이거나 또는 후대 신라 중심의 역사의식에서 표출된 윤색일 가능성이 높다.

2. 七支刀를 통해 본 백제와 왜의 왕실교류

칠지도와 관련된 기록은 『日本書紀』 神功 52년조에 등장한다.

> (ㅁ) 『日本書紀』 卷 第9 神功 52年 秋9月 丁卯朔丙子
> 久氐等從千熊長彥詣之 則獻七枝刀一口七子鏡一面 及種種重寶

『日本書紀』에서는 백제의 久氐 등이 칠지도를 倭에 헌상한 것으로 기록하고 있다. 따라서 현재 石上神宮에 보관되어 있는 七支刀의 경우 銘文의 첫머리에 등장하는 紀年을 泰和로 읽고, 泰和를 東晉 太和의 異表기로 판단하면서 372년 백제로부터 倭에 헌상되었다고 파악하고 있는 것이 통설적인 입장이다.[10)]

---

8) 洪性和, 「『日本書紀』 應神紀 東韓之地에 대한 고찰」, 『日本歷史研究』30, 2009b : 『칠지도와 일본서기』, 경인문화사, 2021 참조
9) 羅幸柱, 「古代朝·日關係における「質」の意味-特に百濟の「質」の派遣目的を中心として」, 『史觀』134, 1996
10) 福山敏男과 榧本杜人의 주장 이후 통설적 지위를 갖고 있다. (福山敏男, 「石上神宮

하지만, 七支刀의 銘文을 분석했던 근래의 연구에 따르면 七支刀의 제작연대가 기존의 통설인 近肖古王 24년이 아닌 腆支王 4년인 것을 알 수 있다.[11]

즉, 銘文의 제작월과 관련하여 기존 '五月'로 보았던 것이 '十一月'이었음이 확인됨에 따라[12] 銘文의 11월 16일이 丙午의 干支에 해당되는 연도를 맞추어 보면 腆支王 4년(408년)이 도출된다.

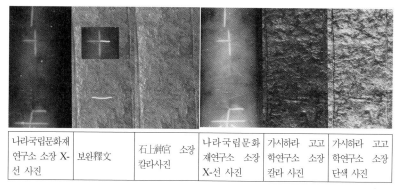

나라국립문화재 연구소 소장 X-선 사진	보완釋文	石上神宮 소장 칼라사진	나라국립문화 재연구소 소장 X-선 사진	가시하라 고고 학연구소 소장 칼라 사진	가시하라 고고 학연구소 소장 단색 사진

〈그림 1〉七支刀 사진[13]

또한 기존에 '泰'로 보아왔던 첫 번째의 銘文의 경우, 칠지도에 대한 지속적인 연구 결과를 통해 하부에 2개의 횡획이 평행하게 이어져 있으며 그 위로 또

の七支刀」, 『美術研究』158, 1951 ; 榧本杜人, 「石上神宮の七支刀とその銘文」, 『朝鮮学報』3, 1952)

11) 洪性和, 앞의 논문, 2009a ; 조경철, 「백제 칠지도의 제작 연대 재론-丙午正陽을 중심으로-」, 『백제문화』42, 2010 ; 최영성, 『한국고대금석문선집』, 문사철, 2015 ; 박남수, 「백제 전지왕 '奉元四年'銘 칠지도와 그 사상적 배경」, 『東研』10, 2021 ; 『일본 소재 한국 고대 문자자료』, 주류성, 2023

12) 村山正雄, 『石上神宮七支刀銘文図錄』, 吉川弘文館, 1996 ; 鈴木勉·河內國平, 『復元七支刀-古代東アジアの鐵·象嵌·文字』, 雄山閣, 2006

13) 七支刀에 대한 사진은 鈴木勉·河內國平, 위의 책 참조.

하나의 횡획을 확인할 수 있게 되어 '奉'으로 보아야 하는 것이 유력해졌다.[14]

따라서 4~6세기 중국에는 '奉'으로 시작되는 연호가 없기 때문에 칠지도에 상감된 '奉□'은 백제의 연호로서 11월 16일을 丙午와 연결하면 전지왕의 연호일 가능성이 높다.

나라국립문화재연구소 소장 X-선 사진	보완釋文	石上神宮 소장 칼라사진	나라국립문화재연구소 소장 X-선 사진	가시하라 고고학연구소 소장 칼라 사진	가시하라 고고학 연구소 소장 단색 사진

〈그림 2〉七支刀 사진

이를 근거로 하면 칠지도의 명문은 62자로서 아래와 같다.

(앞면) 奉□四年十一月十六日丙午正陽造百練[銕]七支刀[出]辟百兵宜供供侯王□□□□作

(뒷면) 先世以來未有此刀百濟王世子奇生聖音故爲倭王旨造傳示後世

따라서 칠지도는 백제가 전지왕대에 자체 연호를 써서 왜국에 주었으며 왜왕에게 侯王이라는 용어를 사용한 점, 하행문서 형식의 '傳示後世'가 쓰인 점 등을 고려하면 백제가 왜에 헌상한 것이 아닌, 백제 하사설이 타당하

---

14) 井上秀雄, 「日本における百濟史研究」, 『馬韓, 百濟文化』7, 1984, p.54 ; 延敏洙, 「七支刀銘文의 再檢討-年号의 問題와 製作年代을 中心に-」, 『年報 朝鮮學』4, 1994 : 『고대한일관계사』, 혜안, 1998, pp.144-145 ; 박남수, 앞의 논문, 2021 ; 洪性和, 「石上神宮 소장 七支刀의 신해석에 대한 추가 쟁점 연구」, 『百濟研究』78, 2023b

다고 판단된다. 이를 통해 『三國史記』에 보이는 '質'을 일반적인 인식과 같이 볼모로 해석하는 것이 타당하지 않음을 알 수 있다.

특히 칠지도 뒷면의 '百濟王世子奇生聖音故爲倭王旨造'는 백제왕세자가 聖音(부처님의 가호)으로 태어나면서부터 특이(특별)했기 때문에 왜왕에게 七支刀를 보낸다는 뜻으로 해석될 수 있다.[15]

즉, 칠지도는 腆支王 4년(408년) 백제 왕세자인 久爾辛이 태어난 것을 倭國에 알리기 위해 만들어졌던 것이다.[16]

『三國史記』「百濟本紀」전지왕 즉위조에는 이례적으로 八須夫人이라는 王后의 이름이 기재되어 있다.[17] 특히 八須와 같이 '八~'로 시작되는 이름은 백제보다는 倭의 인명에 다수 보인다. 따라서 腆支王이 倭에 체류했던 정황으로 보아 腆支王의 부인이며 久爾辛王의 모친인 八須夫人이 倭 왕실의 왕족일 가능성은 매우 높다.[18]

---

15) 奇生에 대해서는 馬融의 『長笛賦』注에 '奇生謂生奇質也'라는 구절을 참고할 수 있다. 또한 聖音의 경우는 '佛陀의 목소리,' '釋尊의 가르침', '釋尊의 은택' 등으로 불교 용어로 이해할 수 있다.(村山正雄, 「「七支刀」銘字一考-榧本論文批判を中心として-」, 『朝鮮歷史論集』上, 淸溪書舍, 1979) 旨의 경우는 指와 서로 통용되는 글자로서 『宋書』武二王列傳에 '使以公表付外 依旨奉行'의 구절에서와 같이 '명령'과 '지시'의 의미로 해석된다.

16) 408년의 冬至는 景初曆에 의하면 11월 20일이고 현대의 천문 계산으로는 11월 17일이지만, 元嘉曆에 의하면 11월 16일 丙午에 해당한다. 이러한 사실은 445년 이전에 백제가 元嘉曆과 유사한 자체 역법을 사용하여 冬至에 맞춰 七支刀의 제작일로 삼았다고 추정할 수 있을 것이다. 冬至는 양기가 재생되는 날이기 때문에 백제왕세자가 출생했던 연도에 冬至를 택하여 七支刀를 제작했던 것으로 판단된다.(洪性和, 앞의 논문, 2023b 참조)

17) 『三國史記』百濟本紀에서 王后의 이름이 기재된 것은 八須夫人과 責稽王의 부인인 帶方王女 寶菓, 枕流王의 母인 阿尒夫人의 3例뿐이다.

18) 김기섭, 「5세기 무렵 백제 渡倭人의 활동과 문화전파」, 『왜 5왕 문제와 한일관계』, 한일관계사연구논집 편찬위원회, 2005, pp.227-229 ; 盧重國, 「5세기 韓日關係史의 성격 개관」, 위의 책, 2005 ; 洪性和, 앞의 논문, 2009a ; 김현구, 『임나일본부설은 허구인가』, 2010, p.187

특히 당시 고구려에 대항하는 상황에서 전지가 왜국으로 건너갔으며 왜로부터 백제에 지원군이 왔기 때문에 백제와 왜는 통상 혼인을 매개로 한 和親이 있었던 것으로 추정된다.

腆支王이 왜왕의 혈족인 八須夫人과 혼인관계에 있었다는 사실은 『日本書紀』에서 腆支王이 누이 新齊都媛 등을 왜국에 보냈다는 기사와 대응된다.

(ㅂ) 『日本書紀』卷 第10 應神 39年 春2月
百濟直支王 遣其妹新齊都媛以令仕 爰新齊都媛 率七婦女 而來歸焉

이 기사는 『日本書紀』 찬자에 의한 후대의 인식으로 윤색되어 來歸하여 섬겼다(仕)고 표현된 것이지만, 당시의 상황을 통해 보면 백제와 왜 왕실이 혼인 관계에 있었던 측면을 확인할 수 있다.

(ㅂ)과 관련해서는 『日本書紀』 應神 39년을 2주갑 수정하면 428년으로 『三國史記』 毗有王 2년 2월 倭의 사신과 從者 50명이 왔다는 기사와 연결시켜[19] 비유왕 때의 기사로 추정한 견해가 있다.[20] 하지만 이 시점은 왜왕과 인척관계에 있던 구이신왕을 시해한 비유왕이 등극한 지 불과 2개월이 되는 때로서 이 시기에 백제와 왜가 통교했다고 보기 어렵다. 또한 이후 『三國史記』, 『日本書紀』에는 비유왕대에 백제와 왜의 통교기사가 등장하지 않는다. 이러한 것으로 보아 (ㅂ)의 기사는 기년에 있어서 문제가 있는 것으로 판단되며 新齊都媛의 파견은 전지왕대에 이루어진 것으로 추정된다.[21]

『日本書紀』의 경우 전지가 파견되었다는 「百濟記」의 기록에서 先王의 우호를 닦았다는 것으로 보아 아신왕대 및 그 이전에도 왕실간의 인적 교류가 있었던 것으로 짐작되는 구절이 있다. 하지만 이에 대해서는 더 이상

---

19) 『三國史記』卷 第25 百濟本紀 第3 毗有王 2年 春2月 倭國使至 從者五十人
20) 池內宏, 『日本上代史の一研究』, 中央公論美術出版, 1970
21) 洪性和, 「百濟와 倭 왕실의 관계-왕실 간 혼인관계를 중심으로-」, 『韓日關係史研究』 39, 2011a

확인이 어렵기 때문에 기록상 백제와 왜 왕실의 인적 교류는 아신왕대에 있었던 전지의 渡倭로부터 시작되고 있음을 알 수 있다.

3. 구이신왕, 비유왕대의 왕실교류

구이신왕과 관련해서 『三國史記』에는 '腆支王의 장자로서 腆支王이 돌아가자 즉위하였다. 그리고 8년 12월에 왕이 돌아갔다'는 짤막한 기사밖에 없다.[22) 반면 『日本書紀』에는 久爾辛王에 대해 다음과 같은 기사가 기록되어 있다.

> (ㅅ) 『日本書紀』卷 第10 應神 25年
> 百濟直支王薨 卽子久爾辛立爲王 王年幼 大倭木滿致執國政 與王母相姪 多行無禮 天皇聞而召之【百濟記云 木滿致者是木羅斤資討新羅時 娶其國婦而所生也 以其父功專於任那 來入我國往還貴國 承制天朝執我國政 權重當世 然天皇聞其暴召之】

(ㅅ)의 기사에서는 直支王(腆支王)이 돌아가자 久爾辛王이 즉위했고, 이때 왕이 어려서 '專於任那'했던 木滿致가 백제의 王母와 간음을 하는 등 無禮하였기 때문에 천황이 그를 일본으로 부른 것으로 되어 있다.

우선 이 기사는 왜가 백제를 복속하고 있다는 전제 하에 기술되어 있지만, 실제 木滿致는 백제 大姓八族 중에 하나인 木氏의 인물로서 실제 구이신왕의 王母인 八須夫人과의 친분으로 인해 백제왕권의 정책 결정을 주도하였던 것을 알 수 있다.

그런데 구이신왕 다음에 즉위한 毗有王에 대해 『三國史記』에는 구이신

---

22) 『三國史記』卷 第25 百濟本紀 第3 久爾辛王, 元年 3月 久尔辛王 腆支王長子 腆支王 薨 卽位
『三國史記』卷 第25 百濟本紀 第3 久爾辛王 8年 冬十二月 王薨

왕의 長子라는 기록이 있지만, 분주에는 전지왕의 庶子라고 기록되어 있다.[23] 구이신왕은 재위기간이 8년밖에 되지 않았으며 즉위할 당시 幼年이었다는 기록으로 볼 때 비유왕을 구이신왕의 아들이라기보다는 전지왕의 서자로 보는 것이 타당하다.[24]

또한 七支刀의 명문에 의거하여 구이신이 408년경에 태어났던 것으로 추정해볼 때 즉위 시기의 나이는 12세, 서거시의 나이는 20세 정도로서 만약 구이신왕의 장자였다면 많아야 5세 전후의 어린아이였을 것이다. 그런데 『三國史記』에는 비유왕과 관련하여 즉위조에는 '外貌가 아름답고 口辯이 있어서 사람들에게 推重을 받았다'고 되어 있는데 이러한 기록과 상충된다. 따라서 비유왕은 전지왕의 서자일 가능성이 크다.

이처럼 비유왕이 전지왕의 서자라고 한다면 비유왕의 모계는 倭系가 아닌 百濟系인 것으로 보인다.[25] 그렇다면 幼年에 즉위한 구이신왕이 재위 8년만인 427년 12월에 갑자기 서거를 한 것은 비유왕에 의한 정변 때문인 것으로 추정된다.[26] 이후 비유왕의 등극 과정에 있었던 사건을 계기로 하여 백제는 구이신왕과 연결되어 있었던 倭와는 소원한 관계로 돌아서게 되었을 것이다.

『三國史記』에는 毗有王 2년(428년)에 2월 왜의 사신과 從者 50명이 왔다는 방문 기록이 있지만 비유왕 시기에 백제와 왜의 관계가 경색되었기 때문에 이때의 사신은 2개월 전 갑자기 서거한 구이신왕의 조문사절일 가능성이 농후하다.[27]

---

23) 『三國史記』卷 第25 百濟本紀 第3 毗有王條 , 毗有王 久尒辛王之長子【或云 腆支王 庶子 未知孰是】美姿貌 有口辯 人所推重 久尒辛王薨 卽位
24) 이기백, 「백제왕위계승고」, 『역사학보』11, 1959 ; 이도학, 「한성말 웅진시대 백제왕위 계승과 왕권의 성격」, 『한국사연구』50, 51, 1985 ; 盧重國, 앞의 논문, 2005, pp.28-29
25) 解씨 출신의 소생으로 보는 견해도 있다. (盧重國, 위의 논문, 2005)
26) 大橋信弥, 『日本古代の王權と氏族』, 吉川弘文館, 1996, p.126
27) 홍성화, 「5세기 한반도 남부의 정세와 倭」, 『동아시아 속의 한일관계사』上, 고려대학교 일본사연구회 편, 2010a, p.68

이때 八須夫人의 권세를 통해 국정을 잡았던 木滿致의 상황이 위태해졌을 것으로 추측된다. 아마 구이신왕이 정변으로 사망할 때 八須夫人도 함께 사망했을 것으로 추측되며 그렇다고 한다면 木滿致는 위태한 국면을 타개하기 위해 피신의 대상으로 倭國을 택했을 가능성이 있다. 이처럼 木滿致가 왜국에 갔던 정황이 『日本書紀』에서는 천황이 불러서 갔던 것으로 왜곡되어 나타났을 것이다.[28]

『日本書紀』에서는 구이신왕과 개로왕 치세의 중간에 해당하는 仁德 41년 3월조에 酒君이 無禮하여 왜왕이 소환했다는 기사가 등장한다.

> (ㅇ) 『日本書紀』 卷 第11 仁德 41年 春3月
> 遣紀角宿禰於百濟 始分國郡場 具錄鄉土所出 是時 百濟王之族酒君无
> 禮 由是 紀角宿禰訶責百濟王 時百濟王悚之 以鐵鎖縛酒君 附襲津彥而進
> 上 爰酒君來之 則逃匿于石川錦織首許呂斯之家 則欺之曰 天皇旣赦臣罪
> 故寄汝而活焉 久之天皇遂赦其罪

酒君은 (ㅇ)의 기사에서와 같이 무례하였기 때문에 일본에 보내졌던 인물로 기록되어 있지만, 이후 仁德 43년 9월조에는 그동안 倭國에서 보지 못하였던 매를 길들였던 인물로 등장하고 있다.[29]

酒君에 대해서는 『新撰姓氏錄』 右京諸蕃 刑部, 和泉諸蕃 百濟公, 六人部連 등의 姓氏가 '出自百濟國酒王也'라고 되어 있는 것을 통해 酒君의

---

28) 洪性和, 「5세기대 木氏를 중심으로 한 百濟와 倭의 고찰」, 『동아시아고대학』39, 2015 : 『칠지도와 일본서기』, 경인문화사, 2021

29) 『日本書紀』卷 第11 仁德 43年, 秋九月庚子朔 依網屯倉阿弭古 捕異鳥 獻於天皇曰 臣每張網捕鳥 未曾得是鳥之類 故奇而獻之 天皇召酒君 示鳥曰 是何鳥矣 酒君對言 此鳥之類 多在百濟 得馴而能從人 亦捷飛之掠諸鳥 百濟俗號此鳥曰俱知 【是今時鷹也】 乃授酒君令養馴 未幾時而得馴 酒君則以韋緡著其足 以小鈴著其尾 居腕上 獻于天皇. 是日 幸百舌鳥野而遊獵. 時雌雉多起 乃放鷹令捕 忽獲數十雉. 是月 甫定鷹甘部 故時人號其養鷹之處 曰鷹甘邑也

일면을 참고할 수 있을 뿐이며 자세한 世系에 대해서는 알 수 없다.

　백제왕실 내부의 갈등으로 인해 왕위에 오르지 못한 구이신왕의 장자 또는 전지왕의 또 다른 서자를 酒君으로 추정하는 견해가 있지만,30)『日本書紀』기년의 문제로 인하여 仁德의 치세를 중간에 삽입했던 정황이 있기 때문에 酒君이 일본으로 갔던 시기 및 그 이유를 판단하기는 매우 어렵다.

　다만, 倭國으로 건너갔던 후속 기사에서 酒君이 백제계통인 石川錦織首許呂斯의 집에 숨어서 의지하며 살고 싶다고 했던 기록이라든지 이후 仁德43년조에서 매사냥과 관련하여 왜왕과 함께하는 기사 등을 통해 보면, 일단 酒君이 왜국으로 망명했거나 쫓겨 왔던 정황으로 판단된다. 만약 당시 구이신왕과 같은 정치적 입장을 갖고 있다가 비유왕의 정변으로 인해 倭國으로 건너왔다고 한다면 구이신왕의 母인 八須夫人의 또 다른 아들로서 비유왕의 등극 이후에 倭國으로 도피했던 인물로 추정할 수 있을 것이다.31)

〈그림 3〉

---

30) 金英心,「百濟의 ‘君’號에 대한 試論的 考察」,『百濟研究』48, 2008, p.5
31) 홍성화,「지명과 신사」,『일본 속의 百濟(近畿 지역)』I, 충청남도·충청남도역사문화연구원, 2017, p.145

Ⅲ. 개로왕~동성왕대의 왕실교류

1. 곤지의 渡倭를 통한 교류 현황

백제와 왜국 관계가 단절되는 양상이 나타났던 비유왕대를 지나 개로왕대에 들어와서는 百濟와 倭의 왕실교류가 다시 복원되고 있다. 이와 관련된 기사로는 『日本書紀』 雄略 2년조 「百濟新撰」 인용 기록이 있다.

(ㅈ) 『日本書紀』 卷14, 雄略 2年 秋7月 分註
百濟新撰云 己巳年 蓋鹵王立 天皇遣阿禮奴跪 來索女郎 百濟莊飾慕尼夫人女 曰適稽女郎 貢進於天皇

이 기사와 관련해서 『三國史記』나 『三國遺事』에는 개로왕의 재위가 455년 을미년에서 475년 을묘년까지로 되어 있기 때문에 통상 개로왕의 치세에는 己巳年이 존재하지 않는다는 문제가 있다. 따라서 기사년에 해당하는 429년을 중시하여 앞서 (ㅂ)에 보이는 新齊都媛의 기사와 연결시켜 비유왕 때의 사건으로 보는 견해가 있다.32)

그러나 (ㅈ)의 사건은 『日本書紀』 찬자에 의한 후대의 인식으로 인해 貢進되었다고 표현된 것이지만, 비유왕 때에 단절되었던 百濟와 倭 왕실의 관계가 다시 회복되어 慕尼夫人의 딸 適稽女郎이 倭 왕실과 혼인 관계에 있었던 정황을 보여주고 있는 것으로 판단된다. 더욱이 『日本書紀』에 나오는 干支를 절대적으로 정확하다고 장담할 수 없기 때문에 개로왕이 즉위를 하여 백제와 왜가 새로이 화친을 맺는 출발점으로 보는 시각이 온당하다.33)

이러한 정황은 이후 昆支가 渡倭한 기사를 통해 상호 교류를 확인할 수

---

32) 池內宏, 앞의 책, 1970
33) 洪性和, 「5세기 百濟의 정국변동과 倭 5王의 작호」, 『한국고대사연구』60, 2010b : 『칠지도와 일본서기』, 경인문화사, 2021

있다.

> (ㅊ)『日本書紀』卷14 雄略 5年
> 夏四月 百濟加須利君【蓋鹵王也】飛聞池津媛之所燔殺【適稽女郎也】
> 而籌議曰 昔貢女人爲采女 而旣無禮 失我國名 自今以後 不合貢女 乃告其
> 弟軍君【崑支也】曰 汝宜往日本以事天皇 軍君對曰 上君之命不可奉違 願
> 賜君婦 而後奉遣 加須利君則以孕婦 嫁與軍君曰 我之孕婦 旣當産月 若於
> 路産 冀載一船 隨至何處速令送國 遂與辭訣 奉遣於朝
> 六月丙戌朔 孕婦果如加須利君言 於筑紫各羅嶋産兒 仍名此兒曰嶋君
> 於是 軍君卽以一船 送嶋君於國 是爲武寧王 百濟人呼此嶋曰主嶋也
> 秋七月 軍君入京 旣而有五子【百濟新撰云 辛丑年 蓋鹵王遣弟昆支君
> 向大倭 侍天王 以脩兄王之好也】

이 기사는 개로왕의 동생인 昆支가 왜국에 파견되었던 기록으로 무령왕
의 탄생 기록과 연결되어 있다. 천황을 섬긴다든지, 모신다든지 하는 윤색
이 가해졌지만, 무령왕이 출생했다고 하는 各羅嶋는 한반도에서 일본열도
로 가는 航路상에 놓여 있는 현재의 加唐島에 비정될 수 있으며34) 또한 무
령왕릉의 묘지석에 의해 무령왕의 崩年이 523년 5월 7일로 62세에 사망하
였다는 것을 알 수 있어「百濟新撰」의 기록대로 辛丑年인 461년에 무령왕
이 태어났을 가능성은 매우 높다.

따라서 (ㅊ)의 기사는『日本書紀』찬자의 후대사관에 의해 윤색이 가해
졌지만, 일정 부분 사실성을 가진 기록으로 昆支가 왜국에 갔던 것은「百
濟新撰」에 나타나고 있는 바와 같이 兄王의 우호를 닦기 위한 목적으로 파
견되었다고 보는 것이 보다 역사적 사실에 부합할 것이다.

---

34) 이도학,『새로쓰는 백제사』, 푸른역사, 1997, pp.185-186 ; 이기동,「고대 동아시아 속
   의 백제문화」,『백제문화』31, 2002, p.4 ; 李在碩,「5세기말 昆支의 渡倭 시점과 동기
   에 대한 재검토」,『百濟文化』30, 2001, pp.2-22 ; 윤용혁,「무령왕 '출생전승에 대한
   논의」,『백제문화』32, 2003 ; 홍성화,『한일고대사 유적답사기』, 삼인, 2008, p.289

　그런데 이 기록에서는 개로왕이 자신의 임신한 부인을 昆支에게 장가 들
어서 보낸 것으로 되어 있어 무령이 개로왕의 아들인 것처럼 기술되어 있
다. 하지만, 『日本書紀』 武烈 4년조에 나오는 「百濟新撰」에는 무령이 昆
支의 아들로 되어 있다.

　　(ㅋ) 『日本書紀』卷 第16 武烈 4年 分註
　　百濟新撰云 末多王無道暴虐百姓 國人共除 武寧王立 諱斯麻王 是琨支
　　王子之子 則末多王異母兄也 琨支向倭 時至筑紫嶋 生斯麻王 自嶋還送 不
　　至於京 産於嶋 故因名焉 今各羅海中有主嶋 王所産嶋 故百濟人號爲主嶋
　　今案 嶋王是蓋鹵王之子也 末多王 是琨支王之子也 此曰異母兄 未詳也

　일단 당시 昆支는 아신왕 대에 있었던 腆支의 파견 사례에 비추어 보면
百濟와 倭 왕실과의 화친관계에 의해 파견되었을 가능성이 높다.
　(ㅊ)의 7월조에서 昆支가 왜국에 파견된 이후에 '이윽고 5인의 자식이 있
었다(旣而有五子)'는 기록을 참고하면 昆支가 왜국에 가서 혼인했던 상황
을 상정할 수 있다. 더욱이 『新撰姓氏錄』에는 昆支의 후손이 일본에 남아
있던 것으로 기록하고 있기 때문에[35] 昆支가 왜 왕실과 혼인했을 가능성은
매우 높다.[36]
　『日本書紀』 雄略 23년조에는 동성왕이 곤지의 5子 중에 2子로서 幼年
에 총명하여 즉위하였다는 기록이 있다.

　　(ㅌ) 『日本書紀』卷14 雄略 23年 夏4月(479)
　　百濟文斤王薨 天皇以昆支王五子中 第二末多王 幼年聰明 勅喚内裏 親
　　撫頭面 誡勅懇懃 使王其國 仍賜兵器 幷遣筑紫國軍士五百人 衛送於國 是

爲東城王

이를 근거로 할 경우 昆支가 渡倭하면서 태어난 무령이 첫째 아들이었고 倭國에 도착해서 둘째 아들인 동성을 낳았던 것으로 보는 것이 합리적인 추론일 것이다.

당시 昆支가 各羅嶋에서 낳은 무령을 다시 백제로 돌려보냈어야만 했던 이유와 관련해서는 무령의 모친에게 신분적인 취약점이 있었을 가능성이 제기되기도 하였다.[37] 즉, 무령의 모친이 昆支와 정식 혼인관계가 아닌 상태에서 昆支를 대동하다가 아이를 낳았을 경우, 백제로 돌려보내졌을 것이라는 추론이 가능하다.

따라서 당시 무령이 昆支의 첫째 아들이었고 동성이 둘째 아들이었지만, 동성이 백제의 적통 계열인 昆支의 아들 중에서도 嫡子였기에 왕으로 즉위할 수 있었던 것으로 보인다. 따라서 (ㅊ)의 기사와 같이『日本書紀』雄略 5년조에서 무령을 개로왕의 자식으로 위치시키고 있는 것도 원래 무령은 (ㅋ)에 보이는「百濟新撰」의 기록대로 곤지의 아들이었으나 서자의 신분이었기 때문에 후에 무령왕 즉위에 대한 정통성을 강조하기 위해 개로왕의 혈통을 잇는 인물로 합리화되었을 가능성이 크다.

결국 慕尼夫人의 딸 適稽女郎의 파견은 곤지의 파견에 상응하는 것으로 百濟와 倭 왕실 상호간 중첩되는 혼인 관계에 있었던 정황을 이야기하고 있는 것으로 판단된다.

이처럼 百濟와 倭와의 관계를 실현하기 위한 방편 중에 하나로 혼인 관계를 들 수 있다. 앞서 5세기초 腆支王과 八須夫人의 혼인 관계 의해 탄생한 구이신왕이 있었던 것처럼 5세기말 百濟와 倭의 관계에서도 昆支가 倭

37) 李根雨,「『日本書紀』에 引用된 百濟三書에 관한 硏究」, 한국정신문화연구원 박사학위논문, 1994, p.134 ; 鄭載潤,「東城王 23年 政變과 武寧王의 執權」,『韓國史硏究』99,100, 1997, p.117

王의 혈족과 혼인을 맺어 탄생한 동성왕이 있었기에 百濟와 倭의 관계가
긴밀하게 진행될 수 있었던 것이다.

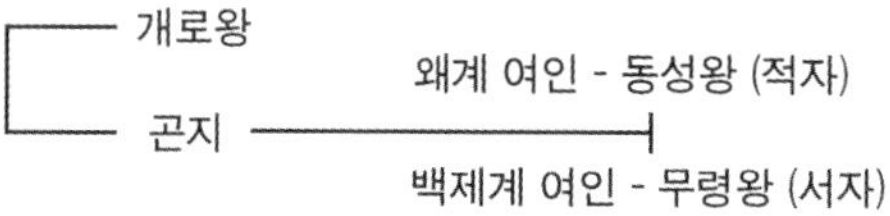

```
┌── 개로왕
│              왜계 여인 - 동성왕 (적자)
└── 곤지 ──────
                백제계 여인 - 무령왕 (서자)
```

〈그림 4〉

2. 인물화상경을 통해 본 백제와 왜의 왕실교류

隅田八幡神社에 소장되었던 人物畵像鏡과 관련해서는 그동안 銘文의
해석을 둘러싸고 한일고대사학계의 비상한 관심을 불러일으켰다.

〈그림 5〉 隅田八幡神社 人物畵像鏡의 명문[38]

---

38) 文化廳 監修, 『原色版國宝』1(上古·飛鳥·奈良 I), 每日新聞社, 1968

현재 東京國立博物館에 소장되어 국보로 지정되어 있는 隅田八幡神社 人物畵像鏡에 대해서는 아직까지도 제작연도와 경위에 대한 논쟁이 이어 지고 있으며 현재는 503년에 제작되었다는 설[39]이 가장 많이 주장되고 있 는 상황이다.[40]

특히 503년설의 경우는 銘文의 시작을 '癸未年'으로 보고『日本書紀』 武烈 4년조에 인용된「百濟新撰」의 斯麻王과 인물화상경의 斯麻가 동일하 다는 지적 이후[41] 무령왕릉 지석의 '斯麻'와 人物畵像鏡의 '斯麻'를 무령 왕으로 볼 수 있게 됨에 따라 人物畵像鏡을 백제의 무령왕과 倭國의 繼體 와의 관계 속에서 파악하려는 견해이다. 명문에는 '男弟王'이 등장하는데, 이를 'ヲオト'로 읽을 수 있기 때문에『上宮記』에 乎富等王,『古事記』에 袁本杼命,『日本書紀』에 男大迹王으로서 발음이 유사한 'ヲホド'로 나오 는 繼體를 男弟王에 해당되는 인물로 보고 있는 것이다.

그러나 503년설에는 많은 모순과 의문이 상존하고 있다. 우선 '癸未年' 을 503년으로 본다면『三國史記』에는 무령왕이 501년에 즉위한 이후의 상

39) 福山敏男,「江田發掘大刀及び隅田八幡神社鏡の製作年代について」,『考古學雜誌』 24-1, 1934 ; 井本進,「隅田八幡宮畫象鏡銘の解讀」,『日本歷史』26, 1950 ; 乙益重 隆,「隅田八幡神社畵像鏡銘文の一解釋」,『考古學研究』11-4, 1965 ; 川口勝康,「隅田 八幡人物畵像鏡名」,『書の日本史』1, 平凡社, 1975 ; 金在鵬,「武寧王의 隅田八幡畵 像鏡」,『한국사학논총(손보기박사정년기념)』, 1988, pp.112-113 ; 山尾幸久,『古代の 日朝關係』, 塙書房, 1989 ; 蘇鎭轍,「일본국보「隅田八幡神社所藏人物畵像鏡」의 銘 文을 보고-서기 503년 8월 10일 百濟 武寧王 (斯麻)은「大王年」대를 쓰고 繼體天皇 을「男弟王」으로 부르다-」,『圓大論文集』28, 1994 ; 張八鉉,「우전팔번경(隅田八幡 鏡) 銘文에 대한 새로운 考察」,『百濟研究』35, 忠南大百濟研究所, 2002 ; 김현구, 『백제는 일본의 기원인가』, 창작과비평사, 2002, pp.26-28
40) 隅田八幡神社에 소장되었던 人物畵像鏡의 제작연대와 관련해서는 383년설, 443년 설, 479년설, 491년설, 503년설, 563년설, 623년설의 다양한 견해가 있는데, 이하 隅田八幡神社 人物畵像鏡에 대해서는 洪性和, 앞의 논문, 2023a 참조
41) 榧本杜人,「古墳時代の金石文」,『日本考古學講座』5, 河出書房, 1955 ; 乙益重隆, 앞 의 논문, 1965, pp.21-22

황인데 銘文에는 '斯麻'로만 나오고 王이라는 칭호를 붙이지 않은 것은 의문이 아닐 수 없다.

또한 『日本書紀』에 의하면 應神의 5世孫인 繼體는 武烈이 후사가 없이 죽자 영입되어 河內의 樟葉宮에서 즉위하였고, 5년에 수도를 山城으로 옮기고 12년에는 弟國으로, 20년에 磐余의 玉穗로 환도하여 20년 동안 야마토 지방에 입성하지 못했던 것으로 기록하고 있다.

하지만 銘文에는 '男弟王'이 거주하고 있는 곳으로 '意柴沙加宮'이 나오는데, 이는 야마토의 忍坂에 비정되고 있기 때문에 繼體가 즉위 전부터 야마토에 있었다고 하는 것은 武烈의 계보가 단절되었다고 하는 일본 측 사료의 기록을 전면적으로 부정하는 결과를 가져오게 된다.

뿐만 아니라 '男弟王'을 繼體에 해당하는 인물로 보고 있지만, 근본적으로 男大迹, 袁本杼은 'ヲホド'로서 男弟인 'ヲオト'와 발음이 다르다. 따라서 男弟를 'ヲホド'라고 읽을 수 없기 때문에 繼體로 보는 것은 오류이다.[42] 실제 'ホ'의 발음에 대해서는 奈良시대에 [po]였으며 平安시대 중반 이후 [wo]와 혼동되다가 江戸시대에 들어와 [o]로 발음되고 있기 때문에[43] 5~6세기의 男弟를 繼體의 이름으로 보는 것은 잘못된 해석이라고 할 수 있다.

그런데 隅田八幡神社 人物畫像鏡과 관련해서는 그동안 잘못 판독되어 온 銘文이 있었다. 이 때문에 해석에 있어서 많은 어려움을 가져다주었던 것인데, 그것은 高橋健自가 '癸'로 판독한 이래[44] 많은 연구자들이 따르고 있는 소위 첫 번째 銘文이다.

人物畫像鏡은 48자가 전체를 빙 둘러싸고 새겨져 있어서 관련 그 시작점이 어디에 있느냐를 확인할 필요가 있다. 그동안은 다음에 나오는 '未年'

---

42) 坂本太郎 外, 『日本古典文学大系 日本書紀』下, 岩波書店, 1965, p.543 ; 保坂三郎·西村强三, 「人物畫像鏡」, 『原色版國宝』1(上古·飛鳥·奈良 Ⅰ), 每日新聞社, 1968, p.134

43) 山口仲美, 『日本語の歷史』, 岩波書店, 2006, pp.137-138

44) 高橋健自, 「在銘最古日本鏡」, 『考古學雜誌』5-2, 1914, p.104

과 연결시키기 위해 10干 중에서 이와 유사한 '癸'로 추정하여 이 銘文을 첫 번째 銘文으로 보아왔다. 503년설을 처음으로 주장했던 福山敏男의 경우 '矣'로 판독하는 것이 타당하다고 하면서 工人의 오류로 치부하여 '矣(癸)未年'으로 보고 있다.[45]

義熙 元年(405年)에 건립된 「爨宝子碑」의 '矣'는 隅田八幡神社 人物畵像鏡의 銘文과 매우 유사하여 '矣'의 이체자임은 분명하다. 따라서 그동안 많은 연구자들이 人物畵像鏡의 첫 번째 銘文으로 보아왔던 것은 사실 문장의 끝인 48번째에 해당되는 '矣'의 銘文이었던 것이다.

人物畵像鏡   爨宝子碑

그렇다고 하면 銘文의 시작이 '未年'이 되어 紀年은 10干이 없는 상태에서 12支로부터 시작되고 있는 것을 알 수 있다. 그런데, 이와 같은 사례는 人物畵像鏡에서 뿐만 아니라 경주 서봉총에서 출토된 은합우 명문과 「陜川 海印寺 吉祥塔誌」(895), 張撫夷墓 등 다수에서 발견된다.[46]

---

45) 福山敏男, 「金石文」, 『文字 (日本古代文化の探究)』上田正昭編, 社會思想社, 1975, p.35

46) 서봉총 은합우 명문은 뚜껑 안쪽과 바깥 바닥부분에 '太歲在卯三月中'와 '太歲在辛三月□'으로 간지를 따로 표기하고 있으며 「陜川 海印寺 吉祥塔誌」(895)에서도 乾寧 2년의 乙卯年을 '卯年'으로 표기하고 있다.(박남수, 「백제 동성왕 인물화상경('隅田八幡鏡')과 斯麻」, 『東研』11, 동아시아비교문화연구회, 2022 ; 『일본 소재 한국 고대 문자자료』, 주류성, 2023) 또한 황해도 지역의 張撫夷墓에서도 '大歲在戊漁陽張撫夷塼'과 '太歲申漁陽張撫夷塼'으로 각각 '戊'와 '申'이라는 간지를 따로 표기하고 있는 벽돌이 발견되었으며 황해남도 신천군에서 발견된 建元3年 紀年銘塼에서도 '建元三年大歲□□ / 在巳八月孫氏造'로 '巳'라는 12支만이 표기된 것을 확인할 수

따라서 隅田八幡神社 人物畵像鏡의 경우도 이와 같이 12支만을 사용하여 '未年'으로서 기년을 표시하였던 것이다.

총 48자로 되어 있는 人物畵像鏡의 銘文은 다음과 같다.

> 未年八月日十 大王年 男弟王 在意柴沙加宮時 斯麻 念長奉 遣歸中費直 穢人今州利二人等 所白上同二百旱 取此竟矣

일단 男弟王과 관련해서는 『三國志』 魏志 倭人傳에 보이는 邪馬臺國의 卑彌呼 기사에 나타나듯이[47] 통상적인 쓰임에 따라 男弟가 남동생이라는 의미로 사용되었던 것으로 해석할 수 있다.

그런 측면에서 앞서 동성의 즉위시의 기록인 ㉤ 479년(己未年)의 기사를 살펴보면 雄略이 幼年의 동성을 궁중으로 불러들여 얼굴을 쓰다듬으며 은근하게 타일렀다는 내용이 있다. 이를 통해 雄略과 동성이 일종의 혈연적 유대감을 가지고 있었던 것으로 보인다. 이 기록을 통해 종전 일본학계에서는 동성의 즉위를 왜왕에 의한 책립이라고 하는 책봉체제론적인 입장에서 이해하려고 했지만,[48] 동성은 백제왕계의 적통 계열인 昆支의 아들 중에서도 적자였기에 즉위할 수 있었던 것으로 동성의 즉위에 倭가 개입되어 있을 가능성은 희박하다. 이는 昆支가 倭 왕실의 여인과 혼인을 하였고 여기서 낳은 아들이 동성이었기 때문에 倭王으로서도 동성에게 각별한 정을 나타냈을 수 있을 것이다.[49]

있다.(이장웅, 「4~5세기 고구려 왕릉급 고분 제사와 太歲 기년법-우산하 3319호분을 중심으로-」,『한국고대사탐구』39, 2021, pp.85-86)

47) 『三國志』魏志 卷30 魏志 烏丸鮮卑東夷 倭, 其國本亦以男子爲王 住七八十年 倭國亂 相攻伐歷年 乃共立一女子爲王 名曰卑彌呼 事鬼道 能惑衆 年已長大 無夫壻 有男弟佐治國

48) 坂元義種,『古代東アジアの日本と朝鮮』, 吉川弘文館, 1978, pp.517-518 ; 鈴木靖民, 「倭の五王の外交と內政-府官制の秩序の形成」,『日本古代の政治と制度』, 1985, p.14

49) 김기섭,「百濟 東城王의 즉위와 정국변화」,『韓國上古史學報』50, 2005, pp.11-12 ;

당시 昆支는 왜국으로 건너가『日本書紀』의 계보를 통해서는 5세기 允恭의 딸과 혼인했던 것으로 추정된다.[50] 이에 대한 단서는 人物畫像鏡에서 男弟王이 있던 곳이 意柴沙加宮이며 允恭의 부인이 忍坂大中姬라는 것에서 찾을 수 있다.

意柴沙加는『日本書紀』神武卽位前紀나 垂仁 39年 10月條 등에도 보이는 지명으로 현재 奈良縣 櫻井市의 忍坂을 가리킨다. 舒明의 押坂陵이 있는 장소이면서 允恭의 부인인 忍坂大中姬와 관련이 있는 곳이다. 忍坂大中姬는 忍坂에 있었던 大中姬라는 의미이므로 意柴沙加宮을 통해 忍坂에 宮이 있었고 그녀가 그곳에 거주하고 있었음을 알 수 있다.

특히 고대 일본에서는 부부의 거처가 따로 있었고 아들이 처가에서 성인이 될 때까지 길러졌던 妻問婚(訪妻婚)이 일반적으로 행해지고 있었다. 이는 모계 사회의 영향을 받은 것으로 보이며 飛鳥時代에 倭王이 바뀔 때마다 왕궁이 바뀌고 있는 상황도 父子가 별거하는 관습에 따라 즉위하는 아들의 궁이 왕궁이 되었다는 견해가 설득력을 얻고 있다. 따라서 允恭과 忍坂大中姬와의 사이에서 낳은 자식들이 忍坂에 거주했을 것이며 그렇다고 하면 동성 또한 외가인 意柴沙加宮에서 태어나고 자랐을 가능성이 크다.

그런데, 동성왕이 즉위했던 479년은 己未年으로서 人物畫像鏡 銘文의 '未年'에 해당한다. 동성왕의 즉위 연대와 관련해서는『三國史記』[51]와『日本書紀』가 479년으로 동일한 반면 三斤王의 사망 시기에 대해서는『三國史記』에는 479년 11월로,『日本書紀』에는 (ㅌ)에서와 같이 4월 기사에서

洪性和, 앞의 논문, 2010b ; 노중국, 「백제 웅진도읍기 왕계와 지배세력」,『백제 웅진기 왕계와 지배세력』, 백제학연구총서(쟁점백제사12), 2018, pp.27-29

50) 允恭은 5세기『宋書』에 나오는 濟에 비정되는 인물로서『古事記』와『日本書紀』에는 允恭의 아들로서 安康과 安康의 동생인 雄略이 등장하고『宋書』에는 濟의 아들이 興이고 興의 동생이 武로 되어 있어 계보상 일치하는 측면을 보이고 있다.

51)『三國史記』卷 第26 百濟本紀 第4 三斤王 3年(479), 冬十一月 王薨,『三國史記』卷 第26 百濟本紀 第4 東城王
諱牟大【或作摩牟】文周王弟昆支之子 膽力過人 善射百發百中 三斤王薨卽位

三斤王이 이미 사망한 것으로 다르게 기록되어 있다.

『三國史記』의 왕대력의 경우는 각 본기와 연표가 즉위년칭원법의 원칙에 따라 일괄 적용하여 씌었던 것으로 판단된다.[52] 그렇다고 하면 동성왕의 즉위는 479년 11월이었던 것을 알 수 있다. 그런데, 『三國史記』에서와 같이 479년 11월에 三斤王이 사망했다고 한다면 479년에 바로 동성왕이 즉위할 수는 없었을 것이다. 왜냐하면 당시 동성왕은 倭國에 체류하고 있었기 때문이다. 따라서 三斤王은 (ㅌ)의 기사에서와 같이 479년 4월 이전에 사망했던 것으로 짐작된다.

따라서 三斤王 사망 이후인 8월 10일에 무령은 동성의 왕위계승을 인정하고 남동생왕(男弟王)인 동성을 오래토록 섬길 것(長奉)을 서약하면서 人物畵像鏡을 제작하였던 것이다. 斯麻가 형이었고 동성이 동생이었지만, 斯麻가 庶子인 관계로 바로 즉위할 수 없었고 人物畵像鏡을 제작하여 倭國에 체류하고 있던 동성에게 보냄으로써 남동생왕의 왕위계승을 인정하였던 것이다.

『三國史記』에서는 백제의 개로왕을 대왕으로 호칭했던 기술이 나온다.[53] 또한 동성왕의 父인 昆支에 대해서도 『日本書紀』의 (ㅌ)의 기사에서 볼 수 있듯이 昆支王으로 기록하고 있고 『新撰姓氏錄』에도 琨伎王으로 등장하고 있다.[54] 따라서 銘文에 보이는 '大王年'은 三斤王의 치세를 의미하는 것으로 479년 三斤王의 사망 이후 왕위계승예정자인 동성에 대해 男弟王으로 호칭했을 가능성은 높다.

따라서 隅田八幡神社 人物畵像鏡의 銘文을 통해보면 昆支가 允恭의 딸과 혼인했던 정황을 살펴볼 수 있어서 5세기 百濟와 倭 왕실의 구체적인

---

52) 이강래, 「『삼국사기』와 『삼국유사』의 왕대력 비교 연구」, 『한국사학보』21, 2005 : 『삼국사기 인식론』, 一志社, 2011, pp.94-104
53) 『三國史記』卷 第48 列傳 第8 都彌, 遂將亂之 婦曰 國王無妄語 吾敢不順 請大王先入室 吾更衣乃進 退而雜餙一婢子 薦之
54) 『新撰姓氏錄』 河內國諸藩 百濟, 飛鳥戶造 出自百濟國主比有王男琨伎王也

교류 현황을 확인할 수 있다.

Ⅳ. 맺음말

지금까지 4~5세기를 중심으로 『三國史記』, 『日本書紀』의 문헌 사료와 이 시기에 해당하는 금석문을 분석한 결과 百濟와 倭 왕실 간에 이루어졌던 왕족 교류는 혼인을 통한 화친의 정황이 있었던 것을 확인할 수 있었다.

백제의 근초고왕 시기에 倭와의 교류가 처음 시작된 이후 왕족의 인적 교류로서는 아신왕대 腆支의 기록이 보인다. 이 시기의 상황은 廣開土王碑 文에 나타나는 것과 같이 고구려의 백제 공략으로 인해 백제가 腆支를 倭 國으로 보내 화친함으로써 倭로부터 지원군을 받고 있다.

昆支의 경우도 개로왕대에 倭 왕실의 여인과 혼인을 함으로써 이를 기반으로 한 왕실 교류가 원인이 되어 百濟와 倭의 관계가 유지되었던 것으로 보인다.

이처럼 4~5세기의 상황을 살펴보면 아신왕대 이후 기본적으로 百濟와 倭 왕실은 혼인을 통한 인적 교류를 통해 정치적 혹은 군사적으로 화친관계를 맺어온 것을 확인할 수 있다. 그럼으로써 倭國에서는 친백제 세력을 확립하고 역으로 百濟에서는 친왜국 세력을 도모하여 양국 화친의 기반을 이루었다.

이를 통해 『日本書紀』 應神紀에 보이는 박사 王仁과 阿直伎의 파견, 또한 雄略 7년조에 등장하는 각종 才伎 등 전문 인력의 파견으로 百濟에서 倭로 선진문물이 전해졌고 반대급부로 백제의 요청 시 倭로부터 지원군이 파병될 수 있었던 것이다.

참고문헌

1. 사료

『三國史記』
『三國遺事』
『日本書紀』
『古事記』
『新撰姓氏錄』
『三國志』
『長笛賦』
廣開土王碑文
七支刀 銘文
隅田八幡神社 人物畵像鏡 銘文

2. 연구서

김현구, 『백제는 일본의 기원인가』, 창작과비평사, 2002
김현구, 『고대한일교섭사의 諸問題』, 일지사, 2009
김현구, 『임나일본부설은 허구인가』, 2010
那珂通世, 『外交繹史』1, 那珂通世遺書, 岩波書店, 1958
大橋信弥, 『日本古代の王權と氏族』, 吉川弘文館, 1996
文化廳 監修, 『原色版國宝』1(上古・飛鳥・奈良Ⅰ), 毎日新聞社, 1968
박남수, 『일본 소재 한국 고대 문자자료』, 주류성, 2023
山口仲美, 『日本語の歴史』, 岩波書店, 2006
山尾幸久, 『古代の日朝關係』, 塙書房, 1989
三品彰英, 『日本書紀朝鮮關係記事考證』上, 吉川弘文館, 1962
연민수, 『고대한일관계사』, 1998
鈴木勉・河内國平, 『復元七支刀-古代東アジアの鐵・象嵌・文字』, 雄山閣, 2006
이강래, 『삼국사기 인식론』, 一志社, 2011
이기동, 『백제사연구』, 일조각, 1996
이도학, 『새로쓰는 백제사』, 푸른역사, 1997
池内宏, 『日本上代史の一研究』, 中央公論美術出版, 1970

村山正雄, 『石上神宮七支刀銘文図録』, 吉川弘文館, 1996
최영성, 『한국고대금석문선집』, 문사철, 2015
坂本太郎 外, 『日本古典文学大系 日本書紀』下, 岩波書店, 1965
坂元義種, 『古代東アジアの日本と朝鮮』, 吉川弘文館, 1978
홍성화, 『한일고대사 유적답사기』, 삼인, 2008
홍성화, 『칠지도와 일본서기-4~6세기 한일관계사 연구-』, 경인문화사, 2021

3. 연구논문

高橋健自, 「在銘最古日本鏡」, 『考古學雜誌』5-2, 1914
김기섭, 「5세기 무렵 백제 渡倭人의 활동과 문화전파」, 『왜 5왕 문제와 한일관계』, 한일관계사연구논집 편찬위원회, 2005
김기섭, 「百濟 東城王의 즉위와 정국변화」, 『韓國上古史學報』50, 2005
金英心, 「百濟의 ‘君’號에 대한 試論的 考察」, 『百濟研究』48, 2008
金在鵬, 「武寧王의 隅田八幡畫像鏡」, 『한국사학논총(손보기박사정년기념)』, 1988
김현구, 「백제와 일본간의 왕실외교-5세기를 중심으로」, 『백제문화』31, 2002
那珂通世, 「上世年紀考」, 『史學雜誌』8-8~11, 1893
羅幸柱, 「古代朝·日關係における「質」の意味-特に百濟の「質」の派遣目的を中心として」, 『史觀』134, 1996
나행주, 「한반도제국과 왜국의 사신외교-백제·신라의 대왜외교의 형태와 그 특징-」, 『韓日關係史研究』56, 2017
盧重國, 「5세기 韓日關係史의 성격 개관」, 『왜 5왕 문제와 한일관계』, 한일관계사연구논집 편찬위원회, 2005
노중국, 「백제 웅진도읍기 왕계와 지배세력」, 『백제 웅진기 왕계와 지배세력』, 백제학연구총서(쟁점백제사12), 2018
박남수, 「백제 전지왕 ‘奉元四年’銘 칠지도와 그 사상적 배경」, 『東研』10, 동아시아비교문화연구회, 2021
박남수, 「백제 동성왕 인물화상경(‘隅田八幡鏡’)과 斯麻」, 『東研』11, 동아시아비교문화연구회, 2022
保坂三郎·西村强三, 「人物畫像鏡」, 『原色版國宝』1(上古·飛鳥·奈良Ⅰ), 每日新聞社, 1968
福山敏男, 「江田發掘大刀及び隅田八幡神社鏡の製作年代について」, 『考古學雜誌』24-1, 1934

福山敏男,「石上神宮の七支刀」,『美術研究』158, 1951

福山敏男,「金石文」,『文字 (日本古代文化の探究)』上田正昭編, 社會思想社, 1975

榧本杜人,「石上神宮の七支刀とその銘文」,『朝鮮学報』3, 1952

榧本杜人,「古墳時代の金石文」,『日本考古學講座』5, 河出書房, 1955

蘇鎭轍,「일본국보「隅田八幡神社所藏人物畵像鏡」의 銘文을 보고-서기 503년 8월 10일 百濟 武寧王 (斯麻)은 「大王年」대를 쓰고 繼體天皇을 「男弟王」으로 부르다-」,『圓大論文集』28, 1994

延敏洙,「七支刀銘文の再檢討-年号の問題と製作年代を中心に-」,『年報 朝鮮學』4, 1994

연민수,「백제의 대왜외교와 왕족」,『백제연구』27, 1997

鈴木靖民,「倭の五王の外交と內政-府官制的秩序の形成」,『日本古代の政治と制度』, 1985

윤용혁,「무령왕 ‘출생전승’에 대한 논의」,『백제문화』32, 2003

乙益重隆,「隅田八幡神社畵像鏡銘文の一解釋」,『考古學研究』11-4, 1965

이강래,「『삼국사기』와『삼국유사』의 왕대력 비교 연구」,『한국사학보』21, 2005

李根雨,「『日本書紀』에 引用된 百濟三書에 관한 研究」, 한국정신문화연구원 박사학위논문, 1994

이기동,「고대 동아시아 속의 백제문화」,『백제문화』31, 2002

이기백,「백제왕위계승고」,『역사학보』11, 1959

이도학,「한성말 웅진시대 백제왕위계승과 왕권의 성격」,『한국사연구』50,51, 1985

이장웅,「4~5세기 고구려 왕릉급 고분 제사와 太歲 기년법-우산하 3319호분을 중심으로-」,『한국고대사탐구』39, 2021

李在碩,「5세기말 昆支의 渡倭 시점과 동기에 대한 재검토」,『百濟文化』30, 2001

이홍직,「三國時代의 海上活動」,『韓國海洋史』, 海軍本部 戰史編纂官室, 1955

張八鉉,「우전팔번경(隅田八幡鏡) 銘文에 대한 새로운 考察」,『百濟研究』35, 忠南大百濟研究所, 2002

井本進,「隅田八幡宮畵象鏡銘の解讀」,『日本歷史』26, 1950

井上秀雄,「日本における百濟史研究」,『馬韓, 百濟文化』7, 1984

鄭載潤,「東城王 23年 政變과 武寧王의 執權」,『韓國史研究』99,100, 1997

鄭載潤,「百濟 王族의 倭 派遣과 그 性格」,『百濟研究』47, 2008

조경철,「백제 칠지도의 제작 연대 재론-丙午正陽을 중심으로-」,『백제문화』42,

2010

川口勝康, 「隅田八幡人物畫像鏡名」, 『書の日本史』1, 平凡社, 1975

村山正雄, 「「七支刀」銘字一考-榧本論文批判を中心として-」, 『朝鮮歷史論集』上, 清溪書舍, 1979

洪性和, 「石上神宮 七支刀에 대한 一考察」, 『韓日關係史研究』34, 2009a

洪性和, 「『日本書紀』 應神紀 東韓之地에 대한 고찰」, 『日本歷史研究』30, 2009b

홍성화, 「5세기 한반도 남부의 정세와 倭」, 『동아시아 속의 한일관계사』上, 고려대학교 일본사연구회 편, 2010a

洪性和, 「5세기 百濟의 정국변동과 倭 5王의 작호」, 『한국고대사연구』60, 2010b

洪性和, 「5세기대 木氏를 중심으로 한 百濟와 倭의 고찰」, 『동아시아고대학』39, 2015

洪性和, 「百濟와 倭 왕실의 관계-왕실 간 혼인관계를 중심으로-」, 『韓日關係史研究』39, 2011a

洪性和, 「熊津時代 百濟의 王位繼承과 對倭關係」, 『백제문화』45, 2011b

홍성화, 「지명과 신사」, 『일본 속의 百濟(近畿 지역)』Ⅰ, 충청남도·충청남도역사문화연구원, 2017

洪性和, 「隅田八幡神社(스다하치만신사) 人物畫像鏡에 대한 一考察」, 『한국고대사탐구』43, 2023a

洪性和, 「石上神宮 소장 七支刀의 신해석에 대한 추가 쟁점 연구」, 『百濟研究』78, 2023b

「百濟와 倭의 왕실교류」의 토론문

연민수 | 전 동북아역사재단

본 발표는 백제와 왜국간의 교류사의 특징, 성격에 대해 논한 것이다. 내용의 핵심은 양국의 우호관계가 왕실간의 혼인에 있었음을 논하고 그 구체적인 사례를 통해 증명하려고 하였다. 그간 홍교수께서 다년간에 걸쳐 발표한 연구들을 종합적 정리한 것이다. 예전 토론자 역시 이 분야에 관심을 갖고 몇편의 논문을 발표한 적이 있어 감회가 새롭다.

주지하듯이 4-5세기 한일관계의 연구는 일본서기를 비롯하여 일본에 남아있는 금석문 자료를 통해서 연구할 수밖에 없는 한계가 있다. 특히 일본서기에 대해서는 예리하고 엄정한 사료비판이 전제되지 않으면 사실에 접근하기 어려운 실정이다. 다양한 학설이 나오는 것도 사료에 대한 관점, 해석의 차이에서 기인한다고 본다. 홍교수 역시 사료비판이라는 작업을 통해 나름대로의 결론에 이르게 되었다고 생각된다.

우선 홍교수가 제시한 왕실간의 혼인의 사례를 보면, 백제 전지왕의 부인은 왜왕실의 팔수부인이고, 여기에서 태어난 아들이 구이신왕으로 추정한다. 그리고 461년에 왜국에 간 백제 개로왕의 동생 곤지가 왜국에서 왜계 여성과 결혼하여 동성왕을 낳았다고 본다. 이 결론에 기초한다면 4-5세기의 백제와 왜국간의 왕실은 혈연관계에 있는 이른바 형제국으로 이해해도 대과없을 것이고, 이러한 역사적 흐름 속에서 양국은 멸망에 이르기까지 우호관계에 이르렀다는 결론에 이르게 된다.

지금부터 20여년전에 일본의 아키히토천황이 속일본기에 나오는 환무천황의 모친이 백제계 여성이었다는 발언을 해 국내 언론에서 대서특필했던 기억이 새롭게 떠오른다. 홍교수가 추론한 사료에서는 속일본기와 같은 단정적인 기술은 없지만, 사료의 분석을 통해 가능성을 제시했다는 점에서 매우 흥미를 끈다. 고대의 국가간의 혼인관계는 결혼동맹의 형태로 추진되기도 하고 상호간의 인질의 교환이나 복속의 징표 혹은 불가침 조약의 형태로도 나타난다. 다만, 전지왕 및 곤지의 부인 왜인설은, 아직은 가설의 범위에 있고 향후 심도있는 논의를 불러일으킬 것으로 생각된다.

한편으로는 660년 백제 멸망시에 백제 부흥군은 왜국에 구원요청을 하면서 왜국에 체재하고 있던 의자왕의 아들 풍왕자의 귀국요청을 하는데, 이때 왜국에서는 왜국 여성을 부인으로 삼아 보냈다고 하여 혼인관계를 명확하게 기술하고 있다. 만약 왜국의 여성을 백제왕과 혼인관계를 맺은 것이 사실이라면 일본서기의 성격에서 보면, 당연히 기술했을 것으로 보이는데, 전지왕이나 곤지의 경우에는 직접적인 기술이 없는게 다소 의문이다.

칠지도 명문은 백제와 왜국의 교류사에 매우 중요한 사료이지만, 제작연대에 대해서는 근년 새로운 학설이 쏟아져 나오고 논의를 활발하게 하고 있다. 홍교수는 408년설를 주장하고 있다. 명문의 5월 16일을 11월 16일로 판독하여 원가력에서 丙午의 干支에 해당되는 연도는 腆支王 4년(408년)이 도출된다고 한다. 다만 칠지도는 1500년이 넘는 세월동안 심히 녹이 슬어 일부 글자의 판독에 어려움이 있고, 고대의 도검의 명문은 제작일과는 별도로 길한 날에 제작했다는 길상구를 삽입하여 실제의 제작일과 불일치하는 경우도 적지않아 논란의 여지를 남겨두고 있다. 연호에 대해서는 백제연호설을 따르고 첫글자를 奉 자로 본 것은 최근의 연구성과가 가져온 결실이라고 생각된다.

일본의 和歌山縣 隅田町 隅田八幡神社에 소장되어 있던 人物畵像鏡(현재 동경박물관 소장)에 대해서도 제작년도 및 해석에 대해 학설이 분분하다. 홍교수는 479년설을 주장한다. 이해는 왜국에 있던 동성왕이 귀국하여 백제왕으로 즉위한 연도이고, 이 화상경은 백제에 있던 이복형인 무령왕이 왜국출생의 동성왕의 왕위계승을 인정하고 오래도록 섬길 것을 약속하는 징표로서 왜국에 보냈다는 것이다. 나름대로 근거와 논리를 제시했지만, 매우 대담한 추론이라고 생각한다. 문제점으로 지적한다면, 칠지도에서도 보이듯이 당시 백제에서는 역법이 발달하여 연월일 간지가 수록된 명문을 쓰고 있다. 최근 일본 九州에서 발견된 백제제작의 庚寅銘 대도에도 日干支까지 새기고 있다. 그런데 인물화상경에서는 "□未年八月"이라고 하여 年, 月만 기록하고 있는 점에서 의문이 있고, 이 문제를 어떻게 보아야 할지 고민할 필요가 있다. 日干支까지 새기는 금석문은 일본에서는 7세기 이후이고 예외는 없다. 개인적으로는 이 인물화상경은 왜국제작으로 본다.

4-5세기 한일관계는 사료의 불안정성 때문에 논란이 많고, 향후 홍교수설에 대해 갑론을박하는 연구도 나올 것으로 보이며, 한층 연구의 진전을 가져올 것으로 사료된다. 유익한 신학설의 발표에 감사드린다.

백제 도왜계(渡倭系) 여성의 생애
- 百濟王明信·貴命·慶命을 중심으로 -

최은영ㅣ충청남도역사문화연구원

Ⅰ. 머리말

고대 일본의 국가 형성과 독자적인 문화 발전에 있어서 대륙과 반도를 건너온 渡倭人 혹은 渡倭系 집단의 역할이 컸다. 따라서 도왜인은 일본 고대사 연구에 중요한 분야 중 하나로, 이들이 일본열도에 건너오게 된 계기 및 활동에 관한 연구는 지금도 꾸준히 진행되고 있다.

平安時代 초기(815)에 편찬된 일본 고대 씨족 명부 『新撰姓氏錄』에 등재된 도왜계 씨족 중에서 백제계가 압도적으로 높은 비율을 차지하고 있다. 이러한 결과는 백제가 고대 일본(당시는 倭)과 우호적인 관계를 유지하였고, 7세기 후반 백제가 멸망한 후, 대규모의 백제인들이 일본열도로 건너간 것과 깊은 관계가 있는 것으로 보인다. 일본조정은 백제 귀족 및 관료층에게 일본의 官位와 官職을 사여하고,[1] 백제 이주민들은 집단으로 이주시켜 정착하게 하였다.[2] 이러한 백제계 도왜계 씨족들 중에서 백제의 마지막 왕

---

1) 『日本書紀』天智天皇四年二月是月. 勘校百濟國官位階級. 仍以佐平福信之功. 授鬼室集斯小錦下. 〈其本位達率.〉『日本書紀』天智天皇十年正月是月. 以大錦下授佐平余自信·沙宅紹明. 〈法官大輔.〉以小錦下, 授鬼室集斯. 〈學職頭.〉以大山下, 授達率谷那晋首〈閑兵法.〉·木素貴子 〈閑兵法.〉·憶禮福留 〈閑兵法.〉·答㶱春初〈閑兵法.〉·㶱日比子贊波羅金羅金須〈解藥.〉·鬼室集信. 〈解藥.〉以小山上, 授達率德頂上〈解藥.〉·吉大尙 〈解藥.〉·許率母 〈明五經.〉·角福牟. 〈閑於陰陽.〉以小山下, 授余達率等五十余人.

2) 『日本書紀』天智天皇四年三月是月. 給神前郡百濟人田. 『日本書紀』天智天皇五年是冬.

인 의자왕에서 나온 것으로 알려진 百濟王(クダラノコニキシ)氏가 있다.3) 이 씨족은 의자왕의 직계후손으로 알려진 善光(혹은 禪廣) 일족으로 持統天皇(재위: 689~697) 때, 位階와 '백제왕'이라는 氏姓[ウジ·カバネ]을 받았다고 알려져 있다. 씨성을 받은 백제왕씨 일족은 敍位와 任官을 통하여 일본 율령국가의 官人으로 활동하였다.4) 백제왕씨의 동향은 백제 멸망 후 일본열도로 이주한 도왜인들의 고대 일본사회에 정착하고 동화된 과정을 추정해볼 수 있으며, 율령국가가 확립된 8세기 이후의 정치적 위치와 성격을 이해하는 근거자료로도 활용되고 있다.

백제왕씨의 행적은 일본의 正史인 『六國史』5)외에도 『類聚國史』, 『日本紀略』, 『公卿補任』 등에서 확인할 수 있다. 또한, 후대에 작성되어 『六國史』와는 시기의 차이는 있지만, 천황과 황실 계보인 『本朝皇胤紹運錄』과 연대기인 『帝王編年記』, 『一代要記』 등에서도 백제왕씨로 보이는 인물들이 있다. 그 외에도 신빙성에 대해 논란이 있지만, 백제왕씨의 후예를 자칭하는 『百濟王三松氏系圖』(이하, 『三松氏系圖』)도 있다.6) 이러한 기록에는

··· 以百濟男女二千餘人 居于東國 ··· 『日本書紀』天智天皇八年是歲. ··· 又以佐平餘自信·佐平鬼室集斯等. 男女七百餘人, 遷居近江國蒲生郡. 又大唐遣郭務悰等二千餘人.

3) 『新撰姓氏錄』左京 諸蕃下, 百濟王, 百濟國義慈王之後也. : 백제왕은 백제국 의자왕에서 나왔다.

4) 최은영, 「고대 일본 도왜계(渡倭系) 씨족 여성의 동향 -백제왕씨를 중심으로-」『한일관계사연구』78, 한일관계사학회, 2022, 5쪽.

5) 奈良·平安時代 때, 국가가 편찬한 『日本書紀』, 『續日本紀』, 『日本後紀』, 『續日本後紀』, 『日本文德天皇實錄』, 『日本三代實錄』 여섯 개의 史書를 의미한다.

6) 최은영, 2022, 앞의 논문, 9쪽. 『百濟王三松氏系圖』(이하, 『三松氏系圖』): 백제왕씨의 후예를 자칭하는 三松(みつまつ)氏의 계도로, 百濟王 豊俊을 선조로 한다. 이 三松이라는 성씨는 풍준의 저택에 있었던 세 그루의 소나무에서 유래되었다고 한다 (藤本孝一, 「『三松家系圖』-百濟王系譜-」『平安博物館 研究紀要』7, 1982). 이 계도에는 『六國史』 등에서 확인되지 않는 백제왕씨 일족의 위계와 관직, 친인척 관계 등이 상세히 기록되어 있다. 그러나 계도의 사료적 가치나 신빙성에 대해 의문을 제기하는 의견도 존재(上野利三, 「「百濟王三松氏系圖」の史料價値について-律令時代歸化人の基礎的研究-」『慶應義塾創立125年記念論文集-慶應法學會政治關係-』, 慶應義

여성들도 일부 포함되어 있는데, 남성들과 마찬가지로 官位를 수여받거나 補職을 가지고 있는 것이 주목된다.

고대 일본 율령제 내에서 관위가 확인되는 여성은 황족, 여성관인, 천황의 배우자(后妃·キサキ)인 경우이다. 그러나 이들은 남성관인에 비해 기록이 현저히 적으며, 기록조차 단편적인 경우가 많다. 이러한 상황 속에서 재래씨족이 아닌 도왜계 씨족 출신 여성의 기록은 더욱 더 적으며, 그 생애도 추정하기 쉽지 않다. 따라서 백제왕씨 여성들의 기록은 도왜계 여성들이 고대 일본사회에서 속에서 일정한 지위와 위치를 가지고 있었던 것을 확인할 수 있는 중요한 자료라고 할 수 있다.

본고에서는 백제 도왜계 씨족 중 하나인 백제왕씨 여성들의 기록을 정리·검토하고, 이들 중에서 눈에 띠는 동향이 남아 있는 세 명을 선정하여 집중적으로 생애를 조명해보고자 한다.[7] 백제왕씨는 백제왕의 직계후손이라는 특수성이 있어 일반화하기에는 제한적인 부분이 있으나, 이번 연구를 통하여 기록이 부족한 고대 도왜계 여성의 생애 및 백제계 여성들의 활동에 대해서도 조금이나마 추정해볼 수 있는 단서가 마련되기를 기대한다.

塾大學法學部, 1983)하므로, 참고자료로 활용할 경우 주의가 필요하다.

7) 본고는 2022년 한일관계사학회 창립 30주년 기념학술행사에서 발표 후 투고한 「고대 일본 도왜계(渡倭系) 씨족 여성의 동향 -백제왕씨를 중심으로-」『한일관계사연구』를 수정 및 보강하였으며, 백제왕씨 여성들 중에서 明信, 貴命, 慶命 세 명을 선정하여 집중적으로 생애를 조명하고자 한다.

Ⅱ. 기록으로 본 백제왕씨 여성

1. 위계

백제 멸망 후, 일본 難波에 정착한 선광[8]과 그의 직계 자손들은 '백제왕'이라는 씨성과 위계를 수여 받고 임관을 통하여 일본율령국가의 일원으로 편입되었다. 율령제에 따르면 관인의 위계는 정1위부터 少初位下까지 서른 단계로 구분된다. 기록에서 확인되는 백제왕씨 일족 대부분은 중앙귀족의 경계선이라고 할 수 있는 종5위 이상의 위계를 수여받았다. 따라서 백제왕씨는 율령국가체제 내에서 적어도 중급 이상의 귀족·관인 위치에 있었던 것으로 보인다.[9] 서위된 이들 중에는 여성들도 포함되어 있는데, 기록에서 확인되는 백제왕씨의 최종위계를 追贈까지 포함한다면 다음 〈표 1〉과 같다.

〈표 1〉 기록(664~887)을 통해 확인된 백제왕씨의 최종위계(*은 여성을 의미함)[10]

위계	이름
종1위	慶命*
종2위	善光[11], 明信*
종3위	昌成[12], 南典, 敬福, 惠信*, 勝義
정4위하	玄鏡
종4위상	教德, 忠宗
종4위하	遠寶, 良虞, 女天*, 孝忠, 元忠, 理伯, 利善, 仁貞, 俊哲, 英孫, 教法*, 貴命*, 安義, 慶仲

---

8) 『日本書紀』天智天皇三年春三月. 以百濟王善光王等. 居于難波.

9) 최은영, 2022, 앞의 논문, 6쪽.

10) 『日本書紀』, 『續日本紀』, 『日本後紀』, 『續日本後紀』, 『日本文德天皇實錄』, 『日本三代實錄』, 『類聚國史』, 『日本紀略』, 『本朝皇胤紹運錄』, 『帝王編年記』, 『一代要記』, 『三松氏系圖』등을 참조하여 추증을 포함한 최종위계를 정리하였다.; 崔恩永, 2017, 앞의 논문, 199쪽 〈표 25〉; 최은영, 2022, 앞의 논문, 7·23쪽 〈표 1〉 및 〈표 3〉 참조하여 재검토 후, 중복 이름 삭제 및 위계 일부를 수정하였다.

위계	이름
정5위상	元勝
정5위하	慈敬, 全福, 武鏡, 敎雲, 聰哲
종5위상	元德, 玄風, 善貞, 孝法*, 貞孫, 鏡仁, 敎俊, 慶忠, 永豊, 善義, 慶世, 永善, 安宗, 淳仁, 永仁, 俊聰
종5위하	三忠, 信上, 文鏡, 淸仁*, 仙宗, 淸刀自*, 眞善*, 眞德*, 元基, 孝德, 元眞, 忠信, 明本*, 元信, 難波姬*, 敎勝, 敎貞, 盈哲, 敎養, 寬命, 文操, 奉義, 慶仁, 永琳*, 慶苑, 元仁*, 忠誠, 敎疑, 敎福, 貞琳*, 香春*, 貞惠, 敎隆, 敎仁*, 貞香13)*
정6위상	文貞(?), 忠岑
종7위하(?)	高子內親王의 母(敎俊의 딸, 永慶?)*
불명	愛筌(愛筌)

　기록에 남아 있는 백제왕씨 여성들은 약 스무 명14) 정도인데, 남성에 비하면 적은 숫자이다. 이들의 최종 위계는 남성들과 마찬가지로 대부분 종5위이다. 그러나 高位라고 할 수 있는 종3위 이상에 서위된 慶命, 明信, 惠信과 같은 인물들도 있다.

　백제왕씨 남성들 중 가장 높은 위계를 받은 인물은 의자왕의 아들로 추정되는 인물이자 '백제왕'을 처음 사여 받은 선광이다. 그는 3위에 해당하는 正廣肆였으며, 사망 후 2위에 해당하는 正廣參으로 추증되었다.15) 다만, 선광이 추증되었던 시기는 持統 7년(693)으로 大寶令(701)이 실시되기 전이다. 선광의 아들인 昌成 역시 그 이전에 사망하여 小紫位에 추증되었는

---

11) 善光이 추증된 正廣參은 율령제에 따르면 종2위에 해당한다.

12) 昌成이 추증된 小紫位는 율령제에 따르면 종3위에 해당한다.

13) 貞香은 『一代要記』에서는 종5위하, 『三松氏系圖』에서는 종5위상으로 기록되어 있다. 본고에서는 『一代要記』를 참조하여 표를 작성하였다.

14) 최은영, 2022, 앞의 논문, 41쪽에서는 기록에서 확인된 나라·헤이안시대의 백제왕씨 여성들은 명신을 포함하여 18명으로 정리하였으나, 황실 계보 및 연대기 등에 등장하는 人名이 불분명한 인물 및 일부 누락된 인물 등을 포함하면 약 스무 명 전후인 것으로 보인다.

15) 『日本書紀』持統天皇七年春正月乙巳. 以正廣參. 贈百濟王善光. 幷賜賻物.

데, 이는 율령제에 따르면 종3위에 해당하는 위계였다.[16) 율령국가가 확립된 이후, 백제왕씨 남성들에게 수여된 가장 높은 위계는 종3위이다. 선광의 손자이자 公卿이었다고 알려진 南典,[17] 東大寺의 毘盧遮羅佛 도금 시 필요한 황금을 헌상한 敬福,[18] 文章에 능하였다고 알려진 勝義[19] 단 세 명이 이에 해당된다. 그 외에는 대부분 5위를 받았다.

따라서 여성이 정치적으로 활발하게 활동한 남성도 서위되지 못한 종1위·종2위에 오른 것은 매우 이례적이라고 할 수 있다. 그렇다면 이들은 어떠한 이유에서 서위되었는지는 관련 기사를 검토해 볼 필요가 있다. 〈표 2〉는 백제왕씨 여성들의 서위와 보임 등의 관위와 그 외의 동향을 정리한 것이다.

〈표 2〉 나라·헤이안시대(710~887) 백제왕씨 여성의 관위 및 동향[20]

천황	시기	이름	위계 및 서위	관직	신위 (계급)	비고
聖武	天平16年(744)2月內辰(22)	女天	无位→從四位下			安曇江 行幸, 百濟樂 연주로 일족과 함께 서위
稱德	神護景雲2年(768)4月戊寅(29)	淸仁	正六位下→從五位下	女孺		단독 서위
光仁	寶龜元年(770)10月癸丑(25)	明信	從五位下→正五位下			여관들과 함께 서위
光仁	寶龜6年(775)8月辛未(10)	明信	正五位下→正五位上			단독 서위

16) 『日本書紀』天武天皇三年春正月辛亥朔庚申. 百濟王昌成薨. 贈小紫位.
17) 『續日本紀』天平九年九月己亥. … 廣成及百濟王南典並授從三位 …
18) 『續日本紀』天平勝寶元年夏四月甲午. … 授… 從五位上百濟王敬福從三位 …
19) 『續日本後紀』承和六年二月丁丑. 授從四位上百濟王勝義從三位 …
20) 『六國史』를 바탕으로 작성하였으나, 기록되지 않은 관위 및 계보 관계 일부는 『類聚國史』, 『日本紀略』, 『本朝皇胤紹運錄』, 『帝王編年記』, 『一代要記』 등은 참조하였으며, 신빙성 논란이 있는 『三松氏系圖』의 내용은 제외하였다.; 崔恩永, 2017, 앞의 논문, 64~68쪽 〈표 4〉, 73~76쪽 〈표 6〉, 155~158쪽 〈표 16〉, 164쪽 〈표 18〉; 최은영, 2022, 앞의 논문, 9~10쪽 〈표 2〉, 25~26쪽 〈표 4〉참조 및 일부를 수정하였다.

천황	시기	이름	위계 및 서위	관직	신위 (계급)	비고
	寶龜11年(780)3月丙寅朔	明信	正五位上→ 從四位下			命婦, 단독 서위
	天應元年(781)9月丁卯(12)	淸刀自	無位→ 從五位下			단독 서위
	天應元年(781)11月甲戌(20)	明信	從四位下→ 從四位上			여관들과 함께 서위
桓武	延曆2年(783)10月庚申(16)	明信	從四位上→ 正四位下			交野 行幸, 百濟寺 시 주, 일족과 함께 서위
	延曆2年(783)10月庚申(16)	眞善	正六位上→ 從五位下			交野 行幸, 백제사 시 주, 일족과 함께 서위
	延曆2年(783)11月丁酉(24)	明信	正四位下→ 正四位上			延曆4年(785)正月 기사 와 중복, 단독 서위
	延曆3年(784)2月辛巳	眞德	無位→ 從五位下	女孺		이 날짜 없음, 『續日本 紀』 편집 과정 시 오류 로 추정, 단독 서위
	延曆4年(785)正月乙巳(9)	明信	正四位下→ 正四位上			延曆2年(783)11月과 중복, 황족 및 여관들과 함께 서위
	延曆6年(787)8月甲辰(24)	明信	正四位上→ 從三位			高椅津 行幸, 桓武天 皇이 귀환 시, 繼繩의 別業에 들러 위계 수여, 단독 서위
	延曆6年(787)10月己亥(20)	明本	無位→ 從五位下			交野 行幸, 百濟樂舞 연주로 서위, 일족과 함 께 서위
	延曆10年(791)正月庚午(9)	難波姬	正六位上→ 從五位下			황족 및 여관들과 함께 서위
	延曆13年(794)7月己卯(9)	明信	從三位			황족 및 여관들과 함께 山背·河內·攝津·播磨 등의 國 벼 1萬 1千 束 을 받음

천황	시기	이름	위계 및 서위	관직	신위(계급)	비고
	延曆14年(795)4月戊申(11)	明信	從三位	尙侍		曲宴에서 桓武天皇이 답가를 요청함
	延曆15年(796)11月丁酉(10)	孝法	無位→從五位上			황족 및 여관들과 함께 서위
	延曆15年(796)11月丁酉(10)	惠信	無位→從五位上			황족 및 여관들과 함께 서위
	延曆16年(797)正月辛亥(14)	明信	從三位	尙侍		能登國의 羽咋郡·能登郡 두 郡의 몰수한 官田 및 野 77町을 받음
	延曆16年(797)2月癸亥(7)	孝法	從五位上			황족 및 여관들에게 勅을 내려 位田을 남자에 준하여 지급함
	延曆16年(797)2月癸亥(7)	惠信	從五位上			황족 및 여관들에게 勅을 내려 位田을 남자에 준하여 지급함
	延曆18年(799)2月辛巳(7)	明信	從三位→正三位			嵯峨天皇 元服21), 여러 관인과 함께 서위
	延曆23年(804)7月己卯(7)	惠信	從五位上→正五位上			相撲 관람, 여관들과 함께 서위
	延曆24年(805)11月庚辰(15)	教法	從四位下			相模國 大住郡의 田 2町을 받음
	奈良~平安時代前期(桓武朝)	教仁	從五位下			武鏡의 딸, 延曆12년(793) 大田親王을 낳음
	奈良~平安時代前期(桓武朝)	貞香	從五位下(혹은 從五位上)			教德의 딸, 延曆20년(801) 駿河內親王을 낳음
嵯峨	弘仁2年(811)正月甲子(29)	教法	從四位下			여러 사람들에게 관위 수여, 山城國 乙訓郡의 白田 1町을 받음
	弘仁6年(815)10月壬子(15)	明信	從二位	散事		薨
	弘仁10年(819)正月	貴命	從五位上			貴命 졸전

천황	시기	이름	위계 및 서위	관직	신위 (계급)	비고
	弘仁10年(819)10月(11日)	貴命	從五位上→ 從四位下			貴命 졸전
淳和	天長7年(830)2月丁巳(12)	慶命	正四位下→ 從三位			단독 서위
	天長7年(830)6月丁卯(24)	慶命	從三位			位封과 별개로 특별히 50戶를 받음
仁明	承和3年(836)2月己丑(20)	永琳	無位→ 從五位下			천황이 神泉苑에서 송골매를 날림, 단독 서위
	承和3年(836)2月癸巳(24)	元仁	正六位上→ 從五位下		婦人	일족 남성인 慶苑과 함께 서위
	承和3年(836)8月癸丑(16)	慶命	正三位	尚侍		단독 임관
	承和6年(839)3月己亥(18)	惠信	從四位下→ 從三位			단독 서위
	承和6年(840)11月辛丑(29)	教法	從四位下		女御	卒, 桓武天皇의 女御
	承和8年(841)11月丁巳(21)	慶命	正三位→ 從二位	尚侍		彗星猶見, 황족 및 씨족 여성들과 서위
	承和9年(842)9月己亥(8)	惠信	從三位	散事		薨, 원문에는 氏姓이 百濱王으로 기록되어 있으나 오기로 보임
	嘉祥2年(849)正月丁丑(22)	慶命	從二位→ 從一位			薨, 贈位
	仁壽元年(851)9月甲戌(5)	貴命	從四位下		女御	卒, 嵯峨天皇의 女御, 忠良親王을 낳음
	仁明朝	불명 (혹은 永慶)				教俊의 딸, 高子內親王을 낳음
文德	天安元年(857)正月丁未(8)	貞琳	從六位上→ 從五位下			여관 및 다른 씨족의 여성들과 함께 서위
清和	貞觀元年(859)11月辛末(20)	香春	無位→ 從五位下			여관 및 다른 씨족의 여성들과 함께 서위

21) 元服 : 나라시대 이후 일본의 성인이 되기 위한 과정의 의식이다. 헤이안시대에는

  일반적으로 고대 율령제에서 관인에 대한 서위 원칙은 신분 등을 바탕으로 考課(근무평정)에 일정한 年數가 충족되면 평가를 통해 위계가 오르는 방식이었다. 이러한 연례 절차의 서위는 매년 正月에 정기적으로 이루어졌는데, 천황 즉위, 行幸이나 朔旦冬至와 같은 국가 행사, 공적을 세운 관인에 대한 특례 등에 대한 임시 서위도 있었다.

  백제왕씨의 서위가 가장 많이 이루어진 시기는 일본 제50대 천황인 桓武天皇의 재위기인 延曆期(782~806)이다. 따라서 백제왕씨의 정치적 동향은 환무천황과 깊은 관련이 있다고 생각해볼 수 있다.

  환무천황은 光仁天皇과 高野新笠 사이에서 태어났다. 생모인 新笠은 和氏(이후 高野로 改姓)로 백제계 도왜씨족 출신이다. 그녀의 사망기사인 薨傳22)에 의하면 和氏의 선조는 백제 무령왕의 아들인 純陀太子에서 나왔으며, 더 나아가 백제의 먼 조상인 都慕王(고구려의 시조인 東明聖王, 즉 朱蒙을 의미함)의 후손이라고 하였다. 『新撰姓氏錄』23)에서도 和氏가 백제 武寧王에서 나왔다고 밝히고 있다.

  新笠의 사후인 延曆 9년(790) 2월,24) 환무천황은 여러 관인들과 함께 백제왕씨 일족 세 사람(玄鏡·仁貞·鏡仁)의 위계를 높여주고, 이날 詔를 내려 '백제왕(씨) 등은 朕의 外戚이다'라고 하였다. 환무천황이 백제왕의 직계후

성년의 衣冠과 동시에 관위를 내렸다고 한다.

22) 『續日本紀』延曆九年正月壬子(延曆八年十二月壬午附載). 葬於大枝山陵. 皇太后姓和氏. 諱新笠. 贈正一位乙. 繼之女也. 母贈正一位大枝朝臣眞妹. 后先出自百濟武寧王之子純陀太子. 皇后容德淑茂. 夙著聲譽. 天宗高紹天皇龍潛之日. 娉而納焉. 生今上. 早良親王. 能登內親王. 寶龜年中. 改姓爲高野朝臣. 今上即位. 尊爲皇太夫人. 九年追上尊號. 曰皇太后. 其百濟遠祖都慕王者. 河伯之女感日精而所生. 皇太后即其後也. 因以奉諡焉.

23) 『新撰姓氏錄』左京 諸蕃下. 和朝臣. 百濟國都慕王十八世孫武寧王之後也. : 和朝臣은 百濟國 都慕王 18세손 武寧王에서 나왔다.

24) 『續日本紀』延曆九年二月甲午. … 正五位上文室眞人高嶋. 百濟王玄鏡並從四位下. 從五位上百濟王仁貞正五位上. … 正六位上百濟王鏡仁從五位下是日. 詔曰. 百濟王等者朕之外戚也. 今所以擇一兩人. 加授爵位也.

손인 백제왕씨를 외척으로 표명한 것은 백제 도왜계라는 생모의 출신과 그 씨족의 위상을 높이고, 신분을 상승시키려는 정치적 의도가 있었다.[25] 도왜계 출신의 生母에게서 태어난 환무천황은 황녀(內親王)를 어머니로 둔 역대 황위 계승권자들과 비교하여 그 입지가 취약할 수밖에 없었다. 따라서 환무천황이 백제왕씨를 외척으로 인정하여 자신의 혈통이 천신의 자손이자 百濟王家에서 나왔다는 당위성을 확보하고 황권의 안정화하려고 하였던 것으로 보인다.

이렇게 외척으로 인정받은 백제왕씨는 환무천황의 치세 때, 역대 최다수의 인원이 서위와 임관을 통해 관인으로 활동하고 있다. 또한, 나라시대에는 그다지 주목되지 않던 백제왕씨 여성들의 서위도 늘어나게 된다.

〈표 2〉에 의하면, 백제왕씨 여성의 서위는 정기적으로 일정하게 이루어진 것은 아니었다. 물론 기본적으로는 매년 정월에 황족 및 여관 혹은 유력 씨족 출신의 여성들과 함께 서위되었다. 또한, 천황이 백제왕씨의 본거지로 알려진 河內國 交野郡[26]과 그 주변을 행행하였을 때, 백제왕씨 여성들은 일족과 함께 서위되기도 한다. 女天, 明信, 眞善, 明本의 경우인데, 기록의 부족으로 당시의 구체적인 상황을 알 수 없지만 이들은 百濟樂舞의 연주에 참여하였거나, 행행하였던 천황의 시중을 들었던 것이 아닐까 추정된다. 특히, 無位에서 바로 종5위하~종4위하로 서위된 경우는 상당히 파격적인 대우이므로, 천황의 승은을 입었을 가능성도 있다. 그 외에는 冠禮와 같은 황궁 내에 특별한 행사 시, 서위되는 경우도 확인할 수 있었다.

한편, 단독으로 서위된 경우, 대체로 구체적인 이유나 배경에 대해서 더욱 더 알 수 없다. 대부분의 백제왕씨 여성은 기록 내에서 한두 번만 등장

---

25) 田中史生, 「桓武朝の百濟王氏」, 『日本古代國家の民族支配と渡來人』, 校倉書房, 1997, 82~85쪽; 최은영, 2022, 앞의 논문, 17~19쪽.

26) 河內國 交野郡 : 현 大板府 枚方市이다. 天智天皇 3년(664) 3월, 선광 등은 難波에 정착하였다. 이후 8세기 중·후엽 즈음, 백제왕씨는 難波에서 河內國 交野郡으로 이주한 후 氏寺인 百濟寺를 창건하였다고 한다.

하여 추정조차 어려운 경우가 많다. 이러한 여성들은 궁정 내 後宮[27])에서 일하던 계급이 높지 않은 여성관인이었을 것이다. 또한, 앞서 언급한 것처럼 무위에서 종5위로 서위된 경우는 천황과 직접적인 연관이 있을 것으로 생각되는데 천황의 승은을 입거나, 아이를 출산하였을 가능성이 높다. 그 외에는 사망 후, 追贈을 통해 고위로 贈位되는 경우도 확인된다.

지금까지 기록을 살펴본 결과, 백제왕씨 여성들은 정기적 서위 외에도 국가적 행사 및 천황과의 관계 등 다양한 형태를 통해 서위된 것을 알 수 있다.

2. 관직 및 그 외의 동향

고대 일본율령국가의 관인은 官位相當制에 따라 각 위계에 맞는 관직이 주어졌다. 종5위 이상에 서위되었던 백제왕씨 역시 그 위계에 해당되는 관직에 임명되었는데, 주로 지방관인 國司 및 전문지식이 필요한 실무 중심의 관직이었다.[28]) 이러한 관위 양상은 백제왕씨가 환무천황의 외척으로 인정받은 이후에도 큰 변화가 확인되지 않는다. 이들이 國政의 중심인 太政官의 고위직까지는 진출하지 못한 것은 천황의 정치체제 강화 및 권력 구성의 균형을 위해 제약이 있었던 것으로 해석되기도 한다.[29])

그러나 천황의 私的機關인 後宮에서 봉사하는 여성관인(宮人·女官)은 관위상당제의 대상은 아니었다.[30]) 다만, 准位라는 등급을 설정하여 봉록(급여) 지급을 위한 기준으로 삼았다.

8세기 초에 제정된 율령(『大寶令』後宮官員令·『養老令』後宮職員令)에 따르면, 여성관인은 宮人이라고 하였다. 나라시대(8세기) 후반에 들어서면

---

27) 後宮 : 천황의 后妃 및 그들이 거주하는 공간, 두 가지의 의미를 가지고 있다.
28) 최은영, 2022, 앞의 논문, 24쪽.
29) 大坪秀敏, 『百濟王氏と古代日本』, 雄山閣, 2008, 233~299쪽.
30) 野村忠夫, 1967, 앞의 논문, 340쪽.

천황이 거주하는 사적구역인 內裏의 중요성이 커지자 남성관인의 출입이 줄어들게 되면서, 후궁 내부의 업무를 수행하기 위한 여성관인의 역할이 필요하게 되었다. 여성관인은 율령용어로는 궁인이며, 女官이라는 단어가 사료 상에서 사용되기 시작한 것은 나라시대 후기에서 헤이안시대 초기로 추정된다. 이들이 소속되어 있던 조직을 後宮十二司라고 한다. 이 기관은 각각의 담당 업무에 따라 內侍司를 포함하여 12개의 官司로 구성되어 있었다. 내시사를 포함한 일부 관사들의 여관 직급은 크게 尙·典·掌의 三等官 구조로 나누어져 있었으며, 그 아래에는 하급여관인 女孺(혹은 女嬬) 및 采女[31] 등이 배속되어 있었다.

위계를 받은 백제왕씨 여성들은 여관으로 出仕하여 근무하거나, 천황의 배우자[32]가 되어 아이를 낳은 것을 확인할 수 있다. 그러나 이들이 후궁으로 들어오게 된 계기는 불분명하다. 다만, 『養老令』 後宮職員令 氏女采女 條에 따라 중앙과 지방의 씨별로 여성을 모집하였는데, 백제왕씨 여성들도 이 규정에 의해 모집되어 궁정에서 활동하였을 것으로 추정된다.

출사한 백제왕씨 여성들은 잡무와 허드렛일을 담당하는 가장 하급여관인 여유부터 시작하였을 것이다. 백제왕씨는 5위 이상 위계를 가지고 있어 귀족의 위치에 있었지만, 출신이 도왜계였으므로 후궁의 전반적인 업무를 책임지는 장관이나 차관에 임관되기는 쉽지 않았을 것이다. 특히, 후궁 12사 중 내시사는 천황을 가까이에서 모시며 奏請(임금에게 아뢰어 청함)과 傳宣(임금의 명령을 전하여 알림) 등의 업무를 담당하였으며, 그 외에도 후궁의 모든 예식과 사무를 맡아보는 기관이었다. 따라서 내시사의 장관인 尙侍는 천황의 비서라고 할 수 있는 중요한 직책이었다. 이러한 업무를 수행

---

31) 『養老令』 後宮職員令 第18條 氏女采女條에 따르면 중앙과 지방의 씨별로 13세 이상 30세 이하의 용모가 단정한 여성을 1명씩 바치고 중무성에 고하면 천황에게 아뢰었다. 都城과 畿內에 사는 씨족 출신의 여성은 氏女, 지방 郡의 少領 이상의 자매 및 딸 출신은 采女라고 하였다.
32) 율령제 내의 后妃(皇后, 妃, 夫人, 嬪)가 아닌, 그 외의 女御, 更衣 등의 경우이다.

하기 위해서는 학문과 예법에 뛰어난 여성이여야 하였다. 따라서 어린 시절부터 수준 높은 교육을 받았을 것으로 추정되는 藤原氏와 같은 유력씨족출신 관인의 아내나 딸, 누이 등이 주로 임명되었다.[33] 따라서 도왜계 출신인 백제왕씨 여성인 明信과 慶命이 내시사의 가장 중요한 자리인 상시[34]까지 오른 사실은 매우 주목할 만한 일이다.

한편, 천황의 배우자가 되는 것도 쉬운 일은 아니었다. 율령제에 따르면妃는 4품 이상이라고 하므로, 대체로 后妃는 천황의 혈통, 즉 황족 출신이었다. 일본 역사상 최초의 藤原氏 출신 황후이자 非황족 출신의 황후는 聖武天皇의 황후인 光明皇后로, 당시 조정을 장악하였던 藤原不比等의 딸이었다. 光明皇后 이후, 비황족 출신도 황후의 자리에 오르게 되나, 대부분이藤原氏, 橘氏와 같은 유력씨족 출신의 귀족여성들이었다.

한편, 후궁에 들어간 백제왕씨 출신 여성들 중에는 女御[35] 등이 되어, 天皇의 아이를 낳았다. 藤原氏와 같은 유력씨족이 중앙정계에서 고위직으로자리 잡고 있는 상황에서 도왜계 씨족인 백제왕씨의 후궁 진출은 이례적이다. 이것은 앞서 언급한 환무천황의 외척 표명과 관계있을 것으로 추정되며, 이러한 정치적 의식과 체계는 그 뒤를 이어 황위에 오른 嵯峨·仁明天皇에게 계승되었을 것이다. 실제로 백제왕씨는 차아·인명천황의 후궁에서

---

33) 최은영, 2022, 앞의 논문, 34쪽.

34) 『三松氏系圖』에 의하면 백제왕 출신의 惠信이 承和朝(834~848)에 상시였다고 하나,正史에서는 확인되지 않는다. 『續日本後紀』 承和 9년(842) 9월 己亥조에 따르면 종3위·관위 없는 百濱王惠信이 사망(薨)하였다는 기록이 확인된다[散事從三位百濱王惠信薨]. 원문에는 '百濱王'이라고 하였으나 아마도 '百濟王'이었을 것으로 보인다. 종3위,薨으로 기록된 것으로 보아, 혜신이 여관이었다면 고위직이었을 것으로 추정된다.

35) 女御 : 헤이안시대 천황의 후궁 身位(계급) 중 하나이다. 『養老令』 後宮職員令에 따르면, 후궁에서는 妃 2명, 夫人 3명, 嬪 4명을 둘 수 있었다. 헤이안시대가 되면 정원이있는 비, 부인, 빈 대신, 정원 제한이 없는 어여, 更衣를 두었다. 어여는 환무조 때,紀乙魚·百濟王教法에게 처음 주어진 것으로 알려져 있다. 어여는 본래는 천황을 모시는 侍妾 중 하나였으나, 헤이안시대 중기 이후로는 中宮에 버금가는 위치로 변화하게 된다.

도 확인되며, 천황의 아이도 낳았다.

　또한, 환무~인명조의 백제왕씨는 稻 및 官田,[36] 位田[37] 등 토지[田地]를 받았다. 특히, 延曆 15년(796) 11월, 孝法과 惠信이 위전을 남자에 준하여 지급받는 것과, 天長 7년(830) 6월, 경명이 位封과 별개로 50戶를 받은 기록은 이들이 후궁 내에서 우대받았던 근거로 생각해볼 수 있다.

　기록 속의 백제왕씨 여성들은 환무조를 중점적으로 서위와 임관이 이루어졌으며, 천황의 배우자가 되어 아이를 낳고, 토지 등을 수여받았다. 그러나 세부적인 동향을 파악하기에는 부족한 점이 많다. 따라서 관위 동향 및 개인사를 조금 더 추정해보기 위해, 일부 인물의 사망 기사 중 薨傳 혹은 卒傳[38]이라는 짧은 傳記를 참고할 필요가 있다. 홍·졸전은 다양한 형태로 나타나지만 대략 홍·졸 기사, 출신(가문의 소개, 계보관계 및 선조의 전승), 官歷, 편찬자의 논평, 홍졸 시점의 연령 등의 형식으로 구성된다.[39] 『六國史』 내에서 사망이 확인되는 백제왕씨 여성은 명신, 교법, 혜신, 귀명, 경명 등이 있다. 그러나 귀명을 제외한 대부분은 짧은 卒去기사만이 확인된다. 따라서 이러한 단편적인 부분을 보완하기 위해 백제왕씨 여성들이 출산한 자녀의 홍전도 함께 참조하여, 이들의 생애에 대해 알아보기로 한다.

---

36) 官田 : 고대 일본 황실·朝廷이 소유한 토지[田地]를 말한다.

37) 位田 : 위계와 品位에 따라, 지급하는 토지[田地]를 의미한다. 여성의 위전은 남성의 2/3가 지급되는데, 비·부인·빈의 경우는 남성과 동일하다.

38) 薨傳·卒傳 : 홍전은 3위 이상을, 졸전은 5위 이상의 귀족관인의 사망기사 다음에 기록된 개인의 전기를 지칭한다(정진아, 「일본 고대 도래계 관인의 홍졸전(薨卒傳) 기사 연구 -『속일본기(續日本紀)』~『일본삼대실록(日本三代實錄)』을 중심으로-」, 『史叢』98, 고려대학교 역사연구소, 2019, 139쪽).

39) 정진아, 2019, 앞의 논문, 139~140쪽.

Ⅲ. 백제왕씨 여성의 생애

백제왕씨 여성들에 대한 기록은 매우 적으며, 대부분 짧고 단편적이다. 그나마 관위 기록 및 자녀의 훙전으로부터 생애를 추정할 수 있는 백제왕씨 여성으로는 명신, 귀명, 경명이 있다. 이 세 사람은 나라시대 후기에서 헤이안시대 초기 후궁 내에서 활동하였는데, 正史의 등장 순서에 따라 그 동향을 정리하면 다음과 같다.

1. 明信

백제왕씨 여성들 중 가장 많은 기록을 남기고 있는 인물은 百濟王 明信 이다. 명신은 나라시대 후기부터 헤이안시대 초기까지 걸쳐 활동한 여관으로, 환무천황의 총애를 받았다고 알려져 있다. 京都에서 10월에 개최되는 '時代祭'의 藤原時代에 등장하는 유명한 인물 중 하나이기도 하다.

정사에서는 확인할 수 없지만, 명신의 祖父는 天平 21년(749) 陸奧國에서 일본 최초로 황금을 발견하여 900량을 헌상한[40] 종3위·刑部卿이었던 敬福, 아버지는 종4위하·右京大夫였던 理伯[41]이라고 한다.[42]

명신의 남편은 公卿[43]이자 藤原 南家 출신의 종2위(추증 후, 종1위)·右大臣였던 繼繩(727~796)[44]이다. 그는 『續日本紀』의 편찬자 중 한 사람으

---

40) 『續日本紀』天平神護二年六月壬子. 刑部卿從三位百濟王敬福薨. … 天平年中. 仕至從 五位上陸奧守. 時聖武皇帝造盧舍那銅像. 冶鑄云畢. 塗金不足. 而陸奧國馳驛. 貢小田 郡所出黃金九百兩. 我國家黃金從此始出焉. 聖武皇帝甚以嘉尚. 授從三位. 遷宮內卿. 俄加河內守. …

41) 『續日本紀』寶龜七年六月壬申. 右京大夫從四位下百濟王理伯卒.

42) 今井啓一, 『百濟王敬福』, 綜芸舍, 1965, 117~125쪽.

43) 公卿 : 일본 율령제 규정에 근거한 太政官의 최고 간부이자, 國政을 담당하는 최고 직위인 고관을 의미한다.

44) 『日本後紀』延曆十五年七月乙巳. 右大臣正二位兼行皇太子傳中衛大將藤原朝臣繼繩薨.

로 알려져 있다. 繼繩의 훙전에 따르면 겸손하여 내세울 공적이나 재능은 없었으나, 世間의 비판은 받지 않았다고 한다. 『日本後紀』의 편찬자가 그의 업적에 대해서는 상당히 신랄하게 평가한 것으로 보아, 정치적 능력은 좀 부족하였으나, 그에 비해 인품이 좋았던 것으로 보인다.

명신의 정확한 출생연대는 알 수 없지만, 弘仁 6년(815) 10월에 사망하였다.[45] 『三松氏系圖』에 의하면 享年 79세였다고 한다.

명신이 正史에 최초로 등장한 것은 寶龜 원년(770) 10월로, 光仁天皇(재위: 770~781)이 황위에 오른 직후이다. 이때 명신은 다른 씨족 여성 및 여관들과 함께 종5위하에서 정5위하로 서위된다.[46] 그렇다면 명신은 광인천황 이전인 稱德天皇(재위: 764~770) 시기에 이미 종5위하로 서위되어, 여관으로 활동하고 있었을 것이다. 일반적으로 서위기사는 무위부터 시작하지만, 명신은 종5위하로 처음으로 등장한다. 따라서 명신의 최초 서위기록은 누락된 것으로 보인다.[47]

명신이 종5위하가 된 것은 770년 이전으로 칭덕천황 때이다. 天平 21년(749), 백제왕씨 경복은 동북지방인 陸奥國에서 발견한 황금 900량을 헌상하는 큰 공을 세워, 종3위·宮內卿이 되어 중앙정계로 진출한다. 경복의 공적은 이후 백제왕씨 일족의 다수가 정계로 진출하게 되는 계기를 마련하였다.[48] 칭덕조 때, 경복은 사망하지만, 명신의 아버지로 추정되는 이백은 정

遣使監護喪事. 葬事所須. 令官給焉. 詔贈從一位. 繼繩者. 右大臣從一位豊成之第二子也. 天平寶字末. 授從五位下. 爲信濃守. 天平神護初. 敍從五位上. 尋授從四位下. 拜參議. 寶龜二年隷敍正四位上. 十一月授從三位. 歷大藏卿左兵衛督. 俄拜中納言. 天應元年授正三位. 延曆二年轉大納言. 五年敍從二位. 兼中衛大將. 九年拜右大臣. 投正二位. 在任七年. 薨時年七十. 繼繩歷文武之任. 居端右之重. 時在曹司. 時就朝位. 謙恭自守. 政迹不聞. 雖無才識. 得免世議也.

45) 『日本後紀』弘仁六年十月壬子. 散事從二位百濟王明信薨.

46) 『續日本紀』寶龜元年冬十月癸丑. … 從五位下巨勢朝臣巨勢野. 百濟王明信竝正五位下 …

47) 김은숙, 「桓武天皇과 百濟王 明信」, 『제63회 충남대학교 백제연구공개강좌』, 충남대학교 백제연구소, 2012, 3쪽. 최은영, 2022, 앞의 논문, 11~12쪽.

5위하·攝津大夫였다. 이후 그는 종4위하·右京大夫까지 오른다.[49] 따라서 奈良時代의 백제왕씨는 백제왕의 직계후손이자, 종5위 이상인 귀족의 위계를 가지고 있었던 씨족이었다고 볼 수 있다.[50] 명신은 언제, 어떠한 이유로 후궁에 들어와 여관이 되었는지는 알 수 없다. 다만, 氏女·采女 규정에 따른 모집 혹은 경복과 백제왕씨 일족의 정계 활동이 늘어난 것과 연관이 있었던 것이 아닐까 추정된다.

770년 이전에 후궁으로 들어온 명신은 여관으로 근무하다가, 藤原 南家 출신의 繼繩과 혼인하였을 것으로 보인다. 藤原 南家는 나라시대 초·중기에 정치적 중심에 있었던 유력씨족이다. 대표적인 인물로는 고모인 光明皇后의 신임을 받아, 막강한 권력을 휘둘렀던 藤原仲麻呂(706~764)가 있다. 또한, 仲麻呂의 형이자, 繼繩의 아버지 豊成(704~766)은 종1위·右大臣였으며,[51] 繼繩의 생모는 아니지만 豊成의 정실이었던 百能(720~782)은 종3위 (이후 종2위)·상시로,[52] 두 사람 모두 칭덕천황을 가까운 곳에서 모실 수 있는 위치에 있었다. 명신과 繼繩의 혼인은 어떠한 계기로 이루어졌는지는 알 수 없다. 다만, 칭덕조 초반까지는 백제왕씨의 대표인물인 경복이 활동하고 있었으므로, 당시 권력자였던 仲麻呂 및 豊成과도 정치적인 관계가 형성되었을 것으로 해석하기도 한다.[53] 따라서 백제왕씨는 정계의 중심에 있었던 藤原 南家와 혼인관계를 맺음으로서 정치적 입지를 다질 수 있는 기반을 만

---

48) 崔恩永, 2017, 앞의 논문, 117~118쪽.

49) 『續日本紀』神護景雲元年八月丙午. … 正五位上百濟王理伯爲攝津大夫 …『續日本紀』 寶龜五年三月甲辰. … 從四位下百濟王理伯爲右京大夫 …

50) 최은영, 2022, 앞의 논문, 12쪽.

51) 『續日本紀』天平寶字八年九月甲寅. … 授正二位藤原朝臣豊成從一位 …『續日本紀』 天平神護元年十一月甲申. 右大臣從一位藤原朝臣豊成薨 …

52) 『續日本紀』天平寶字八年九月甲寅. … 正五位上藤原朝臣百能並從三位 …『續日本紀』 延曆元年四月己巳. 尚侍從二位藤原朝臣百能薨. 兵部卿從三位麻呂之女也. 適右大臣從 一位豊成. 大臣薨後. 守志年久. 供奉內職. 見稱貞固. 薨時年六十三.

53) 大坪秀敏, 2008, 앞의 책, 133~151쪽.

들었을 것이다.

명신은 繼繩과 혼인하여 아들을 한 명 두었다. 아들은 종3위・散位(해임
전 中納言)이었던 藤原乙叡이다. 그는 大同 3년(808) 6월에 사망하였는데,
향년 48세였다.[54] 그렇다면 명신은 적어도 天平寶字 5년(761), 아들이 태어
나기 이전에 繼繩과 혼인하였을 가능성이 높다.[55] 여관은 결혼 후에도 계
속해서 근무가 가능하였다. 따라서 명신은 광인조에 첫 기사로 등장하기 전
에 이미 繼繩과 혼인하여 아들을 낳았고, 그 후에도 여관으로 활동하고 있
었던 것이라고 해석할 수 있다.

명신은 寶龜 6년(775) 8월, 정5위하에서 정5위상이 되었다.[56] 寶龜 11년
(780) 3월, 정5위상에서 종4위하가 되었는데, 이때 그녀는 命婦였다.[57]『養
老令』職員令 中務省條에 의하면 명부는 5위 이상의 위계를 가진 여성(內
命婦), 혹은 5위 이상의 관인의 아내(外命婦)를 의미하는 칭호이다. 따라서
명부는 관직이 아니라 소속 관사의 職掌(담당하는 직무의 분담)에 따라 봉
사하는 지위였다. 당시, 명신은 종4위 위계를 가진 여관이자, 종3위・中納言
인 繼繩[58]의 아내였다. 이 시기에 명부로 칭해진 것으로 보면, 명신은 여관
으로서 별도의 관직은 없었던 것 같다.

天應 원년(781), 광인천황의 뒤를 이어 장남인 환무천황이 즉위하였다.

---

54) 『日本後紀』大同三年六月甲寅. … 散位從三位藤原朝臣乙叡薨 … 時年卅八
55) 『公卿補任』에 의하면 乙叡는 天平勝寶 7년(755)에 태어났고, 大同 3년(808)에 48세
   에 사망하였다고 한다. 그러나『日本後紀』에 기록된 것처럼 大同 3년(808)에 48세로
   사망하려면, 天平寶字 5년(761) 즈음에 출생하여야 하므로, 『公卿補任』에 기록된
   乙叡의 출생년도는 맞지 않는다. 이러한 모순이 생긴 이유에 대해서 大坪秀敏은
   『公卿補任』을 기록한 사람이 乙叡의 天平勝寶 7년(755) 탄생설을 채용한 것은, 그
   전년인 天平勝寶 6년(754)에 명신과 繼繩의 혼인한 해로 인식하여 기록한 것일 가
   능성을 추정하였다(大坪秀敏, 2008, 앞의 책, 139쪽; 김은숙, 앞의 논문, 2012, 7쪽).
56) 『續日本紀』寶龜六年八月辛未. 授正五位下百濟王明信正五位上.
57) 『續日本紀』寶龜十一年三月丙寅朔. 授命婦正五位上百濟王明信從四位下.
58) 『續日本紀』寶龜十一年二月丙申朔. … 參議兵部卿從三位兼左兵衛督藤原朝臣繼繩. 並爲
   中納言 …『續日本紀』寶龜十一年三月癸巳. 以中納言從三位藤原朝臣繼繩爲征東大使 …

그는 즉위 후, 河內國 交野郡으로 약 20회 가까이 행행하였다. 交野는 당시, 백제왕씨의 본거지가 있는 곳이었다. 환무천황이 交野에 행행하였을 때, 백제사 시주, 遊獵, 천신제사(郊祀), 백제왕씨의 백제악무 연주 등이 이루어졌다. 이것은 신왕조 의식에 대한 발상 및 중국 율령국가체제의 확립과 실현, 그리고 수도를 옮기기 위한 일환으로 해석되고 있으며, 백제왕씨와의 관계를 추정해볼 수 있는 중요한 자료이기도 하다.59)

延曆 2년(783) 10월, 환무천황은 즉위 후 처음으로 백제왕씨의 본거지인 交野郡으로 행행하였는데, 백제왕 등 行宮(行在所)에서 천황을 모신 한두 명에게 위계를 높이고 爵을 더해주었다. 또한, 백제왕씨의 氏寺인 백제사에 대량의 施主를 하고, 명신을 포함한 백제왕씨 일족 남녀 6명에게 위계를 높여주었다.60) 명신은 종4위상에서 정4위하가 되었다. 이때, 행궁이 어디였는지는 구체적으로 알 수 없으나, 명신의 남편인 繼繩의 別邸였을 가능성이 높다. 실제로 환무천황은 延曆 6년(787) 10월에도 交野로 행행하는데, 繼繩의 別邸에서 머문다.61)

명신은 延曆 2년(783) 11월, 정4위하에서 정4위상이 된다. 그런데 동일한 내용의 서위가 延曆 4년(785) 정월 기사에서도 기재되어 있어,62) 명신이 언제 정4위상이 되었는지는 불분명하다. 다만, 명신이 延曆 2년(783) 11월 서

---

59) 송완범, 『동아시아세계 속의 일본율령국가 연구-백제왕씨를 중심으로-』, 경인문화사, 2020, 206~239쪽.

60) 『續日本紀』延曆二年冬十月庚申. 詔免當郡今年田租. 國郡司及行宮側近高年. 幷諸司陪從者. 賜物各有差. 又百濟王等供奉行在所者一兩人. 進階加爵. 施百濟寺近江播磨二國正稅各五千束. 授正五位上百濟王利善從四位下. 從五位上百濟王武鏡正五位下. 從五位下百濟王元德百濟王玄鏡並從五位上. 從四位上百濟王明信正四位下. 正六位上百濟王眞善從五位下.

61) 『續日本紀』延曆六年十月丙申. 天皇行幸交野. 放鷹遊獵. 以大納言從二位藤原朝臣繼繩別業爲行宮矣. 『續日本紀』延曆十年冬十月丁酉. 行幸交野. 放鷹遊獵. 以右大臣別業爲行宮. 『日本後紀』延曆十四年十月己卯. 幸交野. 以右大臣藤原繼繩別業. 爲行宮.

62) 『續日本紀』延曆二年十一月丁酉. 授正四位下百濟王明信正四位上. 『續日本紀』延曆四年正月乙巳. 授 … 正四位下藤原朝臣諸姉. 百濟王明信並正四位上 …

위되었다면, 交野 행행 이후 약 한 달 만에 단독으로 다시 서위되는 셈이다. 따라서 延曆 4년(785) 정월에 다른 관인들과 함께 서위된 것이 더 자연스럽지 않은가 싶다.

延曆 6년(787) 8월, 환무천황은 高椅津에 행행하였다가 돌아오는 길에 종2위·大納言 繼繩의 저택에 들려, 그의 아내인 정4위상 명신에게 종3위를 주었다.[63] 그런데 동년(787) 윤5월, 백제왕씨 일족인 정5위상·陸奧鎭守將軍이었던 俊哲이 어떠한 일에 연루되어 日向國의 차관직에 해당되는 權介로 좌천된다.[64] 준철은 武官으로 동북지방인 陸奧國에서 이민족인 蝦夷를 정벌하는데 참여하여 공을 세운 인물이다. 『三松氏系圖』에 따르면 준철은 이백의 아들이며, 명신과 남매라고 한다. 명신과 준철은 대체로 비슷한 시기에 활동한 것으로 보아, 연배 차도 크게 나지 않았을 것으로 추정된다. 이렇게 준철이 좌천된 지 얼마 지나지 않았음에도, 환무천황은 행행에서 돌아오는 길에 일부러 繼繩의 저택에 들려 그녀의 위계를 종3위로 높여준 것이다.

지금까지의 서위 양상으로 볼 때, 환무천황은 명신과 그 일족인 백제왕씨에게 우호적이었던 것으로 보인다. 이것은 환무천황의 생모가 백제계 씨족 출신인 것과도 관련이 있었을 것이다. 이러한 관계는 延曆 9년(790) 2월, 환무천황이 자신의 혈통과 출신의 정통성을 보증받기 위해, 백제왕씨를 외척으로 표명하면서 더욱 더 돈독해진다.

延曆 13年(794) 7월, 명신은 여성 황족 및 다른 여관들과 함께 山背·河內·攝津·播磨 등 國의 벼 일만 일천 束을 하사받았다.[65] 이것은 천도한 새로운 수도(平安京)에 집[家]을 짓도록 하기 위해 사여된 것이라고 한다.

---

63) 『續日本紀』延曆八年八月甲辰. 行幸高椅津. 還過大納言從二位藤原朝臣繼繩第. 授其室正四位上百濟王明信從三位.

64) 『續日本紀』延曆六年閏五月丁巳. 陸奧鎭守將軍正五位上百濟王俊哲坐事左降日向權介.

65) 『日本後紀』延曆十三年七月己卯. 以山背·河內·攝津·播磨等國稻一萬一千束. 賜從三位百濟王明信. 從四位上五百井女王. 從五位上置始女王. 從四位上和氣朝臣廣蟲·因幡國造淨成等十五人. 爲作新京家也.

명신은 아들인 乙叡의 훙전에 따르면 환무천황의 총애를 받았다고 하는데,[66] 延暦 14년(795) 4월 曲宴[67] 기사에서도 두 사람의 관계를 추정해볼 수 있는 기록이 있다. 이 곡연 당시, 환무천황은 古歌(以邇之弊能 能那何浮流彌知 阿良多米波 阿良多麻良武也 能那賀浮流彌知; 오래된 들판의 옛길[野中古道]을 바꾸려면 바꿀 수 있을까?)를 읊었고 나서, 그 답가를 상시인 명신에게 요구하였다고 한다. 그러나 그녀가 답하지 않자, 환무천황이 직접 답가(記美己蘇波 和主黎多魯羅米 爾記多麻乃 多和也米和禮波 都爾乃詩羅多麻; 그대는 이미 잊었을지 모르지만, 나는 여전히 변하지 않는 백옥과 같은 상태이다.)를 읊었다. 이 고가를 들은 侍臣들이 환호하였다고 한다. 환무천황이 읊은 고가는 오래된 들판의 길을 고쳐서 새로운 수도를 만들었다는 내용을 담고 있다는 의미로 보기도 하지만, 답가와 연관 지어 생각해 보았을 때, 환무천황과 명신이 오래 전 특별한 관계였음을 은유적으로 표현한 것으로 해석되기도 한다.[68] 이러한 고가를 바탕으로 환무천황이 생모와 같은 백제계 출신인 백제왕씨 일족의 명신과 젊은 시절부터 사적으로 친밀한 관계였을 것으로 보기도 한다.

延暦 16년(797) 정월, 官田 수여[69] 기사에 따르면, 종3위 명신은 내시사의 장관인 상시라고 기록되어 있다. 나라시대 성무조부터 환무조까지 역대

---

66) 『日本後紀』大同三年六月甲寅. … 散位從三位藤原朝臣乙叡薨. … 右大臣贈從一位繼
縄之子也. 母尚侍百濟王明信被帝寵渥. 乙叡以父母之故. 頻歷顯要. 至中納言 … : 어
머니 상시 백제왕 명신은 천황의 총애를 받았고, 乙叡는 부모 덕분에 두루 높은 요
직을 역임하며 中納言에 이르렀다고 한다.

67) 『類聚國史』卷七五 曲宴·『日本後紀』延暦十四年四月戊申. 曲宴. 天皇誦古歌曰. 以邇之
弊能. 能那何浮流彌知. 阿良多米波. 阿良多麻良武也. 能那賀浮流彌知. 勅尚侍從三位
百濟王明信令和之. 不得成焉. 天皇自代和曰. 記美己蘇波. 和主黎多魯羅米爾記多麻乃.
多和也米和禮波都爾乃詩羅多麻. 侍臣稱萬歲.

68) 김은숙, 2012, 앞의 논문, 30~31쪽.

69) 『日本後紀』延暦十六年正月辛亥. 能登國羽咋能登二郡沒官田幷野七十七町. 賜尚侍從
三位百濟王明信.

상시의 자리에 올랐던 여성들을 살펴보면, 대부분이 藤原氏거나 大野·阿倍·橘氏 등 유력씨족 출신이다. 따라서 명신처럼 도왜계 출신이 상시로 취임한다는 것은 매우 드문 일이었음이 분명하다. 나라시대 상시였던 여성들의 남편 역시 대부분이 유력씨족인 藤原氏 출신으로 태정대신, 좌대신, 우대신, 내대신 등 고위·고관직이었으며, 정계에서 권력을 가지고 있었다.

명신이 상시로 임명된 정확한 시기는 알 수 없으나, 적어도 延曆 16년 (797) 정월 이전에 취임하였을 것이다. 명신의 남편인 繼繩은 백제왕씨가 외척으로 표명된 延曆 9년(790) 2월,[70] 조정의 최고 기관인 태정관의 장관급이라 할 수 있는 우대신이 된다. 명신이 언제 상시로 취임하였는지는 불분명하다. 그러나 역대 상시들의 남편이 태정관의 고위직이었던 것을 보면, 繼繩이 우대신이 된 延曆 9년(790) 2월 이후부터, 상시라고 기록되어 있는 延曆 14년(795) 4월 곡연이 있기 이전 사이에 취임하였을 가능성이 높다. 다만, 앞서 언급한 延曆 14년(795) 4월 곡연 당시, 명신은 상시·종3위로 기록되어 있는데 이것을 追記로 보는 견해도 있다.[71] 그러나 추기가 아니라면, 명신이 상시로 처음 기록되어 있는 延曆 14년(795) 4월 곡연 이전에 임명되었을 것이다.

한편, 『一代要記』의 환무조에 따르면 명신과 함께 상시로 기록되어 있는 인물은 명신의 남편인 繼繩의 계모이자 우대신 豊成의 아내 藤原百能과 內大臣이었던 藤原良繼의 아내 阿倍古美奈이다. 율령제에 따르면 상시는

---

70) 『續日本紀』延曆九年二月甲午. 詔以大納言從二位藤原朝臣繼繩爲右大臣 …
71) 명신이 상시로 임명된 계기로는 다음과 같은 견해들이 존재한다. 우선, 명신과 환무천황의 외척 표명과 밀접한 관련이 있다는 의견이 있다. 백제왕씨는 외척으로 표명되었으나 藤原씨와 정치적 밸런스 유지를 위해 참의 이상 되지 못하였으므로 환무천황이 백제왕씨의 후궁 세력 신장을 도모하기 위해, 延曆 9년(790) 2월에서 얼마 지나지 않은 시기에 명신을 상시로 임명하였다는 것이다(大坪秀敏. 2008, 앞의 책, 249쪽). 반면, 延曆 15년(796) 7월, 명신은 남편인 繼繩이 죽은 이후에 상시가 되었으며, 延曆 14년(795) 4월 曲宴 때 기록된 상시는 추기로 보는 견해도 있으나 근거는 명확하지는 않다(今井啓一, 앞의 책, 1965, 123쪽).

정원이 2명인데, 사망 등으로 공석이 되면 새로운 인물이 상시의 자리에 올
랐을 것이다. 百能은 天應 2년(782) 4월에, 古美奈는 延曆 3년(784) 10월에
사망한다. 이들 사망 후, 명신이 환무천황의 총애로 공석이 된 상시직에 바
로 올랐다면, 繼繩이 우대신이 된 延曆 9년(790) 2월보다 더 앞선 시기였을
가능성도 있다.

延曆 15년(796) 7월, 繼繩이 사망한다.[72] 이듬해인 延曆 16년(797) 정
월[73], 명신은 상시·종3위로, 能登國의 羽咋郡·能登郡 두 郡에서 몰수한
官田 및 野 77町을 받았다. 이때 명신은 여전히 상시였다. 이것은 繼繩의
아버지인 우대신 豊成의 아내 百能이 남편을 잃고도 상시로 계속 근무한
예와 유사하다.

延曆 18년(799) 2월, 환무천황의 차남인 神野親王(후의 차아천황)의 성
년식인 元服(冠禮式)에서 명신은 정3위가 되었다.[74] 이 기사 이후, 명신이
사망하기까지의 동향은 더 이상 확인되지 않는다.

延曆 25년(806), 명신을 아끼던 환무천황이 사망하고, 장남인 平城天皇
(재위: 806~809)이 즉위하였다. 평성천황은 황태자였을 당시, 妃의 생모인
여관 藤原藥子를 총애하였는데, 이 사실을 안 환무천황이 격분하여 藥子를
궁중에서 추방하였다. 그러나 환무천황이 세상을 떠나자, 황위에 오른 평성
천황은 그녀를 다시 불러들여 상시로 임명하였다. 한편, 大同 2년(807)에
발생한 伊豫親王의 變[75]에 연좌되어, 명신의 아들인 종3위·중납언이었던
乙叡가 관직에서 물러난다. 그는 이듬해 大同 3년(808) 6월, 무죄임에도 관

---

72) 『日本後紀』延曆十五年七月乙巳. 右大臣正二位兼行皇太子傅中衛大將藤原朝臣繼繩薨 …
73) 『日本後紀』延曆十六年正月辛亥. 앞의 기사 참조.
74) 『日本後紀』延曆十八年二月辛巳. 諱〈嵯峨太上天皇〉於殿上冠. 賜五位已上衣被 …
　　從三位百濟王明信正三位 …
75) 伊予親王의 變 : 환무천황의 3황자인 伊予親王(?~807)이 모반 혐의를 받고 어머니
　　藤原吉子와 함께 유폐되었다가, 자살하였다. 이 사건의 배경에는 藤原 南家의 실각
　　을 노리는 式家의 藤原仲成·藥子 남매의 계략이 있었다. 실제로 이후 藤原 南家의
　　세력은 줄어들었다. 이후, 伊予親王 모자는 무죄를 인정받았다.

직으로 복귀하지 못하고 억울함을 호소하다 사망하였다. 乙叡는 평성천황이 황태자일 때, 연회에서 술을 쏟는 불경을 저지른 적이 있었는데, 평성천황은 이것을 마음에 담아두다가, 伊豫親王의 變 때, 연좌시켜 관직에서 해임시킨 것이라고 한다.

환무조 이전의 상시는 새로운 천황이 즉위하더라도 자리를 사직하는 경우는 없었다. 그러나 평성천황은 藥子와의 추문으로 아버지인 환무천황과 관계가 원만하지 못하였다. 따라서 환무천황의 총애를 받았던 명신은 아들 乙叡의 中納言 해임 즈음에 상시의 자리에서 물러났을 가능성이 높다. 구체적인 시기는 알 수 없으나, 명신의 뒤를 이어 평성천황이 아끼는 藥子가 상시로 취임한다. 이후, 명신은 아들을 먼저 잃고, 弘仁 6년(815) 10월, 散事·종2위로 사망(薨)하였다.[76] 서위기사가 확인되지 않으므로, 정3위였던 명신이 언제 종2위가 되었는지는 알 수 없다.

지금까지의 기록으로 볼 때, 명신은 延曆 16년(797) 정월까지는 상시 직을 유지하고 있었으며, 서위 시기는 알 수 없으나 종2위까지 올랐다. 그녀가 죽었을 때, 관직이 없는 散事 상태였으나, 황족이나 3위 이상의 고위 인물의 죽음을 의미하는 '薨'으로 기록되었다.

나라·헤이안시대에 활동한 명신은 종2위·내시사의 장관이라고 할 수 있는 상시의 자리까지 올랐다. 그녀는 우대신의 아내이자 천황의 외척으로 인정받은 백제왕씨 출신이었으며, 사적으로는 천황의 총애를 받았다. 명신은 남성 중심의 귀족사회였던 헤이안시대 초기에 백제 도왜계 출신의 여성으로서 유례없이 정치계에서 활발하게 활동하였던 인물이라 평가할 수 있다.

2. 貴命

평성천황은 즉위한 지 3년 만에 동생인 嵯峨天皇(재위: 809~823)에게 양

---

76) 『日本後紀』弘仁六年十月壬子. 散事從二位百濟王明信薨.

위하였다. 차아천황에게는 황후인 檀林皇后(橘嘉智子)를 비롯하여 다수의
后妃와 궁인들이 있었다. 이들 중 백제왕씨 일족 여성으로는 귀명과 경명이
확인된다. 앞서 언급한 명신과 달리 이들에 대한 기록이 적고, 남은 기록도
단편적이기 때문에 이들이 낳은 자녀들의 기록도 함께 살펴보고자 한다.

우선, 귀명의 홍전을 살펴보면 다음과 같다.[77] 仁壽 원년(851) 9월, 종4
위하·散事 백제왕 귀명이 사망(卒)하였다. 그녀는 종4위하·陸奧鎭守將軍
겸 下野守 준철의 딸이다. 귀명은 천성이 아름답고, 손재주(길쌈)가 좋았다
고 한다. 차아태상천황이 천하를 다스릴 때, 여어였다. 2품·式部卿 大宰帥
忠良親王의 어머니이다. 弘仁 10년(819) 정월에 종5위상이 되었고, 동년 10
월 11일에 종4위하가 되었다.

『六國史』 내에서 귀명을 직접적으로 언급한 내용은 이 홍전이 유일하다.
이 기사에 따르면 귀명은 명신과 남매로 추정되는 준철의 딸로, 차아천황의
여어였다. 그 외에 후궁에 들어온 시기나 여어가 된 시기 등은 알 수 없다.
홍전에 손재주가 좋았다고 특별히 기재되어 있는 것으로 보아, 후궁의 수많
은 여성들 중에서 그 재능이 매우 두드러졌던 것 같다.

귀명은 차아천황과의 사이에서 자녀를 세 명 두었다. 그 중 한 명이 귀명
의 홍전에서 언급되는 忠良親王이다. 그는 承和 원년(834) 2월,[78] 元服하
여 4품을 받았다. 이 기사에 따르면 忠良親王은 차아천황의 제4황자로 어
머니는 백제씨이며, 종4위하·勳3等 준철의 딸인, 종4위하 귀명이라고 기록
되어 있다. 『一代要記』에 의하면 忠良親王은 無品인 基良親王과 어머니가
같다고 한다. 그리고 무품인 基子內親王도 基良親王과 어머니가 같다고 하

---

77) 『日本文德天皇實錄』仁壽元年九月甲戌. 散事從四位下百濟王貴命卒. 貴命. 從四位下陸
奧鎭守將軍兼下野守俊哲之女也. 貴命姿質姝麗. 閑於女工. 嵯峨太上天皇御宇之時. 引
爲女御. 卽是二品式部卿大宰帥忠良親王之母也. 弘仁十年正月. 敍從五位上. 十月十一
日從四位下.

78) 『續日本後紀』承和元年二月乙未. 忠良親王冠也. 卽敍四品. 先太上天皇第四子也. 母百
濟氏. 從四位下勳三等俊哲之女. 從四位下貴命是也.

므로, 忠良親王, 基良親王, 基子內親王 이 세 사람은 귀명을 어머니로 둔 동복남매임을 알 수 있다. 다만, 基良親王과 基子內親王은 어떠한 이유인 지는 알 수 없지만, 같은 해인 天長 8년에 사망(薨)하였다.[79] 이 두 사람의 출생 시기는 기록이 남아 있지 않지만, 무품으로 세상으로 떠난 것으로 보아 어리거나, 젊은 나이였던 것으로 추정된다.

반면, 忠良親王은 다른 남매들과 달리 원복 이후, 上總太守, 常陸太守, 兵部卿, 上野太守, 大宰帥 등 다양한 관직에 임명되었다. 그가 보임된 곳은 대체로 동북지방인데, 외가인 백제왕씨 일족이 다수 보임된 곳이기도 하다.[80] 忠良親王은 承和 12년(845) 2월, 인명천황이 山城國 乙訓郡 河陽宮[81]에 행행하여 유렵하였을 때, 외가인 백제왕씨와 함께 제물[御贄]을 헌상하였다.[82] 또한, 매 사냥을 좋아하였던 것으로 보이며, 최종 관위는 二品·式部卿이었다.

忠良親王은 貞觀 18년(876)에 사망하였는데, 『一代要記』에 의하면 향년 58세였다고 한다. 따라서 그는 弘仁 10년(819)에 태어난 것을 알 수 있다. 그가 태어난 해에 귀명은 종5위상이 되었는데, 이때 차아천황의 승은을 입어 어어가 되었거나, 아이(忠良親王)를 임신을 한 것이 아닐까 추정된다. 또한, 귀명은 동년 10월에 종4위가 된다. 그리고 약 10개월 후, 다시 서위되는 것으로 보아 귀명은 이 시기에 忠良親王을 출산한 것이 아닐까 싶다.

귀명은 忠良親王 등 자녀 셋을 낳은 후, 긴 세월이 흘러 仁壽 원년(851) 9월에 사망할 때까지 더 이상 서위 및 임관 등의 동향은 확인되지 않는다.

---

79) 『日本後紀』天長八年六月庚辰. 无品基良親王薨. 太上天皇之皇子也. 『日本後紀』天長八 年三月戊午. 無品基子內親王薨. 太上天皇之皇女也.

80) 崔恩永, 2019, 「奈良時代における百濟王氏の東北補任」, 『古文化談叢』82, 九州古文化 研究會

81) 河陽宮 : 山城國 乙訓郡(현 京都府 乙訓郡 大山崎町)에 위치한 차아천황의 離宮이다. 유렵을 위한 장소로 이용되었다.

82) 『續日本後紀』承和十二年二月壬寅. 行幸河陽宮遊獵. 兵部卿四品忠良親王及百濟王等 獻御贄. 賜扈從侍從以上祿. 日暮乘輿廻宮.

귀명의 훙전에 따르면 차아천황의 어어였으며, 별도의 관직은 없었다고 한다.

많은 자녀들을 두었던 차아천황은 황위 계승 및 재정 문제를 해결하기 위해, 일부 황자녀들에게 새로운 姓(源氏)을 주고 황족에서 신하의 호적으로 내려가는 臣籍降下를 실시하였다. 그러나 귀명의 아들인 忠良親王은 황자로서 신분을 유지하였다. 또한, 그는 백제왕씨와 함께 행사에 참어하였던 것으로 보아, 어머니의 영향으로 외가인 백제왕씨와 교류를 이어나갔을 것으로 추정된다.

귀명은 어어가 되어 천황의 아이들을 출산하였고, 아들인 忠良親王이 친정인 백제왕씨의 행사에 참가하기도 하였지만, 눈에 띠는 정치적 행보는 없었다. 따라서 차아천황이 태상천황이 된 이후에도 서위나 임관 등에도 변화가 없었던 것으로 보아, 평탄한 인생을 보냈을 것으로 보인다.

3. 慶命

귀명과 비슷한 시기에 차아천황의 후궁에 있었던 같은 백제왕씨 출신의 인물로 경명이 있다. 정사에서는 확인되지 않지만, 『一代要記』에 의하면 경명은 鎭守將軍 教俊의 딸이라고 한다. 경명 역시 후궁에 들어온 시기는 알 수 없다. 또한, 경명은 적게나마 관위를 받은 기사만 확인될 뿐, 사망 관련 기사에서도 귀명과 달리 출생이나 생애에 대한 내용은 기재되어 있지 않다.

경명은 天長 7년(830) 2월에 종4위하에서 종3위가 되었고, 동년 6월에 位封과 별개로 특별히 50戶를 받았다.[83] 承和 3년(836) 8월, 그녀는 정3위였는데, 상시가 되었다.[84] 承和 8년(841) 11월에는 정3위에서 종2위가 되었

---

83) 『日本後紀』天長七年二月丁巳. 授正四位下百濟王慶命從三位. 『日本後紀』天長七年六月丁卯. 從三位百濟王慶命, 位封之外, 特給五十烟.

84) 『續日本後紀』承和三年八月癸丑. 正三位百濟王慶命爲尙侍.

다.85) 경명은 嘉祥 2년(849) 정월, 종2위·상시로 사망하였는데, (인명)천황이 종1위로 추증한다는 勅을 내렸다. 그리고 종4위상 豊江王 등 사람들을 파견하여 장례를 감독하고 도와주도록 하였다.86) 경명은 생전에는 종2위까지 올랐고, 사망 후에는 백제왕씨 일족 중에서 가장 높은 종1위를 받은 인물이 되었다.

다만, 관위 및 홍전기사를 통해서는 상시인 경명이 어떠한 이유로 종1위까지 추증되었고, 인명천황으로부터 장례의 도움을 받았는지 알 수 없다. 따라서 경명의 아들인 源定의 홍전을 바탕으로 살펴보기로 한다.

貞觀 5년(863) 정월, 정3위(추증 후 종2위)·대납언·行右近衛大將 源朝臣定이 사망하였다. 그는 차아천황의 아들로 어머니는 백제왕씨이며, 이름은 경명이었다. 천황이 받아들여 특별히 총애하였는데, 거동의 예절과 법도가 뛰어나서 매우 존경을 받았으며 궁에서 권세가 비할 이가 없었다고 한다. 관직으로 상시의 자리까지 올랐고, 작위는 2위에 이르렀으며, 사망 후에는 종1위에 추증되었다. 차아천황이 태상천황이 되어, 처음으로 嵯峨院(차아천황의 離宮)으로 거처를 옮겼을 때, 본인이 거처하는 곳을 大院이라고 하였고, 小院이라는 별궁을 짓고 상시(경명)를 거처하게 하였다. 그녀의 권세가 대단하였음이 이와 같았다.87) 한편, 源定은 嘉祥 2년(849) 정월에 中納言이 되었는데, 이달에 어머니인 상시 백제왕씨(경명)가 사망하자, 관직에서 잠시 물러났다고 한다.

---

85) 『續日本後紀』承和八年十一月丁巳. 彗星猶見. 是日. 授正三位百濟王慶命從二位 …

86) 『續日本後紀』嘉祥二年正月丁丑. 尙侍從二位百濟王慶命薨. 有勅. 贈從一位. 遣從四位上豊江王. 從五位下美志眞王. 從五位下藤原朝臣緖數. 從五位下飯高朝臣永雄. 監護喪事.

87) 『日本三代實錄』貞觀五年正月三日丙寅. 大納言正三位兼行右近衛大將源朝臣定薨. 贈從二位. 遣從四位下行伊豫守豊前王. 散位從五位下田口朝臣統範等於柩前宣制. 定者. 嵯峨太上天皇之子也. 母百濟王氏. 其名曰慶命. 天皇納之. 特蒙優寵. 動有禮則. 甚見尊異. 宮闈之權可謂無比. 官爲尙侍. 爵至二位. 及薨贈從一位. 始太上天皇遷御嵯峨院之時. 爲築別宮. 今爲居處. 號曰小院. 太上天皇所居爲大院. 尙侍所居爲其次故也. 權勢之隆至如此焉. … 嘉祥二年正月拜中納言. 是月. 母尙侍百濟王氏薨. 定遭喪去職 …

源定의 홍전을 살펴본 결과, 차아천황에게는 檀林皇后를 비롯하여 수많은 여성들이 후궁에 있었지만, 경명은 그 중에서도 상당히 총애를 받았고 후궁 내에서 권력을 가지고 있었던 것으로 보인다. 또한, 『六國史』의 기록에 의하면 경명은 상시라고 한다. 즉, 경명은 차아천황의 후궁에서 아이를 낳았고, 이후에는 여관인 상시였다는 것이다. 그녀가 상시 직에 오른 것은 인명조 때의 일이므로, 차아조 때는 천황의 여어였을 것으로 해석하기도 한다.[88] 源定 외에도 源鎭, 源善姬, 源若姬 등의 어머니가 백제씨로 기록되어 있어 경명의 소생으로 추정되고 있다.[89]

경명이 정사에서 처음 언급되는 것은 天長 7년(830) 2월, 종4위하에서 종3위로 서위 기사인데, 그 이전의 행적은 알 수 없다. 다만, 종4위하가 된 과정에는 귀명처럼 천황의 승은을 입고 아이를 출산한 것과 관련이 있을 것으로 생각된다.

경명은 천황의 총애를 받았지만, 그녀가 낳은 아들 源定은 황족(親王)의 신분이 아니었다. 차아천황은 弘仁 5년(814) 5월, 이후 태어나는 자녀들에게 源朝臣의 씨성을 사여한다는 조서를 내려, 왕권을 계승할 자격이 없는 臣籍에 들어가게 하였다고 한다.[90] 경명의 아들인 源定은 『公卿補任』天長 9년(732)에 따르면, 弘仁 7년(816) 출생이라고 한다. 그러나 源定의 홍전에서는 貞觀 5년(863) 정월에 사망하였을 때, 향년 49세로 기록되어 있으므

88) 今井啓一, 앞의 책, 1965, 125~128쪽.
89) 源若姬에 대해서는 불분명하나, 今井啓一은 경명의 소생으로 보았다(今井啓一, 1695, 앞의 책, 128~129쪽).
90) 『日本後紀』・『日本紀略』・『類從三代格』弘仁五年五月甲寅. 詔曰. 朕當揖讓, 纂踐天位, 德愧睦邇, 化謝覃遠. 徒歲序屢換, 男女稍衆. 未識子道, 還爲人父. 辱累封邑, 空費府庫. 朕傷于解, 思除親王之號, 賜朝臣之姓. 編爲同籍, 從事於公, 出身之初, 一敍六位. 但前號親王, 不可更改. 同母後產, 猶復一列. 其余如可開者. 朕殊裁下. 夫賢愚異智, 顧育同恩. 朕非忍絕廢休余, 分折枝葉, 固以天地惟長, 皇土遞興, 豈競康樂於一朝. 忘調弊於萬代. 宜普告內外, 令知此意. 坂本太郞・平野邦雄, 1990, 『日本古代氏族人名辭典』, 吉川弘文館, 606쪽.

로, 弘仁 6년(815)에 출생한 것으로 보인다. 어느 쪽이든 경명의 소생인 源定은 태어날 때부터 신적에 들어간 신분이었다.

源定은 뛰어나게 영리하여 아버지인 차아천황에게 총애를 받았으며, 이후 천황이 된 숙부 淳和天皇(재위:832~833)의 猶子(조카를 아들로 둠)가 되어 총애를 받았다. 순화천황은 源定을 친왕이 될 수 있도록 상황이 된 차아천황에게 청하였으나, 받아들여지지 않았다고 한다. 그는 天長 5년(828)에 씨성으로 源朝臣을 받았다.

그러나 앞서 언급한 귀명의 소생들은 황족으로서 친왕·내친왕의 호칭을 받았다. 따라서 귀명은 弘仁 5년(814) 5월 이전에 후궁에 들어온 것으로 추정된다. 그리고 경명은 귀명보다 늦게 후궁에 들어온 것으로 해석할 수 있는데, 弘仁 5년(814) 5월 이후에서 아들인 源定이 태어난 弘仁 6년(815) 사이 즈음으로 생각해볼 수 있을 것이다.[91]

이렇게 경명은 앞서 언급한 여관이었던 상시 명신과 천황의 여어였던 귀명과는 또 다른 입장으로 후궁에서 존재하였다. 后妃 등의 배우자들은 천황의 사후에도 그 신분은 변하지 않는다. 다만, 弘仁 3년(812) 5월에 내친왕 출신의 평성천황 妃 두 명이 그 자리를 사임하였던 것으로 보아, 后妃 자리도 드물지만 퇴직은 가능하였던 것으로 보인다.[92] 또한, 율령제에 따라 后妃 등의 여성들은 여관의 자리에 임관될 수 있었다. 따라서 인명천황은 아버지인 차아천황이 총애한 여성이자, 자신이 황태자 시절부터 안면이 있었던 경명을 상시로 임명하였던 것으로 생각해볼 수 있다. 그리하여 경명은 인명조에 상시가 되었고, 태상천황이 된 차아천황을 가까이 모시게 되었다.

경명은 같은 일족이자 동시대를 함께 보낸 귀명처럼 천황의 배우자가 되어 아이를 낳았지만, 명신처럼 여관인 상시도 되는 독특한 행보를 보였다.

---

91) 大坪秀敏, 『續 百濟王氏と古代日本』, 雄山閣, 2021, 189~190쪽.
92) 『日本後紀』弘仁三年五月癸未. 妃四品大宅內親王辭職. 許之.

Ⅳ. 나라·헤이안시대의 백제 도왜계 출신 여성

고대 일본은 飛鳥時代에서 나라시대에 걸쳐, 중국 唐의 율령을 도입하여 법체계를 정비하고 그에 기초한 국가체제를 완성하였다. 율령제의 성립과 더불어 불교 및 유교의 수용은 남성 중심의 신분제 사회체제로 변화하는 모습을 보여준다. 그러나 고대 일본의 경우, 여성 천황이 존재하였고, 여성 들도 정치·사회·경제·종교적으로 활동이 두드러졌기 때문에, 중국이나 한 반도에 비하면 남녀 차이가 적었을 것으로 해석되기도 한다. 그럼에도 어느 고대시대의 여성과 마찬가지로 고대 일본의 여성 대부분 역시 신분에 상관 없이 결혼과 출산, 육아, 내조 등 개인이 아닌 가족 중심의 삶을 살았을 것 이다.

따라서 고대 일본 여성의 활동은 자연스럽게 부각될 수밖에 없다. 기록 에서 이름을 남긴 고대 일본 여성은 천황 및 황족을 포함하여, 천황의 后妃 와 같은 배우자, 유력씨족 출신 관인 및 귀족의 아내와 딸, 누이 등 소수였 다. 이들은 대부분이 남성과 동일하게 관위를 서위 받고 후궁에서 활동하였 다. 다시 말하자면 고대 일본 내에서 황족이 아닌 여성이 궁정으로 진출하 여 관위를 받을 수 있었던 것은 관인(궁인·여관)이 되거나, 천황의 배우자 가 되어 아이를 낳는 것이었다.[93] 그러나 이러한 경우도 역시 유력씨족 출 신이거나, 신분이 높은 고위직 아버지나 남편을 둔 여성들이 대부분이었다. 그러므로 유력씨족의 여성과 달리 출신과 신분, 고위의 관위를 등을 갖추지 못한 도왜계 출신 여성들은 후궁으로 진출하여 여관이 되거나 천황의 배우 자가 되는 것은 쉽지 않은 일이었다.

고대 일본의 율령체제 속에서 도왜계 씨족으로는 이례적으로 주목할 만 한 움직임을 보였던 씨족으로는 백제왕씨가 있다. 이들은 일본 내에서 최초 로 황금을 발견하여 헌상한 경복을 중심으로 지방관이나, 전문적인 지식 및

---

93) 김은숙, 2012, 앞의 논문 3쪽; 최은영, 2022, 앞의 논문 34쪽.

실무가 필요한 다양한 관직에 보임되었다. 그리고 환무조에는 외척으로 표명되어, 유례없는 번영을 누리게 된다. 이러한 영향으로 백제왕씨 일족 여성들은 궁정으로 출사하여 여관으로 근무하거나, 후궁에 들어가 황자녀를 낳았다. 물론, 생모였던 新笠의 출신으로 인하여 도왜계에서 우호적이었던 환무천황을 시작으로 차아·인명천황의 후궁에는 백제왕씨 외에도 百濟(飛鳥部)氏, 河上(錦部)氏, 坂上氏, 惟良氏, 山田氏, 內藏氏 등 백제계를 포함한 여러 도왜계 씨족 출신 여성들이 확인된다. 그러나 그 중에서도 가장 두드러진 동향을 보인 도왜계 출신은 역시 백제왕씨였다.

나라시대 후기·헤이안시대 초기의 후궁 내에서 주목할 만한 동향을 보인 백제왕씨 여성은 명신, 귀명, 경명이었다. 이 세 명의 백제왕씨 여성은 앞서 언급한 것처럼 후궁 내에서 입장과 위치가 각각 달랐다.

우선, 여관으로는 우대신 藤原 南家 출신인 繼繩의 아내이자, 내시사의 상시였던 명신이 있다. 도왜계 출신으로는 이례적으로 상시로 취임한 명신은 일족의 여성들이 입궁할 수 있는 계기를 마련하였을 것이다. 당시, 후궁에는 환무천황의 여어로 알려진 教法, 궁인으로 추정되며 천황의 아이를 출산한 教仁과 貞香[94], 그리고 孝法 및 惠信 등 여러 백제왕씨 여성들이 확인된다.

명신은 결혼으로 藤原 南家로 출가하였지만, 나라시대 후기·헤이안시대 초기까지는 적어도 명실상부하게 백제왕씨의 번영을 가져온 대표적인 인물이었다고 할 수 있다. 백제왕씨를 뒷받침을 해주었던 것은 이들을 외척으로 표명하고, 명신을 총애한 환무천황이었지만, 남편인 繼繩의 역할도 적지 않았을 것이다.

繼繩은 황태자의 교육관인 皇太子傅(東宮傅)[95]이었으며, 최종적으로는

---

94) 『一代要記』에 의하면, 大田親王의 어머니는 종5위하 백제왕 武鏡의 딸인 종5위하 教仁이라고 한다. 또한, 駿河內親王의 어머니는 종4위하 教德의 딸인 종5위하 貞香이라고 한다(今井啓一, 1965, 앞의 책, 119쪽).

우대신의 자리까지 올랐다. 따라서 繼繩은 환무천황이 상당히 신뢰하였던 인물이었던 것으로 보인다. 또한, 환무천황은 백제왕씨의 본거지이자 繼繩의 별저가 있었던 交野로 여러 차례 행행하였는데, 繼繩은 아내의 씨족인 백제왕씨를 통솔하여 백제악을 연주하였다. 이것은 繼繩이 아내와 함께 백제왕씨의 행사에 대표하는 입장으로 관여하고 있었으며, 이들을 정치적으로 지원해주었던 것으로 해석할 수 있을 것이다. 명신의 아들 乙叡 역시 정계에 진출하여 부모와 함께 환무천황을 모시며, 외가인 백제왕씨의 행사에 함께 참여하였다.

그러나 백제왕씨의 전성기는 오래 유지되지는 못하였다. 그것은 백제왕씨를 지지해주었던 繼繩과 환무천황의 죽음에 대한 영향이 매우 컸다. 또한, 환무천황의 뒤를 이어 즉위한 평성천황은 아버지와 사이가 좋지 못하였다. 이러한 상황 속에서 伊予親王의 變으로 명신의 아들 乙叡가 관직에서 해임된다. 비슷한 시기에 명신도 상시에서 퇴임하고 물러났을 것으로 추정된다. 따라서 백제왕씨는 환무천황의 특수한 기반에서 만들어진 번영과 藤原 南家의 정치적 쇠퇴로 인해 새로운 전환점을 맞이하게 된다.

평성천황이 병으로 3년 만에 퇴임한 이후, 차아천황이 황위에 오른다. 차아천황의 후궁에 있었던 백제왕씨 여성으로는 어어였던 귀명과 경명이 있다. 귀명은 관위 관련 기록이 전혀 확인되지 않는 것으로 보아, 정치적 영향력이 전혀 없는 어어의 삶을 살았을 것이다. 그러나 귀명의 아들인 忠良親王은 4황자로 태어나, 신적강하 되지 않고 황족(친왕)의 위치를 유지하였다. 그러나 차아천황에게는 檀林皇后에게서 태어난 인명천황 등의 황자들이 다수 있었으므로, 황위 계승과는 거리가 멀었다. 忠良親王은 외가인 백제왕씨 일족이 다수 활동하였던 동북지방에 임관되었으며, 백제왕씨의 행사에도 참여하였다. 따라서 외가인 백제왕씨와 교류를 꾸준히 이어나갔던 것이

---

95) 『續日本紀』延曆五年六月丁卯. 大納言從二位藤原朝臣繼繩爲兼造東大寺長官. 東宮傅民部卿如故.

아닐까 생각된다.

　한편, 경명은 국내의 후궁에서는 볼 수 없는 독특한 행보를 보인다. 경명은 차아천황의 후궁에서 源定을 비롯하여 여러 명의 황자녀를 낳았다. 차아천황은 율령제를 수정·정비하고, 格式⁹⁶⁾을 중요시 여겨 법전을 편찬하였다. 차아조는 당 문화를 수용하여 궁중 문화가 번성하였던 시기이다. 이러한 정치적 분위기 속에서 차아천황이 경명을 특별히 총애한 이유는 그녀의 거동의 예절과 법도가 남들보다 뛰어난 것을 높게 평가하였기 때문이 아닐까 추정된다.⁹⁷⁾ 또한, 차아천황의 중국적인 경향의 정치를 생각할 때, 경명이 백제왕의 직계후손이자, 환무천황의 외척으로 인정받은 백제왕씨 출신이었던 것도 중요한 영향을 주었을 것이다.

　차아천황은 38세의 젊은 나이에 동생인 순화천황에게 황위를 넘기고 태상천황이 되어 차아원에서 머물던 시기에도 경명의 거처를 자신과 가까운 곳에 마련해주었다. 순화천황 다음으로 즉위한 차아천황의 아들인 인명천황은 아버지의 후궁에 있었던 경명을 여관인 상시로 임명한다. 앞서 명신은 도왜계 출신임에도 천황의 총애와 남편의 신분과 지위, 그리고 천황의 외척 출신 등 복합적인 조건을 갖추고 상시가 된 것과 달리, 경명은 백제왕씨 출신의 천황의 배우자라는 자격으로 임명된 것으로 보인다. 차아천황은 태상천황이 된 이후에도 정치적으로 큰 영향력을 가지고 있었는데, 아끼던 배우자였던 경명에게 자신이 줄 수 있는 고위직인 상시의 자리에 임명한 것이 아닐까 추정된다. 따라서 경명은 상시로서 후궁 내에서 큰 권세를 가지고 종2위까지 올랐으며, 사망 후에는 종1위로 추증되면서 백제왕씨 일족 중에서는 가장 높은 위계를 수여받았다. 다만, 환무조의 명신이 상시로서 후궁 내에서 권력을 확보하여 일족인 백제왕씨의 번영을 위한 반면, 경명이 상시

---

96) 格式 : 차아천황은 조칙을 格, 그 시행세칙을 종합한 것을 式이라고 하여 정치의 시행 기준으로 삼고았다.
97) 송완범, 2020, 앞의 책, 240~248쪽.

가 된 인명조의 백제왕씨 활동에는 크게 변화가 없다. 오히려 인명조 이후로는 백제왕씨는 후궁 뿐 아니라 서위와 보임에서도 큰 두각을 내지 못하며 정치적 활동도 줄어드는 모습을 보인다.

경명이 명신과 마찬가지로 천황을 가까이서 모시고 권세를 누렸던 상시였음에도 백제왕씨가 정치적으로 쇠퇴하기 시작한 요인의 가장 큰 이유로는 차아천황 이후 황권 안정화를 들 수 있을 것이다. 따라서 환무조 때 지적되었던 도왜계 혈통과 정통성 문제라는 약점을 해결하기 위해, 백제왕의 직계후손이었던 백제왕씨를 더 이상 외척으로 우대해야할 필요가 없어진 것이다. 명신이 활동하던 환무조의 경우, 혼인으로 맺어진 藤原 南家의 뒷받침과 천황의 우호와 총애에 따른 도왜계 씨족의 적극적인 지원이 있었다. 그러나 명신의 남편과 환무천황의 죽음, 아들인 乙叡의 관직 해임과 죽음, 명신의 상시 퇴임 등으로 인해 백제왕씨는 중요한 정치적 기반을 잃게 되었다.

더 나아가 경명을 아긴 차아천황과 그 영향력 이어받아 정치적으로 뒷받침 해주었던 인명천황이 사망한 후, 承和의 變98)으로 文德天皇(재위: 850~858)이 즉위하게 되면서 藤原 北家가 정계를 독점하게 된다. 따라서 후궁 내 천황의 后妃 역시 藤原氏 출신 여성들이 장악하게 되었고, 이들이 낳은 아들들이 천황이 되는 결과를 낳았다. 藤原氏는 일족의 여성이 낳은 아이가 어리다는 이유로 攝政(어린 천황을 대신하여 정무를 보는 직무) 정치를 하였으며, 이후에는 關白(성인 된 천황을 보좌하여 정무를 행하는 직무)이 되어 본격적으로 권력을 독점하게 되었다. 천황의 권력을 섭관정치가 대부분 장악하게 되자 율령정치는 붕괴하게 되었으며, 대외적으로는 그 동안 대국으로 인식하고 있던 당의 쇠퇴로 일본 내에서 백제왕의 직계후손이

---

98) 承和의 變 : 承和 9년(842), 藤原良房이 당시 황태자였던 恒貞親王을 몰아내기 위해 모반을 일으켰다고 밀고하였다. 이후, 恒貞親王은 유배되었고, 文德天皇이 즉위하였다.

자 외척의 위치에 있었던 백제왕씨라는 존재의 특수성도 사라지게 되었다.

또한, 여성들이 궁정으로 출사할 기회가 되었던 후궁 12사의 정치적 역할 및 제도가 변화하여, 담당 역할은 축소되고 정치적 역할도 감소한다. 10세기 말경부터는 내시사의 장관의 위치에 있었던 상시는 천황의 妻妾에 준하는 위치로 변모하고, 실제 업무는 차관의 위치인 典侍가 담당하게 된다. 그 결과, 백제왕씨 일족뿐만 아니라 도왜계 여성들은 후궁으로 진출하여 천황의 배우자가 되거나, 상시와 같은 고위직의 여관으로 등용되는 기회를 완전히 잃게 되었다.

이렇게 국내외 정세 변화 및 시대의 흐름에 따라 백제왕씨가 환무천황이 표명한 외척이라는 존재와 역할의 중요성은 자연스럽게 약화되었다. 나아가 백제왕씨가 관직에 보임되는 경우도 줄어들게 되어 정치적으로 쇠퇴의 길을 걷게 되었다고 할 수 있을 것이다.

Ⅴ. 맺음말

지금까지 고대 일본 율령제 내에서 활동한 백제왕씨 일족 여성들 중에서 그 생애를 추정해볼 수 있는 세 명을 살펴보았다. 우선 명신은 여관 중에서도 가장 높은 위치인 상시가 되었으며, 귀명은 천황의 배우자 중 하나인 여어가 되어 아이를 낳았다. 또한, 경명은 천황의 배우자로서 아이를 출산하였고, 이후에는 여관인 상시로 활동하기도 하였다. 이렇게 같은 일족 여성인 명신, 귀명, 경명은 나라시대 후기에서 헤이안시대 초기에 천황의 후궁에서 활동했으나, 각자의 사회적 위치는 달랐다고 평가할 수 있다.

백제왕씨는 백제왕의 직계후손이자 환무천황의 필요에 의해 외척으로 인정받았으므로, 고대 일본의 도왜계 여성의 생애를 일반화하기는 어려운 경향이 있다. 그러나 백제왕씨 여성의 동향은 적어도 후궁으로 진출하였던 도왜계 여성들의 삶을 단편적이나마 살펴볼 수 있는 중요한 근거자료라고 생각된다. 백제왕씨를 포함한 도왜계 출신 여성들은 율령제에 따라 후궁으로 출사하여 여관으로 근무하거나 천황의 배우자가 되어 아이를 낳았다. 이러한 위치에 오르기 위해서는 재래씨족 출신의 고위 여성들과 마찬가지로 천황과 황족을 보필할 수 있는 학식과 예법을 갖추고 있었을 것으로 해석할 수 있다. 학문적 지식과 다양한 전문적 기술을 가지고 있었던 도왜계 씨족들은 고대 일본이 율령국가를 형성하는데 밑바탕이 되었다고 알려져 있다. 따라서 후궁 내의 도왜계 씨족 출신 여성들 역시 일족 내에서 후궁 생활에 필요한 지식을 습득하였을 것으로 추정된다.

환무천황 때 외척으로 표명된 백제왕씨는 적어도 인명천황 때까지는 후궁으로 진출하여 상시의 자리까지 오를 수 있었다. 그러나 고위직을 차지하고 있었던 유력씨족인 藤原氏의 권력 독점, 여관의 위치와 성격 변화, 백제왕의 직계후손으로서 인정받은 천황의 외척 위치 상실 등 복합적인 대내외 정세의 변화에 따라 쇠퇴하게 된다. 따라서 백제왕씨를 포함한 도왜계 출신 여성들은 더 이상 후궁으로 진출하지 못하고 점점 줄어들다가 자취를 감추게 된 것으로 여겨진다.

본고에서는 백제왕씨 일족 여성 세 명의 기록을 살펴보고, 고대 일본 후궁으로 진출한 도왜계 여성의 생애에 대해 추정하였다. 앞으로 기록이 부족한 고대 일본 도왜계 여성의 생애를 폭 넓게 다루기 위해서는 후궁으로 진출한 백제계를 포함한 다른 도왜계 씨족 여성 그리고 비슷한 시기에 활동하였던 재래씨족 여성들의 생애에 대해서도 충분한 비교와 검토가 필요할 것이다.

한편, 백제왕씨 여성들이 낳은 천황의 자녀들은 신적강하 후 관인으로 활동하였다. 이들과 외가인 백제왕씨와의 관련성 역시 향후 또 다른 과제로서 남겨두기로 한다.

참고문헌

김은숙, 「桓武天皇과 百濟王 明信」, 『제63회 충남대학교 백제연구공개강좌』, 충남대학교 백제연구소, 2012

송완범, 『동아시아세계 속의 일본율령국가 연구-백제왕씨를 중심으로-』, 경인문화사, 2020

이근우, 「일본열도의 백제유민에 대하여」, 『한국고대사연구』23, 한국고대사학회, 2001

이정희, 「古代 日本의 采女制度」, 『일본학보』44, 일본사상, 2000

정진아, 「일본 고대 도래계 관인의 홍졸전(薨卒傳)기사 연구 -『속일본기(續日本紀)』~『일본삼대실록(日本三代實錄)』을 중심으로-」, 『史叢』98, 고려대학교 역사연구소, 2019

崔恩永, 「7·8世紀의 百濟系渡來人과 日本 -百濟王氏의 成立과 律令國家初期의 動向을 中心으로-」, 『百濟文化』52, 公州大學校百濟文化研究所, 2015

최은영, 「고대 일본 도왜계(渡倭系) 씨족 여성의 동향 -백제왕씨를 중심으로-」, 『한일관계사연구』78, 한일관계사학회, 2022 (2023, 『여성과 젠더로 본 한일관계사』수록)

충청남도역사문화연구원, 『백제유민들의 활동』, 백제문화사대계 7, 2007

충청남도역사문화연구원, 『百濟史資料譯註集-日本篇-』, 2008

今井啓一, 『百濟王敬福』, 綜芸舍, 1965

上野利三, 「「百濟王三松氏系圖」의 史料價值について-律令時代歸化人의 基礎的研究-」, 『慶應義塾創立125年記念論文集-慶應法學會政治關係-』, 慶應義塾大學法學部, 1983

伊集院葉子, 『古代の女性官僚 女官の出世·結婚·引退』, 吉川弘文館, 2014

遠藤みどり, 「令制キサキ制度の展開」, 『續日本紀研究』387, 續日本紀研究會, 2010

遠藤みどり, 「「後宮」傳來と定着」, 『比較日本學校育研究部門研究年報』17, お茶の水女子大學グローバルリーダーシップ研究所, 2021

大坪秀敏, 『百濟王氏と古代日本』, 雄山閣, 2008

大坪秀敏,『百濟王氏と古代日本(普及版)』, 雄山閣, 2019

大坪秀敏,『續 百濟王氏と古代日本』, 雄山閣, 2021

加藤謙吉,『渡來人氏族の謎』, 祥傳社, 2017

佐伯有淸,『日本古代氏族事典』,雄山閣, 2015

坂本太郎·平野邦雄,『日本古代氏族人名辭典』, 吉川弘文館, 1990

田中史生,『日本古代國家の民族支配と渡來人』, 校倉書房, 1997

崔恩永,「奈良時代における百濟王氏の東北補任」『古文化談叢』82, 九州古文
　　　化研究會, 2019

崔恩永,『百濟王氏の成立と動向に關する研究』, 滋賀縣立大學 大學院, 博士
　　　學位論文, 2017

枚方市史編纂委員會 編,『枚方市史』第二卷, 枚方市, 1972

三好順子,「桓武期の尙侍百濟王明信とその周邊」,『續日本紀研究』430, 續日
　　　本紀研究賄

藤本孝一,「「三松家系圖」-百濟王系譜-」,『平安博物館 研究紀要』7, 1982

野村忠夫,『律令官人制の研究』, 吉川弘文館, 1967

義江明子,『日本古代女性史論』, 吉川弘文館, 2007

「백제 도왜계(渡倭系) 여성의 생애」의 토론문

송완범 | 고려대학교

본 발표문은 2023년도 한일문화교류기금 국제학술회의의 주제인 '인물로 본 한일교류사'에 대한 시대별 관련 원고 중 고대의 여성에 대한 것이다. 그중에서도 한반도에서 일본열도로 건너간 이른바 '도왜계 씨족' 중 발표자의 박사논문 주제이기도 한 '백제왕씨' 중에서도 여성, 여성 중에서도 '明信·貴明·慶明'의 3인에 초점을 맞춘 것이다.

더불어 시기적으로는 나라시대와 헤이안시대 초기의 정사인 『육국사(六國史)』를 다루면서도 『유취국사(類聚國史)』, 『일본기략(日本紀略)』, 『공경보임(公卿補任)』은 물론 황실 계도인 『본조황윤소운록(本朝皇胤紹運錄)』과 연대기인 『제왕편년기(帝王編年記)』, 『일대요기(一代要記)』 등 다양한 사료들을 다루고 있다. 그 외에도 아직 논란의 여지가 있다고 본인도 인정하는 『백제왕삼송씨계도(百濟王三松氏系圖)』도 사용하고 있다. 이상과 같이 발표자가 다루는 사료의 종류가 다종다양하다 보니, 자료의 면에서 한국 학계에서는 별로 소개되지 않았던 생소한 자료도 보여 발표자의 폭넓은 사료 취급 능력에 새삼 놀라게 된다.

기실 본문 2, 3, 4장이 거의 유사한 내용이다. 다시 말해 2장에서는 나라시대와 헤이안시대 초기의 백제왕씨 출신의 여성들의 임관이나 관위의 변경 등 실태를, 3장은 그중에서 明信·貴明·慶明의 3인을 중심으로 풀어낸 것이며, 4장은 다시 앞의 3인이 고대 일본의 후궁에 속해 있는 점에 착안하여 재정리한 것이다. 결국 구조상으로는 4장이 본고의 의미, 즉 결론에 해당하는 셈이다.

　이하 몇 가지 점을 간단히 적어 청중들과 같이 발표자의 생각에 좀 더 다가서는 소재로 삼고자 한다.

　첫째, 앞에서 언급한 여러 사료는 시대적 배경이 많이 차이가 난다. 다시 말해 9세기 사료인 [유취국사]부터 15세기 사료인 [본조황윤소운록]의 다양한 시대적 편차가 있는 사료들을 언급하면서 인용할 때 주의해야 할 점이 있을 것이다. 이에 대한 언급도 있으면 좋겠다.

　두 번째, 한반도에서 일본열도로 건너간 사람들을 일본학계의 '도래인' 혹은 '귀화인'을 채용하지 않고 '도왜계'로 이야기하고 있다. 그런데 이들은 한반도에서 일본열도로의 일방적인 이동에 그치지 않고 왕환하는 경우도 있었다. 이들에 비해 돌아갈 곳이 없는 사람들, 즉 '유민'에 대한 언급은 어떤지 의견을 묻고 싶다.

　세 번째, 앞에서도 언급했지만 '삼송씨계도'에 대해서는 삼송씨와 백제왕씨의 관련성 가부부터 사료의 성격을 둘러싸고는 다양한 평가가 있다. 사료적 가치가 의심된다고 하면서 사용하는 데는 어떤 다른 이유가 있는지 궁금하다.

　네 번째, 백제왕씨 출신의 여성에 대한 언급이나 사례의 정리는 일본 여성사의 접근에 있어 필요한 일은 물론이다. 다만, 이들이 헤이안 중기부터 보이지 않는 사정에는 후지와라씨의 대두 등의 국내적인 이유와 함께 9세기의 구조적 변화, 다시 말해 대외적 관계의 변화, 율령국가의 성격 변화, 재난의 빈발 상황 등도 있다고 생각되는데 이에 대한 발표자의 생각은 어떤지요?

제 2 Session

近世의 韓國人과 日本人

조선전기 向化倭人들의 조선에서의 삶
- 皮尙宜와 平道全의 사례를 중심으로 -

한문종 | 전북대학교

Ⅰ. 머리말

일본인의 한반도 이주는 고려시대에도 있었지만 그 사례는 매우 적었다.[1] 반면에 조선 전기에는 다른 어느 시대보다도 일본인의 한반도 이주가 많았다. 특히 1410년경 경상도에 분치된 이주 일본인의 수가 2,000여명이 넘었다고 한다. 조선에서는 일본에서 조선으로 이주한 왜인을 '향화왜인'이라 칭하였다.[2]

이처럼 조선 전기에 일본인의 조선 이주가 많았음에도 향화왜인에 대한 연구는 소수의 학자들에 의해 행하여졌으며, 향화왜인에 대한 주로 제도사

---

[1] 고려 전기에는 일반 백성들이나 商倭들이 한반도에 이주하였으며, 고려 후기에는 왜구들이 주로 이주하였지만 그 사례는 매우 적었다. 한문종, 『조선전기 향화 수직 왜인 연구』, 국학자료원, 2001. 24쪽 참조.

[2] 조선에서는 이민족의 이주행위를 '投化' '向化' '歸化' '來降' '來投' '內附' 등으로 다양하게 기록하였다. 그 중에서 '投化'와 '向化'를 가장 많이 사용하였으며, 이를 혼용하기도 하였다. 한편, 『經國大典』에는 '향화'라는 용어를 사용하였으며, 『經國大典註解』 戶典 收稅條에는 "향화는 즉 왜·야인이 향국투화한 자이다(向化卽倭野人之向國投化者)"라고 정의하고 있다. 이러한 사실을 고려하면 조선 초기에 다양하게 사용되었던 용어들이 『經國大典』의 편찬시기에 '향화'라는 용어로 법제화되었음을 알 수 있다. 또한 예조에서 편찬한 자료인 『向化案』과 『向化人謄錄』에도 '향화'라는 용어를 사용하고 있다. 따라서 본 논문에서는 이민족의 한반도 이주 행위를 포괄하는 용어로 '향화'를 사용하였으며, 그러한 행위를 한 왜인을 '향화왜인'으로 규정하였다. 향화와 향화인의 개념과 범위에 대해서는 한문종, 위의 책, 19~23쪽 참조.

적인 검토나 임진왜란 시기에 집중되어 있다.[3] 다만 최근에 皮尙宜, 平道 全 등의 향화왜인이 조선에 이주한 이후의 삶과 활동을 고찰한 연구가 있 다.[4] 그러나 기존의 연구는 향화왜인이 조선에 이주한 이후의 생활과 정착 과정, 그 후손들의 삶에 대한 구체적인 실상을 파악하기에는 한계가 있다.

본 발표에서는 먼저 지금까지의 연구 성과를 토대로 조선 전기 향화왜인 의 실태를 간략하게 정리하고, 조선 조정이 그들을 어떻게 수용하고 통제하 려 하였는지를 고찰하려고 한다. 둘째, 조선에서 향화왜인이 정착하여 살아 갈 수 있도록 정치, 경제, 사회적으로 어떠한 정책을 실시하였는가를 살펴 보려고 한다. 셋째, 조선 전기의 향화왜인 중 그나마 자료가 남아있는 皮尙 宜, 平道全을 중심으로 그들의 조선에서의 삶과 활동을 살펴보고, 향화왜인 과 그의 후손들이 조선에서 정착하지 못한 이유에 대해서 간략하게 추론해 보려고 한다.

II. 향화왜인의 실태와 정책

1. 향화왜인의 실태

조선시대 향화왜인에 관한 최초의 기록은 1395년(태조 4) 1월에 "왜인

---

3) 李章熙, 「壬亂時 投降倭兵에 대하여」, 『한국사연구』 6, 한국사연구회, 1971; 한문종, 『조선전기 향화 수직왜인 연구』, 국학자료원, 2001; 김문자, 「임란시 항왜 문제」, 『임 진왜란과 한일관계』, 경인문화사, 2005; 한문종, 「임진왜란 시의 降倭將 金忠善과 『慕 夏堂文集』」, 『한일관계사연구』 24, 2006; 제장명, 「임진왜란 시기 항왜의 유치와 활용」, 『역사와 세계』 32, 효원사학회, 2007.
4) 한문종, 「조선초기 향화왜인 皮尙宜의 대일교섭 활동」, 『한일관계사연구』 51, 2015; 조선초기 대마도의 향화왜인 平道全」, 『군사연구』 141, 2016; 「조선전기 일본인의 향화와 정착」, 『동양학』 68, 단국대 동양학연구소, 2017; 中尾弘毅, 「朝鮮王朝の日本 人官吏·平道全」, 『中世の對馬』, 佐伯弘次 編, 勉誠出版, 2014.

表時羅 등 4인이 와서 항복하니, 경상도의 주군에 분치하였다"[5]는 것이다. 『조선왕조실록』 등의 사료를 종합해 보면 이때 항복한 表時羅는 대마도의 왜구였으며, 조선시대 최초의 향화왜인이었다. 그 이듬해인 1396년에 왜구의 두목인 林溫 등이 60여척의 배를 거느리고 경상도 寧海 丑山島에 이르러 항복을 요청한 것[6]을 비롯하여 疚六·非疚時知 등 많은 왜구가 조선에 투항하였다. 이처럼 조선 초기의 향화왜인은 주로 왜구로서 투항한 降倭들이었다. 이들의 투항 배경은 조선조정의 다양한 왜구대책 실시로 더 이상 왜구가 조선지역을 약탈하기 힘들었다는 점과 토지와 식량의 부족으로 인한 생활고 때문이었다.

그 이후 향화왜인은 흉년이나 식량의 부족으로 인한 생활고 때문에 조선으로 이주하였거나 도망쳐온 자, 대마도주의 사신으로 또는 도주의 허락을 받고 온 자, 대마도정벌 시에 각 지방에 分置 억류된 자, 조선의 피로인이나 표류인을 데리고 온 자, 조선의 사절과 동행하여 온 자, 불교 수행을 목적으로 온 왜승, 三浦恒居倭人 중 조선술·제련술 등 특별한 기술이 있는 자 등으로 그 범위가 점차 확대되어 갔다.[7]

조선 전기 향화왜인의 수는 정확히 파악할 수 없다. 다만 1410년(태종 10) 경상도에 분치된 향화왜인의 수가 무려 2,000여명이 넘었을 정도로 많았다고 한다. 한편 『조선왕조실록』과 『해동제국기』 등에 기록된 조선 전기(1392~1591) 왜인의 향화 사례는 총 73건이었다. 왕대별로는 태조대 16건, 정종대 3건, 태종대 9건, 세종대 43건, 성종대와 연산군대가 각각 1건씩이었다.[8] 이를 통해서 보면 조선 전기 왜인의 향화는 태조대와 세종대에 집중되었음을 알 수 있다. 그리고 태조대와 정종대의 향화왜인은 왜구로서 투

---

5) 『태조실록』 권7, 4년 1월 무술.
6) 『태조실록』 권10, 5년 12월 계사.
7) 한문종, 앞의 책, 28~48쪽 참조.
8) 조선 전기 왜인의 향화 사례는 한문종, 위의 책, 30~37쪽 〈표 1〉에 상세하게 정리되어 있다.

항한 자가 많았으며, 그들은 관직을 제수받고 이름도 조선식으로 改名한 자
들이 많았다. 세종대에는 대마도정벌 때에 구류된 왜인과 포로, 생활고 등
으로 자원해서 투항한 자들이 많았다. 또한 1444년(세종 26) 이후에는 향화
왜인이 급격히 감소하고 있다. 그 이유는 1444년부터 일본에 거주하는 왜인
에게도 관직을 제수하였기 때문이다. 따라서 왜인들이 조선에 향화하지 않
더라도 일본에 거주하면서 조선의 관직을 제수 받고 수직왜인이 되어 조선
과 통교무역을 할 수 있었다.[9]

2. 향화왜인의 통제

조선에서는 향화왜인을 어떻게 관리하고 통제하였을까? 첫 번째 통제책
은 향화왜인을 여러 지방에 나누어서 거주하게 하는 것이었다. 이러한 통제
책에 따라 表時羅와 같이 온 왜인 4명을 경상도의 州郡에 분치하였다. 또
한 1399년(정종 2) 서북면의 선주에 왜선 7척이 투항해 왔을 때에도 14명은
서울로 데려오고, 나머지 만호 藤望 등 60명과 중국인 남녀 21명은 서북면
의 각 군현에 分置하였다.[10]

한편, 각 지방에 분산 배치된 향화왜인 중에는 경상도나 전라도 등지의
연해에 거주하는 자들도 적지 않았다. 그런데 연해의 주군에 분치된 향화왜
인이 興利倭人과 서로 왕래하는 폐단이 발생하자 그들을 다시 내륙의 산간
벽지로 옮기도록 하였다.[11] 『조선왕조실록』에 기록된 향화왜인의 분치지역
은 함경도의 吉州, 강원도의 鐵原, 전라도의 鎭安·泰仁·長城·旌義, 충청도
의 내륙과 公州, 경기도의 廣州, 경상도의 奉化·宜寧·順興·迎日 등 주로

---

9) 한문종, 위의 책, 28쪽 참조.
10) 『정종실록』 권1, 1년 11월 신묘.
11) 이는 1407년 7월에 경상도 병마절제사 姜思德이 올린 각 포구의 방어대책에 잘
    나타나 있다.(『태종실록』 권14, 7년 7월 무인).

내륙 산간지역이었다. 이처럼 조선에서 향화왜인을 외방이나 산간지방에 분치한 이유는 향화왜인을 위험한 존재로 인식하고 그들의 분산을 통해서 만약의 사태에 대비하려는 향화왜인 통제책의 일환이었다고 생각한다.12)

두 번째 통제책은 향화왜인의 외방 출입을 금지하고, 사적인 왕래와 통신을 금지하는 것이었다. 조선에서는 1408년 5월에 서울에 거주하는 향화왜인이 京外에 마음대로 출입하지 못하도록 그들을 병조에 소속시켜 관리하였다.13) 또한 각 지방에 거주하는 향화왜인 특히 경상도와 전라도의 해안에 거주하는 향화왜인이 흥리왜인과 서로 왕래하는 것을 금지시키는 한편 그들을 내륙의 산간지방으로 옮겨 安置하기도 하였다.14) 이와 더불어 조선에서는 향화왜인이 조선의 허실을 왜인들에게 누설할 위험성이 있었기 때문에 왜인들과 사적인 통신을 하지 못하도록 하였다.15) 이처럼 조선조정이 분치된 향화왜인의 외방 출입금지와 사적인 왕래·통신을 제한한 이유는 그들이 각 지방을 돌아다니면서 산천의 형세와 주군의 허실을 정탐하여 누설함으로써 치안 경비상 예측하지 못할 사태를 미연에 방지하는데 그 목적이 있었다.

세 번째의 통제책은 향화왜인을 호적에 올려서 관리하는 것이었다. 조선에서는 1408년 5월에 서울에 거주하는 향화왜인을 호적에 올리고 병조로 하여금 관장하도록 하였다. 또한 대마도정벌 이후 병조에서는 서울이나 지방에 거주하는 향화왜인에 관한 자료를 '倭案'에 기록하여 관리하였다. 이 '왜안'은 대마도주 등이 조선에 억류된 자와 향화인의 송환을 요청할 때마다 그들의 존재 여부를 확인하는 주요 자료로도 활용되었다.16) 그 후 『경국대전』의 편찬 시기에 이르러서는 예조에서 향화인을 向化案에 置籍하여

---

12) 한문종, 앞의 책, 58쪽 참조.
13) 『태종실록』 권15, 8년 5월 기미.
14) 『태종실록』 권14, 7년 7월 무인.
15) 『세종실록』 권24, 6년 5월 무자.
16) 한문종, 앞의 책, 61쪽 참조.

관리하고, 병조에서 향화인에 대한 褒貶을 실시하였다. 이와 같이 조선에서는 예조와 병조로 하여금 향화왜인을 이중으로 관리하고 통제하였다.

한편 조선 초기의 향화왜인에 대한 기본정책은 오는 자는 막지 않고 돌아가려는 자는 붙들지 않는다는 것이었다.[17] 결국 조선에서는 향화왜인이 일본으로 갔다 다시 조선으로 오고, 오지 않고는 스스로 결정하게 하였다. 향화왜인 중 賜暇하여 대마도로 돌아 간 자는 表時羅·池文 등 17명이었다. 이들의 歸島 이유는 부모형제 및 처자와의 상봉, 가족의 장례, 掃墳, 老病 등이었다. 이들은 조선에 다시 돌아 온 자도 있었지만 일본에 그대로 머물면서 조선에서 제수받은 관직을 사용하지 않고 '對馬島萬戶' '對馬島守護萬戶' 또는 '倭萬戶'라는 직함을 사용하면서 통교왜인으로 도항한 자들도 있었다.[18] 이는 계해약조 체결 이후 일본에 거주하는 수직왜인이 나타나는 배경이 되었다고 생각한다.

이처럼 조선 초기에 향화왜인이 일본으로 돌아가는 것이 비교적 자유로웠지만, 향화승 信玉과 雪明처럼 수년간에 걸쳐 전국의 각지를 유람하여 산천의 형세와 허실을 알고 있는 자는 돌려보내지 않은 사례도 있었다.[19]

---

17) 이는 1396년 12월에 항왜 攷六이 태조를 알현할 때에, 태조가 攷六에게 가는 자는 막을 필요가 없고 오는 자는 거절할 필요가 없으며, 거취는 오직 향화인 자신의 의지에 달려있음을 강조한 사실을 통해서도 확인할 수 있다.『태조실록』권10, 5년 12월 을사.

18) 일본으로 돌아간 향화왜인은 表時羅·藤六 등 17명이었으며, 이들은 모두 대마도인이었다. 그리고 그들이 일본으로 돌아간 이유는 부모형제 및 처자와의 상봉, 가족의 장례, 掃墳, 老病 때문이었다. 한문종, 앞의 책, 62~63쪽 참조.

19) 信玉은 대마도 沙浦에 살다가 12세에 승려가 되어 전국의 각지를 돌아다니면서 19년 동안 유랑 생활을 하였다. 그 후 서울에 와서 1471년(성종 2) 4월에 度牒를 받고 머물러 살기를 요청하였다. 조선에서는 그가 전국 산천의 형세와 허실을 모두 다 알고 있기 때문에 대마도로 돌려보낼 수 없다고 생각하고 안성의 鳳安寺에 거주하게 하고 관찰사로 하여금 그의 안주 여부를 조사하여 연말마다 보고하도록 하였다.(『성종실록』권10, 2년 4월 갑인). 그리고 博多人 雪明은 14세 때 대마도인을 따라 제포에 왔다가 승려가 되어 전국의 산천을 유람하고 본토로 돌아가려 하자 信玉의 예와 같이 그를 돌려보내지 않고 投化人의 예에 따라 서울에 살도록 하였다.(『연산군일기』

또한 1437년 3월에 대마도주 宗貞盛이 배를 훔쳐 타고 도망하여 경상도의
山達浦에 정박한 대마도왜인 馬三郎 등 26명의 송환을 요청하였지만, 조선
조정에서는 많은 논란 끝에 이들을 돌려보내면 후에 投化하는 자가 끊어질
것을 염려하여 그들의 종적을 찾을 수 없다는 이유를 들어 송환 요청을 거
절하였다.20)

3. 향화왜인에 대한 정책과 처우

조선의 향화왜인에 대한 정치·경제·사회적 조치는 관직의 제수 유무에
따라 차이가 있었다. 즉 조선의 관직을 제수받지 못한 향화왜인은 각 지방
에 분치되어 식량과 토지, 의복, 집 등을 하사받고 田稅, 賦役, 軍役을 일정
기간 면제받았다. 그에 비해 관직을 제수받은 향화왜인은 서울에 거주하면
서 녹봉, 月料와 馬料, 의복, 집, 노비 등을 지급받았으며, 본인이나 가족이
죽었을 경우 致祭와 賻儀를 받았다. 또한 이들 중의 일부는 성씨와 이름,
관향을 하사받기도 하였다.21)

1) 식량·의복·토지·가옥의 하사

조선초기의 향화왜인은 식량과 토지의 부족, 기근, 과세의 과중 등 생활
고로 인하여 이주한 자들이 대부분이었다. 이 때문에 조선에서는 향화왜인
이 정착하여 살아갈 수 있도록 그들에게 토지와 식량, 집, 의복 등을 하사하
였다.

권21, 3년 1월 기유)
20) 『세종실록』 권76, 19년 3월 계사.
21) 향화왜인의 처우는 한문종, 앞의 책, 65~89쪽 참조.

2) 田租와 賦役·軍役의 면제

조선에서는 향화왜인이 안정적으로 조선에 정착하여 살아갈 수 있도록 일정기간 동안 田租와 賦役을 면제해주었다. 이러한 최초의 조치는 1423년 3월 전라도에 안치된 향화왜인에게 전조는 3년, 요역은 10년 동안 면제해주는 것이었다.22) 이 규정은 1424년에 새로 향화한 사람들에게까지 확대 적용되었으며,23) 『경국대전』의 편찬으로 법제화되었다. 그리하여 향화왜인은 3년 동안 전조를 감면하고, 새로 향화한 자에게는 10년 동안 復戶하도록 하였다.24)

한편 조선에서는 향화인의 군역도 일정기간 면제해주었다. 즉 1487년(성종 18)에 예조에서 향화인의 손자 대부터 군역에 充定할 것을 요청하자, 왕이 이 일을 영돈령 이상의 관리들에게 의논하게 한 후 증손 대에 이르러서 군역을 충정하라고 명하고 있다.25) 이로서 보면 향화인은 그의 손자 대까지는 군역을 면제받았으며, 그 다음 세대인 증손자 대에 이르러 군역이 부과되었음을 알 수 있다.

3) 관직 제수

조선에서는 향화왜인 중에서 왜구의 우두머리나 왜구와 밀접한 관련이 있는 자, 그리고 의술·제련술·조선술 등의 기술을 가지고 있는 자에게 벼슬을 주어 서울에서 거주하도록 하는 등 우대하였다. 특히 조선에 향화하여

---

22) 傳旨于兵曹 今全羅道安置倭人等 田租限三年 徭役限十年 蠲免(『세종실록』 권19, 5년 3월 병오). 이러한 田租와 賦役의 감면은 이미 중국의 당대부터 시행되었던 제도이다. 『唐令拾遺』 賦役令에 의하면 外蕃人이 투화하면 10년간 徭役을 면제하였으며, 夷狄이 투화하면 3년간 요역을 면제하였다.

23) 傳旨 今後 向化新來人 田租限三年 徭役限十年 蠲除.(『세종실록』 권25, 6년 7월 경인)

24) 向化人 三年免稅(『經國大典』 권3, 戶典 田稅條), 向化新來人 限十年復戶(『經國大典』 권3, 戶典 復戶條)

25) 『성종실록』 권207, 18년 9월 계묘.

살면서 조선조정으로부터 관직을 제수받은 자들을 '향화 수직왜인'이라 칭하였다.26) 기왕의 연구에 의하면 조선전기의 향화 수직왜인은 25명이었다.

〈표 1〉 향화한 受職倭人 일람표27)

수직왜인	향화년대	구분	관직(수직 연대)	기타
表時羅	1395	降倭	甲士(1411)	귀도 후 통교
疚六(藤六·藤陸)	1396	降倭賊首	宣略將軍龍驤巡衛司行司直兼海道管軍民萬戶(1396), 宣略將軍行中郞將(1398), 對馬島萬戶(1405)	捕倭從軍, 歸島通交(1405, 1회)
非疚時知	1396	降倭	敦勇校尉龍驤巡衛司左領行司正兼管軍百戶(1396)	藤六의 휘하
林溫(羅可溫)	1396	降倭賊首	宣略將軍(1397), 宣略將軍行郞將(1398), 倭萬戶(1413), 對馬島守護萬戶(1417)	捕倭賊船, 歸島 通交(1413-17, 4회)
都時羅(都時老)	1397	降倭	司正(1397)	林溫의 子, 死(1397)
池門(望沙門)	1397	降倭	副司正(1397), 宣略將軍行別將(1398), 副司直(1426)	歸島請
藤昆(昆時羅)	1397	降倭	副司正(1397), 散員(1398)	捕倭從軍溺死
吳文(沙門吾羅)	1397	降倭	散員(1398)	捕倭從軍溺死
張寶(三寶羅平)	1397	降倭	散員(1398)	侍衛, 墓 忠淸道
信吾(吾音甫)	1397	降倭	散員(1398)	

26) 일반적으로 수직왜인은 조선조정으로부터 관직을 제수받은 왜인을 총칭한다. 그러나 수직왜인 중에는 조선에 향화하여 관직을 제수받은 자도 있지만 일본에 거주하면서 관직을 제수받은 자들도 있다. 이같이 수직왜인의 성격이 다르기 때문에 양자를 구분하기 위해, 본 발표에서는 편의상 조선에 향화하여 거주하면서 관직을 제수받은 자를 '향화 수직왜인'으로, 일본에 거주하면서 관직을 제수받은 자를 '일본거주 수직왜인'으로 구분하여 사용하였다.
27) 이 표는 한문종, 앞의 책, 50~51쪽 표를 전재하였음.

수직왜인	향화 년대	구분	관직(수직 연대)	기타
張望(望時羅)	1397	降倭	散員(1398)	
表時(阿時羅)	1397	降倭	散員(1398)	
藤賢(賢淮)	1397	降倭	散員(1398)	林溫 휘하, 從軍, 歸島, 숙배
平原海(原海)	1397	向化僧	典医博士(1397), 典醫少監(1401), 內藥房医員, 典医監(1408), 判典医監事(1409), 中樞院副使(1462以前)	率來妻子, 賜平姓
禹原之	1397	降倭	副司正(1415)	乞覲親 賜米豆遣之
具陸(仇陸)	1399 前	降倭	前護軍(1409)	宣州投降倭船招諭上京
沙古	1399 ?	投化倭	副司直(1462以前?)	皮尙宜의 父
平道全	1407	向化	員外司宰少監(1407), 護軍(1408), 大護軍(1412), 上護軍(1415)	初宗貞茂使者來, 宿衛 對馬使行, 倭寇討伐, 造船
表沙貴	1418 前	向化倭	司正(1418)	率銅鐵匠來, 歸島通交?
藤次郞	1418 前	向化船匠	司正(1429)	귀도, 통신사 군량운반
邊相	1419 ?	向化倭	副司直(1429)	대마도정벌 때 조선의 서계 대마도에 전달
表沙溫	1435 ?	向化倭	司正(1435)	宗貞盛書宿衛請 潛商賣買 獄中杖死
看智沙也文 (加智沙也文)	1439	向化鐵匠	副司直(1453), 司直(1454)	智沙也文幷其子乘驛上送, 歸島通交(1453-56, 2회)
都羅而老	1439 ?	向化	司正(1471以前?)	看智沙也文의 子, 還島
邊佐	1444 前	向化	副司正(1444)	아들 邊孝忠, 邊孝生과 본토로 돌아가려다 처벌 받음

* 위의 표는 조선전기 왜인의 향화 사례와 『조선왕조실록』, 『해동제국기』를 참조하여 작성하였다.
* ( )는 向化하기 전의 이름이거나 異稱이다.

위의 〈표 1〉을 통해서 조선전기 향화 수직왜인의 특징은 다음 몇 가지로
정리할 수 있다. 첫째, 향화 수직왜인 중에는 조선 초기에 왜구로서 활동하

다가 투항하여 관직을 받은 자가 15명으로 가장 많았다. 둘째, 平原海, 看智沙也文, 表沙貴, 藤次郎 등과 같이 의술이나 제련술, 조선술 등 특정한 기술을 가진 자들이 많았다. 셋째, 平道全과 表思溫처럼 대마도주의 대관으로 또는 도주의 허락을 받고 향화하여 관직을 제수 받은 자가 있었다. 넷째, 이들의 향화 시기가 태조대와 태종대에 집중되어 있으며, 1444년 이후에는 전혀 나타나지 않았다. 다섯째, 이들 중에는 관직을 제수받은 후에 대마도로 돌아간 자가 많았으며, 그 중에 일부는 다시 통교자로 도항한 자도 있었다.28)

또한 조선에서는 관직을 제수받은 향화왜인에게 녹봉과 월료를 지급하고, 말을 사육하기 위한 馬料를 지급하였다. 이와 더불어서 이들에게는 노비를 하사하고, 향화하여 수직한 자와 그의 부모 등이 죽었을 경우 致祭하고 賻儀하였다.

한편 조선에서는 향화한 수직왜인에게 성씨와 관향을 하사하기도 하고, 이름을 조선식으로 改名해주기도 하였다. 향화왜인에게 성씨를 하사해 준 최초의 사례는 1397년 8월에 原海로, 그는 의술에 정통하였기 때문에 조선 조정으로부터 전의박사를 제수 받고 平氏 성을 하사받았다.29) 또한 조선에서는 향화왜인의 이름도 개명해 주었다. 예를 들면 1398년(태조 7) 2월에 항왜의 우두머리인 疚六·羅可溫을 비롯해서 그의 부하 8명에게 관직을 하사하고 이름을 조선식으로 개명해 주었으며, 1457년(세조 3) 7월에는 왜인 信沙也文의 이름을 金信文으로 바꾸어 주었다.30) 특히 성과 이름을 하사받은 향화왜인은 대부분 태조 초에 투항한 항왜였다. 이는 조선조정이 왜구문제를 해결하기 위해 얼마나 고심하였는가를 나타내는 반증이라 할 수 있다.

한편 조선에서는 향화인의 자손에게도 관향을 하사하였다. 1462년(세조

---

28) 한문종, 앞의 책, 51~53쪽 참조.
29) 『태조실록』 권12, 6년 8월 갑진.
30) 『태조실록』 권13, 7년 2월 갑오; 『세조실록』 권8, 3년 7월 병술.

8년) 4월에 향화왜인 平原海의 아들 平順과 皮沙古의 아들 皮尙宜가 梅佑
31) · 唐夢璋의 예에 따라 본관을 하사해 줄 것을 요청하자, 그들이 조선에서
태어났고 시위한 지가 오래되었기 때문에 평순에게 昌原, 피상의에게 東萊
를 본관으로 하사하였다.

참고로 조선전기의 향화왜인에게 姓名과 貫鄕을 하사한 사례를 정리하
면 다음 <표 2>와 같다.

〈표 2〉 向化倭人의 賜姓名·賜貫鄕 일람표

향화 전의 姓名	향화 후의 賜姓名	賜貫鄕	관직	출전
疚六	藤六		宣略將軍行中郎將	태조 7년 2월 갑오
羅可溫	林溫		宣略將軍行郎將	태조 7년 6월 갑오
原海	平原海		典醫博士	태조 6년 8월 갑진
望沙門	池門		宣略將軍行別將	태조 7년 2월 갑오
昆時羅	藤昆		散員	태조 7년 2월 갑오
沙門吾羅	吳文		散員	태조 7년 2월 갑오
三寶羅平	張寶		散員	태조 7년 2월 갑오
吾音甫	信吾		散員	태조 7년 2월 갑오
望時羅	張望		散員	태조 7년 2월 갑오
玄淮	藤賢		散員	태조 7년 2월 갑오
阿時羅	表時		散員	태조 7년 2월 갑오
?	邊佐		副司正	세종 26년 1월 정사
信沙也文	金信文		兼司僕	세조 3년 7월 병술
	平順	昌原	行大護軍	세조 8년 4월 기축
沙古	皮沙古		副司直	세조 8년 4월 기축

31) 1439년 윤 2월에 奉禮郎 梅佑는 고려시대에 원나라인 偰遜의 아들 判三司事 偰長壽
가 慶州를 관향으로 하사받은 전례와 조선 태종때에 원나라인의 자손인 尙山君 李
敏道가 慶州를 관향으로 하사받은 전례를 근거로 관향의 하사를 요청하여 忠州를
관향으로 하사받았다. 매우의 할아버지 君瑞는 원나라인으로 고려에 와서 거주하
였고 벼슬이 行省提控에 이르렀으며, 아버지 原渚는 조선 태종때에 義州牧使를 역
임하였다.(『세종실록』 권84, 21년 윤2월 경진)

향화 전의 姓名	향화 후의 賜姓名	賜貫鄕	관직	출전
	皮尙宜	東萊	上護軍	세조 8년 4월 기축

* 이 표는 한문종, 앞의 책, 74쪽의 표를 전재한 것이다.

4) 기타

그밖에도 조선에서는 향화왜인이 조선 여인과 혼인하는 것을 허락하였다. 또한 조선에서는 향화인이나 그의 자손에게 문·무과의 응시를 허용하였다. 그러나 향화인은 과거보다는 取才나 遞兒職을 통해서 관직에 나아가는 것이 일반적이었다. 또한 향화인은 조선의 백성이었기 때문에 조선에서는 죄를 지은 향화인을 조선의 법률에 의거하여 처벌하였지만 減罪律을 적용하여 법률에 의한 규정보다는 가볍게 처벌하였다.

Ⅲ. 피상의와 평도전의 조선에서의 삶

이상에서 살펴본 것처럼 조선에서는 향화왜인이 조선의 사회에 적응하여 살아갈 수 있도록 정치, 경제, 사회적으로 다양한 대책을 실시하였다. 그럼에도 불구하고 관직을 제수받지 못한 향화왜인은 물론이고 관직을 제수 받았거나 성명과 본관을 하사받은 향화왜인조차도 그들의 후손들이 어디에 어떻게 정착하여 살고 있었는가를 파악할 수 없다. 다만 향화왜인과 그의 후손들의 삶에 대해 단편적으로 알 수 있는 자는 平道全과 皮尙宜 등 극소수에 불과하다.

1. 피상의의 삶

피상의의 아버지 皮沙古는 1395년(태조 4)에 조선에 향화하여 시위하다가 죽은 수직왜인으로, 관직은 副司直이었다.[32] 피상의는 1395년에 태어났으며, 태종대에 처음으로 시위하였다. 피상의가 기록상 처음으로 등장한 시기는 1433년(세종 15) 3월경이다. 즉 회례사 李藝 일행이 사행을 마치고 귀국하던 중에 왜구에게 약탈당하여 赤間關에 머물고 있다는 소식을 듣고 피상의를 보내 이예 일행에게 옷과 양식을 가져다주게 하였다. 이때에 피상의의 관직은 참하직인 종7품 副司正이었다. 그러나 피상의가 어떠한 과정을 거쳐 관직에 나아갔으며, 이때에 부사정에 제수되었는지는 전혀 알 수 없다. 피상의의 관직 진출은 아마 그가 향화한 수직왜인의 아들이었기 때문에 향화왜인 우대책의 일환으로 과거가 아닌 取才나 遞兒職을 통해서 관직에 나아갔을 것으로 추정된다.[33] 또한 그가 관직에 진출한 시기도 명확하게 알 수 없다. 다만 그가 檢職을 제수받기를 요청할 때 성종에게 올린 상언에 의하면 태종 때에 처음으로 시위한 것으로 기록[34]되어 있는 점으로 보아 아마 태종 말에 시위를 하다가 세종대 초에 관직에 나아간 것으로 생각된다.

---

32) 피상의가 언제 어디서 출생하였는가에 대해서는 확실히 알 수 없다. 다만 피상의의 출생에 대한 두 개의 사료가 『조선왕조실록』에 기록되어 있다. 하나는 1462년(세조 8) 이조의 건의에 의해서 피상의에게 동래를 관향으로 하사할 때의 기록이다. 이 기록에 의하면 피상의의 아버지 皮沙古는 1399년에 향화하여 시위하다가 죽었으며, 피상의는 조선에서 나고 자란 것으로 되어 있다. 다른 하나는 피상의가 1470년(성종 1)에 檢職을 제수 받을 때의 기록으로 당시 그의 나이는 76세로 되어 있다. 그런데 이 두 사료는 모순되는 부분이 있다. 즉 1462년의 사료를 근거로 하면 1399년 피사고가 조선에 향화하여 피상의를 낳았으며 1470년에는 그의 나이가 72세 이어야 한다. 그런데 1470년의 사료에는 그의 나이가 76세로 기록되어 있다. 두 사료 중에서 1462년의 기록은 平順의 狀告에 의한 것이고, 1470년의 기록은 피상의가 직접 상언한 것이기 때문에 전자보다는 후자의 기록이 신빙성이 있을 것으로 판단된다. 따라서 필자는 피사고가 1399년이 아닌 1395년에 조선에 향화하여 피상의를 낳은 것으로 생각한다.(『세조실록』 권28, 8년 4월 기축; 『성종실록』 권6, 1년 6월 경술)

33) 한문종, 「조선초기 向化倭人 皮尙宜의 대일교섭 활동」, 『한일관계사연구』 51, 7~10쪽 참조.

34) 『성종실록』 권6, 1년 6월 경술.

피상의는 1433년(세종 15) 3월에 赤間關에서 머물러있던 회례사 李藝 일
행에게 옷과 양식을 가져다 준 것을 계기로 對日使行에 참여하게 되었다.
그 후 그는 1443년부터 1461년(세조 7)까지 5회에 걸쳐 대일사행으로 壹岐
島와 對馬島에 다녀왔다.

<표 3> 피상의의 대일 사행

년 월	사행명	성명 (사행시 직책, 관직)	사행 지역	사행 목적
1433. 3		皮尙宜(부사정)	赤間關	귀국 도중에 왜구에게 약탈당한 회례사 이에 일행에게 옷과 양식을 가져다 줌
1443. 7	초무관	康勸善(정사) 皮尙宜(종사관, 통사)	壹岐島	제주공선을 약탈해간 적왜 4인을 붙잡 아 옴(서여서도 사건)
1448. 2		皮尙宜(사역원판관)	壹岐島	표류인 1명 쇄환
1450. 8	치전관 치부관	李堅義(성균사예) 皮尙宜(호군)	對馬島	대마도주 宗貞盛의 죽음에 대한 조문
1452. 12	경차관	元孝然(정사) 皮尙宜(통사)	對馬島	세견선의 정수 논의 및 약조 위반자의 처리 문제
1461. 4	선위사	皮尙宜(상호군)	對馬島	宗成職의 母喪에 조위, 失火, 왜적의 동정보고에 대한 치하

* 이 표는 한문종, 앞의 논문(2015), 16쪽의 표를 전재한 것이다.

<표 3>에서 알 수 있는 것처럼 피상의는 1433년(세종 15)부터 1454년(단
종 2년)까지 6차례에 걸쳐 招撫官의 從事官, 通事, 致賻官, 宣慰使 등으로
조선의 사행으로 일본에 다녀왔다. 사행 지역은 1433년을 제외하고는 모두
대마도와 일기도에 집중되어 있었다. 특히 그는 조일간의 외교현안이었던
歲遺船의 정수 문제를 비롯하여 왜구의 동향 및 일본의 국내정세 탐지, 표
류인의 송환, 대마도주 및 도주가에 대한 間慰 등 대일교섭의 주요한 업무
를 담당하였다.35)

---

35) 皮尙宜에 대해서는 한문종, 앞의 논문(2015) 참조.

이와 같이 피상의의 대일교섭 활동은 조선이 일본과 우호적인 외교관계
를 전개하고 유지하는데 중요한 역할을 하였다고 생각한다. 이처럼 피상의
가 대일 외교에서 중요한 역할을 할 수 있었던 배경은 향화왜인의 아들로
일본어에 능통하였으며, 사행을 통해서 일본 지방 호족들과의 교류를 통한
인적 네트워크를 구축하고 있었기 때문에 가능하였을 것으로 추정된다.[36]

이러한 외교적인 활동을 인정받아 피상의는 1455년 12월에 佐翼原從功
臣 3등에 녹훈되었으며,[37] 1462년 4월에 東萊를 본관으로 하사받았다.[38]
그 후 피상의는 1470년(성종 1) 76세의 나이로 檢職을 제수 받았다.

이처럼 피상의는 향화왜인의 아들로 조선의 향화왜인 우대책에 따라 관

---

36) 1443년 초무관 강권선의 종사관으로 일기도에 갔던 피상의는 그곳에서 一岐州 上
松浦 鹽津留의 승려 松林院과 교류하였다. (『세종실록』 권104, 26년 4월 기유). 또
한 1450년에 대마도주 종정성이 사신을 보내 토산물을 바쳤는데, 그 때에 통사 윤
인보와 피상의에게도 후추와 鹿皮 등을 보내주었다. 예조와 의정부에서는 신하된
사람은 사사로이 교제할 수 없다는 이유를 들어 거절하였다.(『문종실록』 권2, 즉위
년 7월 정미). 세조 7년 6월에 대마도주 종성직의 사자 頭奴銳가 와서 도주에게 관
직제수를 요청하였다. 그러나 도주의 관직 제수 요청이 서계가 아니라 피상의에게
사사로이 통한 것이었으며, 이마저도 두노예가 거짓말을 한 것으로 판명되어 도주
에게 관직제수는 무산되었다(한문종, 「조선전기의 대마도경차관」, 『전북사학』15,
1992). 그러나 대마도주에게 관직을 제수하려 한 일련의 과정을 보면 피상의가 대
마도주 및 도주 대관 등 지방호족들과 긴밀한 관계를 유지하고 있었기 때문에 가
능한 일이었다. 특히 대마도에서는 향화왜인 피상의와 사적으로 通書하면서 자신
들의 요구사항을 조선 측에 전달하였다.
37) 『세조실록』 권2, 1년 12월 무진.
38) 이조에서 投化倭人 行大護軍 平順등의 狀告에 의거하여 아뢰기를, "평순의 아버지
중추원 부사 平原海는 지난 병자년에, 皮尙宜의 아비 副司直 皮沙古는 지난 기묘년
에 나와서 시위하다가 죽었습니다. 후에 (평순 등이 말하기를) '신등은 여기에서 나
서 자랐으며 특별히 성상의 은혜를 입어, 벼슬이 3품에 이르렀으나 단지 本鄕이 없
으니 자손에 이르러서도 일본을 본향으로 일컫게 될 것이므로 未便합니다. 빌건대,
梅佑·唐夢璋의 예에 의하여 본향을 내려 주소서.'하였으므로, 신등이 조회한 바, 평
순·피상의 등은 본국에서 낳았으며 시위한 지가 오래 되었으니, 청컨대 본향을 내
려 주소서."하니, 명하여 피상의에게 東萊를, 평순에게 昌原을 (본향으로) 내려 주
었다.(『세조실록』 권28, 8년 4월 기축).

직을 제수받고, 6차례에 걸쳐 대일사절로 활동하였다. 이러한 공으로 그는 좌익원종공신에 녹훈되고, 東萊를 본관으로 하사받았다. 그러나 안타깝게 도 그 이후 그와 그의 후손들에 대한 기록이 없어서 그들이 조선에서 어떻 게 살아갔는가는 전혀 알 수 없다.

2. 평도전의 삶

평도전이 조선에 향화하기 이전과 이후의 기록은 그의 출신지인 대마도 에서 전혀 찾아볼 수 없다. 이 때문에 그의 출생과 가계, 신분, 성장 과정 등을 알 수 없다. 반면에 『조선왕조실록』에는 그가 처음으로 도항한 1407 년 3월부터 평안도 양덕에서 유배 생활을 하고 있던 1434년까지 27년간의 기록이 산발적으로 남아있다. 이를 통해서 평도전과 그의 가족이 조선에서 어떻게 생활하고 있었는지를 대략적으로 파악할 수 있다.

기록상으로 평도전이 처음으로 등장하는 시기는 1407년 3월이다. 즉 1407년(태종 7)에 대마도수호 宗貞茂가 조선에 토산물을 바치고 피로인을 돌려보내면서, 대마도인이 무릉도에 옮겨 살 수 있도록 요청하였는데, 이때 평도전은 종정무의 사인으로 조선에 도항하였다.[39] 그 후 동년 7월에 평도 전은 員外司宰少監[40]에 제수되어 수직왜인이 되었다. 이로써 보면 평도전 의 향화 시기는 종정무의 사인으로 조선에 도항한 1407년 3월부터 관직을 제수받은 동년 7월 이전이라고 생각한다.

평도전이 왜 조선에 향화하여 수직왜인이 되었을까? 이에 대한 사료는 남아있지 않지만 『조선왕조실록』에는 평도전과 종정무와의 관계를 파악할

---

39) 『태종실록』 권13, 7년 3월 경오.
40) 司宰監은 어량(漁梁)과 산택(山澤)의 일을 관장하였으며, 判事 2명 정3품이고, 監 2 명 종3품이고, 少監 2명 정4품이고, 注簿 2명, 兼注簿 1명 종6품이고, 直長 2명 종7 품이다.(『태조실록』 권1, 1년 7월 정미). 평도전이 제수받은 원외사재소감은 아마 사재감 소속의 정원 외의 소감으로 생각된다.

수 있는 자료가 산견된다.[41] 이를 통해서 보면 평도전은 조선에 향화하기 전에 대마도주 宗貞茂의 代官이었으며, 종정무가 평도전을 조선에 보내 侍衛하도록 하였다는 사실을 알 수 있다. 특히 평도전은 이 시기의 다른 향화 왜인과는 달리 자의가 아닌 타의에 의해서 향화왜인이 되었다는 점이 특이하다.[42]

대마도주 종정무가 평도전을 조선에 보내 시위하도록 한 배경은 대마도의 정치상황과 밀접한 관련이 있다고 생각한다. 당시 종정무는 九州의 筑前州에서 잃어버린 領地를 보충하고 대마도 내에서 권력을 장악하기 위한 목적으로 조선과 우호적인 관계를 유지할 필요가 있었다. 따라서 종정무는 평도전을 조선에 보내 대마도인의 무릉도 이주를 요청하기도 하고, 그를 조선에 향화시켜 조선과의 관계를 안정시키면서 대마도내에서 권력을 장악하려 하였다.[43] 반면에 조선조정에서는 왜구문제가 대일외교의 중요한 현안이었기 때문에 대마도주의 요청을 받아들여 평도전에게 관직을 제수하여 왜구의 침입을 방어하도록 하는 한편 그를 대일 외교사절로 활용하려 하였다고 생각된다. 다른 한편으로 조선조정에서는 평도전을 조선과의 우호적인 관계를 유지하기 위해 대마도주가 파견한 인질로 인식하기도 하였다.[44]

평도전은 1407년 조선에 향화하여 수직왜인이 된 이후 3회 조선의 사절로 대마도에 다녀왔다. 이때 그의 관직은 호군(정4품)이었다. 『조선왕조실록』의 기록을 토대로 평도전의 대일사행을 정리하면 다음 <표 4>와 같다.

---

41) 『태종실록』권22, 11년 9월 기사; 『세종실록』권10, 2년 11월 정묘; 『세종실록』 권11, 3년 4월 기해.
42) 한문종, 「조선초기 대마도의 향화왜인 平道全」『군사연구』 141, 2016, 10~11쪽.
43) 中尾弘毅, 앞의 논문, 130쪽 참조.
44) 한문종, 앞의 논문(2016), 12쪽 참조.

〈표 4〉 평도전의 대일사행 일람표

년월	사행명	사행시 관직	목적지	사행 목적 및 성과	출전
1408. 11		호군	대마도	宗貞茂가 陳慰, 말 2필 헌상, 피로인 송환	태종 8년 11월 경신
1409. 04	보빙사	호군	대마도	보빙	태종 9년 4월 계사
1411. 09		호군	대마도	미두 300석 하사, 화호 와 왜구의 금지 요청	태종 11년 9월 기사

* 이 표는 한문종, 앞의 논문(2016), 16쪽의 표를 전재한 것이다.

〈표 4〉를 통해서 보면, 평도전은 1408년부터 1411년까지 4년 동안 3회에 걸쳐 조선의 사절로 대마도에 파견되었다. 특히 평도전이 대일사절로 활동 하던 시기는 그가 수직왜인이 된 직후인 1408년과 1409년에 집중되었다. 그리고 1411년에는 조선의 사절로 대마도에 파견되어 도주 종정무에게 미 두 300석을 하사하고, 화호와 왜구의 금지를 요청하였다. 이러한 공으로 그 는 1412년에 대호군(종3품)에 올랐으며, 은대 1벌을 하사받았다.

평도전이 조선에 향화한 직후부터 조선의 대일사절로서 활동할 수 있었 던 이유는 무엇일까? 먼저 조선에서는 왜구가 재발할 가능성에 대비하여 평도전을 대마도에 보내 왜구의 금지를 요청하는 한편 대마도와 우호적인 관계를 유지하려 하였기 때문이었다.45) 다른 하나는 조선 초기에 왜어에 능통한 조선인이 별로 없어서 평도전을 조선의 외교사절로 임명하여 대마 도에 파견하였기 때문이었다.46)

---

45) 한문종, 앞의 논문(2016), 15~16쪽 참조.
46) 조선 초기에 조선의 대일사절로 활약한 향화왜인은 平道全을 비롯하여 吳文·藤賢 ·邊尙·池溫·皮尙宜 등이 있다. 이들이 대일사절로서 활동한 시기는 피상의를 제외 하고 모두 태종초부터 대마도정벌직후까지였다. 그 이유는 아마 당시 조선과 일본 간의 공식적인 외교관계가 성립된 지 얼마 되지 않아서 왜어에 능통한 조선인이 많지 않았기 때문이었다. 따라서 조선에서는 향화왜인을 외교사절의 통사로 임명 하여 일본과의 외교교섭을 담당하도록 하였다. 그리고 이들의 교섭대상을 보면 주 로 대마도와 일기도에 집중되었다. 한문종, 앞의 책, 95~99쪽 참조.

또한 평도전은 개인적인 이유로 두 차례나 대마도에 갔다 왔다. 첫 번째는 1413년(태종 13)에 조상의 무덤을 청소하고 제사를 지내기 위해, 두 번째는 1418년 3월에 휴가를 얻어 대마도에 갔다 왔다. 그때 도주 종정무가 풍병이 들어 고생하자 伴人 皮都知를 조선에 보내 청심원, 소합원 등의 약재를 보내주도록 요청하는 한편, 왜적들이 薩摩州를 지나 중국 江南으로 향하고 있다는 정보를 탐지하고 이를 조선에 알려 대비하도록 요청하였다.[47]

한편, 조선에서는 평도전을 후대하여 1409년에는 그의 아버지의 喪에 후하게 부의하였으며, 민무구·민무질 옥사와 관련되어 경상도 사천으로 유배되었던 윤목의 집을 하사하였다. 그러나 평도전의 일족과 반인들은 다른 향화왜인과 마찬가지로 서울에 모여 살지 못하고 여기저기 흩어져서 생활하였다. 1414년 9월에 조선조정에서는 대호군 평도전에게 유의 1벌을 하사하고 경상도에 집을 지어 주도록 하였다.[48]

평도전은 1410년 2월에 전라·경상·강원도에서 왜적을 방어하였으며, 동년 5월에 왜구가 침입하자 자원하여 무리 10여명을 데리고 왜구의 토벌에 참전하였다.[49] 또한 1419년 5월에 평도전은 충청도 비인현에 침입한 왜적선을 토벌하기 위하여 왜인 16명을 거느리고 충청도 조전병마사로 참전하였다. 이 싸움에서 평도전 등은 왜적 3급을 베고 18명을 사로잡는 전과를 거두어 안장 갖춘 말과 미두 40석을 하사받았다. 그러나 후에 평도전은 힘써 싸우지 않고 왜적 중에 자기가 아는 왜승을 죽이지 말라고 부탁한 사실이 드러나 그와 그의 처자 14명은 평양에, 그 나머지는 함길도의 관청에 각각 분치되었다.[50]

---

47) 한문종, 앞의 논문(2016), 16쪽 참조.
48) 『태종실록』 권18, 9년 8월 정미; 『태종실록』 권18, 9년 11월 정유; 『태종실록』 권19, 10년 2월 갑자; 『태종실록』 권28, 14년 9월 을미.
49) 『태종실록』 권29, 15년 6월 정축.
50) 『세종실록』 권4, 1년 5월 신해; 『세종실록』 권4, 1년 5월 무진; 『세종실록』 권4, 1년 6월 병자.

한편 조선에서는 대마도정벌을 단행하기 전에 포소에 와 있던 왜인들을 각 지방에 분치하고, 이러한 조치에 대해 완강하게 저항하던 왜인 21인을 참살하였다. 이때 평도전의 아들 平望古도 저항하다가 참살되었다.[51] 대마도정벌이 끝난 후 1421년 4월에 대마도주 宗貞盛이 서계를 보내 각 지방에 죄 없이 억류된 대마도의 왜인과 구속된 평도전을 송환해주도록 요청하였다. 또한 1424년 6월에는 대마도주 종정성이, 1426년 11월에는 筑前州 少二殿 藤原滿貞과 대마도주 宗貞盛, 左衛門大郎 등이 평도전 형제를 돌려보내 주도록 요청하였으나 그가 국법을 어겨 귀양갔다는 이유를 들어 거절하였다. 한편 1426년 12월에 평안도 양덕으로 유배된 평도전의 생활이 어려워 장성한 딸을 시집보내지 못하자 딸을 시집보낼 수 있도록 그곳 수령으로 하여금 혼례비용을 마련해주도록 하였다.[52]

1434년 3월에는 우의정 최윤덕이 유배된 평도전을 석방해주기를 요청하였다. 이에 대해 안숭선은 평도전은 대마도의 왜인으로 官品이 3품에 이르렀으나 그의 아들 望告가 나라를 배반하였고, 도전 또한 황해도에서 왜적을 토벌할 때 힘써 싸우지 않고 왜적과 서로 호응하였기 때문에 그 죄를 용서받을 수 없다는 이유를 들어 석방에 반대하였다. 이에 세종은 안숭선의 의견을 받아들여 평도전을 석방하지 않았다.[53] 이 논의를 마지막으로 평도전에 대한 기록은 『조선왕조실록』에서 자취를 감추었다. 이러한 사실로 보아 그는 유배지인 평안도 양덕에서 일생을 마친 것으로 생각되지만 그가 언제 죽었으며, 그의 가족은 어떻게 되었는지 전혀 알 수 없다.

---

51) 『세종실록』 권4, 1년 6월 갑술.
52) 한문종, 앞의 논문(2016), 14~15쪽 참조.
53) 『세종실록』 권63, 16년 3월 무인.

Ⅳ. 맺음말

이상에서 조선 전기 조선에 이주해 온 향화왜인의 실태와 그들에 대한 통제 및 정치·경제·사회적인 대우에 대해 간략하게 정리하였다. 그리고 피상적으로나마 자료가 남아있는 피상의와 평도전의 사례를 통해서 향화왜인의 조선에서의 삶을 살펴보았다.

조선 초기 향화왜인의 발생배경은 조선의 왜구대책과 토지나 식량의 부족으로 인한 생활고 때문이었다. 특히 조선 초기의 향화왜인은 왜구로서 투항한 항왜가 많았다. 이는 조선의 왜구대책에 따라 왜구가 평화적인 통교자로 변질되어 가는 과정에서 나타나는 현상이라 할 수 있다. 그 후 향화왜인은 생활고 때문에 스스로 향화한 자, 대마도주가 파견하거나 도주의 허락을 받은 자, 대마도정벌 시에 억류되거나 포로로 붙잡혀 온 자, 피로인이나 표류인을 송환해 온 자, 조선의 사절과 동행하여 온 자, 왜승, 三浦에 거주하는 恒居倭人 등으로 그 범위가 확대되어 갔다. 한편, 1444년(세종 26) 이후에는 일본에 거주하는 왜인에게도 관직을 제수함에 따라 향화왜인이 급격히 감소하였다.

조선에서는 향화왜인을 경상도와 전라도 해안에 분치하였으나, 그들이 집단화되는 것을 막기 위해 해변에서 멀리 떨어진 내륙의 산간지방에 분치하여 만일의 사태에 대비하였다. 또한 향화왜인의 外方 출입을 금지하고 사적인 왕래 및 통신을 금지하였다. 한편 대마도정벌 이후 병조에서 拘留倭人이나 포로를 倭案에 置籍하여 관리하면서 쇄환 시에 근거로 활용하였다. 그 후『경국대전』을 편찬하는 시기에 이르러서는 예조에서 향화왜인을 向化案에 치적하여 관리하고 병조에서 향화인에 대한 포폄을 실시하였다.

조선초기 향화왜인에 대한 기본정책은 가는 자는 막지 않고 오는 자는 거절하지 않는 것이었다. 따라서 향화왜인 중에는 향화 후에 조선에 그대로 거주하는 자도 있었지만 일본으로 돌아가는 자도 있었다. 그러나 向化僧

信玉과 雪明처럼 수년 동안 전국의 각지를 유람하여 산천의 형세와 허실을 모두 알고 있는 자들은 정보의 유출을 우려해서 돌려보내지 않은 경우도 있었다.

　조선에서는 관직을 제수받지 못한 일반 향화왜인을 각 지방에 분치하여 식량과 토지, 의복, 집 등을 하사하였다. 그리고 그들이 조선에 안정적으로 정착하여 살아갈 수 있도록 일정기간 동안 田租, 賦役, 軍役을 면제해주었다. 반면에 향화왜인 중에서 왜구의 우두머리나 왜구와 밀접한 관련이 있는 자, 의술·제련술·조선술 등의 기술을 가지고 있는 자에게 벼슬을 주고 서울에서 거주하게 하였다. 이들은 관직에 상응하는 녹봉과 月料, 의복, 집, 노비 등을 지급받았으며, 본인이나 가족이 죽은 경우 致祭와 賻儀를 받았다. 또한 향화 수직왜인의 일부는 성씨와 이름, 관향을 하사받았다. 한편 조선에서는 향화인이나 그의 자손에게 문·무과의 응시를 허용하였으며, 죄를 지은 자는 減罪律을 적용하여 규정보다는 가볍게 처벌하였다.

　이와 같이 조선에서는 향화왜인이 조선의 사회에 빨리 적응하여 살아갈 수 있도록 정치, 경제, 사회적으로 다양한 대책을 실시하였다. 그럼에도 불구하고 관직을 제수 받지 못한 향화왜인은 물론이고 관직을 제수 받았거나 성명과 본관을 하사받은 향화왜인조차도 그들의 후손들이 어디에 어떻게 정착하여 살아가고 있었는가에 대한 사료가 없어서 정확한 실상을 파악할 수 없다. 다만 향화왜인과 그의 후손들의 삶과 활동에 대해 알 수 있는 자는 平道全과 皮尙宜 등 극소수밖에 없다.

　향화왜인 皮沙古의 아들인 皮尙宜는 조선의 향화왜인 우대책에 따라 취재나 체아직을 통해서 관직에 진출한 후 6차례에 걸쳐 대일 외교사절로 활동하였으며, 佐翼原從功臣 3등에 녹훈되고 東萊를 본관으로 하사받았다. 그러나 그의 후손들에 대한 기록은 전혀 알 수 없다. 또한 平道全은 대마도주인 宗貞茂의 관인으로 다른 향화왜인과는 달리 대마도주에 의해서 향화왜인이 된 특이한 사례이다. 그는 조선에 향화한 이후 3차례 대일 외교사절로 대마도에 가서 대마도에 가서 보빙 및 화호, 미두의 사급, 왜구의 금지를 요청하는 등의 외교교섭을 하였다. 그는 또한 왜구의 방어와 토벌에 직접 참여하여 많은 전과를 올리는 등의 활약을 하였다. 그러나 1419년 5월에 충청도 비인현에 침입한 왜구를 토벌할 때 힘써 싸우지 않고 왜적 중에 자기가 아는 왜승을 죽이지 말라고 부탁한 사실이 드러나 그의 가족과 함께 평양에 유배되었다가 후에 평안도 양덕에서 일생을 마쳤다.

평도전와 피상의의 사례에서 알 수 있듯이 조선 전기에 향화왜인과 그의 후손들이 조선의 사회에 정착하여 안정적으로 살아가지는 못하였던 것 같다. 따라서 여기에서는 향화왜인과 그의 후손들이 조선의 사회에 정착하여 살아가지 못하였던 이유를 간략하게 추론하는데 그치고자 한다.[54]

첫째, 향화왜인은 대마도 출신이 대부분이어서 어로나 상업에는 관심이 많았지만 농사에는 익숙하지 못하였다. 이 때문에 조선에서는 관직을 제수받지 못한 향화왜인에게 식량과 토지, 의복, 집 등을 하사하고, 일정기간 동안 田租, 賦役, 軍役을 면제해주었음에도 그들의 조선사회 정착에는 그다지 도움이 되지는 못하였던 것으로 생각된다.

둘째, 일본과 조선의 언어 및 문화, 풍습 등의 차이를 들 수 있다. 향화왜인은 조선말을 잘 하지 못하였기 때문에 조선 백성들과의 의사소통이 원활하게 이루어지지 못하였다. 또한 향화왜인은 武를 숭상하였지만 조선에서는 성리학적 정치이념에 따라 충과 효를 중요시하고, 文을 숭상하였다. 이러한 인식의 차이는 향화왜인이 조선에서 살아가는데 커다란 장해물이 되었을 것으로 생각된다.

셋째, 임진왜란으로 계기로 조선에서는 일본을 '不具戴天의 원수'로 인식하고 있었다. 이러한 인식 때문에 향화왜인들은 자신의 조상이 일본인이었다는 사실을 드러낼 수 없었을 것으로 생각된다. 이는 임진왜란 때 조선

---

54) 향화왜인과 그의 후손들이 조선의 사회에 정착하여 생활하지 못한 배경에 대해서는 한문종, 앞의 논문(2017), 169~170쪽 참조.

에 투항한 항왜의 수가 최소 1천명에서 최대 1만명에 이르렀음에도 불구하고, 항왜의 후손으로서 오늘날까지 명맥을 이어 온 것은 沙也可 金忠善의 가문밖에 없다는 사실을 통해서도 유추할 수 있다.[55]

넷째, 조선중기 이후 족보가 보급되고 동족마을이 형성되면서 자기 가문과 가계에 대한 인식이 확대되어 갔다. 이에 따라 향화왜인은 자신의 출신을 감추고 살아가거나 다른 집안의 족보에 편입되어 자취를 감추었을 것으로 생각된다.

---

55) 임진왜란 시의 降倭將 沙也可 金忠善에 대해서는 한문종, 앞의 논문(2006)에 잘 정리되어 있다.

참고문헌

손승철, 『朝鮮時代 韓日關係史硏究』, 지성의 샘, 1994.

한문종, 『조선전기 향화·수직왜인 연구』, 국학자료원, 2001.

한일관계사학회, 『한일관계사연구의 회고와 전망』, 국학자료원, 2002.

한문종, 『朝鮮前期 對日外交政策 硏究 -對馬島와의 관계를 중심으로-』, 전북대 박사학위논문, 1996.

한문종, 「임진왜란 시의 降倭將 金忠善과 『慕夏堂文集』」 『한일관계사연구』 24, 한일관계사학회, 2006.

장순순, 「조선시대 대마도 연구의 현황과 과제」 『동북아역사논총』 41, 동북아역사재단, 2013.

한문종, 「조선시대 對日使行과 對馬島」 『한일관계사연구』 49, 2014.

한문종, 「조선초기 향화왜인 皮尙宜의 대일교섭 활동」 『한일관계사연구』 51, 2015.

한문종, 「조선초기 대마도의 향화왜인 平道全」 『군사연구』 141, 육군군사연구소, 2016.

한문종, 「조선전기 일본인의 향화와 정착」 『동양학』 68, 단국대 동양학연구소, 2017.

中尾弘毅, 「朝鮮王朝の日本人官吏·平道全」 『中世の對馬』, 佐伯弘次 編, 勉誠出版, 2014.

「조선전기 向化倭人들의 조선에서의 삶」의 토론문

한성주 | 강원대학교

발표자인 한문종 선생님께서는 그동안 조선전기 한일관계, 특히 조선과 대마도, 그리고 向化倭人에 대한 연구를 많이 진행하셨고, 이번 발표는 이에 대한 종합적인 고찰이라고 할 수 있습니다. 특히 조선 전기 향화왜인의 실태, 조선 조정에서의 수용과 통제, 대우 등의 정책을 잘 설명하는 한편 皮尙宜와 平道全을 중심으로 향화왜인들의 조선에서의 삶과 활동 등에 대해 살펴보고 있습니다. 전체적으로 한문종 선생님의 발표에 큰 이견은 없지만, 토론자의 소임을 다하기 위해 몇 가지 점만 말씀드리고자 합니다.

1. 對馬島 정벌 이후 '倭案'에 대하여 : 조선 초기에 향화왜인들을 포함한 향화인들을 호적에 올리고 병조에서 관장하도록 한 것은 분명하다고 생각합니다. 다만 대마도 정벌 후에 등장한 '倭案'에 대해서는 향화왜인보다는 대마도 정벌에서 피로된 대마도인에 대한 것이었을 가능이 있다고 생각합니다. 물론 선생님께서 향화왜인의 한 형태로 '대마도 정벌 시에 각 지방에 分置 억류된 자'를 말씀하였지만, 『朝鮮王朝實錄』을 검토해 보면, '倭案'에 기록된 倭人이 31명(『세종실록』 권25, 세종 6년 7월 14일 정해)이라는 것과 '對馬州 金海人女兒慶秀者, 己亥歲被擄, 今在京師爲奴, 伏請恩赦歸本國, 右女兒, 年今三十四歲, 禮曹以啓, 上命兵曹, 考倭案刷還'(『세종실록』 권28, 세종 7년 5월 9

일 무인)이라고 되어 있어, 이 '倭案'은 일반적인 향화왜인의 관리를 위한 것보다는 대마도 정벌에서 사로잡아온 일본인에 대한 것이었다고 생각됩니다. 또 다른 한편으로 당시 '倭案에 기록된 왜인이 31명'이었다는 것은, 대마도 정벌 시 조선군이 대마도에서 사로잡아 온 인구의 정확한 숫자를 알려줄 수 있다고도 생각합니다.

2. 향화왜인 중 일본으로 돌아간 자 중에는 受職人이 되어 조선에 통교왜인으로 도항한 자들이 있습니다. 이들로 인해 계해약조 체결 이후 일본에 거주하는 受職倭人이 나타나는 배경이 되었다는 것은 매우 큰 의미가 있다고 생각합니다. 또한 皮尙宜는 조선에서 태어난 향화왜인으로, 대마도에서 온 平道全과는 차이가 있어 보입니다. 일본으로 돌아간 향화왜인, 조선 출신 향화왜인, 대마도에서 파견되어 와서 타의에 의해 향화왜인이 된 평도전 같은 경우, 조선에서 이들에 대한 대우와 인식, 그리고 그들의 역할이 차이가 있었던 것은 아닐까라는 생각이 듭니다. 혹시 이에 대한 선생님의 생각이 있으시면 듣고 싶습니다.

3. 피상의가 1455년 12월에 靖難原從功臣 3등에 녹훈되었다고 하였지만, 佐翼原從功臣으로 수정할 필요가 있습니다. 靖難功臣은 1453년에, 佐翼功臣은 세조 즉위 후인 1455년 9월에 녹훈하였고, 佐翼原從功臣은 1455년 12월에 녹훈한 것으로 나타납니다. 『佐翼原從功臣錄券』은 1458년에 頒賜되었으며, 현재 국립중앙도서관(古貴2513-4) 등에 남아 있고, 이 녹권에서 皮尙宜의 이름을 찾아볼 수 있습니다(녹권 56면). 한편 皮尙宜가 佐翼原從功臣에 녹훈된 것은 단순히 외교적인 활동을 인정받아서만은 아니라고 생각합니다. 공신은 일반적으로 정공신과 원종공신으로 나눌 수 있고, 좌익공신(정공신 44명, 최종 41명)의 경우 세조가 단종의 보위를 잇는 일에 공을 세운 신하에게 준 것이며, 좌익원종공신(2,356명)은 세조가 내린 교서에 따르면, 潛邸에서 어려움이 있을 때, 세조를 보호하고 隨從하거나 靖難에 참여하여 防衛에 힘쓴

공이 있는 사람들에게 포상하도록 하였기 때문에 癸酉靖難 등에 참여하는 등 정공신을 도와 세조의 왕위 추대에 힘쓴 사람들이라고 할 수 있습니다. 특히 佐翼原從功臣에 奴의 이름이 포함되어 있는 것을 보면, 皮尙宜 또한 외교적 활동 등 의례적인 원종공신 녹훈이 아니라 실제 계유정난에 참여하거나 또는 세조의 즉위에 어떤 역할과 활동을 하였을 가능성이 있다고 할 수 있습니다.

塡行司勇金貴識行副司正李正己護
軍李溫判官金鑌判官金昇平行司正
金元石行司正直趙邦霖行司勇朴煌司
直趙崇憲副司正李滑郡事宋嚴御縣
監朴養孫萬戶李昌錄事李宗明縣
萬戶孫閏生行縣令姜尚甫察訪朴思
繼孫司勇田奉先監使趙之夏收使李
皎然府使咸漢監察權得經庫使李仁
全直講許從恒 行司勇皮尚宜上護軍

〈『좌익원종공신녹권(佐翼原從功臣錄券)』,
국립중앙도서관(古貴2513-4) 56면 부분〉

야나가와 시게노부[柳川調信]의 생애
- 임진전쟁 강화에 바친 後半生 -

아라키 카즈노리[荒木和憲]│규슈대학교

I. 시작하는 말

이번 한일학술대회의 주제는 「人物로 본 韓日交流史」이다. 한반도와 일본열도를 오가며 共存共生하며 살았던 한국인과 일본인의 삶을 바탕으로 한일교류사를 재조명한다는 취지에 비추어, 본 보고는 「壬辰倭亂」에서 일본·조선·명 삼국 간 전투·협상의 최전선에서 활동한 야나가와 시게노부[柳川調信](1539-1605)을 조명하는 것이다.

야나가와 씨의 계보와 시게노부의 屬性에 대해서는 일찍이 검토한 적이 있으므로 [荒木 2008]의 성과에 근거하면서 기본적인 사실관계를 정리해 두고자 한다.

柳川氏는 宗氏庶流 집안으로 원래 宗姓을 칭하였다.1546년 柳川으로 개칭하였는데, 본성은 平姓 그대로였다. 야나가와씨는 守護(島主)인 宗氏에게 봉사하고 吏僚로서 領國 政務에 종사하고 있었으나 守護代 佐須氏나 中臣 立石氏에 비하면 특별히 두드러진 흔적은 없다. 그 런 야나가와씨에게서 배출한 것이 調信이다. 사료상 처음 나오는 것은 1573년이다.

1580년 宗義智(1568-1615)가 宗氏의 家督을 계승했지만 아직 13세 소년이었고 정치의 실권은 隱居의 義調(1532-88)가 쥐고 있었다 .그 義調로부터 신뢰를 받은 것이 調信이다. 調信은 義調가 직할하는 伊奈郡의 郡代에 발탁되어 領國內에서 두각을 나타냈다. 그리고 1586년 이후에는 도요토미 정권과의 협상을 맡게 된다. 이 난국이 한창이던 1588년에 義調가 죽고, 그 뒷일은 義智에게 맡겨졌다. 그 때 義智는 21세, 調信은 50세였다. 노련한 중신이 청년 다이묘를 받들면서 領國 경영에 중요한 역할을 해 나가고 있었던 것이다.

그런데 '壬辰戰爭'(文祿·慶長の役, 万曆朝鮮役) [鄭·李 2008]에 대해서는 일반적으로 '文祿の役', '壬辰倭亂'(1592~93년)과 '「慶長の役」「丁酉再亂'(1597~98년)으로 나누는 경우가 많은데, 이 글에서는 停戰·休戰·終戰(講和)이라는 근대적 개념을 원용하면서 ①제1차 전투(1592년 4월~93년 4월), ②제1차 휴전(1593년 5월~1596년 12월), ③제2차 전투(1597년 1월~1598년 12월), ④ 제2차 휴전(1599년 1월~1607년 5월), ⑤ 종전(1607년 5월)의 5단계로 이루어진 전투·협상의 일련의 과정으로 본다. 이 중 調信이 관여한 것은 ①부터 ④의 도중까지로 되어 있는데, ④·⑤에서의 강화교섭 과정에 대해서는 別稿 [荒木 2019·2020]에서 검토한 바 있으므로, 본고에서는 ①부터 ③까지를 다루기로 한다.

이렇게 구분해 보면, 매번 협상의 성격을 설명하기 쉬워진다고 생각되지만, 유의해야 할 것은 최전방에서 전투·교섭을 실시하는 「쓰시마 그룹」(小西行長·宗義智·柳川調信·景轍玄蘇)[北島, 1990]이 현장 차원에서 상대방 지휘관과 정전 교섭을 실시할 뿐만 아니라 도요토미 정권으로부터의 일정한 자율성을 유지하면서 삼국간 휴전·종전 교섭에 관여하고 있다는 점이다. 근대적인 개념으로는 설명할 수 없다는 비판이나 일본 측의 시각에 치우친 시각이라는 비판은 면할 수 없지만, 굳이 이를 원용함으로써『쓰시마 그룹』의 특질이 조사될 것이다. 어쨌든 본고에서는 그 그룹 내에서 중요한 역할을 한 調信의 관점에서 임진전쟁의 과정을 되짚어 보고 싶다.

또한 이 글에서는 연월일을 '1592년 4월 1일'과 같이 기술하지만 서기(그레고리력)로 환산한 것이 아니라 편의적으로 서기 1592년을 임진왜란 1년·선조 25년·만력 20년·임진년의 상당한 해로 한 것이다. 월일은 和曆으로 통일(환산)하고, 明曆과 다른 경우 병기했다.

Ⅱ. 壬辰戰爭 이전 동향 (1573년~1592년 3월)

1. 朝鮮通交의 본연의 자세

調信이 사료상에 모습을 드러내는 것은 1573년 이후의 일로 조선통교의 일단이 엿보인다.宗氏 領國의 정무를 담당하는 吏僚들은 宗氏로부터 知行으로서 통교권익을 분배받아 이를 행사 운용함으로써 무역의 이윤을 얻고 있었다. 그 권익은 정규의 도주세견선 권익과 僞裝通交權益(歲遣船·受職人)으로 크게 나뉜다. 柳川氏 일족이 보유한 권익은 佐須氏一族·立石氏一族과 비교해 4분의 1 정도였다[荒木 2007].

表1에 따르면 調信은 島主歲遣船 외에 藤久·松浦豊秋·宗熊滿의 명의로 僞使通交를 하고 있다. 이는 吏僚 일반에게 공통되는 통교의 방식이지만, 調信은 1578년부터 이듬해까지의 澁川政教(巨酋使) 명의의 僞使통교에서는 私卜押物로서 조선과의 사이를 왕래하고 있다. 이때 調信은 ‘平調信’이라 칭하고 아버지 ‘而羅多羅’의 司孟職(정8품)을 세습하고 싶다고 두 차례 호소하고 있다[松尾 2023]. 壬申約條(1512년) 체결 후, 대마도인 受職人은 護軍(정4품) 이상이어야 통교가 가능했기 때문에 深處倭(쓰시마 이외 지역의 일본인) 행세를 하고 司直(정5품) 이하의 微職을 수직하여 통교를 실시하는 수법이 정착되어 있었다[荒木 2007]. 調信도 그 예에 준거한 것이지만, 1572~73년에 「日本國上松浦司猛而羅多羅」라고 칭해 도항한 것은 古屋惣左衛門이었다[1]. 受職人은 매년 도항하는 것이 기본이지만, 1574~75년에는 도항이 확인되지 않는 것으로 보아 古屋惣左衛門이 죽은 것 같다.

---

1) 「印冠之跡付」元龜3年閏2月24日、同4年3月19日[田中1982].

이에 따라 '而羅多羅' 명의의 통교권이 소멸되었기 때문에 調信은 그 遺子라 칭하며 司猛職의 세습을 청한 것이다.

결국 그 청원은 허용되지 않았던 것으로 보이며, 『朝鮮送使國次之書契覺』(1580-86년)[田中 1982]에는 調信의 수직인으로서의 조선도항은 기록되어 있지 않다. 1580년 日本國王 명의의 僞使통교에서는 都船主로 임명되어 무역 실무를 담당하고 있다. 종래에 일본국왕사의 도선주에게는 重臣 立石氏를 임명하는 것이 통례로 되어 있었기 때문에 [荒木2009] 調信은 立石씨의 권익을 침식해가고 있었던 것이다.

이처럼 調信은 宗義調의 신임을 등에 업고 점차 宗氏領國 내 정치적 위상을 제고하고 상응하는 경제기반을 확보하기 위해 다양한 방법으로 조선 통교권익의 확대를 꾀하였던 것이다. 후에 調信은 임진전쟁 講和에 힘쓰게 되는데, 그 근저에는 조선과의 통교무역을 정상화하여 宗氏領國 및 柳川氏 자신의 존립기반을 다지려는 의도가 있었음을 확인하고자 한다.

〈표 1〉 柳川調信의 朝鮮通交(1573-86)

No.	年月	通交名義	通交形態	權益形態	典據
1	1573.2	藤久	遣使	連年知行(1572年分)	印冠
2	1573.2	松浦豊秋	遣使	連年知行(1572年分)	印冠
3	1573.10	松浦豊秋	遣使	連年知行	印冠
4	1573.11	藤久	遣使	連年知行	印冠
5	1574.3	宗熊滿	遣使	單年知行	印冠
6	1575.1	藤久	遣使	連年知行(1574年分)	印冠
7	1578-79	澁川政敎	渡航	私卜押物	雜藥
8	1580	足利義藤	渡航	都船主	宣祖, 書契覺
9	1580.8	藤久	遣使	隔年知行	書契覺
10	1582	宗義調	遣使	隔年知行(島主歲遣船)	書契覺
11	1582.6	藤久	遣使	隔年知行	書契覺

No.	年月	通交名義	通交形態	權益形態	典據
12	1584	宗義調	遺使	隔年知行(島主歲遺船)	書契覺
13	1584.2	斯波某	遺使	單年知行	書契覺
14	1584.7	藤久	遺使	隔年知行	書契覺
15	1586	宗義調	遺使	隔年知行(島主歲遺船)	書契覺
16	1586.8	藤久	遺使	隔年知行	書契覺

* 印冠：印冠之跡付, 雜藁：右武衛殿朝鮮渡海雜藁, 宣祖：宣祖實錄, 書契覺：朝鮮
  送使國次之書 契覺

2. 豊臣政權과의 接触

薩摩川內에의 使行 1586년 12월부터 다음 해인 1587년 5월에 걸쳐 도요
토미 정권에 의한 규슈 平定戰이 전개되었다. 1587년 여름, 전투의 종반에
접어든 시점에서, 宗義調는 4월 13일자의 書狀과 人質(內野調勝)을 사쓰마
가와우치[薩摩川內]의 히데요시 본진에 보내기로 결정하고, 그 사자로 調
信을 기용했다. 調信이 川內에 도착한 것은 5월 4일의 일이다. 이를 기뻐한
히데요시는 규슈 평정이 완료되는 대로 조선을 공격하겠다는 뜻을 전하는
동시에 義調에게 충절을 요구하는 朱印狀을 발부했다.[2]

義調의 서장의 직접 행선지는 고니시 유키나가[小西行長]와 九鬼嘉隆였
던 것으로 보이며, 調信은 5월 8일자 두 사람의 답서를 대마도로 가져갔
다.[3] 5월 8일은 시마즈 요시히사[島津義久]가 항복하고 규슈 평정전이 완
료된 날이다. 고니시 유키나가 서장의 요점은 ①義調의 치쿠젠[筑前] 출두,
②人質을 '實子'로 변경, ③조선공세에 대한 회답이다. 특히 ③에 대해서는
히데요시가 조신에게 "만약 답장이 늦으면 모든 병선을 대마도로 보내겠
다"고 직접 전했다고 한다. 또 調信과 行長의 면담에서 '五島로부터의 賊

---

2) 「宗家文書」5月4日付豊臣秀吉朱印狀 (『豊臣秀吉文書集』3-2176号.)
3) 「宗家文書」[武田1925].

船'에 대한 이슈가 제기돼 行長는 대마도 측의 계획을 지지하고 있다. 이는 1587년 五島에 거주하는 沙火同들이 전라도 해역에서 해적 행위를 한 사건 [米谷 2002]을 가리킨다. 이 단계에서 調信과 行長이 日朝 관계 실태에 대해 담합하고 있는 것이 주목된다. 한편, 嘉隆書狀은 「조선 공격에서 충절을 다하는 것이 중요하지만, 하소연의 여지가 남아 있습니다. 상세한 것은 調信으로부터 구두로 설명하겠습니다」라는 내용이다.

1) 筑前箸崎에의 出頭

6월 7일, 義調와 義智는 모두, 秀吉의 개선처인 치쿠젠 하코자키[筑前箸崎]에 출두했다.[4] 15일에 히데요시는 義調·義智 대마도 일국의 領知宛行狀을 발송함과 동시에 또 한 통의 朱印狀을 발송했다.[5] ①義調의 '御理(탄원)를 받고 조선공격을 연기할 것, ②조선 국왕이 參洛하면 무슨 일이든 종전대로 할 것, ③參洛이 지체되면 조선을 공격할 것을 전한다는 것이다. 5월 29일자 北政所 앞으로 보낸 히데요시의 서장에는 '조선이 일본 內裏에 출사하지 않으면 내년에는 군사를 보낸다'고 되어 있고, 6월 1일자 本願寺 앞으로 보내는 히데요시 서장에는 '高麗 國王의 參內가 없으면 군사를 보낸다'고 되어 있으므로[6], 義調는 5월 29일 이전에 '御理'를 마친 셈이다.

이 단계에서 도요토미 정권은 조선을 공격할 만한 여유가 없었기 때문에 조선 국왕의 參洛 요구로 변경되었다[中野 2006]. 이 변경을 표면적으로 꾸미기 위해, 義調로부터의 「御理」(御侘言)가 요구되었다. 사쓰마가와 내에서 嘉隆으로부터 정권측의 機微를 전해 받은 調信은 '御理'를 실행에 인도함으로써 조선공격을 회피한 것이다. 여기에 덧붙여 후세의 편찬물에 의하면 調信은 義調·義智의 하코자키 출두에도 따라갔다고 한다.[7]

---

4) 『九州御動座記』[淸水2001].

5) 「宗家文書」(『豊臣秀吉文書集』3-2237·2238号).

6) 「妙滿寺文書」「本願寺文書」(『豊臣秀吉文書集』3-2210·2223号).

2) 松浦氏와의 講和

조선 국왕의 參洛 요구에 직면한 宗氏였지만, 현재의 과제는 히라도 마쓰우라씨[平戶 松浦氏] 및 그 휘하인 이키 히다카씨[壹岐 日高氏]와의 강화 실현이었다. 양자가 전투에 이른 것은 1586년 3월부터 7월에 걸친 일이지만, 그 직전인 1585년에 도요토미 정권은 「九州停戰命令」[尾下 2010]을 발표했으며, 宗氏·日高氏 휘하에는 小早川隆景로부터 「私戰」을 금지하는 정권측의 의사가 전달되고 있었다[荒木 2024]. 하코자키 출두를 눈앞에 둔 宗氏와 松浦氏는 급히 강화 교섭에 착수했다. 무사히 대마도와 이치키·히라도의 領地宛行을 받은 두사람은 조속히 강화를 성립시켜 停戰 명령 위반을 추궁당하는 것을 피해야 했던 것이다.

다음해 1588년 4월까지 계속된 화목 교섭의 한 장면에 調信도 관여하고 있지만, 어디까지나 복수의 吏僚와 함께 실무를 담당하고 있을 뿐, 중요한 국면에서는 守護代 佐須景滿이나 重臣 立石調廣 등이 日高氏 측과 서장을 주고 받고 있다. 宗氏領國內에서 調信은 국내외 섭외담당자로 활동하고 있었지만 그 위상이 그렇게 높은 것은 아니었고, 薩摩川內의 사행을 계기로 두각을 나타내고 있었던 것이다.

3. 僞日本國王使의 交涉

첫 번째의 僞國王使 宗氏는 松浦氏와의 강화 교섭에 부심하고 있었지만, 1587년 9월, 僞國王使로서 「橘康連」(重臣 立石調光)을 파견해 「新王」인 도요토미 히데요시의 등장을 전하는 동시에, 「賀使」의 파견을 요구했다.[荒木 2009]. 그러나 교섭은 성립되지 않아 히데요시는 초조해 하고 있었던 것 같다. 1588년 2월 히고[肥後]에 在國 중인 고니시 유키나가는 宗義

---

7) 『朝鮮陣略記』(주49참조).

智·宗義調에게 서한을 보내 조선의 답장 여부를 히데요시로부터 물었으므로, 히데요시와 유키나가에게 긴급 상황을 보고할 것을 요구하였다.8) .연말·연시 祝儀 때문에 교토에 체류하고 있던 야나가와 후지우치[柳川藤內]가 下國한다는 뜻도 전해지고 있어 야나가와씨 일족이 도요토미 정권과의 교섭을 담당하게 되었음을 알 수 있다. 3월 야나가와 도모나가[柳川智永(調信의子)는 이키의 日高勝秀에게 보낸 서한에서 교토에 급보해야 할 일이 생겼다고 말하고 있어9), 宗氏가 대조선 교섭의 진척 상황을 도요토미 정권에 보고하려는 모습을 엿볼 수 있다. 7월 16일자 히데요시 주인장에 따르면 義智는 도요토미 정권의 사자로 調信을 조선에 파견하기 위해 내년에 조선으로 도항하는 방향으로 조정 중임을 보고했다. 이에 히데요시는 도항에 드는 「賄」(贈品)등의 「造作」(經費)으로서 쌀 2,000석을 지급했다.10). 이로써 또 1년의 유예를 받은 것이다.

1) 두 번째의 僞国王使

1589년 3월 히데요시는 義智에게 주인장을 발부하여, 작년 중 조선 국왕의 參洛이 이루어지지 않았기 때문에, 올 여름 중에는 義智 자신이 도해하여 국왕을 데려올 것, 만약 잘 안되는 경우에는 行長과 가토 기요마사[加藤清正]에게 보고할 것을 명하고, 후자의 경우 즉시 군사를 움직일 용의가 있음을 전했다.11) 이에 義智는 僞國王使를 편성하여 정사에 景轍玄蘇, 도선주에 調信을 삼고, 스스로는 부사가 되어 6월 하순 조선으로 도항했다12).

---

8) 「宗家文書」2月29日付宗義調宛て小西行長書狀[武田1925]、 宗義智宛て小西行長書狀寫(『奧御書キ物寫下書』、國史編纂委員會保管「對馬島宗家文書」6513号)。

9) 『松浦文書類』3月29日付柳川智永書狀寫(東京大學史料編纂所贍寫本)。

10) 「宗家文書」(『豊臣秀吉文書集』3-2576号)。

11) 「宗家文書」3月28日付豊臣秀吉朱印狀(『豊臣秀吉文書集』4-2664号)。

12) 『宣祖修正實錄』은 宣祖21年(1588)12月條에 있고, 『朝鮮陣略記』에는 「同キ(1589年)六月二義智樣、蘇西堂·柳川下野を被召連、朝鮮二御渡海、上京被成、都ニテ御越年」

일행은 7월 26일 한성에 들어갔고,[13] 조선조정은 8월에 통신사 파견을 논의하기 시작했고 9월에 사절을 임명했다.[14] 義智는 대마도 후추[府中]에 자신의 부재중에 와있던 吉賀長生(伊豆守)에게 10월 13일자 서한을 보내 官人(通信使)의 교섭은 성립했지만, 연내 도항은 무리이며 내년 봄 초에 관인을 데리고 귀국할 전망이라는 점 및 자세한 내용은 柳川調信 야나가와 조신에게 포함시켰다는 취지를 전하고 있다.[15] 여기서 調信은 국왕사 일행에서 이탈하여 대마도로 귀환한 것인데, 그 목적은 히고의 行長에게 최신 상황을 보고함과 동시에 해적사건의 주모자인 沙火同들의 신병을 확보하기 위해서 였다. [米谷 2002]. 義智는 부산에 체류하며 調信이 돌아오기를 기다렸고,[16] 최종적으로는 沙火同의 신병이 조선 측에 인도된 것은 2월 말이었다[米谷 2002].

전달인 1월경부터 대마도에서는 통신사의 수용태세가 정비되어 있었다. 조선에 체류 중인 義智는 대마도 豊岐郡 被官에게 서한을 보내 통신사를 위한 숙소·물자 준비를 명하고, 2월에는 후추의 高賀長生에게 도해는 다음 달 중순이 될 것으로 예상됨을 전하고 있다.[17] 결국 통신사가 한성을 출발

로 되어 있다. 義智이 鰐浦에서 바람을 기다리고 있던 중에 府中에서 留守를 맡은 吉賀伊豆守의 앞으로 6月12日付와 18日付의 書狀이 확인된다.(『馬廻御判物帳』五·吉賀兵右衛門所持、國史編纂委員會保管「對馬島宗家文書」3986号)、『宣祖實錄』에 僞國王使의 上京者(25名)에 관한 기사가 宣祖22年(1589)6月乙巳(30日)條에 나오는 것을 보면, 渡航時期는 1589年6月下旬이다. 前稿[荒木2009]에서는 1588年12月라고 했지만 여기서 수정해두고 싶다.

13) 『馬廻御判物帳』五·吉賀兵右衛門所持·8月1日付宗義智書狀寫。

14) 『金鶴峯海槎錄』。

15) 『馬廻御判物帳』五·吉賀兵右衛門所持。

16) 『漢陰文稿』年譜上·万曆17年條。또『宣祖修正實錄』은 宣祖22年(1589)7月條는, 沙火同의 身柄을 인수한 후에 通信使의 派遣이 결정되었다고 하는데, 前後關係에 錯誤가 있다.

17) 「大浦一泰家文書」166号·1月4日付宗義智書狀(『上對馬町誌』史料編)、『給人百姓御判物寫帳豊崎鄕』武本九左衛門所持·1月25日付宗義智書狀寫(『長崎縣史』史料編1)、『馬廻御判物帳』五·吉賀兵右衛門所持·2月16日付宗義智書狀寫。

한 것은 3월 6일이었고 대마도착은 5월로 늦어졌다.[18] 지난 3월 중순 대마도에서는 소동이 발생했었다. 守護代로 領國의 樞要에 있던 佐須景滿가 義智의 吏僚들에 의해 살해되었던 것이다. 景滿과 調信의 정치적 대립이 초래한 결과이며, 이 사건을 계기로 調信의 領國內 지위가 현격히 향상되게 되었다.[荒木 2008].

4. 通信使의 往還

1) 通信使의 来日

통신사가 和泉堺에 도착하여 引接寺에 기숙한 것은 1590년 6월 중순의 일이다.[19] 그 후, 7월 21일에 교토[京都]에 들어가, 다이토쿠지[大德寺]에 기숙했다.[20] 부사 김성일의 海行錄『金鶴峯海槎錄』에는 景轍玄蘇(正官)·宗義智(副官)·瑞俊(侍奉)과의 道中에서의 교류가 기록되어 있지만 調信의 동향은 확실하지 않다. 調信이 사료상에 모습을 드러내는 것은 10월 27일의 일로, 義智와 함께 千利休 주최의 다과회에 참석하고 있다.[21] 11월 1일, 義智와 調信은 모두 조정에 參內하였는데, 義智는 「公家成」, 調信은 「殿下之諸大夫成」을 이루었다.[22] 즉 義智는 종5위 위의 관위와 對馬侍從의 관직명을 얻고, 히데요시로부터는 羽紫姓을 받고, 調信은 종5위 아래의 관

---

18) 『金鶴峯海槎錄』、『朝鮮陣略記』。

19) 『金鶴峯海槎錄』。

20) 『金鶴峯海槎錄』、『宣祖實錄』24年正月庚戌日(13日)條。 또 「北野社家日記」 天正18年 7月20日條(『史料纂集』北野社家日記4)에 「かうらいの王」이 秀吉의 本陣에 參上했고, 大德寺를 방문했다는 풍문이 기록되어 있다. 『朝鮮陣略記』에 의하면, 通信使의 宿所는 大德寺、宗義智의 숙소는 本法寺이었다고 한다.

21) 『利休百會記』 天正 18年 10月 27日條『茶道古典全集』6)。 또 同日條에 의하면, 柳川藤内와 博多商人島井宗叱、11月15日條에 의하면 立石紹隣이 同行했다는 것을 알 수 있다.

22) 「晴豊記」天正18年11月1日條(『續史料大成』9)、『歷名土代』[湯川1996]。

위와 下野守의 관직명(受領名)을 얻고, 히데요시로부터는 도요토미 성을
받은 것이며, 통신사를 초빙한 공적에 대한 포상이었다.[荒木 2009]. 이후
義智는 國內에서는 '羽柴對馬侍從', 조선에 대해서는 '日本國對馬州太守
拾遺侍中平義智' 등으로 칭하고, 調信도 조선에 대해서는 '日本國 豊臣調
信' 등으로 칭하게 된다. 부언하면 '殿下之諸大夫成'의 '殿下'란 關白을 가
리키며, '諸大夫'는 관백에게 복종하는 5위 관인을 가리킨다. 調信은 義智
의 重臣이면서도, 히데요시의 直臣으로서의 지위도 얻게 된 셈이다.

2) 伏見城에서의 会見

히데요시가 통신사를 후시미 성에서 접견한 것은 11월 7일이다.23)*. 통
신사는 선조의 국서를 전달했으나 히데요시의 답서를 받지 못한 채 15일
교토를 떠나 사카이로 돌아왔다.24) 이때의 朝鮮國書는 宗氏 측에서 僞造
(改竄)된 것으로, 당시 위조 한 국서와 별폭이 현존하며 宮內廳 書陵部에
소장되어 있다[田代 2007]. 後年에 調信은

> 前日通信使之行、只持虎皮十張、我以爲埋沒。私以自己之物、添補數十
> 張、關白處呈 二十張、用事大臣五六張。

라고 말하고 있다.25) 통신사가 호피를 10장밖에 소지하지 않았기 때문에
調信은 도중에 분실된 줄 알고 私物인 수십장의 호피를 첨부하여 히데요시
에게 20장, 用事大臣(奉行?)에게 5~6장을 주기로 한 것이다. 위조 후 별폭
에 '虎皮 25張'이라 하여 수량이 대체로 일치하므로 調信이 국서 위조에
깊이 관여하고 있었던 것이다.

---

23) 「北野社家日記」天正18年11月7日條、『宣祖實錄』24年1月庚戌(13日)條。
24) 『金鶴峯海槎錄』。
25) 『宣祖實錄』29年6月己未(23日)條。

그런데, 히데요시의 답서가 도래한 것은 20일의 일이지만, 그 文面에 쟁점이 되어, 「改定 數次」에 이르렀다.[26] 히데요시의 답서에는

> 于(予)不屑國家之隔山海之遠、一超直入大明國、易吾朝之風俗於四百余州、施帝都政化於億万斯年者、在方寸中。貴國先驅而入朝、依有遠慮無近憂者。守遠邦小島在海中者、後進輩者不可作許容也。予入大明之日、將士卒臨軍營、則弥可修隣盟也。

라는 문구가 있어[27], 부사 金誠一이『貴國先驅入朝』의 해석을 둘러싸고 玄蘇와 응수했다.[28] 결국 調信이 답서를 교토로 가져가 개작한 후, 12월 2일까지 사카이로 돌아가게 되었다[29]. 이 국서 개작은 고니시 유키나가가 주도한 것으로 보인다[王 2020]. 약속대로 2일 調信이 돌아왔기 때문에 3일 통신사는 귀국길에 오르게되고 回禮使로 정사 玄蘇와 부사 調信이 동행하고 義智는 대마도로 앞서 돌아갔다.[30]

통신사가 한성에 도착하여 복명한 것은 2월 30일(명력 3월 1일)의 일이다[31]. 또한 개작된 국서와는 별도로 宗氏는 자신의 이해를 반영한 僞造 國書를 추가하였기 때문에 「前後 2書」가 선조에게 전달되었다[中村 1974][佐島 2015][木佐村島 2023].

「兩處化龍」

복명 후 김성일이 부관 조신에게 보낸 연월일 미상의 서계에는 「足下於去年冬、不憚羈旅之苦・跋涉之勞、再渡滄溟、躬自檢括、俘馘之多、刷還之盛、實前所罕有者也。我殿下多足下之功、至以二品崇秩寵之。此亦無前之

---

26) 『宣祖實錄』24年1月庚戌(13日)條。
27) 「近衛家文書」天正18年11月日付豊臣秀吉國書案[田中1995]。
28) 『金鶴峯海槎錄』。
29) 『宣祖實錄』24年1月庚戌(13日)條。
30) 『宣祖實錄』24年1月庚戌(13日)條。
31) 『宣祖修正實錄』24年3月丁酉(1日)條。

恩數也」라고 되어있다.32).

지난 겨울(1590년12월)에 調信이 회례사행 길에 올라 다시 조선으로 도항한 것, 그때 해적의 수급을 지참하고 피로인을 송환한 것에 대한 포상으로 선조가 「2品崇秩」을 주었음을 알 수 있다. 후년에 玄蘇가 저술한 調信의 肖像贊에 따르면 調信은 통신사 왕환에 동행한 포상으로 '嘉善大夫之爵'(종2품)을 받았다고 한다.33) 4월 29일 선조가 인정전에 出御하여 문무 2품관 이상이 근시하는 가운데 玄蘇와 調信은 종2품지말(종2품 반열 말석)에 배석하고 있으므로 그 이전에 가선대부의 文散階가 주어졌음을 확인할 수 있다.34) 調信이 '嘉善同知'를 수여받았다고 하는 사료도 있으므로,35) 가선대부의 文散階와 함께 동지중추부사(종2품) 무관직도 수여받았을 가능성이 있다. 그렇다면 調信은 염원하던 受職人으로서의 통교권을 입수한 것이 된다.

이에 대해 玄蘇는 일본 조정으로부터 「大夫之爵」(5位諸大夫)으로 임명되었고, 조선 조정으로부터 「嘉善大夫之爵」을 부여받은 것을 「兩處化龍」(日朝 양국에서 才俊의 선비로 인정받았다)라고 평가하여 칭찬하고 있다. 한편 김성일은 '無前之恩數'라고 평하는데, 1481년 守護代宗貞秀가 嘉善大夫 同知中樞副使로 임명된 실적이 있다.36) 조선은 대마수호(島主)를 종1품 상당, 守護代를 종2품 상당으로 간주해 왔기 때문에 調信은 가선대부 동지중추부사에 임명됨으로써 義智에 버금가는 실력자(守護代佐須景滿를 대신하는 존재)임을 승인받은 셈이다[荒木 2009]. 이처럼 통신사 왕환의 공

---

32) 『金鶴峯海槎錄』。
33) 『仙巢稿』(國立國會図書館所藏版本)。
34) 『寄齋史草』万曆19年4月27日條、29日條。
35) 『宣祖實錄』33年(1600)5月庚寅條에 「調信、則以沙火同刷還論功、授嘉善同知」라고 되어 있다. 다만 1591年의 「俘馘」「刷還」과 1589年의 沙火同의 刷還을 混同한 記事로 보인다.
36) 『成宗實錄』12年8月庚午(28日)條。

로를 日朝 양측 국가로부터 상을 받음으로써, 調信은 日朝 외교의 핵심 인물이 되었다. 조선과의 무역에 입각하는 宗氏領國에서 調信은 확고한 정치적 지위를 획득하고 때로는 義智에 비견되는 듯한 움직임도 보이게 된다.[37]

5. 和戰양면의 움직임

1) 開戰回避工作

통신사행은 무사히 완료되었지만 회례사 景轍玄蘇와의 문답을 통해 조선은 일본이 명나라를 공격하려 하고 있음을 확신하기에 이르렀다[38] 그로부터 얼마 지나지 않아 1591년 5월 宗義智가 한 척의 배를 타고 절영도에 내박하여 '急報之事'가 있어 상경을 청하였으나 조선측은 명나라를 공격하기 위한 기도라며 허락하지 않았고, 경상도관찰사와의 면회도 거절하자, 宗義智는 변장에게 '명나라에 조공을 알선해 달라'고 청하였다고 한다.[39] 6월에도 다시 宗義智가 절영도에 나타났다.[40] 부산포에 내박하면서 구두로 전해온 내용은 '조공을 알선하면 日·明간 開戰을 피할 수 있다'는 것이다.[41]

해가 바뀌어 1592년 1월 18일자 朱印狀이 宗義智에게 발부되었다.[42] 이전에 宗義智는 도요토미 정권에 대해 '御理'(민원)를 했고, 그 내용은 '唐入을 실행함에 있어 군세가 조선 국내를 통과하게 되는데, 선년에 통신사를 파견해 왔기 때문에 조선을 공격하는 것은 아니다'라는 취지를 조선 측에

---

37) 「調信·時羅等、皆有得我國職名、以榮其歸。且調信曾聞削改職名之語、現有失望之色云」(『宣祖實錄』28年9月辛巳(12日)條)라고 했고, 調信이 罷職되는 때에 失望의 뜻을 표했다고 한다.

38) 『宣祖實錄』24年10月丙辰(24日)條。

39) 『再造藩邦志』辛卯5月。

40) 『亂中雜錄』辛卯 6月條。

41) 『西厓集』卷3·奏文·倭陳情奏文(辛卯·1591年)。

42) 「宗家文書」(『豊臣秀吉文書集』5-3886号)。

설명한다는 것이었다. 이에 도요토미 정권은 3월 중 여러 다이묘를 壹岐·對馬에 在陣시킬 것, 조선이 軍勢의 통과를 거절하면, 4월 1일 조선을 공격할 계획임을 宗義智에게 전달한 것이다.

宗義智 앞으로 2월 27일자, 朱印狀에 따르면 宗義智는 3월 중에 고니시 유키나가와 함께 조선으로 도항할 생각임을 보고한 반면, 도요토미 정권은 4월 10일 이전에 결판을 내라고 명령했다.43) 3월 義智가 釜山浦에 來航하여, 宗義智가 보낸 배가 부산포로 내항하여 부산첨사 정발에게 '借道'를 요구하였으나44) 이를 거절당함으로써 日朝間에 開戰이 불가피해졌다.

2) 戰爭準備

도요토미 정권은 8월에 身分統制令을 발령하고, 10월에 히젠 나고야 성의 普請을 개시하는 등 전시태세를 갖추고 있었다.[中野 2008]. 대마도에서도 겨울에 북부에서 擊方山城의 普請이 이루어지고 있다.45). 後年에 작성된 것으로 보이는 『朝鮮渡海人數』에 의하면, 宗義智의 本隊(871인)와 20개의 「黨」(2,048인)이 편성되었다고 한다[荒木 2008]. 黨은 宗氏 重臣 直臣을 필두로 하는 부대이다. 최다 병력을 보유하고 있는 것이 柳川黨 (총 443명, 그 중 사수 63명), 그 다음이 立石黨(총 338명, 사수 37명)이므로 군사편성 면에서도 柳川가 立石을 능가하는 존재가 되었음을 알 수 있다. 立石黨이 宗智順(종의지 조카)을 대장으로 하여 立石氏의 一族·緣者를 핵심으로 하는 부대였던데 반해, 柳川黨은 調信을 대장으로, 도내 각 군의 宗氏 被官이 여력으로 참여한 것으로 양자의 성격에는 차이가 있다. 또한 伊奈

43) 「宗家文書」(『豊臣秀吉文書集』5-3958호).
44) 『宣祖實錄』26年11月甲午(14日)條, 『壬辰日記』壬辰3月條.
45) 『安東統宣高麗渡唐記』[本多1995·1996]. 後年에 作成된 것으로 보이지만, 12月25日付의 「義智公御出陣之定」라고 제목을 붙인 史料도 있고(「寺田家文書」東京大學史料編纂所寫眞帳), 出陣者의 陣容과 國元의 留守居의 態勢가 있는 정도는 알 수 있다.

郡代인 調信은 평소 郡內의 地侍를 被官化하고 있었던 것이지만, 이들은 柳川黨으로서의 기록된 것이 보이지 않는다. 宗義智는 도요토미 정권으로부터 5,000명의 군역을 부과받았는데, 行長으로부터의 가세와 재수중을 더해 3,000명을 확보하느라 힘이 들었다. 그 중에서 宗義智 本隊·柳川黨·立石黨의 3개 부대가 대마도 세력의 핵심을 이루고 있었다고 할 수 있다.

1592년 3월 중순 對馬勢는 조선으로의 도해를 염두에 두고 대마도 북부 항만으로 이동하기 시작하였다. 13일 調信이 僧天荊(三玄宗三[顧 2022]을 行長에게 합세한 이후 宗義智는 天荊에게 종군을 명하였다. 그 후, 유키나가는 大浦, 義智와 調信은 와니우라에 재진했다[46]

Ⅲ. 第1次의 戰鬪와 休戰(1592年 4月~1593年 4月)

1. 日朝開戰

4월 12일 선봉의 병선 700여 척이 辰時(7~9시경)에 大浦를 출발하여 申時 끝부분 (17시경) 에는 부산까지 도달했고, 다음 날인 13일 卯時(5~7시경)부터 부산성 공방전이 시작되었다[47] 이후 1593년 3월까지의 대마도세 동향에 관한 대마도측 사료로는 종군승 天荊의 『西征日記』가 저명한데, 豊岐郡의 宗氏 被官인 洲河氏가 작성한 것으로 보이는 3종의 覺書 (편의적으로 洲河氏 覺書 A·B·C로 함)가 존재한다[48] 또한 후년의 편찬물이지만,

---

46) 「西征日記」天正20年3月13日條·23日條、4月2日條·10日條(『續々群書類從』3)。

47) 「西征日記」天正20年4月12日條·13日條。

48) 「洲河家文書」(『上對馬町誌』史料編). 覺書A(61-4号)는 「朝鮮陣覺書」의 仮題가 붙어 있기 때문에 3種속에서도 內容이 豊富하고, 義智의 動向을 軸으로 기록했다. 覺書B(61-1号)는 결손이 있지만, 洲河某의 動向을 軸으로 기록했다. 覺書C(61-2号)는 後年에 기록한 간단한 메모정도이기 때문에 記述의 信賴性은 약하지만, 다른 史料에

『服部伝右衛門覺書』[中野 2004]도 잘 알려진 사료이다. (본고에서는 異本의 『朝鮮陣略記』를 참조함)49) 한마디로 對馬勢라고 해도 약 3,000명의 군이 한꺼번에 움직인 것은 아니고, 본진과 선발대의 구별이 있었다. 본진이 宗義智본대를 의미한다면, 선발대는 그 이외의 부대가 될 것이다. 記主가 언제 어디에 있었는가에 따라서 기술에 차이가 있지만, 『西征日記』와 洲河家覺書 A를 축으로 여러 사료를 비교 검토함으로써 義智와 調信의 동향을 추적할 수 있게 된다.

對馬勢의 군사행동을 정리한 것이 表1이다. 이 중 調信의 행동을 엿볼 수 있는 것이 表 중의 (A)~(H)이다. 그 구체적인 행동을 개별적으로 살펴보자.

〈표 2〉對馬勢의 軍事行動

移動日	移動先	戰鬪／講和工作
4/12	釜山	釜山城陷落(12日)
4/14	東萊	東萊城陷落(14日)
4/15	機張	機張城·水營城陷落(15日)
4/16	梁山	梁山城陷落(16日), 密陽城陷落(17日)
4/18	密陽	密陽城入城·淸道城陷落(18日)
4/19	淸道	淸道城通過(19日)
4/20	大邱	大邱城陷落(20日)
4/21	仁同	仁同城陷落(21日), 入城(22日)
4/23	善山	善山城陷落(23日)
4/24	尙州	尙州城陷落(24日)
4/25	聞慶	聞慶城陷落(25日)

서는 없는 情報를 포함하고 있다.

49) 『朝鮮陣略記』(國史編纂委員會保管「對馬島宗家文書」6554号). 『朝鮮陣略記』는 『服部伝右衛門覺書』과 같은 내용이다. 『服部伝右衛門覺書』에 대하여는 近代의 寫本인 慶應義塾図書館藏幸田文庫本으로 翻刻이 되어, 「今後積極的으로 活用이 기대되는 史料가 아닐까」생각한다. [中野 2004]。 『朝鮮陣略記』는 近世의 寫本이 있고, 宗家伝來本으로 보다 史料的價値가 높다고 判斷된다.

移動日	移動先	戰鬪／講和工作
4/27	忠州(A)	野戰(27日)
4/30	嘉興	
5/1	驪州	
5/2	漢城(B)	漢城滯在(2~4日)
5/12	旧營	
5/13	坡州(C)	
5/14	臨津江(D)	停戰・休戰工作(14~17日), 野戰(18日)
5/19	平山	
5/20	遂安	野戰(27日)
6/1	開城	開城府陷落(1日)
6/3	はいちん	
6/5	せいふう	
6/6	ほぐさん	
6/7	はくしゆう(E)	
6/8	ちくはい	停戰・休戰工作(8日)
6/9	大同江(F)	停戰・休戰工作(8~10日), 野戰(11~15日)
6/15	平壤(G)	平壤陷落・駐屯開始(6月15日), ホロブサンノ山城陷落(7月13日), 明軍來襲(15日), 朝鮮軍來襲(27日), 停戰協定(8月29日), 停戰・休戰工作(9~12月), 平壤城攻防戰(1月3日~7日)
1/8	瑞興	
1/10	河面	
1/11	海州	
1/中旬	開城	
1/中旬	坡州	
1/中旬	龍山倉(H)	龍山倉在陣, 碧蹄館の戰い(1月26日), 幸州山城の戰い(2月12日), 停戰・休戰工作(3月22~23日), 龍山倉撤退・南下開始(23日)

* 地名의 진한글자는 『海東諸國紀』朝聘応接紀・上京道路중, 釜山浦-漢城間의 経由地라고 생각됨.

1) 忠州에서의 野戰(A)

對馬勢는 申砬이 이끄는 朝鮮軍과 忠州에서 충돌했다. 洲河家覺書A의 4月27日條에는,

> 同廿七日之日ハちくしう(忠州)に御とゝまり候、同廿七日之日、ちくし
> うのもの又みやこ(都)よりゆミ取下候而、めりむかい候得共、にけくつし
> 候ヲ、柳川殿(調信)諸勢より千ほときりすて候

라고 되어 있어, 調信들의 기세가 퇴각하는 朝鮮軍을 추격하고 있음을 알 수 있다.

같은 洲河家覺書A의 4月28日條에는,

> 同廿八日之日ハちくしゆう(忠州)ニ御あしをやすめさせられ候、ほん
> ちん(本陣)あまりせき申候間、下野殿おやこ(調信・智永)ハ同廿八日之日、
> そつるに御とゝまり候、

라고하여, 義智本隊가 서두르는 바람에 調信・智永父子가 이끄는 부대가 충주보다 앞의 「소즈루」에서 宿泊한 것 같다. 조금 거슬러 올라가비만, 洲河家覺書A의 4月18日條에는,

> 同十八日之夜ハみらき(密陽)へ御泊り候、對馬守様(義智)、權之介(智
> 永)へ先陣ニてくとい(淸道)へ御泊り候、みらきもてくといもあけのけ候、

라고 되어 있다., 다소 문장의 뜻을 이해하기 어렵지만, 義智本隊가 密陽에서 숙박하는 것에 대해 智永등의 先陣은 密陽의 북쪽에 있는 淸道에서 숙박했다는 것이다. 이와같이 調信・智永父子의 부대는 義智本隊의 앞에서 행동하고 있고, 對馬勢의 先陣으로서 役割을 담당하고 있었던 셈이다.

調信은 開戰前에 적어도 4번의 朝鮮渡航의 経験이 있었고, 釜山浦에서 漢城까지의 上京道路에는 어느정도 알고 있었다고 보인다. 『海東諸國紀』 朝聘応接紀에 의하면, 평소때의 倭人上京道路 가운데, 釜山浦-漢城間의 루트는 大邱·尙州·槐山·廣州経由 루트와 梁山·昌寧·善山·忠州·廣州 경유루트의 2개의 규정이 있었다고 하는데, 對馬勢의 行軍루트는 대개 이 루트를 따르고 있다. 途上에서는 「朝鮮地図」를 바탕으로 軍議가 행해지고 있고,[50] 평시에 경험적을 축적된 地理情報를 地図와 맞추어가면서 行軍했다고 생각된다.

2) 漢城帯在中의 動向(B)

5月4日, 義智는 注進狀을 작성하여 2日에 漢城을 함락시킨 것을 名護屋의 秀吉 앞으로 보고했다. 이 注進狀을 가지고 가서 「口狀」(口頭報告)을 한 것은 智永인데, 앞으로는 대마에서 御座所船의 手配에 종사하도록 명을 받았다. [51] 智永은 前線으로부터 離脱했던 것이다.

3) 坡州·臨津江에서의 停戰·休戰工作과 野戰(C·D)

5月13日, 調信은 漢城에 머무는 天荊에게 小西行長의 명령을 전달하고, 坡州의 객관으로 불러들였다.[52] 14日 아침, 調信은 天荊에게 다음과 같은 「短書」(書契)를 起草 시켰다.

> 日本國差來先鋒秘書少監平調信謹啓
> 　朝鮮國某大人足下。臣先是奉使於貴國于再于三、許廷下者、今日之事也。雖然貴國不容臣之言。故及今日之事、非不祥亦宜也。今吾殿下起干戈

---

50) 「西征日記」天正20年4月28日條。
51) 「宗家文書」5月18日付豊臣秀吉朱印狀(『豊臣秀吉文書集』5-4100号)。
52) 「西征日記」天正20年5月13日~17日條。

者、不敢怨于貴國、唯爲報怨於大明也。伏願遠國王之駕於洛陽、講和於大
明、則臣等所欲也。然和之不行者、獨非貴國之罪也。可謂天命矣。亮察。皇
恐不宣。

日本의「先鋒」인 것을 밝힌 것이지만, 肩書의「秘書少監」은 図書權助
의 唐名이다. 2년전에 朝廷에서 下野守로 任官되었는데, 그대로「下野州
太守(刺史)」라고 하는 唐名을 사용한 것은 一地方官으로 받아들여 지기 때
문에 中央政權의 一員으로서의 입장을 주장할 수 있도록 일부러「秘書少
監」의 唐名을 시용했을 것이다. 내용은 朝鮮側에 明과의「講和」 알선을 구
하는 것이기 때문에 개전전부터의 宗氏側의 요구의 연속이다. 行長과 義
智·調信은 漢城制壓을끝으로 停戰과 休戰을 모색하기 시작했다.

14日 오전, 先鋒인 小西·對馬勢는 臨津江에 도달하여 東西兩岸으로 朝
鮮軍과 대치했다. 동일중에 앞의 短書를 보내려고 했지만, 加藤清正가 공
격을 했기 때문에 보류했다. 다음날 15日, 清正이 퇴각했기 때문에 短書를
보내게 되었다. 이 短書는 14日에 작성한 초안을 첨부했기 때문에 開戰에
이르기까지의 경위를 누누이 기술하는 내용으로 고쳤지만, 明과의「和親」
(講和)을 구하는 점은 변함이 없었다. 만약 朝鮮側이 의심을 품는다면 先鋒
隊에서「質子」(人質)를 보내겠다는 점이 추가된 정도였다. 이에 대한 朝鮮
軍의 회답은「縱死江邊、不行和」였다.

16日, 調信은 天荊을 臨津江까지 불러들여 行長·義智·調信의 이름으로
書契 3通을 작성시켰다. 調信名의 서계에는「先与貴國和親, 而後爲借貴國
一言、以講和於大明也」라고 했는데, 朝鮮과의 강화를 성립시킨 후에 朝鮮
의 알선에 의해 明과 강화한다고 하는 단계를 밟고 있었다. 또「臣虛受貴
國大職、豈忘鴻恩乎。奉國命以先諸將、因不獲止也」라고 하여, 朝鮮國王의
臣下(受職人)으로서의 立場을 강조했다. 이에 대한 朝鮮軍의 回答은「吾
濟(儕)小生、私不能呈回報。轉啓承政院、以呈回報。兩國本無怨讎、孰不欲

講和。期三日歸矣」라는 내용으로 3日間의 停戰이 합의되었다. 다음날 17
日, 調信은 行長의 陣營으로 나가 停戰·休戰의 건을 협의했지만, 그날 밤,
大友勢와 黑田勢가 朝鮮軍과 交戰했기 때문에[53] 小西·宗陣營에 의한 교
섭은 수포로 돌아가고 말았다.

4) 「하쿠슈」에서의 停戰·休戰工作(E)

6月8日,「하쿠슈」를 떠나, 大同江으로 향하는 도중에 다시 工作이 행해
졌다. 覺書A에는

> 同八日之夜ハはくしう出立被成、河ニ野被成候、ちくはいニ御なく候、
> 同八日のニにもたせ候て、の書をへつかわす也、同八日ノタハ返事なく
> 候て、

라고 되어있다. 朝鮮國王에 대하여 「和談」(講和會談)의 허가를 구하는
내용의 書契를 보냈지만, 朝鮮側으로부터 回答이 없었다는 것을 알 수 있
다. 또 5月18日 이후 天莉은 漢城에 머물고 있었는데, 本件에 관한 記事는
『西征日記』에 써있지 않다. 書契의 起草·作成은 또 한사람의 從軍僧인 景
轍玄蘇가 담당하고 있었던 것 같다.

5) 大同江에서의 停戰·休戰会談と野戰(F)

6月9日, 行長·義智는 大同江東辺에 나무를 심고, 그 가지에 調信·玄蘇
名의 書契를 걸어서 朝鮮軍에게 교섭을 제의했다. 그리고 朝鮮軍의 배안에
서 調信·玄蘇는 예조판서인 李德馨과 회담하고,「奉國王避地、吾向遼之路」
라고 주장했다.[54] 中朝國境地帶의 義州에 滯在하는 宣祖를 他所로 移動

---

53)『安東統宣高麗渡唐記』。
54)『宣祖實錄』25年6月丁酉(9日)條、『漢陰文稿』年譜上·万曆20年6月條。

시키고, 「遼」(中國北東部)에의 行軍路로 열 것을 요구했는데, 臨津江에서의 교섭과는 내용이 달라졌다. 선봉의 小西·對馬陣營은 戰爭을 계속할 수밖에 없었다. 또 覺書A는 이 회담에 대하여,

　　同九日ノ日ハ返事有、上も下もまことをおらせられ候ハ丶、と申也、
　　同九日ノ日、殿·殿よりわたんの書ヲ被遣候也、此方よりの返事ニハ、なくてハすミかたく候間、ニ而めんたんと御返事候也、但方より、

라고 기록하여, 朝鮮側史料에 부합했다. 朝鮮側으로부터 배안의 회담에 응한다는 회담이 있어 調信이 나가게 되었다는 경위가 알려졌다.55)

　　결국, 10日 밤에 회담은 결렬되고 朝鮮軍이 小西·黑田·大友陣營을 공격했다.56)

　　14日의 전투에 대하여 覺書A는,

　　同十四日之卯之刻ほとに、唐人樣ノ御ニふとけ、をらす、就中、ノ者てをい七十に人有、とゝけののもの五人有、他郡ノ二人、

라고 썼다. 朝鮮軍이 義智本陣을 공격하고, 伊奈郡의 병졸은 他郡의 兵卒보다 많은 희생이 있었다고 한다. 朝鮮側史料에 의하면, 大同江의 전투에서 義智·行長·調信이 각각 1,000人余의 手勢를 거느리고 있었지만, 調信勢는 괴멸하고, 300人정도만 漢城으로 撤退하고, 후에 調信이 平壤에서 兵을 회복했다고 한다.57) 調信의 被官은 주로 伊奈郡의 地侍이기 때문에 覺書A에 기록된 것은 調信勢의 損害를 나타내고 있는지도 모른다.

---

55) 『朝鮮陣略記』는 5月21日의 出來事であるかのように記す。
56) 洲河家覺書A, 『安東統宣高麗渡唐記』。『漢陰文稿』年譜上·万曆20年6月條는 書契의 發見을 11日에 했다.
57) 『宣祖實錄』25年11月丁卯(11日)條。

6) 平壤拹留期(G)

6月26日, 名護屋에서 漢城으로 향하던 도중 石田三成가「柳川權介(智永)」앞으로 書狀을 보내고 있다.[58]「貴所御親父」인「下野(調信)方」가「けぐじやく(慶尙)道之內四半分」의 代官으로 임명했기 때문에「下野方」가 돌아올 때까지는「貴所(智永)」가「政道」(政務)를 집행하라, 別途로「御親父」에게도 연락한다고 하는 것이다. 同月 3日付의 朱印狀에서「高麗國代官所」가「繪図」를 가지고 할당한 것을 받은 것이기 때문에[59] 調信은 義智와 함께 豊臣政權의「代官」으로서 現地支配를 맡는 구상을 하고 있음을 알 수 있다. 智永은 對馬에서 御座船의 수배를 지시받았지만, 最前線에 있는 調信 대신에 慶尙道 일부의 지배를 代行하게 된 것이다.

7月 상순의 시점에서 平壤에 駐留하는 日本의 軍勢는 6~7천 명이고, 行長·義智·調信이 領域을 나누어 5개소에 駐留하며, 城을 쌓고, 兵을 정비했다고 한다.[60] 大同江의 전투에서 싸우고, 漢城으로 撤退한 調信은 陷落後의 平壤으로 들어가서 軍勢를 再編成하였다.

> 覺書A에 의하면,
> 同廿七日ののすきほと二人け候得共、 是又二千ほと御うち候也、 より
> 罷歸り候事、七月廿八日ニ二被罷着候也、

라고 하여, 7月27日의 朝鮮軍과의 전투를 기록하였다. 名護屋에 간 智永이 28日에 平壤으로 가서 調信과 합류했음을 알 수 있다. 또 9月부터 다음해인 1593年 1月에 걸쳐서 明의 遊擊인 沈惟敬과의 停戰·休戰交涉이 가

---

58)「嶋井文書」26号(『福岡縣史』近世史料編·福岡藩町方1)。石田三成의 동향에 대해서는 (中野 2017)에 의함.
59)「宗家文書」(『豊臣秀吉文書集』5-4128号)。
60)『宣祖修正實錄』25年7月戊午(1日)條。平壤에서의 城郭의 普請에 관해서는『安東統宣高麗渡唐記』『吉野覺書』(『續群書類從』20下)에 기술되어 있다.

끔 이루어져 平壤으로부터의 撤退라는 중대한 국면을 맞이하지만 그 과정
에서 調信의 행동은 확실하게 드러나지 않는다.

7) 龍山倉에서의 停戰·休戰会談(H)

1593年 1月 3日(明曆2日), 明의 大軍이 平壤으로 처들어 왔다. 明·朝
鮮·女眞의 連合軍이 小西·宗·松浦의 持城을 공격했고, 義智와 松浦鎭信
의 軍勢는 行長의 平壤城으로 도망쳐들어갔다고 한다.[61] 5日에 平壤城을
포위당한 行長등은 明軍의 勸告를 수락하고, 7日에 성을 열고 나와 얼어붙
은 大同江을 건너 漢城方面으로 퇴각했다.[62]

1月26日의 碧蹄館 싸움, 2月 12日의 幸州山城싸움에서 一進一退의 공
방이 벌어지는 가운데, 行長·義智·鎭信은 漢江北畔의 龍山倉(日本史料에
서는 「大內藏」「內裏藏」「大利藏」)을 防衛하고 있었다.[63] 3月 22日 또는
23日에 沈惟敬이 「唐人船」 30余艘을 거느리고, 龍山倉을 방문할 즈음, 行
長은 會談의 개최를 호소했다. 그리고三奉行(石田三成·增田長盛·大谷吉
繼) 및 宇喜多秀家와의 회담이 실현되자, 沈惟敬은 質人 7~8人을 인도했
다. 그로부터 얼마안있어 「先之都之衆」도 釜山浦로 撤退시키라는 秀吉朱
印狀이 왔고, 漢城에서의 撤退 開始의 날짜가 4月19日로 결정되었다. 실제
로 一番手組가 撤退를 개시한 것은 4月 20日로 순차적으로 철퇴가 진행되
었다. 小西勢는 三番手組였다.[64]

---

61) 『安東統宣高麗渡唐記』.
62) 『宣祖實錄』26年1月丙寅(11日)條.
63) 『宣祖實錄』26年2月丙午(21日)條、『安東統宣高麗渡唐記』.
64) 『安東統宣高麗渡唐記』. 또 『朝鮮陣略記』는 沈惟敬이 나타났던 것은 漢江의 지류인
「샛강」川으로, 義智에게 書簡을 보냈기 때문에 玄蘇·調信을 보낼 즈음 人質 1~2名
을 데리고 왔지만, 『安東統宣高麗渡唐記』의 同時代性이 높은 상세한 기술과 비교하
면 신뢰성이 낮다.

Ⅳ. 第1次 休戰期의 講和交涉(1593年5月~1596年12月)

1. 日明講和交涉

1) 名護屋에서의 日明講和会談

對馬勢가 釜山浦에 到着한 것은 1593年 5月1日인 것 같다.[65] 이 날, 새로운「高麗御仕置」를 정하는 朱印狀이 발부되어 宗義智는 蔚山城의 在番을 명받았는데,[66] 그 사이에 국면은 名護屋會談으로 전환되었다. 三奉行·小西行長·義智과 沈惟敬·質官이 釜山을 떠난 것은 8日인데, 義智에게는 調信과 景轍玄蘇가 수행했다고 한다.[67] 結局, 講和會談은 決裂되고 沈惟敬이 名護屋를 출발한 6月 29日, 加藤淸正勢가 晋州城을 함락시켰다. 淸正의 主戰論에 行長등은 강하게 반대하고, 当初는 晋州 공격에 가담하려 했던 義智도 단념한 듯 했다.[68]

7月 중순, 義智는 朝鮮二王子(臨海君·順和君)와 함께 釜山의 陣營에 있었다. 沈惟敬은 王子를 탈환시키지 못하고, 이곳에서의 講和交涉도 무산되었다.[69] 한편 7月 29日에는 日本의 軍勢 約5万의 撤退가 발령되었고,[70] 윤 9月(明曆10月)에는「自鎭海·昌原 至釜山·東萊、各浦·各島有二十八鎭」은「行長·義智等五六酋所管」,「自機長至蔚山, 各浦·各島有十四鎭」은「淸正等四五酋所屬」라고 한 것처럼, 規模를 대폭 축소하는 상태가 되었다.[71] 行長은 釜山, 義智는 巨濟島의 守備가 맡겨졌다.[72] 義智·調信의 活

---

65) 『朝鮮陣略記』。

66) 「宗家文書」(『豊臣秀吉文書集』6-4567号)、「崎山家文書」(『小西行長基礎資料集』151号)。

67) 『朝鮮陣略記』。

68) 『亂中雜錄』癸巳6月29日條。또『朝鮮陣略記』에는 義智의 軍勢가 加藤勢에 앞서 晋州城에 편승했다고 하나 付會에 불과하다.

69) 『宣祖實錄』26年7月丁卯(15日)條。

70) 「山崎家文書」7月29日付朱印狀(『豊臣秀吉文書集』6-4677号)。

動의 場은 오직 釜山·熊川이었다. 이와같이 休戰狀態로 移行하는 가운데, 8月29日, 內藤如安(「小西飛」)가 沈惟敬의 뒤를 이어 漢城에서 北京으로 출발했다.

2) 咸安에서의 停戰会談

1593年 12月, 沈惟敬이 明에서 釜山으로 돌아오고, 이듬해 1594年 1月 에는 「關白降表」를 가지고 다시 明으로 돌아갔다. 이 해 9月, 秀吉는 講和 交涉에 의심을 품고, 全羅道 공격을 호령했다.[佐島 2013] 그 이면에는 小 西·對馬陣營과 朝鮮軍과의 停戰交涉이 진행되고 있었다. 8月26日(明曆27 日)에 義智와 調信은 慶尙道 觀察使에게 書契를 보냈다. 이것을 계승한 것 은 慶尙右道 兵馬節制使인 金応瑞이다. 義智書契의 내용은 戰前부터 一 貫하여 講和를 요구했다는 자기주장을 펴면서도 二王子의 返還의 功績에 이르기까지 「多年東藩之功」을 강조한 것이었다. 그리고 總督 顧養謙도 沈 惟敬도명에의 「旧貢路」를 열 것을 여는 것을 지지해주고 있으므로 이때에 朝鮮과의 「旧好」를 다지고 싶다고 했다.73)

그러한 상황임에도 불구하고, 朝鮮水軍에 의한 巨濟島攻擊이 발생하고, 역으로 「巨濟之倭」가 固城·泗川등의 변경을 습격하는 사건이 발생했기 때 문에 日朝兩陣營間에 書契가 往復하게끔 되었다. [佐島 2013][김경태 2018][김경태 2023]. 그 가운데 調信 受發信의 書契 및 調連을 언급한 書 契를 抽出한 것이 다음의 〈표 2〉이다.

---

71) 『宣祖實錄』26年12月癸丑(4日)條。
72) 『宣祖實錄』26年12月癸丑(4日)條。
73) 『宣祖實錄』27年8月壬申(27日)條、『壬辰日記』壬辰8月條。

〈표 3〉日朝兩陣營의 往復文書(調信關連分만)

No.	月日	發信者	受信者	摘要	典據
1	9.22/23	金海守白士霖	日本將軍 (鍋島直茂)	「諭平調信帖」を伝送 「巨濟之倭」問題	泰87
2	9.25	(李贇)	嘉善大夫平調信	「對馬賊」問題	宣27·10·5
3	9.27	成十右(成富茂安)	金海守白士霖	「巨濟賊党」問題	泰70
4	10.3	金海守白士霖	豊茂守(中野茂守)	「對馬之賊」問題	泰61
5	10.5	朝鮮國大將軍李贇	嘉善大夫平調信	「巨濟賊船」 「對馬橫行之賊」問題	泰86
6	10.7	(柳川調信)	李將軍		宣27·11·8
7	10.7	豊臣茂守	(白士霖カ)	「嘉善大夫調信書」を伝送	泰81
8	10.8	豊臣直茂(鍋島)	李大將軍	「被寄嘉善大夫之一封」を伝送	泰71
9	10.13	大將軍李	日本將領直茂	「平大夫辱復」を接受	泰63
10	10.13	朝鮮國大將軍李	嘉善大夫平少監	「巨濟之賊」問題	泰85
11	10.18	日本豊臣調信	朝鮮李將軍	「大明·日本和好」問題	宣祖27·11·18
12	10.18	日本豊臣直茂	朝鮮國李將軍	「被寄平調信手簡」を伝送	泰97, 宣27·11·18
13	10.23	金海守白士霖	(豊茂守カ)	「大將軍答平少監書」 「金防禦使諭帖」を伝送	泰51
14	10.23	朝鮮國大將軍李	日本將領豊臣直茂	「金令公諭帖」「鄙書」の 「平少監麾下」への伝送を依頼	泰53·88
15	11.-	(平調信)	(兵使)	會談日違約	宣祖27·12·7
16	?	(平調信)	(李贇)	日明講和斡旋	宣祖27·11·5

 * 泰：泰長院文書(數字는『佐賀縣史料集成』古文書編5의 文書番号), 宣:宣祖實錄(數字는年月日)
 ** 豊茂守를 中野茂守에 比定하는 것에 대하여는 佐島2013] 참조.
 *** [김경태2018][김경태 2023]는 泰長院文書53号과 88号를 別個의 文書라고 보지만, 本 稿에서는 88号를 正文, 53号를 그 사본으로본다.

　　慶尙道 巡辺使 李贇과 調信와의 書契왕복을 기본으로 하고, 이것을 金海府使 白士霖와 竹島駐留中의 鍋島直茂등이 매개한다고 하는 구도이다. 「巨濟之倭」가 매일 같이 固城·泗川등의 변경을 습격하고, 海村을 분탕질하며 민중을 살해하고 있는 것에 대해, 李贇이 行長에게 항의하자, 行長은

「對馬賊倭」의 소행이라고 하면서 그들을 모두 처단해도 무방하다고 회답
했다. (No.1). 그래서 李贇은 여러차례에 걸쳐서 調信에게 「諭帖」을 보냈던
것이다. (No.1, 2, 5). 조선측은 備辺司가 書契등의 文案을 작성하고 있는
데, 「嘉善大夫」(종2품의 武官)인 調信에게 「諭帖」(下達文書)을 보내면서
巡辺使인 李贇의 이름이 사용되었을 것이다.[74], 「諭帖」이라고 하면서 書
契의 양식과 그다지 다를바 없는 것이지만, 外交文書인 서계를 함부로 일
본측 진영에 보낼 수는 없었기 때문에, 하달문서의 양식인 「諭帖」으로「嘉
善大夫」인 調信에게 보냈던 것이다. 여기서 調信이 양국간을 매개하는 특
수한 입장을 볼 수 있다. 한편 調信의 서계는 玄蘇가 시초했을 것으로 볼
수 있기 때문에 [荒木2019], 調信 명의의 서계가 보내진 것으로 보아 小西·
對馬陣營에서의 역할을 과소평가해서는 안된다.

　鍋島直茂는 補佐役으로 돌아간 모양이지만 秀吉의 명령을 받아 「天朝
和好回命」을 기다리고 있는 것은 行長임을 강조하고, 行長와 회담하여 講
和하는 것이 좋은 방책이라고 서술하고 있다.(No.8). 「巨濟之倭」問題가 일
단락 된 11月 상순경, 行長과 義智는 要時羅를 사자로 하여 講和(「結婚」
「割地」)에 관한 書契를 金応瑞를 보내어, 12日에 昌原·咸安境界의 峻岩
아래에서 會談할 것을 요구했고, 그 때에는 義智·調信主從과 直茂·茂守主
從이 單騎로 수행할 것을 제의하자, 金応瑞는 이것을 응락했다.[75] 日本側
陣營의 사정으로 약속 날짜를 달리하게 디었는데(No.15), 21日에 慶尙右兵
使인 金応瑞가 정예병 100여명을 거느리고 咸安의 地谷峴에 나타나자 行
長은 사자를 보내 問安했다. 곧 玄蘇·竹溪師弟와 調信이 100여명을 거느
리고 나타났고, 서로 廳舍에 들어갔다. 뒤늦게 行長·義智가 前日의 약속과

---

74) 李贇은 同知中樞府事(從二品)이기 때문에 (『宣祖實錄』25年12月癸卯(17日)條)、品階·
　　官職에 있어서는 調信과 대등하다.

75) 「泰長院文書」73号(『佐賀縣史料集成』古文書編5)、『宣祖實錄』27年11月乙亥(1日)條·辛巳
　　(7日)條、『亂中雜錄』甲午11月21日條。

달리 3,000여명의 병력을 이끌고 나타나 金応瑞와의 회담에 임했다. 話題는 開戰의 이유부터 封貢問題에 이르기까지 다양했지만, 무언가 구체적인 것을 교섭한 것은 아니었다.[76] 시위행동을 보이면서, 慶尙右兵使와의 대화 채널을 확보하는 것으로서 허술해진 일본측의 진영의 防衛를 도모하려는 목적이었을 것이다. 한편 金応瑞이 회담장에서 입수한 「義智等乞降書」(關白降表)는 表面에 「降」이란 글자 한자만 쓰여 있고, 그들의 言辭는 간략하고 痛憤하기 짝이 없었다고만 했다.[77]

3) 北京에서의 封貢交涉

北京 체재중의 內藤如安는 兵部尙書인 石星에게 稟帖을 제출하여 秀吉을 日本國王으로 봉하고, 諸將에게 授職할 것을 청했다. [米谷 2014]. 어디까지나 小西行長 혼자만의 政權構想이었지만, 日本國王으로부터 「亞都督指揮」까지 抽出하면 表3과 같다. 行長自身과 總大將인 宇喜多秀家 및 三奉行인 石田三成・增田長盛・大谷吉継를 「大都督」으로 하고, 그 아래의 「亞都督」에 德川家康・前田利家・毛利輝元등 大身의 大名을 자리매김하고 있지만, 行長과 행동을 같이하는 義智와 有馬晴信이 「亞都督」의 반열에 놓인 것이 주목된다. 또 「都督指揮」에는 豊臣政權의 樞要를 담당한 前田玄以・長束正家, 前線의 兵站을 담당한 寺澤正成, 行長의 重臣인 小西末鄕등과 함께 調信을 나열했다. 調信의 秀吉直臣(諸大夫)으로서의 屬性을 반영한 것이다. 더욱이 從軍僧인 景轍玄蘇・竹溪宗逸師弟에게는 「日本禪師」「日本一道禪師」라고 하는 특이한 禪師号을 붙였다.

---

76) 『亂中雜錄』甲午11月21日條。
77) 『宣祖實錄』27年12月庚戌(7日)條。

<표 3> 册封·授職 希望리스트

日本國王	豊臣秀吉 ＊妃 妻豊臣氏(北政所) 世子神童(秀賴) 都督秀政(秀次)
大都督	豊臣行長(小西) 豊臣三成(石田) 豊臣長成(增田長盛) 豊臣吉継(大谷) 豊臣秀嘉(宇喜多秀家)
日本禪師	**玄蘇(景轍)**
亞都督	豊臣家康(德川) 豊臣利家(前田) 豊臣秀保 豊臣秀俊(小早川秀秋) 豊 臣氏鄕(蒲生) 豊臣輝元(毛利) 平國保 豊臣隆景(小早川) 豊臣晴信 (有馬) 豊臣義智(宗)
日本一道禪師	**宗逸(竹溪)**
都督指揮	豊臣玄次(前田玄以) 豊臣吉長(毛利吉成) 豊臣正家(長束) 豊臣行成 (寺澤正成) 豊臣全宗(施藥院) **豊臣調信(柳川)** 豊臣吉隆(木下) 豊臣 正信(石田正澄) 源家次 平行親 平末卿(小西末鄕)
亞都督指揮	豊臣義弘(島津) 豊臣鎭信(松浦) 金平豊長(山中長俊) 源純玄(宇久) 源重政(岡本) 平信

＊『経略復國要編』[鄭·張2020]의함. 진한 글자는 對馬宗氏의 關係者.

다시 朝鮮方面으로 視点을 돌리면, 總督 孫鑛의 差官 駱一龍이 釜山의 行長陣營을 방문하자 調信과 玄蘇가 은근하게 영접했다. 駱一龍의 實地調査에 의해 兵船의 태반과 兵 15,000명이 日本으로 歸還했다는 것과 明使를 맞이하기 위해「行長幕下殘士」만이 駐留하고 있다는 것을 확인하고는 兵部尙書인 石星에게 勅을 청하고, 正使 李宗城과 內藤如安을 南原, 副使 楊方亨를 居昌까지 이동시켜「東封」(册封의 實行)을 알렸다.[78] 이것은 1595年 1月의 일로서 秀吉을 日本國王에 봉하고, 行長과 宇喜多秀家·增田長盛·石田三成·大谷吉継·德川家康·毛利輝元·豊臣秀保에게 都督僉事을 주고, 內藤如安에게는 褒賞,「日本禪師僧」인 玄蘇에게는 衣帽등을 줄 것을 결정했다.[79] 行長의 政權構想은 무산되고, 万曆帝 詔書에 授職對象

78)『明實錄』万曆23年5月1日條。
79)『明實錄』万曆23年1月12日條。또『経略復國要編』은 行長과 如安에게 내린 것은 都督
指揮使이다.

으로 지정된 인물은 16名으로「對馬그룹」가운데서는 行長(정2품·都督僉事)과 玄蘇(日本本光禪師)만이 되었다. [米谷 2014] 2년전, 明은 戰爭의 首謀者로 간주한 行長·義智·玄蘇·宗逸의 머리를 베거나 생포한 자에게는 賞銀·官職을 수여하기로 했으며, 玄蘇의 場合은 銀10,000兩과 封伯世襲, 行長·義智·宗逸의 경우는 銀5,000兩과 指揮使를 世襲세습하는 것을 공포했다.80) 授職의하여 行長과 玄蘇는 免罪된 셈이 된다.

1月15日, 調信은 朴辰宗과의 회견장에서 册封의 실현을 갈망하고 있다고 말했는데, 2月이 되자 慶尙右兵使 金応瑞에게 14日付로 書契를 보냈는데, 北京에서 귀환한 內藤如安이「封貢의 준비가 되었고, 머지않아 詔使가 도래할 것이다」라는 뜻을 전했다고 한다.81) 4月23日(明曆24日), 遊擊 沈惟敬이 釜山의 倭營에 왔다는 것을 듣고 金応瑞는 李弘發을 倭營에 파견했다. 이를 응대한 것이 調信인데, "明使가 오지 않더라도 沈惟敬을 만날 수 있다면, 行長과 함께 日本으로 돌아가서, 秀에게 보고할 것이기 때문에 講和는 반드시 이루어질 것입니다. 明은 行長에게「明使가 日本에 갈때는 朝鮮도 通信使를 파견한다」고 通諭해 왔습니다. 나는 이미 늙어서 특별히 바라는 것이 없습니다. 日本과 明사이를 주선하는 것은 옛날에 朝鮮에서 받았던 은혜를 잊지않기 때문입니다. 秀吉은「明使가 오지않으면 거병하여 즉시 조선을 공격하겠다. 陸路는 運糧이 매우 어려우니 강가에 倉庫를 마련하여 兵粮을 비축하고, 船運에 대해서는 行長이 지휘하라」고 명령했습니다. 그래서 行長은 지금 金海에 있습니다."고 말했다.82)

5月 하순에서 6月 초순까지 都司의 譚宗仁과 行長·調信·玄蘇과의 회담이 열렸는데, 이 자리에서는「朝鮮使臣入去之事」에 대해서는 언급이 없었다고 한다.83) 5月 22日付의「大明·朝鮮与日本和平之條目」에서 朝鮮王子

---

80)『明實錄』万曆21年1月12日條。
81)『五峯先生集』卷12·咨·部移咨(乙未3月),『宣祖實錄』28年2月癸酉(30日)條。
82)『宣祖實錄』28年4月丁卯(25日)條。
83)『宣祖實錄』28年6月丁未(6日)條。

1명의 來日이 요구되었기 때문에[84] 通信使가 아니라 王子의 來日이 논의
되었다. 6月 4日, 行長은 名護屋에 돌아왔는데, 그 情報를 明使를 수행한
接伴使 黃愼에게 전한 것은 柳川智永이었다.[85]

4) 撤退問題

義智의 陣營은 薺浦에 있었다.[86] 그러나 7月 하순에 완전히 철수했고,
義智自身은 熊川의 行長陣營에 합류하여 근일중에 東萊로 이동하게끔 되
었다.[87] 그 사이 咸安·鎭海·固城의 연해에서 살해사건이 발생했기 때문에
黃愼은 沈惟敬을 통해 行長에게 항의했다. 行長이 調信에게 이르기를 금
후 自陣營으로부터 20里(約8km)를 넘는 지역에서 作賊하는 자에 대해서는
모두 斬殺·捕縛해도 좋다는 뜻을 朝鮮側에 회답했다고 한다.[88]

10月 11日, 楊方亨이 釜山의 小西陣營에 도착했다. 이즈음 東萊의 陣營
은 모두 철수했다. 義智는 總勢 500人 정도의 병을 이끌고 熊川縣管內의
森浦에서 東萊로 이동하여 釜山의 小西陣營에 合流하였다. 調信 자신은
楊方亨의 釜山到着을 秀吉에게 急報하기 위해 15日에 日本으로 돌아갔
다.[89] 뒤늦게 李宗城이 11月2日에 도착했다. 12月이 되어서도 日本의 軍
勢 4万이 주둔하고 있었지만, 調信이 釜山으로 돌아오기까지 撤退가 실현
될지 어떨지가 불투명했다고 조선측은 인식하고 있었다.[90] 이즈음 釜山에
來航하여 滯在하고 있던 毛利友重(高政)은 調信의 귀환을 기다려 明使와

---

84) 東洋文庫本(『豊臣秀吉文書集』7-5190号)。
85) 『宣祖實錄』28年6月癸亥(22日)條.
86) 『宣祖實錄』28年4月辛酉(19日)條.
87) 『宣祖實錄』28年7月戊子(17日)條·乙未(24日)條.
88) 『宣祖實錄』28年7月己卯(8日)條.
89) 『宣祖實錄』28年11月庚午(2日)條·辛未(3日)條、『五峯先生集』卷12·奏文·倭情咨文(丙申 2月).
90) 『宣祖實錄』28年12月庚戌(12日)條.

함께 귀국할 것이며, 明使의 渡海가 실현되면 對馬北端의 兵站基地에 있
는 擊方山城을 義智에게 넘겨줄 예정이었다.[91] 그러한 상황에서 調信이
釜山으로 귀환한 것은 19日의 일이다.[92] 行長과 諸將과의 會合은 翌 20日
저녁이 되어서야 調信이 沈惟敬을 방문했다. 여기서 調信은, "關白은 明使
가 이미 釜山에 도착했다는 것을 듣고 매우기뻐하고 있습니다. 당장 全軍
을 철수시킬 것이기 때문에 다시 조선과 싸우지 않을 것입니다. 다만 關白
은 旧都(京都伏見城)에 있지않고 新城(大坂城)에서 受封하고 싶다고 생각
하고 있습니다. 현단계에서는 明使의 宿泊所의 修造가 끝나지 않았기 때문
에 來年 正月 중을 기다려 渡海해야합니다."라고 전하고, 동시에 「明使가
來日할 때, 반드시 朝鮮의 陪臣을 청하여 함께 오게하라. 陪臣의 來日 可
否의 보고를 기다려 철병의 시기를 정하라」는 〈秀吉の言葉〉도 전했다. 이
말을 들은 沈惟敬은 日本에의 渡海를 결정하고 宣祖에게 咨文을 보내어
通信使의 隨行을 요구했다.[93] 22日, 調信과 如安이 沈惟敬을 방문하여 회
담하고, 通信使의 건을 交涉했다. 24日에도 行長·調信·如安·玄蘇가 沈惟
敬을 만났고, 黃愼과 함께 회담을 했지만, 黃愼이 난색을 표해 분규가 일었
다.[94] 後日, 調信은 黃愼에 대해 「朝鮮의 사신은 이미 釜山에 도착했는가,
2인의 王子를 이미 返還했음에도 불구하고 朝鮮이 來謝하지 않는 것은 무
슨 도리인가」라는 〈秀吉의 言葉〉을 전했다.[95] 이러한 交涉의 場에서의 秀
吉의 〈言葉〉이나 〈意向〉이 어디까지 眞實인가, 어디까지가 궤변인가는 판
단하기 어렵다.

---

91) 「富岡文書」12月6日毛利友重書狀(東京大學史料編纂所影寫本).

92) 『宣祖實錄』29年1月壬辰(25日)條, 『五峯先生集』卷12·奏文·倭情奏文(丙申〈1596年〉2月).

93) 『宣祖實錄』28年12月丁卯(29日)條, 29年1月壬辰(25日)條.

94) 『宣祖實錄』29年1月戊辰(1日)條.

95) 『宣祖實錄』29年1月(8日)條。

5) 李宗城의 逃亡

調信은 釜山으로 귀환하면서 明使의 迎接을 위해 약 200艘의 배를 이끌고 왔다. 그리고 1596年 1月 15日, 行長이 沈惟敬을 데리고 日本에 渡海했다.[96] 그 2日 전인 13日, 調信은 体察使앞으로 서계를 보내고, 行長은 日本으로 도해하지만, 調信은 義智와 함께 釜山의 陣營에 머물것이므로 금후에 朝鮮側에서 連絡의 창구가 될 것이라고 전했다.[97] 行長은 正成과 함께 2月 6日에 京都에 도착한 후, 3月 24日에 名護屋로 돌아와 釜山까지 明使를 영접하려고 했다.[98] 이 무렵 調信이 黃愼에게 「近辺의 官員을 通信使라고 仮称하여 數日內로 釜山의 陣營으로 보내주면, 스스로 秀吉에게 보고하러 가겠습니다」라고 전했더니 副使 楊方亨이 理解를 표했다고 한다.[99] 楊方亨은 4月中에 渡海를 기대했지만, 正使 李宗城은 日本의 軍勢가 撤退하지 않는 가운데 渡海를 주저하고 있었다. 義智는 몇 번이나 楊方亨의 寢所를 방문하여 談話를 했고, 또한 調信등과 함께 設宴하며 兩使를 환대했다. 楊方亨은 義智등의 歡心을 사려고 했다고 하며, 李宗城은 辭職의 上本을 제출하기에 이르렀다.[100] 4月2日(明曆3日)저녁 무렵, 義智가 設宴하여 講和의 4條件(「納質」「通商」「割地」「皇女」)을 화제에 올렸을 즈음, 李宗城은 皇帝가 허락하지 않았다고 반대하며 渡海를 거절하고 歸還할 의사를 표명했다. 義智는 慰留를 시도했지만, 오히려 李宗城은 불신을 더했고, 급기야 어둠을 틈타 부산의 진영으로 도망쳐버렸다.[101] 李宗城이 金海의 草叢에 버린 「皇勅」(誥命·勅諭)과 金印(日本國王印)·關防印은 후일 調信에 의해서 회수되어 楊方亨에게 보내졌다.[102]

---

96) 『明實錄』万曆24年1月17日條、『宣祖實錄』29年1月壬午(15日)條。
97) 『宣祖實錄』29年1月庚寅(23日)條。
98) 『宣祖實錄』29年4月癸丑(17日)條·丙辰(20日)條。
99) 『宣祖實錄』29年5月戊辰(2日)條。
100) 『宣祖實錄』29年3月戊寅(11日)條。
101) 『宣祖實錄』29年4月丙午(10日)條·己酉(13日)條。

2. 日朝講和交涉

1) 通信使問題

4月 7日에 釜山까지 到來한「關白文書」는, 機張·安骨浦의 軍勢가 먼저 철수하고, 釜山·竹島의 軍勢는 明使의 도해에 맞추어 철수하라고 명하는 것이었다고 한다. 이에 加藤淸正는 調信에게 書狀을 보내어 洛東江의 물이 불어나기 전에 慶州에 行軍하는 계획을 전했지만, 調信이 이계획을 楊方亨에 알렸기 때문에 楊方亨은 淸正의 行軍을 저지했다.[103] 調信은 楊方亨에게 몇차례나 李宗城이 있는 장소를 물었지만, 불분명하다는 답변만 받고 수개월에 걸쳐 대기할 태세를 보였다.[104] 그러나「朝鮮和事」를 관장하면서 通信使가 일절 파견되지 않고 있는 것에 대해 小西行長으로부터 질책을 받았다.[105] 5月 15日, 淸正의 軍勢가 西生浦에서 철수하자, 調信은 通信使의 파견을 강하게 요청했지만, 朝鮮側이 응하지 않았기 때문에, 이렇게 해서는 竹島등의 軍勢를 철수 시킬수없다고 반발했다.[106] 한편 黃愼은 왜 日本側陣營이 新任正使가 도래하지 않는 않는 것에 불만을 품고 있는지를 알아보기 위해 譯官을 調信에게 보냈다. 調信의 회답은「行長이 李宗城의 尊貴性을 들었기 때문에 身分이 낮은 沈惟敬으로는 代理가 되지 않기때문」이라는 것이었다.[107]

이렇게 閉塞感이 짙어지는 가운데 調信은 寺澤正成으로부터「明使만이 來日하고, 通信使가 늦게 온다면 通信使를 招聘할 必要가 없다」는 것이 〈秀吉의 意向〉이라는 書狀을 받고, 그 뜻을 黃愼에게 전했지만, 쌍방의 議

---

102)『宣祖實錄』29年4月己未(23日)條、6月丁酉(1日)條。
103)『宣祖實錄』29年4月癸丑(17日)條。
104)『宣祖實錄』29年4月甲子(28日)條。
105)『宣祖實錄』29年5月甲午(28日)條。
106)『宣祖實錄』29年6月丁酉(1日)條。
107)『宣祖實錄』29年6月丁未(11日)條。

論은 평행선을 달렸다.108) 結局, 6月 14日에 行長은 楊方亨등을 동반하여
釜山을 출항했다. 行長은 調信에 대해 「管朝鮮事者」로서 通信使를 隨行
할 것을 명하고, 通信使가 파견된다면 앞으로 十數日은 기다리지만, 그렇
지 않다면 내일이라도 出發하라고 전했다.109) 이에 대해 調信은 黃愼에게
行長의 출항은 〈秀吉의 命令〉에 근거한 것이라면서 급히 通信使를 파견해
줄 것을 거듭 요청했다.110) 6月 19日, 備辺司는 調信앞으로 近日中에 通信
使를 파견할 것을 시사하는 金応瑞 書契의 文案안 검토하고, 宣祖의 裁可
를 얻기에 이르렀다.111)

2) 通信使의 来日

결국, 接伴使 黃愼이 通信使의 正使를 겸하게 되었다. 7月 14日付의 黃
愼 書狀에 의하면, 調信은 朝鮮國書가 없어도 釜山을 出航할 것이라고 黃
愼을 압박했다.112) 朝鮮側이 國書의 發信만을 허용하고, 重臣의 파견을 거
부한 것에 調信은 크게 불만을 가지고 있었지만, 이에 대해서 묵묵히 따랐
다고 한다.113) 閏7月 3日(明曆 閏8月3日), 드디어 副使가 國書를 받들고
부산의 陣營에 가까이 오자, 調信은 5里밖까지 출영했다.114) 4日에는 調信
과 副使는 釜山을 출항하여 絶影島에서 정박했다. 그리고 通信使 일행은
8日에 對馬西泊에 도착했고, 10日에 府中에 들어갔다. 義智는 앞서 大坂
에 갔기 때문에 調信이 통신사를 객사에 안내하고 寄宿시켰다. 이때 誥勅
을 護持한 沈惟敬도 府中에 체재했다.

---

108) 『宣祖實錄』29年6月戊申(12日)條。
109) 『宣祖實錄』29年6月丁巳(21日)條。
110) 『宣祖實錄』29年6月癸丑(17日)條·庚申(24日)條。
111) 『宣祖實錄』29年6月乙卯(19日)條。
112) 『宣祖實錄』29年7月乙卯(19日)條。
113) 『宣祖實錄』29年7月壬辰(27日)條。
114) 以下는 『日本往還日記』에 의함.

25日, 明使와 通信使 일행은 府中을 출항하여, 8月18日(明曆 閏8月18日) 堺에 도착했다. 이 때 行長과 義智가 家臣을 동원하여 通信使를 영접했다. 誥勅은 明使의 兩名이 항구에서 調信이 船首에서 영접하고, 通信使도 답배했다. 19日 낮에 調信은 行長을 따라서 伏見城의 秀吉에게 나아갔다. 堺에서의 通信使応接은 智永과 교대했다. 이때의 모습은 후일에 調信의 弁解[115]에 의해서 어느 정도 알 수 있다. 調信은 秀吉에 대해, 黃愼이 「大官」으로 의연한 인물이었다고 평하면서 接見을 요청했다. 이에 대해 秀吉은 「5年에 걸친 싸움을 종결한 것은 調信의 공적이라고 칭찬을 아끼지 않았다. 다만 明使를 접대하기 위한 館舍가 地震으로 파괴되어 버려서 接待가 어렵다. 新館을 建設하려고 하기 때문에 조금 기다려 달라」고 답변했다. 그러나 三奉行(石田三成·增田長盛·大谷吉継)과 調信이 「新館」의 건설에는 시간이 걸리므로 早期의 接見을 요청하자, 秀吉은 明使와 通信使아의 接見을 결정했다. 그리고 스스로 붓을 들어 楊方亨은 德川家康邸, 沈惟敬은 宇喜多秀家邸, 通信使는 前田利家邸를 宿舍로 정하게 했다고 한다.

3) 大坂城会見

8月28日, 秀吉가 大坂城으로 이동하여 9月 1日에 明使를 접견할 예정이라는 情報가 전해졌다. 이 정보를 가져온 것은 行長과 正成인 것 같다. 調信은 한발 앞서 먼저 堺에 돌아 온 것일까, 어쨌든 行長·正成이 전해온 것에 의하면, 〈秀吉의 意向〉은, "처음부터 中國과 통하고 싶었는데, 조선이 중개하지 않았다. 兵을 움직인 후, 沈惟敬이 兩國의 停戰을 도모하려고 했음에도 朝鮮은 不可하다고 말했다. 明使가 渡海하여 았음에도 通信使는 늦게 왔다. 王子도 보내지 않았다. 우선은 天使를 접견하고, 通信使의 접견은 보류한다. 兵部에 稟帖하여 지연된 사유를 확인하고 접견을 허락하겠

---

115) 『宣祖實錄』29年11月戊戌(6日)條의 「黃愼軍官」인 趙德秀·朴挺豪의 引見記事를 함께 참조할 것.

다."고 했다.

그리고 行長·正成은 調信에 대해, "講和가 성립되지 않을 것이 우려되므로 이를 通信使에게 알리지 않으면 안된다. 서둘러 沈惟敬을 찾아가서 설명을 다해 關白의 노여움을 푸는 것이 좋겠다. 沈惟敬은 내일 大坂에 가서 關白과 회견하도 돌아올 것이다. 楊天使도 다시 大坂에 갈 예정이다."라고 전했다. 이날 밤, 調信은 要時羅를 通信使에게 보내어, "沈惟敬이 내일 秀吉을 방문합니다. 行長과 正成은 이 뜻을 관백에게 전하고, 회답을 기다릴 것입니다."고 전했다.

이에 대해 黃愼은 朴大根을 통해, "나는 釜山을 떠나올 때, 3가지 조건을 정했다. 事態가 좋은 방향으로 가면, 일을 성사시키고 가는 것이 一計, 事態가 변해, 구류된다면 1年이든 10年이든 머무는 것이 一計, 危害를 가해 오더라도 불사하는 것이 一計이다."라고 대답하고, 沈惟敬을 방문 하는 것을 거부하고, 要時羅는 아무말 못하고 돌아갔다.

30日(明曆 9月1日), 黃愼이 李愉를 沈惟敬에게 보내어 청취한 내용은 다음과 같다.

楊方亨은 「行長·正成·調信은 熊川·釜山에서 行動을 항상 같이하며 항상 몸을 바쳐 행동하고 있습니다」라고 발언하고 있다. 오후에 行長이 돌아와 「먼저 明使를 접견하고 그후에 通信使의 접견을 허락할 것이다」라고 말했다. 調信이 正成을 찾아가 「明使가 먼저 가게 되었으므로 關白이 나를 불러서 협의를 할 것입니다. 그래서 저도 大坂에 갈 것입니다」고 말했다.

그리고 9月 1日(明曆2日)을 맞이했다. 이날 낮, 要時羅가 通信使 앞에서 調信의 書狀을 持參했다. 그 書狀은, "關白이 天使와 面會했습니다. 아주 기뻐했습니다. 하루 더 머물러 주세요. 내일 면담합니다. 나도 끝나면 堺로 돌아갑니다."라고 했다. 明使가 堺에 돌아 온 것은 3日이었다. 다음날 4日 저녁, 調信은 使者를 通信使 앞으로 보내어, "沈惟敬은 書를 關白에게 보냈습니다. 다시 正成·行長을 大坂에 보내어 撤兵을 協議시키려 합니다. 通

信使의 일은 내일 午後에 回答이 있을 것입니다."라고 전했다.

4) 講和交涉의 결렬

5日 저녁, 行長·正成가 石田三成·增田長盛과 함께 大坂에서 堺로 왔다. 調信은 夜半에 通信使를 찾아와, "오늘, 行長이 沈惟敬의 書를 들고 關白에게 나아 갔습니다. 關白은 크게 노하여, 「明이 遣使하여 册封하러 왔기 때문에 잠시 참고있지만, 朝鮮은 아주 무례하다. 지금 講和해서는 안된다. 다시 싸울 생각인데, 어떻게 撤兵을 협의한다는 말인가, 明使도 久留할 필요는 없다. 내일 바로 乘船하는 것이 좋다. 朝鮮의 사신도 떠나는 것이 좋다. 兵을 정비해서 올 겨울에는 朝鮮에 간다」는 것입니다. 듣자하니 淸正을 불러서 계책을 짠다고 합니다. 淸正이 秀吉의 意을 받아들이면 무슨 일이 일어날지 모릅니다. 行長도 우리들도 곧 목숨을 잃을 겁니다"라고 비관적인 상황을 전했다.

사태의 급변은 行長·調信으로서는 예상 외였던 것 같아, 行長은 長盛에 대해 「나는 4~5년에 걸쳐서 講和에 주력했지만, 結實은 없었다. 배를 갈라 죽으려고 생각했다」고 까지 말했다. 아무튼 調信은 通信使에게 그 간의 사정을 漢城에 馳啓할 것을 요청하고, 스스로 무船을 은밀히 보내겠다고 전했다. 이어 沈惟敬과 協議하여 堺를 떠날 것을 요구했으나 黃愼은 伝命이 완료되지 않았다며 거절했다. 이에 대하여 調信은 通信使만이 滯留하는 것은 불가능하다고 설득하며 釜山까지의 호송을 약속했다.

7日 저녁, 調信이 黃愼을 방문했다.

"나는 使臣을 수행하여 여기에 왔습니다만, 뜻밖에도 關白의 노여움을 샀습니다. 몹시 부끄럽습니다. 지금 이 사태를 즐거워 하는 것은 淸正뿐입니다. 三奉行 以下는 모두 원망스럽게 생각하고 있습니다."라고 말하며, 淸正가 朝鮮王子를 생포할 계책을 짜고 있다는 것, 秀吉이 淸正등 5名을 먼저보내고, 나중에 大軍을 보낸다는 명령을 내렸다는 뜻을 전했다. 調信과

黃愼과의 사이에는 王子·撤兵을 둘러싼 問答이 행해졌는데,「每年遣使」
(歲遣船) 내지「間一年遣使」, 또는「礼幣之數」등, 講和後의 對馬-朝鮮間
의 通交再開에 이르기까지 議論이 미쳤고, 調信은 講和成立에의 한가닥
희망을 버리지 않았던 것 같다. 調信이 자꾸 講和를 希求하는 根底에는 宗
氏領國을 維持·再建하려고 하는 의도가 있었던 것이다.

훗날 楊方亨은 調信을 엉뚱한「難賊」이라고 평하고,「調信이 없었다면
朝鮮은 무사하다」고 했다.[116) 調信은 明使·通信使로 부터의 不滿을 한몸
에 짊어져야 하는 입장이기도 했다.

5) 通信使의 帰国

결국, 9月 8日에 明使와 通信使가 堺를 출항했다. 10日 오후부터 室津에
정박하고 있던 중, 저녁에 調信, 밤에는 義智가 뒤쫓아 왔다. 15日 아침, 調
信은 對馬方面으로 앞서 가기 위해 출항하고, 한동안 智永이 通信使의 수
행을 담당했다. 10月 9日에 名護屋에 도착했고, 13日 오전까지 滯在했다.
이때 調信은 名護屋에서 通信使를 응대하고 있었다. 調信·智永은 通事인
朴大根에 대해, 淸正이 領國인 肥後에서 兵을 정비하고, 朝鮮에서의「屯
耕五年」(「耕作五年」)의 계책을 짜고 잇었고, 이에 동조하는 자들이
있다는 것이 전해지고 있어, 再戰의 意図가 여실히 엿보인다. 또 調信은
「再擧」의 경우, 最初의 標的이 된 것이 全羅道였다는 것, 朝鮮에 穀物의
備蓄이 없고, 兵糧의 輸送이 不可欠하기 때문에 우선은 朝鮮水軍을 격파
하고, 그 다음에 水陸으로 兵을 나아가게 한다는 것이라는 軍議의 內容을
폭로하였다. 이 정보를 입수한 黃愼은 12日에 軍官 趙德秀와 朴挺豪를 먼
저 귀국시켜 朝廷에 급보했다. 趙·朴 2名은 11月 5日(明曆 6日)에 宣祖를
引見하고 그 問答의 결과를 토대로 9日에는 명에「緊急倭情」을 알리기 위

---

116) 『宣祖實錄』30年3月甲辰(14日)條

한 國王咨文이 作成되기에 이르렀다.[117]

　明使·通信使가 對馬에 도착한 것은 10月 25日 낮이다. 義智와 調信이 스스로 小船을 타고 明使와 通信使의 배를 영접했다. 明使는 府中의 館舍, 黃愼은 西山寺, 副使 朴弘長은 慶雲寺에 寄宿했다. 27日, 調信은 使者를 黃愼에게 보냈고, 익일에는 義智가 酒宴을 베풀려 한다는 것을 알리고 참석을 요청했지만 黃愼은 拒否했다. 저녁에 義智도 要時羅를 보내어 설득했지만, 黃愼은 「王命을 關白에게 전달한다고 하는 使命을 다하지 못했는데, 어찌 私的으로 義智의 酒宴에 갈 수 있겠는가」라고 말하며 거부했다. 결국, 通信使가 釜山에 귀환한 것은 11月22日(明曆23日)의 일이다.[118]

V. 第2次 戰鬪와 休戰(1597年 1月~1598年 12月)

1. 和戰兩樣의 움직임

1) 再戰回避工作

　1597年 1月 10日(明曆 11日), 小西行長의 意에 따라, 要時羅가 朝鮮에 도항하여, 加藤淸正가 7,000의 兵을 이끌고 3日에 對馬까지 도착해 바람을 기다리고 있다는 정보를 급보했다. 게다가 朝鮮水軍이 급하게 戰艦 50艘을 機張方面으로 展開하고, 또한 5~6艘이 釜山近海에서 警戒活動한다면 行長들은 淸正에게 渡海를 단념하도록 설득한다는 共同計畫을 제안했다. 거기다가 淸正이 行長과 調信의 講和工作은 虛僞였다고 秀吉에게 주장하여 兵을 움직이게 되었지만 最終的으로 秀吉의 信賴를 쟁취하는 것은 行長라

---

117) 『宣祖實錄』29年11月戊戌(6日)條·壬寅(10日)條、『秋浦先生集』通信回還復書啓(丙申11月)·賊情奏文(丁酉1月)。
118) 『日本往還日記』。

고 주장했다.119) 그러나 11日에 順風이 불자 淸正은 약 150艘의 兵船을 거느리고 西生浦를 향해 출항했다.120) 2月 21日에는 豊臣政權이 諸大名의 3番編成의 陣立을 발하여 小西勢는 14,700人, 가운데 行長의 手勢는 7,000人, 宗義智의 手勢는 1,000人으로 되었다.121).

한편 沈惟敬은 2月 8日에 漢城을 떠나 釜山으로 향했다. 同月 중순에 체재중인 南原에서 사자를 부산의 行長과 寺澤正成에게 보내어, 머지않아 日本側陣營에 도착한다고 약속했다.122) 동월 하순에는 密陽 부근까지 도착하여 調信과 再會·密談하고, 日本側의 대응을 책망했다.123) 3月5日(明曆 6日)에도 調信은 密陽에서 沈惟敬과 と密하고, 淸正의 동향을 정탐하고, 朝鮮王子의 파견에 대해 물었다. 行長은 王子의 파견이 결정되면 스스로 일본에 돌아가 秀吉에게 보고하지만, 결정되지 않으면 正成에게 돌아가게 하여 보고할 것이라고 전했다. 124)王子의 생포를 통해 再戰 태세를 보이는 淸正에 대해, 行長는 交涉에 의해 王子의 인도를 요구하고, 再戰을 회피하려 한 것이지만, 그것이 실현되지 않으면, 行長은 돌아갈 수 없고, 약 15,000명의 兵을 움직일 수 밖에 없다고 압박했던 것이다.

3月 15日부로 調信이 慶尙右兵使 金応瑞앞으로 보낸 書契에는 동일 오전에 正成과 함께 日本으로 출항한다는 내용이 적혀있고, 調信은 再戰이 不可避한 상황을 개탄하고 있다. 이어 巨濟島에서 材木을 벌채한 日本人이 朝鮮側에 구속된 사건을 우려하고, 그 신병을 풀어줄 것을 요구했다. 17

119) 『宣祖實錄』30年1月庚戌(19日)條。淸正의 渡海阻止에서 西生浦의 淸正陣營의 燒打에 이르기까지의 工作에 대해서는 [村井 2013]참조. 또 『朝鮮陣略記』네는 燒打의 主体를 調信으로 했다.
120) 『宣祖實錄』30年1月甲寅(23日)條。
121) 「毛利家文書」(『豊臣秀吉文書集』7-5575号)など。
122) 『宣祖實錄』30年2月丙戌(25日)條。이하 戰鬪再開에 이르기까지의 調信의 동향에 대하여는 [김문자 2021] 참조.
123) 『宣祖實錄』30年3月戊戌(8日)條。
124) 『宣祖實錄』30年3月丙申(6日)條。

日부로 金応瑞에게 보낸 行長의 書契에 의하면, 行長은 金応瑞아의 사이에 巨濟島에서의 材木伐採에 관한 協定을 맺은 것 같고, 鍋島陣營의 大船 1艘이 巨濟島에서 朝鮮水軍과 衝突한 사건에 대해 변명하고 있다. 調信과 行長의 서계는 要時羅가 22日(明曆 23日)에 金応瑞 앞으로 보냈으며, 이때 要時羅는 調信이 일본에서 돌아올 때까지는 쌍방이 우발적인 충돌을 피하도록 노력해야 할 것을 제안했다.[125]

調信은 秀吉에게 王子의 인도는 어렵기 때문에 大臣의 인도나 혹은 國王의 「書幣」(國書)를 보내어 강화할 것을 호소했다. 5月 7日, 金応瑞의 휘하의 鄭承憲이 釜山에서 돌아와 보고한 정찰결과에 의하면, 秀吉은 調信의 호소에 응했다고 하며, 智永은 7日 이른아침에도 調信報를 가져올 것이라는 말을 했다고 한다.[126] 그러나 이는 誤報였다고 한다. 調信이 釜山으로 돌아온 것은 6月 1日(明曆2日)이었다. 秀吉과의 대화에 대해서도 秀吉이 朝鮮은 講和條件을 받아들이고 있는가를 물었고, 調信은 앞일이 불투명하다고 회답했다고 한다. 이 때문에 め秀吉은 격노하고, 8月 1日을 기하여 全羅道를 공격하라고 명했다고 한다.[127] 6月 2日, 行長은 최후의 소망을 걸고 沈惟敬에게 품첩하고, 明의 仲裁(「天命」)에 의해 日朝講和를 實現시키고 싶다고 호소하였으나, 沈惟敬은 提督인 麻貴의 명령에 의해, 7月 1日상이전에 체포되고 말았다.[128] 이렇게 하여 日明間의 교섭 채널이 상실되어 再戰回避의 工作은 수포로 돌아가고 말았다.

2) 戰鬪再開

5月 1日, 秀吉은 義智에게 巨濟島(「唐島」)의 領知를 인정했으며, 6月 중

125)『宣祖實錄』30年3月乙卯(25日)條。
126) 『宣祖實錄』30年5月辛丑(18日)條。
127) 『宣祖實錄』30年6月癸酉(14日)條。
128) 『宣祖實錄』30年6月丁丑(18日)條、7月甲午(5日) 戊戌(9日)條.『文英淸韓記錄』万曆25年7月1日付惟政書簡寫(2通)[吉永2023].

순경에는 空島化되어있던 巨濟島에 義智의 軍勢가 駐屯을 시작한 것으로
보인다.129). 7月 중순경, 金応瑞가昌原 부근의 日本側 陣營을 偵察해보니,
道路의 傍文에는 8月 3日에 諸軍勢가 各方面으로 進軍하고, 行長·義智와
島津義弘는 巨濟島·南海島를 경유하여 求礼로 진군할 계획이 공시되어 있
었다.130) 義智등은 7月 중순에 巨濟島에서 求礼로 이동하고, 8月 2日~3日
경에 南原에 도착하여 다음날부터 南原城의 攻防戰이 시작된 것 같았다.
이 전투에는 小西勢(行長·義智등)외에 宇喜多秀家·島津義弘·毛利吉成·
藤堂高虎·太田一吉·熊谷直盛등이 가세했다고 한다.131)

8月 15日에 南原城이 함락된 후, 戰線은 全羅道에서 忠清道·京畿道에
로 확대되었고, 明·朝鮮軍의 반격으로, 10月에는 諸軍勢가 慶尙道·全羅道
의 沿岸部로 철수하여 「倭城」의 普請에 힘쓰게 되었다. [中野 2008]. 이 무
렵, 調信은 求礼 부근에서 明軍과 대치했는데, 後續部隊의 到來가 두려워
蟾津江을 거쳐, 南海島(流山島)에 주둔했다. 그리고 縣의 東門에서 約5里
에 있는 山 전체를 성으로 삼고, 해자를 파서 배를 왕래할 수 있게 했다.
곧 義智가 閑山島를 경위하여 이 성에 도착해서 調信과 합류했다.132) 調信
이 普請한 南海島의 城은 南海倭城(船所倭城)[訓原 2014]에 해당된다. 한
편 義智는 자신이 領知하는 巨濟島에서 見乃梁倭城(唐島瀬戸口城)[早川
2014]을 普請한 것은 아닐까. 참고로 南海倭城의 支配領域에서 「給牌」과
徴稅의 事務를 担當했던 것이 후에 講和交涉에서 朝鮮側의 핵심인물이었
던 孫文彧이었다.

129) 「宗家文書」 5月1日付 豊臣秀吉朱印狀(『豊臣秀吉文書集』7-5595号), 『宣祖實錄』 30
　　年 6月 甲戌(15日)條。
130) 『亂中雜錄』丁酉7月16日條。
131) 『朝鮮陣略記』。
132) 『亂中雜錄』丁酉10月15日條, 「慶尙道地図」(1872年、서울大學奎章閣所藏、奎10512-v.1-9)
　　에는 「倭城」이라는 注記는 없지만, 「古縣城」보다 北東의 沿岸에 있는 小山에 都城과는
　　다른 形狀의 「古小城」이 그려진다. 이것이 南海倭城에 해당한다고 생각된다. 또 朝鮮의
　　鎭城·邑城과 區別하기 위해 「南海倭城」처럼 表記하기로 한다。

2. 倭城의 防衛

1) 南海倭城의 방위태세

1598年 1月, 蔚山方面의 苦戰을 감안하여 宇喜多秀家을 비롯한 諸將은 全羅道 방면으로 벌려 놓은 諸陣營을 慶尙道 방면으로 철퇴시킬 계획을 세웠다. [中野村 2008]. 즉 行長을 順天에서 泗川으로, 島津義弘을 泗川에서 固城으로, 義智를 南海島에서 巨濟島(「가라도瀨戶口之城」)으로 옮기려 했으나 行長·義智가 반대하여 義弘은 先陣의 움직임에 달렸다고 답변했다. 이 때문에 秀家등은 26日부로 前田利家·石田三成등에게 書狀을 보내어, 豊臣政權의 判斷에 따르려 했다.[133] 한편, 義弘은 2月 5日에 昌善島의 熊谷直盛에게 書狀을 보내어, 日本에 사신파견을 서둘러야 할 것과 行長이 智永을 일본에 파견하려 한다는 것을 전하고, 兩使가 함께 출발하는 날자를 조정하려고 했다. 또 調信과 협의하여 昌善島·南海島間의 烽火를 정비할 것을 요구하고 行長·義智과도 烽火의 일을 상담할 것을 요구했다.[134] 海戰의 發生에 대비하여 泗川·順天과 南海島·昌善島를 아우르는 防衛態勢를 갖추려는 모습을 엿볼 수 있다.

3月에는 17日부와 18日부의 朱印狀이 義智에게 발부되었다.[135] 秀家등이 물었던 順天·南海에서의 撤退案은 각하되고, 義智가 이에 同調하지 않았다는 것을 치하하는 것이었다. 그리고 城의 普請을 명함과 동시에 兵糧米 1,000石과 「鐵炮·玉藥」의 지급을 전하고 있다. 자세한 내용은 智永이 전하고 있기 때문에 지난달에 智永이 行長의 使者로서 일본으로 향했던 것

---

133) 「島津家文書」1206号(『大日本古文書』16-3). 또 『宇都宮高麗御歸陣物語』[跡部1999]에 의하면, 이 즈음에는 南海倭城이 義智의 持城, 見乃梁倭城이 調信의 持城이었던 것 같다.

134) 『旧記雜錄』(『鹿兒島縣史料』旧記雜錄後編3-373号).

135) 「宗家文書」(『豊臣秀吉文書集』7-5768·5776号). 「島津家文書」978号·5月26日付島津義弘·忠恒宛て熊谷直盛等書狀(『大日本古文書』16-2)도 참조.

은 秀家의 撤退案을 항변하기 위해서 였던 것이다. 또 義智에게 지급된 「鐵炮·玉藥」의 내역은 石火矢(大筒)3丁·石火矢玉30·藥500斤·玉500斤으로 寺澤正成로부터 智永에게 인도될 예정이었다.[136]

5月 상순경, 調信은 礼曹判書앞으로 서계를 보냈다. 秀吉은 休戰交涉을 엄금하고 있지만, 明將의 제의가 있었기 때문에 2月 15日에 智永을 京都에 보내 秀吉의 의향을 알아보았지만, 이제까지 돌아오지 않고 있다고 하였다.[137] 智永에게는 順天·南海 撤退案에 대한 항변과 함께 休戰의 可能性을 탐지하는 임무가 부과되어 있었다. 아마도 順天·泗川·南海의 戰線이 拮抗狀態에 있어서 現地의 指揮官 차원에서 停戰의 機運이 생겼기 때문에 行長·義智등은 이 地域에서의 性急한 撤退는 위험하다고 판단했을 것이다. 어디까지나 行長·義智·調信이 요구한 것은 休戰이기 때문에 撤退案의 拒否는 主戰論임을 의미하지 않는 것이다. 6月 2日(明曆3日), 要時羅가 明軍의 陣營을 찾아와 停戰交涉을 시도했다. 그 석상에서 要時羅의 발언에 의하면 智永이 發病하여 對馬에 있기 때문에 行長은 調信을 對馬에 보내어 〈秀吉의 意向〉을 確認 시키는 중이라고 한다.[138] 그 〈意向〉이 어떤 내용인지는 알 수 없다. 秀吉가 사망한 것은 8月 18日이다.

2) 完全撤退

1598年 8月 중순, 行長은 朝鮮에서의 「勅使」(國王使)와 「御調物」(礼物)을 조건으로 撤退交涉에 着手한 것 같았다.[139] 25日부로 義智와 調信에게 朱印狀이 발부되어 德永壽昌·宮木豊盛가 현지를 방문하여 長期간에 걸쳐 滯陣하고 있음을 위로하는 뜻을 전했는데[140], 실질적으로는 撤退·休

---

136) 「島津家文書」1202号·3月18日付豊臣秀吉朱印狀(『大日本古文書』16-3)。
137) 『宣祖實錄』31年5月辛卯(7日)條。
138) 『宣祖實錄』31年6月丙辰(3日)條。
139) 『宇都宮高麗御歸陣物語』。
140) 「宗家文書」「宮木衛氏所藏文書」(『豊臣秀吉文書集』7-5864·5867号)。

戰을 지시하기 위한 사자였다. [中野 2008]. 行長이 明將 劉綎과의 사이에서 停戰을 합의했다는 情報를 얻은 義智와 島津義弘은 9月 3日(明曆4日)에 順天에 모여 軍議를 한 후에, 南海·泗川으로 돌아갔다.[141] 5日에는 德川家康·前田利家·宇喜多秀家·毛利輝元의 連署狀이 行長·義智에게 보내졌다. ① 休戰交涉은 加藤淸正의 面前에서 실시할 것, ② 淸正이 難色을 표하면 面前에서라도 상관없다. ③ 休戰에 임해 朝鮮의 王子가 來日하면 좋지만, 無理하다면 調物로도 괜찮다. ④ 調物은 日本의 外聞을 유지하기 위한 것이기 때문에 많든 적든 상관없다. ⑤ 迎船 300艘을 보내도록 하고, ⑥ 毛利秀元·石田三成·淺野長政을 博多로 下向시켜서 歸還의 指示를 하게 한다. 는 내용이었다.[142] 다만 德永·宮木 두명이 釜山에 도착한 것은 10月 1日이어서[中野 2008], 現地에서는 明軍과의 交戰이 발생하고 있었다.

9月 19日(明曆20日), 明軍이 泗川·順天을 공격했을 때, 義智는 順天에 있었다.[143] 南海島까지 撤退했던 義智는 10月 17日 밤에 明軍으로부터 停戰交涉의 使者가 順天倭城에 왔다는 것을 듣고, 다음날 18日에 調信과 景轍玄蘇를 順天에 보냈다.[144] 25日이 되어 行長은 28日 내지 29日에 順天에서 撤退할 것을 명정했다고 한다.[145] 그리고 30日에 行長·義智·義弘·立花親成(宗茂)가 連署로 條書를 작성하였는데, ① 日限을 정해 順天·南海·泗川·固城에서 巨濟島로 철수하고, 「先手」(南海方面)에서부터 차례로 撤退할 것, ② 順天·泗川에서 각각 停戰이 성립되면 최선이겠지만 한쪽만이라도 성립된다면 하루빨리라고 人質을 받을 것, ③ 泗川·固城의 배는 順天을 경유하여, 唐嶋瀨戶(見乃梁)까지 대줄 것을 약속했다.[146]

---

141) 『亂中雜錄』戊戌9月4日條。

142) 「豊國神社文書」[德川2006]。

143) 『宇都宮高麗御歸陣物語』、『亂中雜錄』戊戌9月20日條。

144) 「島津家文書」1931号·10月20日付島津忠恒宛て宗義智書状1206号(『大日本古文書』16-5)。

145) 『宇都宮高麗御歸陣物語』。

146) 「島津家文書」1449号(『大日本古文書』16-3).또 『宇都宮高麗御歸陣物語』에는 行長이

明軍과의 停戰交涉이 진전되면서, 인질을 받은 行長은, 11月10日, 順天
에서 철수하기로 하고, 우선 兵糧을 釜山·巨濟로 운송하려고 했다. 그런데
兵糧을 운송하는 荷船이 明 水軍의 급습을 받았기 때문에 더 이상 順天倭
城에 籠城하는 것이 불가능하게 되었다.[147] 10日 중에 行長은 明軍의 「船
의 大將」에게 사자를 보내, 「陸의 大將」과 정전을 약속하고 人質을 받고
日本으로 귀환하려 하는데, 왜 攻擊을 해 왔느냐고 떠졌다. 다음날 11日,
「船의 大將」으로부터 사자가 와서, 順天倭城의 本丸는 「陸의 大將」에게,
二の丸는 「船의 大將」에게 넘기라고 압박했다. 이에 대하여 行長은 順天
倭城은 「陸의 大將」에게 넘겨주기로 한 약속이라며 거부하고, 南海倭城과
見乃梁倭城(「瀨戶의 城」)을 「船의 大將」에게 내어줄 代案을 제시했다.
「船의 大將」은 두성은 「端城」에 불과하다고 거부했으나, 行長은 義智을
「高麗와 日本의 경계의 國主」라고 편하고, 明에도 이름이 알려져 있기 때
문에 자신과 義智는 同格이라고 주장하자, 「船의 兩大將」은 두성과 兩城
과 武具·道具를 넘겨줄 것을 요구했다. 그리고 17日, 行長은 人質 7名을
받아, 「船의 大將」과의 停戰이 성립되었다.[148]

17日에 明 水軍과의 停戰이 합의되어, 곧바로 義智·調信은 南海倭城에
서 철수를 시작했다고 생각된다.[149] 전달 30日부의 連署條書에서는 「先手」
(南海方面)부터 차례로 철수하는 것이 약속되었기 때문에, 義智의 철수와
함께 義弘도 泗川에서 南海로 이동하기 시작했다. 義弘은 小船으로 南海
島의 北岸까지 이동하여 順天의 行長의 상태를 물으려고 갔다. 그러나 18

人質을 받았던 것은 9月 25日이라고 했다.
147) 『旧記雜錄』12月7日 付け島津義弘書狀寫(『鹿兒島縣史料』旧記雜錄後編3-613号)。
148) 『宇都宮高麗御歸陣物語』。
149) 『亂中雜錄』戊戌11月19日(和曆18日)條는、露梁津에서의 패전소식을 들은 「南海留
    在之賊」이 육로로 弥助項(南海島南東部)으로 도망처, 義智가 그들을 수용해가지고
    떠났다. 『宇都宮高麗御歸陣物語』는 島津勢가 南海城으로 도망쳤고, 「城主인 對馬
    守殿」는 「瀨戶」(見乃梁城)으로 퇴각했다.

日寅時(3~5時頃)에 數百艘의 番船과 만났다. 島津勢은 防戰하여 朝鮮의
大船 4艘과 江南의大船 2艘을 포획하고, 午時(11~13時頃)에는 쌍방이 모
두 퇴각하고, 同日 중에 順天에서 小西勢를 구출했다.[150] 露梁津海戰이다.
海戰의 종료후 島津勢는 空城이 된 南海倭城에 籠城했다.[151]

　行長勢는 19日 이른 아침, 南海島에서 철수했다. 20日 낮에 「瀬戸」(巨
濟島의 見乃梁城)에 도착하여, 義智·義弘·正成과 합류한 후, 22日에 薺浦
에 도착했다. 23日에 淸正이 釜山의 陣營을 불태우고 철수하자, 교대로 釜
山으로 이동했다.[152] 그리고 24日에 「惣引」(全軍撤退)가 결정된 것 같
다.[153] 26日, 劉綎등은 「日本授職都督僉事」인 行長 및 義智·正成·親成,
義弘·忠恒 父子 등 6名앞으로 諭帖(下達文書)을 보내고, 質官 9名을 釜山
으로 보냈음을 전하고 있다. 그리고 「2營」(하나는 淸正陣營)을 불태웠지만,
諸將이 좀더 체류하기를 바라고 있는 것을 근거로 日本으로부터 사자가 도
래할 때까지는 인정하지만, 도래후는 신속하게 철수할 것을 명하고 있
다.[154] 全軍撤退가 시작된 것은 26日 아침부터 인 것으로 보인다. 行長은
質官과 함께 釜山을 출항했다.[155] 島津勢는 12月 10日, 小西·寺澤勢는 11
日에 博多에 도착했다. [中野 2008]. 이렇게 第2次 戰鬪는 休戰을 맞이한
셈이지만, 撤退中에 調信의 動向은 확실치 않다. 朝鮮國內서는 調信이 落
命했다는 소문이 넓게 퍼졌지만, 南海島에서는 調信·智永 父子 것으로 보

---

150) 『旧記雜錄』12月7日付島津義弘書狀寫。

151) 『島津家高麗軍秘錄』(『續群書類從』20下)。 또, 「朝鮮日々記」는 「樺山權左衛門殿ヲ押
　　　立、對馬陣ノアキタルニハイリコミ」와의 기사가 10月에 걸쳐 있지만, 11月의 露
　　　梁津海戰에 관한 것일 것이다.

152) 『宇都宮高麗御歸陣物語』。 또 「朝鮮日々記」는 18日 중에 行長이 順天에서 對馬西泊
　　　까지 철수했는데, 그 일정에는 무리가 있다.

153) 洲河家覺書C。

154) 「加藤文書」万曆26年11月26日付け西路欽差委官守備都指揮僉事劉等諭帖(『小西行長
　　　基礎資料集』302号)。

155) 『宇都宮高麗御歸陣物語』

이는 首級도 운반되고 있다.156)

VI. 맺음말

이상 전군이 博多로 철수한 1598年 12月씽순까지를 서술하는데 그쳤지만, 調信은 同月 중에는 義智를 따라 京都로 移動·滯在했다고 한다.157) 그리고 다음해인 1599年 이후, 調信은 豊臣·德川政權과 朝鮮과의 사이에 있었고, 宗氏領國의 利害를 잘 대변하면서 講和交涉에 힘썼고, 1605年 3月에는 京都 伏見城에서 將軍 德川秀忠과 僧惟政과의 회담에 참여했다. [荒木 2019·2020]. 임시로 講和(終戰)를 지켜 본 調信은 반년후인 9月 29日에 죽었다. 그의 유지를 이어 받은 것이 智永인데, 10月 13日자의 書契에서, "調信은 임종할 때, 나에 대해, 「朝鮮과 日本과의 和好에 대하여는 나의 생전과 똑같이 노력하라, 너는 결코 게을리해서는 안된다. 兩國의 平安은 결코 和好의 한가지 일에 달려있다」고 遺訓을 남겼다.158) 최종적으로 강화가 성립한 것은 調信이 죽고 2年후인 1607年이었다.

調信의 67年의 생애중에 前半生은 그 활동의 徵証을 할 수 없다. 반면에 後半生 중 48歲부터 20年間은 戰爭의 回避와 수행, 停戰·休戰交涉, 그리고 講和(終戰)交涉에 바치고 있다. 그런 交涉의 국면과 비교하면, 戰時에 있어 調信의 존재감은 第1次 戰鬪의 先陣으로서의 역할을 제외하면 극히 희박하다. 어디까지나 大名重臣으로서 數百程度의 兵을 거느리는 것에 불과한 存在이지만, 交涉의 국면에 이르면 秀吉의 直臣과 朝鮮國王의 신하라고 하는 두가지 명분이 작용하여 의연하게 存在感을 발휘했다. 그렇다고

---

156) 『宣祖實錄』31年12月戊寅(27日)條、32年1月丙申(15日)條。
157) 『海行錄』万曆33年12月10日條[辛·仲尾1996]。
158) 『柳川調興公事記錄』[김·윤2015]。

는 해도 日·朝·明 三國間의 交涉의 最前線에 있었기 때문에 그 결렬의 場
面에 입회하는 경우도 많았고, 상대방으로부터 不信과 非難을 사기도 했다.
동시대에 있어 毀譽褒貶이 상반되는 인물이었다고 말할 수 있다.

  후년, 嫡孫인 調興의 代에「柳川一件」이 발생하여 柳川氏 가운데 調信
의 系統이 끊겼다. 調信의 菩提寺인 流芳院은 廢寺가 되고, 柳川家의 家
財道具는 幕府에의해서 몰수되어 버렸다.[159] 調信·智永·調興 三代에 연
고가 있는 물품은 아무 것도 전해지지 않는다. 그들이 보낸 文書가 단편적
으로 島內諸家에 남아있는 정도이다. 對馬藩에서는 柳川姓이 기피 대상이
될 뿐만아니라 宗氏庶流라고 하는 系譜關係 조차도 없어졌다. 調信은 망
각의 저편으로 사라져 때로 생각나는 일이 있어도「諸國経歴」의「浪人」이
라던가,「謀反人」의 사위라는 폄훼를 받았다.[160] 그러나 勞苦를 함께 한
景轍玄蘇의 遺文集『仙巣稿』에는 調信의 肖像에 붙인 贊(「流芳院殿傑岑
宗英居士肖像贊幷序」)가 수록디어 있어, 贊美가 지나치다고 말하기도 하
지만 調信의 實像의 한단면을 전한다. 玄蘇의 제자인 規伯玄方은 柳川一
件으로 配流의 어려움을 겪은 셈인이지만, 敵對한 調興과 대비해가면서,
調信·智永 父子는「對馬守를 잘 모시며, 公儀도 잘가꾸며, 자기가 財宝를
아껴, 對馬守事가 부족할 때는 자신의 물건을 곁들여 보충하는 인물이었다」
고 말하고 있다.[161]

  이와 같이 調信은 시대에 따라서 評価가 轉変하는 人物이지만, 그렇기
때문에 어느 一面을 잘라낼 것이 아니라, 그 인생의 전체상을 실증적으로
밝힐 필요가 있다. 본고는 지면관계상 1598年까지 서술하는데 그쳤지만 단
편적인 日本史料와 朝鮮史料를 결합하면서 調信이라는 한 개인의 관점에
서 壬辰戰爭을 다루어 보고자 했다.

---

159)『方長老朝鮮物語 付柳川始末』(『改訂史籍集覧』16)、『宗氏家譜略』[鈴木1975]。
160)『方長老朝鮮物語 付柳川始末』。
161)『方長老朝鮮物語 付柳川始末』。

참고문헌

1. 일본어

跡部信, 1999, 「『宇都宮高麗歸陣軍物語』(翻刻と讀み下し文)」(『倭城の研究』 2, 岩田書院)

荒木和憲, 2007, 『中世對馬宗氏領國と朝鮮』(山川出版社)

荒木和憲, 2008, 「十六世紀末期對馬宗氏領國における柳川氏の台頭」(九州 史學研究會編『境界からみた內と外』岩田書院)

荒木和憲, 2009, 「一六世紀後半對馬宗氏領國の政治構造と日朝外交」北島万 次・孫承喆・村井章介・橋本雄編『日朝交流と相克の歷史』校倉書房)

荒木和憲, 2017, 『對馬宗氏の中世史』(吉川弘文館)

荒木和憲, 2019, 「「壬辰戰爭」の講和交涉」(『SGRAレポ-ト』86)

荒木和憲, 2024, 「戰國期壹岐をめぐる政治史的展開」(中野等編『中近世西國・九 州研究』吉川弘文館)

王鑫磊, 「朝鮮辛卯(一五九一)通信使國書交涉事件再考」(池內敏編『譯官使・ 通信使とその周辺』2, 科硏成果報告書)

尾下成敏, 2010, 「九州停戰命令をめぐる政治過程」(『史林』93-1)

北島万次, 1990, 『豊臣政權の對外認識と朝鮮侵略』(校倉書房)

木村拓, 2023, 「豊臣秀吉の侵攻予告に對する朝鮮の對応」(川西裕也・中尾道 子・木村拓編『壬辰戰爭と東アジア』東京大學出版會)

金キョン泰, 2023, 「「泰長院文書」收錄の書狀から見た日本軍の裏面交涉」(前 揭川西裕也・中尾道子・木村拓編著書)

金文子, 1994, 「慶長期の日明和議交涉破綻に關する一考察」(『人間文化研究 年報』18, お茶の水, 女子大學)

訓原重保, 2014, 「南海城」(織豊期研究會編『倭城を歩く』サンライズ出版)

顧明源, 2022, 「十六世紀における對馬と妙心寺派」(『史學雜誌』131-9)

佐島顯子, 1992, 「秀吉の「唐入り」構想の挫折と小西行長の講和交涉」(『福岡 女學院大學紀要』2)

佐島顯子, 1994, 「壬辰倭亂講和の破綻をめぐって」(『年報朝鮮學』4)

佐島顯子, 2013, 「文祿役講和の裏側」(山本博文・堀新・曾根勇二編『僞りの秀 吉像を打ち壞す』柏書房)

淸水紘一, 2001, 『織豊政權とキリシタン』(岩田書院)

辛基秀·仲尾宏(編), 1996, 『大系朝鮮通信使』1(明石書店)

鈴木棠三(編), 1975, 『宗氏家譜』(村田書店)

武田勝藏, 1925, 「伯爵宗家所藏豊公文書と朝鮮陣」(『史學』4-3)

田代和生, 2007, 「朝鮮國書原本の所在と科學分析」(『朝鮮學報』202)

田中健夫, 1982, 『對外關係と文化交流』(思文閣出版)

田中健夫(編), 1995, 『譯注日本史料 善隣國宝記 新訂續善隣國宝記』(集英社)

德川義宣, 2006, 『新修 德川家康文書の研究』2(吉川弘文館)

中野等, 2002, 「「對馬」からみた文祿の役」(『九州文化史研究所紀要』46)

中野等, 2004, 『朝鮮出兵期における諸大名の動向およびその領國に關する研究』(科研報告書)

中野等, 2008, 『文祿·慶長の役』(吉川弘文館)

中野等, 2017, 「石田三成の居所と行動」(藤井讓治編『織豊期主要人物居所集成』思文閣出版, 第2版)

早川圭, 2014, 「見乃梁城」(織豊期城郭研究會編『倭城を歩く』サンライズ出版)

中村榮孝, 1974, 「壬辰倭亂の發端と日本の「仮道入明」交渉」(『朝鮮學報』70)

藤井讓治(編), 『織豊期主要人物居所集成』(思文閣出版)

本多美穗, 1995, 「『安東統宣高麗渡唐記』(上)」(『研究紀要』1, 佐賀縣立名護屋城博物館)

本多美穗, 1996, 「『安東統宣高麗渡唐記』(下)」(『研究紀要』2, 佐賀縣立名護屋城博物館)

村井章介, 2013, 『日本中世の異文化接觸』(東京大學出版會)

湯川敏治(編), 1996, 『歷名土代』(續群書類從刊行會)

米谷均, 2002, 「豊臣政權期における海賊の引き渡しと日朝關係」(『日本歷史』650)

米谷均, 2014, 「豊臣秀吉の「日本國王」冊封の意義」(山本博文·堀新·曾根勇二編『豊臣政權の 正体』柏書房)

2. 한국어

김경태, 2018, '임진전쟁기(1594년) 조선군과 일본군의 이면교섭 연구', "한일관계사연구"61

김문자, 2021, "임진전쟁과 도요토미 정권", 경인문화사

김상준, 윤유숙(역), 2015, "야나가와 시게오키 구지 기록", 동북아역사재단
荒木和憲, 2020, '조일 강화 교섭 과정과 정탐사', "공존의 인간학"3

3. 중국어

鄭潔西·張穎(校勘)2020 『経略復國要編』(寧波學術文庫)

柳川調信の生涯
- 壬辰戦争の講和に捧げた後半生 -

荒木和憲 | 九州大

I. はじめに

今回の韓日學術大會のテ-マは 「人物からみた韓日交流史」 である。「韓半島と日本列島を往來し、 共存・共生しながら生きた韓國人と日本人の人生をとおして韓日交流史を再照明する」との趣旨に鑑み、本報告では、 「壬辰戦争」において日本・朝鮮・明三國間の戦闘・交渉の最前線で活動した柳川調信(1539-1605)に照明をあてることにする。

柳川氏の系譜と調信の屬性については、 かつて檢討したことがあるので[荒木2008]、その成果に據りながら、基本的な事實關係を整理しておこう。

柳川氏は宗氏庶流の家であり、もともと宗姓を稱していた。1546年に柳川に改姓したが、 本姓は平姓のままであった。柳川氏は守護(島主)である宗氏に奉仕し、吏僚として領國の政務に従事していたが、守護代佐須氏や重臣立石氏に比べれば、 特に目立った事跡はない。その柳川氏から輩出したのが調信である。史料上の初見は1573年である。

1580年、宗義智(1568-1615)が宗氏の家督を継承したものの、 いまだ13歳の少年であり、政治の實權は隠居の義調(1532-88)が握っていた。その義調から信頼を寄せられたのが調信である。調信は義調が直轄する伊奈郡の郡代に拔擢され、領國内で頭角を表した。そして、1586年以降は豊臣政權との交渉を担うことになる。この難局の最中である1588年に義調

が没し、後事は義智に託された。このとき義智21歳、調信50歳である。老練な重臣が青年の大名を支えながら、領國の経営に重要な役割を果たしていくのである。

　ところで、「壬辰戰爭」(文祿・慶長の役、壬辰・丁酉倭亂、万暦朝鮮役)[鄭・李2008]については、一般には「文祿の役」「壬辰倭亂」(1592~93年)と「慶長の役」「丁酉再亂」(1597~98年)に分けることが多いが、本稿では停戦・休戦・終戦(講和)という近代的な概念を援用しつつ、①第1次戰鬪(1592年4月~93年4月)、②第1次休戦(1593年5月~1596年12月)、③第2次戰鬪(1597年1月~1598年12月)、④第2次休戦(1599年1月~1607年5月)、⑤終戦(1607年5月)という5段階からなる、戦鬪・交渉の一連の過程としてとらえる。このうち調信が關与したのは①から④の途中までということになるが、④・⑤における講和交渉の過程については別稿[荒木2019・2020]で檢討したことがあるので、本稿では①から③までを扱うことにする。

　こうした見方をすることで、都度の交渉の性格を説明しやすくなると思われるが、留意すべきは、最前線で戦鬪・交渉を行う「對馬グループ」(小西行長・宗義智・柳川調信・景轍玄蘇)[北島1990]が現場レベルで相手方の指揮官と停戦交渉を行うだけでなく、豊臣政權からの一定の自律性を保ちつつ三國間の休戦・終戦交渉に關与していることである。近代的な概念では説明できないとの批判や、日本側の視点に偏った見方であるとの批判は免れないが、あえてそれを援用することで「對馬グループ」の特質が照射されよう。ともあれ、本稿においては、そのグループ内で重要な役割を果たした調信の視点から、壬辰戰爭の過程をあとづけてみたい。

　なお、本稿では年月日を「1592年4月1日」のように記述するが、西暦(グレゴリオ暦)に換算したものではなく、便宜的に西暦1592年を文祿1年・宣祖25年・万暦20年・壬辰年の相当年としたものである。月日は和暦に統一(換算)し、明暦と異なる場合は併記した。

II. 壬辰戦争以前の動向(1573年~1592年3月)

1. 朝鮮通交のあり方

調信が史料上に姿を現すのは1573年以降のことであり、朝鮮通交の一端が垣間見える。宗氏領國の政務を担う吏僚たちは、宗氏から知行として通交權益を分配され、それを行使・運用することで、貿易の利潤を得ていた。その權益は、正規の島主歳遣船權益と僞装通交權益(歳遣船・受職人)に大別される。柳川氏一族が保有する權益は、佐須氏一族・立石氏一族と比べて4分の1程度であった[荒木2007]。

表1によると、調信は島主歳遣船のほか、藤久・松浦豊秋・宗熊満名義での僞使通交を行っている。これは吏僚一般に共通する通交のあり方であるが、調信は1578年から翌年にかけての澁川政教(巨酋使)名義の僞使通交においては、私卜押物として朝鮮との間を往來している。このとき調信は「平調信」と称し、父「而羅多羅」の司猛職(正八品)を世襲したいと二度にわたり訴えている[松尾2023]。壬申約條(1512年)の締結後、對馬島人の受職人は護軍(正四品)以上でなければ通交不可となっていたため、深處倭(對馬以外の地域の日本人)になりすまして司直(正五品)以下の微職を受職し、通交を行うという手法が定着していた[荒木2007]。調信もそれ例に則ったわけであるが、1572~73年に「日本國上松浦司猛而羅多羅」と称して渡航していたのは古屋惣左衛門であった[162]。受職人は毎年渡航するのが基本であるが、1574~75年には渡航が確認されないことから、古屋惣左衛門は没してしまったのであろう。これにともない「而羅多羅」名義の通交權が消滅したため、調信はその遺子であると称して、司猛職の世襲を請うたわけである。

---

162) 「印冠之跡付」元龜3年閏2月24日、同4年3月19日[田中1982]。

　結局、その請願は許可されなかったようで、『朝鮮送使國次之書契覺』
(1580-86年)[田中1982]には調信の受職人としての朝鮮渡航は記録されて
いない。1580年の日本國王名義の僞使通交では都船主に任じられ、貿易
の實務を担っている。從來、日本國王使の都船主には重臣立石氏が任じ
られることが通例となっていたため[荒木2009]、調信は立石氏の權益を
侵食しつつあったことになる。

　このように、調信は宗義調の信任を後ろ盾として、徐々に宗氏領國內
における政治的地位を向上させ、相応の経済基盤を確保するため、さま
ざまな方法で朝鮮通交權益の擴大を図っていたのである。のちに調信は
壬辰戰爭の講和に盡力することになるわけであるが、その根底には朝鮮
との通交貿易を正常化し、宗氏領國および柳川氏自身の存立基盤を固め
るという意図があったことを確認しておきたい。

〈表1〉柳川調信の朝鮮通交(1573-86)

No.	年月	通交名義	通交形態	權益形態	典據
1	1573.2	藤久	遣使	連年知行(1572年分)	印冠
2	1573.2	松浦豊秋	遣使	連年知行(1572年分)	印冠
3	1573.10	松浦豊秋	遣使	連年知行	印冠
4	1573.11	藤久	遣使	連年知行	印冠
5	1574.3	宗熊滿	遣使	單年知行	印冠
6	1575.1	藤久	遣使	連年知行(1574年分)	印冠
7	1578-79	澁川政敎	渡航	私卜押物	雜藁
8	1580	足利義藤	渡航	都船主	宣祖, 書契覺
9	1580.8	藤久	遣使	隔年知行	書契覺
10	1582	宗義調	遣使	隔年知行(島主歲遣船)	書契覺
11	1582.6	藤久	遣使	隔年知行	書契覺
12	1584	宗義調	遣使	隔年知行(島主歲遣船)	書契覺
13	1584.2	斯波某	遣使	單年知行	書契覺

No.	年月	通交名義	通交形態	權益形態	典據
14	1584.7	藤久	遣使	隔年知行	書契覺
15	1586	宗義調	遣使	隔年知行(島主歲遣船)	書契覺
16	1586.8	藤久	遣使	隔年知行	書契覺

* 印冠：印冠之跡付, 雜藥：右武衛殿朝鮮渡海雜藥、宣祖：宣祖實錄、書契覺：朝鮮
送使國次之書契覺

2. 豊臣政權との接触

　薩摩川内への使行　586年12月から翌1587年5月にかけて、豊臣政權に
よる九州平定戰が展開された。1587年夏、合戰の終盤に差しかかったと
ころで、宗義調は4月13日付の書狀と人質(内野調勝)を薩摩川内の秀吉本
陣に送ることに決し、その使者として調信を起用した。調信が川内に到
着したのは5月4日のことである。これを喜んだ秀吉は、九州平定が完了
次第、朝鮮を攻めるとの旨を傳えるとともに、義調に忠節を求める朱印
狀が發出された[163]。

　義調の書狀の直接の宛先は小西行長と九鬼嘉隆であったようで、調信
は5月8日付の兩名の返書を對馬に持ち歸った[164]。　5月8日は島津義久が
降伏し、九州平定戰が完了した日である。小西行長書狀の要点は、①義
調の筑前出頭、②人質の「實子」への變更、③朝鮮攻めについての回答、
である。とりわけ③については、秀吉が調信に對し、「もし返事が遲れれ
ば、すべての兵船を對馬に差し向ける」と直々に傳えたという。また、調
信と行長との面談のなかで、「五島より賊船」の話題が持ち上がり、行長
は對馬側の計畫を支持している。これは1587年に五島在住の沙火同らが
全羅道の海域で海賊行爲をはたらいた事件[米谷2002]を指している。こ

163)「宗家文書」5月4日付豊臣秀吉朱印狀(『豊臣秀吉文書集』3-2176号)。
164)「宗家文書」[武田1925]。

の段階で調信と行長が日朝關係の實態について談合していることは注目される。一方、嘉隆書状は「朝鮮攻めで忠節を盡くすことが肝要ですが、御侘言(嘆願)の余地が殘されています。詳細は調信から口頭で說明します」との内容である。

筑前筥崎への出頭 6月7日、義調と義智は揃って、秀吉の凱旋先である筑前筥崎に出頭した[165]。15日に秀吉は義調・義智に對馬一國の領知宛行状を發するとともに、もう一通の朱印状を發した[166]。①義調の「御理」(嘆願)をうけて朝鮮攻めを延期すること、②朝鮮國王が參洛すれば何事も從來どおりとすること、③參洛が遲滯すれば、朝鮮を攻めること、を傳えるものである。5月29日付の北政所宛て秀吉書状には「朝鮮が日本の内裏に出仕しなければ、來年には兵を送る」とあり、6月1日付の本願寺宛て秀吉書状には「高麗國王の參内がなければ、兵を送る」とあるので[167]、義調は5月29日以前に「御理」を濟ませていたことになる。

この段階で豊臣政權は朝鮮を攻めるだけの余裕がなかったため、朝鮮國王の參洛要求に変更されたのである[中野2006]。その変更を表向きに取り繕うため、義調からの「御理」(御侘言)が求められた。薩摩川内で嘉隆から政權側の機微を傳えられた調信は、「御理」を實行に導くことで朝鮮攻めを回避したのである。なお、後世の編纂物によると、調信は義調・義智の筥崎出頭にも從っていたという[168]。

松浦氏との講和朝鮮國王の參洛要求に直面した宗氏であったが、目下の課題は、平戸松浦氏およびその麾下である壹岐日高氏との講和の實現であった。両者が合戦に及んだのは1586年3月から7月にかけてのことであるが、その直前の1585年に豊臣政權は「九州停戦命令」[尾下2010]を發

---

165)『九州御動座記』[淸水2001]。
166)「宗家文書」(『豊臣秀吉文書集』3-2237・2238号)。
167)「妙滿寺文書」「本願寺文書」(『豊臣秀吉文書集』3-2210・2223号)。
168)『朝鮮陣略記』(後掲注49參照)。

出しており、 宗氏・日高氏のもとには小早川隆景から「私戰」を禁ずる政權側の意思が伝達されていた[荒木2024]。 筥崎出頭を目前に控えた宗氏と松浦氏は、急遽、講和交渉に着手した。無事に對馬と壹岐・平戸の領知宛行をうけた兩者としては、早急に講和を成立させ、停戰命令違反を追及されることを回避しなければならなかったのである。

翌1588年4月までつづいた和睦交渉の一齣に調信も關與しているが、あくまで複數の吏僚とともに實務を担当しているだけであり、重要な局面では、守護代佐須景滿や重臣立石調廣らが日高氏側と書狀を往復している。宗氏領國內において調信は國內外向けの渉外担当者として活動していたが、その地位はさほど高いものではなく、薩摩川內への使行を契機として頭角を表しつつあったということになる。

3. 僞日本國王使の交渉

1度目の僞國王使 宗氏は松浦氏との講和交渉に腐心していたわけであるが、1587年9月、僞國王使として「橘康連」(重臣の立石調光)を派遣し、「新王」である豊臣秀吉の登場を伝えるとともに、「賀使」の派遣を求めている[荒木2009]。しかし、交渉はまとまらず、秀吉は苛立ちをみせていたようである。1588年2月、肥後に在國中の小西行長は宗義調・宗義智に書狀を送り、朝鮮の返事の有無を秀吉から尋ねられているので、秀吉と行長に對して急ぎ状況を報告するよう求めている[169]。歳暮・年始の祝儀のため、京都に滞在していた柳川藤內が下國する旨も伝えられており、柳川氏一族が豊臣政權との交渉を担うようになっていたことが窺える。 3月、柳川智永(調信の子)は壹岐の日高勝秀に送った書狀のなかで、 京都

---

169)「宗家文書」2月29日付宗義調宛て小西行長書狀[武田1925]、宗義智宛て小西行長書狀寫(『奥御書キ物寫下書』、國史編纂委員會保管「對馬島宗家文書」6513号)。

に急報しなければならないことが生じたと述べており[170]、 宗氏が對朝鮮交渉の進捗狀況を豊臣政權に報告しようとしている樣子が窺える。 7月16日付の秀吉朱印狀によると、義智は豊臣政權への使者として調信を派遣し、來年には朝鮮に渡航する方向で調整中であることを報告している。 これに對して秀吉は渡航にかかる「賄」(贈品)などの「造作」(経費)として、米2,000石を支給した[171]。もう1年の猶予を与えられたのである。

2度目の僞國王使 1589年3月、秀吉は義智に朱印狀を發し、昨年中に朝鮮國王の參洛が實現しなかったため、今年の夏中には義智自身が渡海して國王を連れてくること、もし不調の場合は行長と加藤清正に報告すべきことを命じるとともに、 後者の場合はただちに兵を動かす用意があることを傳えている[172]。これをうけて、義智は僞國王使を編成し、正使に景轍玄蘇、都船主に調信を据え、みずからも副使となり、6月下旬に朝鮮へ渡航した[173]。一行は7月26日に漢城に入ると[174]、朝鮮の朝廷は8月に通信使の派遣を議論しはじめ、9月に使節が任じられた[175]。義智は對馬府中で留守を預かる吉賀長生(伊豆守)に對し、10月13日付の書狀を送り、「官人」(通信使)の交渉は成立したが、年內の渡航は無理であり、來春早々に「官

---

170) 『松浦文書類』3月29日付柳川智永書狀寫(東京大學史料編纂所膽寫本)。

171) 「宗家文書」(『豊臣秀吉文書集』3-2576号)。

172) 「宗家文書」3月28日付豊臣秀吉朱印狀(『豊臣秀吉文書集』4-2664号)。

173) 『宣祖修正實錄』は宣祖21年(1588)12月條に掛けるが、『朝鮮陣略記』は「同キ(1589年)六月二義智樣、蘇西堂・柳川下野を被召連、朝鮮ニ御渡海、上京被成、都ニテ御越年」とする。義智が鰐浦で風待ちをしている最中に、 府中で留守を預かる吉賀伊豆守にあてた6月12日付と18日付の書狀が確認されること(『馬廻御判物帳』五・吉賀兵右衛門所持、國史編纂委員會保管「對馬島宗家文書」3986号)、『宣祖實錄』が僞國王使の上京者(25名)に關する記事を宣祖22年(1589)6月乙巳(30日)條に掛けることに鑑みれば、渡航時期は1589年6月下旬とみるべきである。前稿[荒木2009]では1588年12月とみなしたが、ここで修正しておきたい。

174) 『馬廻御判物帳』五・吉賀兵右衛門所持・8月1日付宗義智書狀寫。

175) 『金鶴峯海槎錄』。

人」を連れて歸國する見込みであること、 および詳細は柳川調信に言い含めた旨を伝えている[176]。 ここで調信は國王使一行から離脱して對馬へ歸還したわけであるが、 その目的は肥後の行長に最新の狀況を報告するとともに、 海賊事件の首謀者である沙火同らの身柄を確保することであった[米谷2002]。義智は釜山に滯留し、調信の戻りを待ち[177]、 最終的には沙火同の身柄が朝鮮側に引き渡されたのは2月末のことであった[米谷2002]。

前月の1月頃から對馬では通信使の受入態勢が整備されていた。 朝鮮に滯在中の義智は對馬豊崎郡の被官に書狀を發し、 通信使のための宿所・物資の準備を命じ、2月には府中の吉賀長生に渡海は來月中旬となる見込みであることを伝えている[178]。 結局、 通信使が漢城を出發したのは3月6日のことで、 對馬到着は5月にずれ込んだ[179]。 この間の3月中旬、對馬では騷動が發生していた。 守護代として領國の樞要にあった佐須景滿が義智の吏僚たちによって殺害されたのである。景滿と調信との政治的對立が招いた結果であり、 この事件を契機として、 調信の領國內での地位が格段に向上することとなった[荒木2008]。

4. 通信使の往還

通信使の來日　通信使が和泉堺に到着し、 引接寺に寄宿したのは1590年6月中旬のことである。[180]　その後、7月21日に京都に入り、 大德寺に寄

---

176)『馬廻御判物帳』五・吉賀兵右衛門所持。

177)『漢陰文稿』年譜上・万曆17年條。なお、『宣祖修正實錄』は宣祖22年(1589)7月條は、沙火同の身柄の引き渡しをうけて、 通信使の派遣が決定されたとしており、 前後關係に錯誤がある。

178)「大浦一泰家文書」166号・1月4日付宗義智書狀(『上對馬町誌』史料編)、『給人百姓御判物寫帳豊崎郷』武本九左衛門所持・1月25日付宗義智書狀寫(『長崎縣史』史料編1)、『馬廻御判物帳』五・吉賀兵右衛門所持・2月16日付宗義智書狀寫。

179)『金鶴峯海槎錄』、『朝鮮陣略記』。

宿した[181]。副使金誠一の海行錄『金鶴峯海槎錄』には、景轍玄蘇(正官)・宗
義智(副官)・瑞俊(侍奉)との道中でのやりとりが記録されるが、調信の動
向は定かでない。調信が史料上に姿を現わすのは10月27日のことで、義
智とともに千利休主催の茶會に參席している[182]。11月1日、義智と調信
は揃って朝廷に參内し、義智は「公家成」、調信は「殿下之諸大夫成」を遂
げた[183]。すなわち、義智は從五位上の官位と對馬侍從の官職名を得て、
秀吉からは羽柴姓を与えられ、調信は從五位下の官位と下野守の官職名
(受領名)を得て、秀吉からは豊臣姓を与えられたのであり、通信使を招
聘した功績に對する褒賞であった[荒木2009]。以後、義智は國内では「羽
柴對馬侍從」、 朝鮮向けには「日本國對馬州太守拾遺侍中平義智」などと
称し、調信も朝鮮向けに「日本國豊臣調信」などと称するようになる。付
言すれば、「殿下之諸大夫成」の「殿下」とは關白を指し、「諸大夫」は關白
に隨從する五位の官人を指す。調信は義智の重臣でありながら、秀吉の
直臣としての地位をも得ることになったわけである。

　伏見城での會見　秀吉が通信使を伏見城で接見したのは11月7日のこと
である。[184] 通信使は宣祖の國書を伝達したが、秀吉の返書を受け取らな
いまま、15日に京都を發ち、堺へ戻った[185]。このときの朝鮮國書は宗氏

---

180) 『金鶴峯海槎錄』。

181) 『金鶴峯海槎錄』、『宣祖實錄』24年正月庚戌日(13日)條。なお、「北野社家日記」天正18
　　年7月20日條(『史料纂集』北野社家日記4)に「かうらいの王」が秀吉の本陣に參上し、
　　大德寺を訪ねたとの風聞が記される。『朝鮮陣略記』によると、通信使の宿所は大
　　德寺、宗義智の宿所は本法寺であったという。

182) 『利休百會記』天正18年10月27日條(『茶道古典全集』6)。なお、同日條によると、柳川
　　藤内と博多商人島井宗叱、11月15日條によると立石紹隣が同行していたことがわ
　　かる。

183) 「晴豊記」天正18年11月1日條(『續史料大成』9)、『歷名土代』[湯川1996]。

184) 「北野社家日記」天正18年11月7日條、『宣祖實錄』24年1月庚戌(13日)條。

185) 『金鶴峯海槎錄』。

側で僞造(改竄)されたもので、僞造後の國書と別幅が現存し、宮內廳書陵部に所藏されている[田代2007]。後年に調信は、

　　前日通信使之行、只持虎皮十張、我以爲埋沒。私以自己之物、添補數十張、關白處呈 二十張、用事大臣五六張。

　と述べている[186]。通信使が虎皮を10張しか所持していなかったので、調信は途中で紛失したのかと思い、私物である數十張の虎皮を添え、秀吉に20張、「用事大臣」(奉行ヵ)に5~6張を贈ることにしたのだという。僞造後の別幅に「虎皮貳拾五張」とあり、數量が槪ね一致するので、調信が國書の僞造に深く關与していたことになる。

　さて、秀吉の返書が到來したのは20日のことであるが、その文面が爭点となり、「改定數次」に及んだ[187]。秀吉の返書には、

　　于(予)不屑國家之隔山海之遠、一超直入大明國、易吾朝之風俗於四百余州、施帝都政化於億万斯年者、在方寸中。貴國先駆而入朝、依有遠慮無近憂者。守遠邦小島在海中者、後進輩者不可作許容也。予入大明之日、將士卒臨軍營、則弥可修隣盟也。

　との文言があり[188]、副使金誠一が「貴國先駆入朝」の解釋をめぐって玄蘇と應酬した[189]。結局、調信が返書を京都に持ち歸り、改作の上で、12月2日までに堺に戻ることとなった[190]。 この國書改作は小西行長が主導したとみられている[王2020]。約束どおり2日に調信が戻ってきたため、3日に通信使は歸國の途につくこととなり、「回礼使」として正使玄蘇と副使調信が同行し、義智は對馬へ先回りした[191]。通信使が漢城に到着して復

---

186) 『宣祖實錄』29年6月己未(23日)條。
187) 『宣祖實錄』24年1月庚戌(13日)條。
188) 「近衛家文書」天正18年11月日付豊臣秀吉國書案[田中1995]。
189) 『金鶴峯海槎錄』。
190) 『宣祖實錄』24年1月庚戌(13日)條。
191) 『宣祖實錄』24年1月庚戌(13日)條。

命したのは2月30日(明暦3月1日)のことである[192]。なお、改作された國書
とは別に、 宗氏はみずからの利害を反映した僞造國書を追加したため、
「前後二書」が宣祖に伝達された[中村1974][佐島2015][木村2023]。

「兩處化龍」 復命後の金誠一が副官の調信に送った年月日未詳の書契
には、「足下於去年冬、不憚羈旅之苦・跋涉之勞、再渡滄溟、躬自檢括、俘
馘之多、刷還之盛、實前所罕有者也。我殿下多足下之功、至以二品崇秩寵
之。此亦無前之恩數也」とある[193]。「去年冬」(1590年12月)に調信が回礼使
としての使行の途につき、再び朝鮮に渡航したこと、その際に海賊の首
級を持參するとともに被虜人を送還したことに對する褒賞として、宣祖
が「二品崇秩」を与えたことがわかる。後年、玄蘇が著した調信の肖像贊
によると、調信は通信使の往還に同行した褒賞として、「嘉善大夫之爵」
(從二品)を与えられたという[194]。 4月29日、 宣祖が仁政殿に出御して文
武二品官以上が近侍するなか、玄蘇と調信は「從二品之末」(從二品の班列
の末席)に陪席しているので、 それ以前に嘉善大夫の文散階が与えられ
ていたことが確かめられる[195]。 調信が「嘉善同知」を授けられたとする
史料もあるので[196]、嘉善大夫の文散階とともに同知中樞府事(從二品)の
武官職も授けられた可能性がある。そうであれば、調信は念願であった
受職人としての通交權を入手したことになる。

この件について、 玄蘇は日本の朝廷から「大夫之爵」(五位諸大夫)に任
じられ、 かつ朝鮮の朝廷から「嘉善大夫之爵」を与えられたことを「兩處
化龍」(日朝兩國で才俊の士と認められた)と評して賞贊している。 一方、

---

192) 『宣祖修正實錄』24年3月丁酉(1日)條。

193) 『金鶴峯海槎錄』。

194) 『仙巢稿』(國立國會図書館所藏版本)。

195) 『寄齋史草』万暦19年4月27日條・29日條。

196) 『宣祖實錄』33年(1600)5月庚寅條に「調信、則以沙火同刷還論功、授嘉善同知」とある。た
　　だし、1591年の「俘馘」「刷還」と1589年の沙火同の刷還を混同した記事とみられる。

金誠一は「無前之恩數」と評するが、1481年に守護代宗貞秀が嘉善大夫・同知中樞府事に任じられた實績がある197)。朝鮮は對馬守護(島主)を從一品相当、守護代を從二品相当とみなしてきたため、調信は嘉善大夫・同知中樞府事に任じられることで、義智に次ぐ實力者(守護代佐須景滿に代わる存在)であることを承認されたことになる[荒木2009]。このように通信使の往還の功勞を日朝双方の國家から賞されたことで、調信は日朝外交のキーパーソンとなった。朝鮮との貿易に立脚する宗氏領國において、調信は搖るぎない政治的地位を獲得し、時として義智に比肩するかのような動きもみせるようになるのである198)。

5. 和戰兩樣の動き

開戰回避工作　通信使行は無事に完了したが、回礼使の景轍玄蘇との問答をとおして、朝鮮は日本が明を攻めようとしていることを確信するに至った199)。それからまもない1591年5月、宗義智が1艘の船に乗って絶影島に來泊し、「急報之事」があるので上京を請うたが、朝鮮側は明を攻めるための企てであるとして許可せず、慶尙道觀察使との面會も拒絶したところ、義智は辺將に對して「明への朝貢を斡旋していただきたい」と請うたという200)。6月にも再び義智が絶影島に現れた201)。釜山浦に來泊し、口頭で伝えてきた内容は「朝貢を斡旋されれば、日明間の開戰を避

197) 『成宗實錄』12年8月庚午(28日)條。
198) 「調信・時羅等、皆有得我國職名、以榮其歸。且調信曾聞削改職名之語、現有失望之色云」(『宣祖實錄』28年9月辛巳(12日)條)とあり、調信が罷職されそうになったところ、失望の意を表したという。
199) 『宣祖實錄』24年10月丙辰(24日)條。
200) 『再造藩邦志』辛卯5月。
201) 『亂中雜錄』辛卯6月條。

けられる」というものである[202]。

　明けて1592年、1月18日付朱印狀が宗義智に發せられた[203]。これ以前に義智は豊臣政權に對して「御理」(嘆願)をしており、その內容は「唐入りを實行するにあたり、軍勢が朝鮮國內を通過することになるが、先年に通信使を派遣してきたので朝鮮を攻めるものではない」との趣旨を朝鮮側に說明するというものであった。これに對して、豊臣政權は3月中に諸大名を壹岐・對馬に在陣させること、朝鮮が軍勢の通過を拒絶すれば、4月1日に朝鮮を攻める計畫であることを義智に伝達したのである。

　義智宛ての2月27日付朱印狀によると、義智は3月中に小西行長とともに朝鮮に渡航するつもりであることを報告したのに對し、豊臣政權は4月10日以前に決着をつけるよう命じている[204]。3月、義智が釜山浦に來航し、釜山僉使の鄭撥に「借道」を要求したが[205]、これを拒絶されたことで日朝間の開戰が不可避となった。

　戰爭準備　豊臣政權は8月に身分統制令を發出し、10月に肥前名護屋城の普請を開始するなど、戰時態勢を整えていた[中野2008]。對馬でも冬に北部で撃方山城の普請が行われている[206]。後年に作成されたものとみられる『朝鮮渡海人數』によると、義智の本隊(871人)と20の「党」(2,048人)が編成されたという[荒木2008]。「党」は宗氏の重臣・直臣を筆頭とする部隊である。最多の兵數を抱えるのが柳川党(總勢443人、うち士數63人)、それに次ぐのが立石党(總勢338人、士數37人)であるから、軍事編成

202)　『西墅集』卷3・奏文・倭陳情奏文(辛卯・1591年)。

203)　「宗家文書」(『豊臣秀吉文書集』5-3886号)。

204)　「宗家文書」(『豊臣秀吉文書集』5-3958号)。

205)　『宣祖實錄』26年11月甲午(14日)條、『壬辰日記』壬辰3月條。

206)　『安東統宣高麗渡唐記』[本多1995・1996]。後年の作成とみられるが、12月25日付の「義智公御出陣之定」と題する史料もあり(「寺田家文書」東京大學史料編纂所寫眞帳)、出陣者の陣容と國元の留守居の態勢がある程度は窺える。

の面においても、柳川氏が立石氏を凌駕する存在になっていたことが窺える。立石党が宗智順(義智の甥)を大将とし、立石氏の一族・縁者を中核とする部隊であったのに對し、柳川党は調信を大将として、島内各郡の宗氏被官が与力として参加したもので、両者の性格には相違がある。なお、伊奈郡代である調信は日頃から郡内の地侍を被官化していたわけであるが、彼らは柳川党としての記載がみえない。義智は豊臣政権から5,000人の軍役を課されたが、行長からの加勢や浪人衆を加え、3,000人を確保するので精一杯であった。そのなかで、義智本隊・柳川党・立石党の3部隊が對馬勢の中核をなしていたといえる。

　1592年3月中旬、對馬勢は朝鮮への渡海を視野に入れ、對馬北部の港湾へと移動しはじめた。13日、調信が僧天荊(三玄宗三[顧2022])を行長に引き合わせた上で、義智は天荊に従軍を命じた。その後、行長は大浦、義智と調信は鰐浦に在陣した[207]。

Ⅲ. 第1次の戦闘と休戦(1592年4月~1593年4月)

　日朝開戦　4月12日、先鋒の兵船700余艘が辰刻(7~9時頃)に大浦を發し、申刻尾(17時頃)には釜山まで到達し、翌13日卯刻(5~7時頃)から釜山城攻防戦が始まった[208]。これ以後、1593年3月までの對馬勢の動向に關する對馬側史料としては、従軍僧天荊の「西征日記」が著名であるが、豊崎郡の宗氏被官である洲河氏が作成したとみられる3種の覺書(便宜的に洲河家覺書A・B・Cとする)が存在する[209]。また、後年の編纂物であるが、『服

207)「西征日記」天正20年3月13日條・23日條、4月2日條・10日條(『續々群書類従』3)。
208)「西征日記」天正20年4月12日條・13日條。
209)「洲河家文書」(『上對馬町誌』史料編)。覺書A(61-4号)は「朝鮮陣覺書」の仮題が付され

部伝右衛門覺書』[中野2004]もよく知られる史料である(本稿では異本の『朝鮮陣略記』を參照する)210)。ひとくちに對馬勢と言っても、約3,000人の軍勢が一齊に動いているわけではなく、「ほんちん(本陣)」と「先ちん(陣)」との區別が知られる(洲河家覺書A)。本陣が義智本隊を意味するとすれば、先陣はそれ以外の部隊ということになる。記主がいつどこにいたかによって、記述に相違が見受けられるが、「西征日記」と洲河家覺書Aを軸として、諸史料を比較檢討することで、義智・調信の動向を跡づけることが可能となる。

對馬勢の軍事行動を整理したのが表1である。このうち調信の行動が窺えるのは、表中の(A)~(H)である。その具体的な行動を個別にみていこう。

〈表 2〉 對馬勢の軍事行動

移動日	移動先	戰鬪/講和工作
4/12	釜山	釜山城陷落(12日)
4/14	東萊	東萊城陷落(14日)
4/15	機張	機張城・水營城陷落(15日)
4/16	梁山	梁山城陷落(16日), 密陽城陷落(17日)
4/18	密陽	密陽城入城・清道城陷落(18日)
4/19	清道	清道城通過(19日)
4/20	大邱	大邱城陷落(20日)

るもので、3種のなかでもっとも内容が豊富であり、義智の動向を軸に記錄する。覺書B(61-1号)は欠損があるが、洲河某の動向を軸に記錄する。覺書C(61-2号)は後年に記された簡略なメモとみるべきもので、記述の信頼性は劣るが、他の史料では窺えない情報を含む。

210) 『朝鮮陣略記』(國史編纂委員會保管「對馬島宗家文書」6554号)。『朝鮮陣略記』は『服部伝右衛門覺書』と同内容である。『服部伝右衛門覺書』については、近代の寫本である慶應義塾図書館藏幸田文庫本の翻刻がなされ、「今後積極的な活用が望まれる史料ではなかろうか」とされる[中野2004]。『朝鮮陣略記』は近世の寫本であり、宗家伝來本であることに鑑みて、より史料的価値が高いと判斷する。

移動日	移動先	戰鬪／講和工作
4/21	仁同	仁同城陷落(21日)，入城(22日)
4/23	善山	善山城陷落(23日)
4/24	尙州	尙州城陷落(24日)
4/25	聞慶	聞慶城陷落(25日)
4/27	忠州(A)	野戰(27日)
4/30	嘉興	
5/1	**驪州**	
5/2	漢城(B)	漢城滯在(2~4日)
5/12	旧營	
5/13	坡州(C)	
5/14	臨津江(D)	停戰・休戰工作(14~17日)，野戰(18日)
5/19	平山	
5/20	遂安	野戰(27日)
6/1	開城	開城府陷落(1日)
6/3	はいちん	
6/5	せいふう	
6/6	ほぐさん	
6/7	はくしゆう(E)	
6/8	ちくはい	停戰・休戰工作(8日)
6/9	大同江(F)	停戰・休戰工作(8~10日)，野戰(11~15日)
6/15	平壤(G)	平壤陷落・駐屯開始(6月15日)，ホロブサンノ山城陷落(7月13日)，明軍來襲(15日)，朝鮮軍來襲(27日)，停戰協定(8月29日)，停戰・休戰工作(9~12月)，平壤城攻防戰(1月3~7日)
1/8	瑞興	
1/10	河面	
1/11	海州	
1/中旬	開城	
1/中旬	坡州	
1/中旬	龍山倉(H)	龍山倉在陣，碧蹄館の戰い(1月26日)，幸州山城の戰い(2月12日)，停戰・休戰工作(3月22~23日)，龍山倉撤退・南下開始(23日)

＊　地名の太字は、『海東諸國紀』朝聘応接紀・上京道路のうち、釜山浦-漢城間の経由地としてみえるもの。

　忠州での野戰(A)　對馬勢は申砬が率いる朝鮮軍と忠州で衝突した。洲河家覺書Aの4月27日條には、

　同廿七日之日ハちくしう(忠州)に御とゝまり候、同廿七日之日、ちくしうのもの又みやこ(都)よりゆミ取下候而、めりむかい候得共、にけくつし候ヲ、柳川殿(調信)諸勢より千ほときりすて候、

　とあり、調信らの手勢が退却する朝鮮軍に追い討ちを掛けたことがわかる。おなじく洲河家覺書Aの4月28日條には、

　同廿八日之日ハちくしゆう(忠州)ニ御あしをやすめさせられ候、ほんちん(本陣)あまりせき申候間、下野殿おやこ(調信・智永)ハ同廿八日之日、そつるに御とゝまり候、

　とある。義智本隊が急き立てるため、調信・智永父子が率いる手勢は忠州より先の「そつる」で宿泊したようである。少し遡るが、洲河家覺書Aの4月18日條には、

　同十八日之夜ハみらき(密陽)へ御泊り候、對馬守様(義智)、權之介(智永)へ先陣ニてくとい(清道)へ御泊り候、みらきもてくといもあけのけ候、

　とある。やや文意を解しにくいが、義智本隊が密陽で宿泊したのに對し、智永らの先陣は密陽の北にある清道に宿泊したということであろう。このように、調信・智永父子の手勢は義智本隊の前方で行動しており、對馬勢における先陣としての役割を担っていたことになる。

　調信は開戰前に少なくとも4度の朝鮮渡航の経験があり、釜山浦から漢城までの上京道路には通暁していたとみられる。『海東諸國紀』朝聘応接紀によると、平時の倭人上京道路のうち、釜山浦-漢城間のルートは、大邱・尙州・槐山・廣州経由ルートと梁山・昌寧・善山・忠州・廣州経由ルートの2つが規定されていたわけであるが、對馬勢の行軍ルートは概ねこのルートに沿っている。　途上では「朝鮮地図」をもとに軍議が行われており211)。

211)「西征日記」天正20年4月28日條。

平時において経験的に蓄積された地理情報を地図と照合しながら行軍
していたものと考えられる。

　漢城滞在中の動向(B)　5月4日、義智は注進状を作成し、2日に漢城が落
城したことを名護屋の秀吉のもとへ報告した。　この注進状を携えてい
き、「口状」(口頭報告)を行ったのは智永であり、今後は對馬で御座所船
の手配に従事するよう命じられている212)。　智永は前線から離脱したの
である。

　坡州・臨津江での停戦・休戦工作と野戦(C・D)　5月13日、調信は漢城に
留まる天荊に小西行長の命令を伝達し、坡州の客館に呼び寄せた213)。14
日の早朝、調信は天荊に以下のような文面の「短書」(書契)を起草させた。

　日本國差來先鋒秘書少監平調信謹啓　朝鮮國某大人足下。臣先是奉使於
貴國于再于三、許廷下者、今日之事也。雖然貴國不容臣之言。故及今日之
事、非不祥亦宜也。今吾殿下起干戈者、不敢怨于貴國、唯爲報怨於大明也。
伏願遠國王之駕於洛陽、講和於大明、則臣等所欲也。然和之不行者、獨非
貴國之罪也。可謂天命矣。亮察。皇恐不宣。

　日本の「先鋒」であることを明言したものであるが、肩書の「秘書少監」
は図書權助の唐名である。2年前に朝廷から下野守に任官されていたが、
そのまま「下野州太守(刺史)」という唐名を使用すると、一地方官のよう
に受け止められるため、中央政權の一員としての立場を主張できるよ
う、あえて「秘書少監」の唐名を使用したのであろう。内容としては、朝
鮮側に明との「講和」の斡旋を求めるもので、開戦前からの宗氏側の要求
と連続している。行長と義智・調信は漢城制壓を區切りとして、停戦・休
戦を模索しはじめたのである。

　14日午前、先鋒の小西・對馬勢は臨津江に到達し、東西兩岸で朝鮮軍と

212)「宗家文書」5月18日付豊臣秀吉朱印状(『豊臣秀吉文書集』5-4100号)。
213)「西征日記」天正20年5月13日～17日條。

對峙した。同日中に前掲の短書を送付する手筈であったが、加藤清正が攻撃を仕掛けたため、見送られた。翌15日、清正が退却したため、短書を送付できるようになった。その短書は14日に作成した草案を添削したもので、開戦に至るまでの経緯を縷々述べる内容に改められたが、明との「和親」(講和)を求める点は変わらない。もし朝鮮側が疑念を抱くのであれば、先鋒隊から「質子」(人質)を提出するという点が加わった程度である。これに對する朝鮮軍の回答は「縦死江辺、不行和」というものであった。

　16日、調信は天荊を臨津江まで呼び寄せ、行長・義智・調信名の書契3通を作成させた。調信名の書契には「先与貴國和親、而後爲借貴國一言、以講和於大明也」とあり、朝鮮との講和を成立させた上で、朝鮮の斡旋により明と講和する、という段階を踏んだものとなっている。また、「臣虚受貴國大職、豈忘鴻恩乎。奉國命以先諸將、因不獲止也」ともあり、朝鮮國王の臣下(受職人)としての立場を強調している。これに對して、朝鮮軍の回答は「吾濟(儕)小生、私不能呈回報。轉啓承政院、以呈回報。兩國本無怨讐、孰不欲講和。期三日歸矣」というもので、3日間の停戦が合意された。翌17日、調信は行長の陣営に赴き、停戦・休戦の件を協議したが、同日夜、大友勢と黒田勢が朝鮮軍と交戦したため[214]、小西・宗陣営による交渉は水泡に歸してしまった。

　「はくしゆう」での停戰・休戰工作(E)

　6月8日、「はくしゆう」を發ち、大同江に向かう途中で再び工作が行われた。覺書Aには、

　同八日之夜ハはくしう出立被成、河はた(端)ニ野ちん(陣)被成候、ちくはいニ御とまり(泊)なく候、同八日のばん(晩)ニたうしん(唐人)にもたせ候て、わたん(和談)のたん(短)書をていわう(帝王)へつかわす也、同八日ノ夕ハ返事なく候て、

---

214)『安東統宣高麗渡唐記』。

とある。 朝鮮國王に對して「わたん(和談)」(講和會談)の許可を求める
內容の書契を發したものの、 朝鮮側から回答がなかったことがわかる。
なお、5月18日以降、天荊は漢城に滯在しており、本件に關する記事は「西
征日記」に記されない。書契の起草・作成は、もう一人の從軍僧である景
轍玄蘇が担うようになっていたのであろう。

大同江での停戰・休戰會談と野戰(F) 6月9日、 行長・義智は大同江東辺
に木を植え、 その枝に調信・玄蘇名の書契を懸けることで、 朝鮮軍に交
涉をもちかけた。そして、朝鮮軍の船中において、調信・玄蘇は礼曹判書
の李德馨と會談し、「奉國王避地、吾向遼之路」と主張した[215]。中朝國境
地帯の義州に滯在する宣祖を他所に移動させ、「遼」(中國北東部)への行
軍路を開けるよう要求したものであり、臨津江での交涉とは內容が変化
している。 先鋒の小西・對馬陣營は、 戰爭継續を余儀なくされたのであ
る。なお、覺書Aはこの會談について、

同九日ノ日ハ返事有、上も下もまことをおらせられ候ハ丶、わたん(和
談)と申也、

同九日ノ日、攝津守(小西行長)殿・對馬(義智)殿よりわたんのたん(短)書
ヲ被遣候也、此方よりの返事ニハ、めんたん(面談)なくてハすミかたく候
間、せんちう(船中)ニ而めんたんと御返事候也、但下野(調信)方より、

と記しており、 朝鮮側史料と符合する。 朝鮮側から船中での會談に応じ
る旨の回答があり、調信が出向くことになったという経緯が知られる[216]。
結局、10日夜に會談は決裂し、 朝鮮軍が小西・黒田・大友陣營を攻撃し
た[217]。14日の戰鬪について、 覺書Aは、

---

215) 『宣祖實錄』25年6月丁酉(9日)條、『漢陰文稿』年譜上・万暦20年6月條。
216) 『朝鮮陣略記』は5月21日の出來事であるかのように記す。
217) 洲河家覺書A、『安東統宣高麗渡唐記』。『漢陰文稿』年譜上・万暦20年6月條は書契の發
見を11日のこととする。

　同十四日之卯之刻ほとに、唐人對馬守(義智)樣ノ御ちん(陣)ニふととりか(取懸)け、てをい(手負)かす(數)をし(知)らす、就中、いなくん(伊奈郡)ノ者てをい七十に人有、とゝけののもの五人有、他郡ノひかん(被官)二人、

　と記す。朝鮮軍が義智本陣を攻撃し、伊奈郡の兵卒は他郡の兵卒より多くの犠牲を拂ったという。朝鮮側史料によると、大同江の戰いでは義智・行長・調信がそれぞれ1,000人余の手勢を率いていたが、調信勢は壊滅して300人余りが漢城に撤退し、のちに調信が平壤で兵を回復したという[218]。調信の被官は主として伊奈郡の地侍であるから、覺書Aに記されるのは、調信勢の損害を示しているのかもしれない。

　平壤駐留期(G)　6月26日、名護屋から漢城に向かう途上の石田三成が「柳川權介(智永)」宛てに書狀を發している[219]。「貴所御親父」である「下野(調信)方」が「けぐじやく(慶尚)道之内四半分」の代官に任じられたので、「下野方」が戻るまでは「貴所(智永)」が「政道」(政務)を執行せよ、別途「御親父」にも連絡する、というものである。同月3日付の朱印狀で「高麗國代官所」が「繪図」をもって割り付けられたことを受けたもので[220]、調信は義智と並び、豊臣政權の「代官」として現地支配を任される構想であったことがわかる。智永は對馬で御座船の手配を指示されていたが、最前線にいる調信に代わり、慶尚道の一部の支配を代行することになったのである。

　7月上旬の時点で平壤に駐留する日本の軍勢は6～7千人であり、行長・義智・調信が領域を分けて五か所に駐留し、城を構え、兵を整えていたという[221]。大同江の戰いでいったん漢城に撤退した調信は、陷落後の平

218)　『宣祖實錄』25年11月丁卯(11日)條。

219)　「嶋井文書」26号(『福岡縣史』近世史料編・福岡藩町方1)。石田三成の動向については、[中野2017]による。

220)　「宗家文書」(『豊臣秀吉文書集』5-4128号)。

221)　『宣祖修正實錄』25年7月戊午(1日)條。平壤での城郭の普請に關しては、『安東統宣高麗渡唐記』『吉野覺書』(『續群書類從』20下)に記述がある。

壤に入り、軍勢の再編成を行っていたようである。覺書Aによると、

同廿七日のたつ(辰)のとき(時)すきほとニかうらい(高麗)人とりか(取懸)け候得共、是又おひうち(追討)二千ほと御うち候也、權之介(智永)なこや(名護屋)より罷歸り候事、七月廿八日ニへあん(平安)ニ被罷着候也、

とあり、7月27日の朝鮮軍との戦闘を記す。名護屋にいた智永が28日に平壤に入り、調信と合流したこともわかる。なお、9月から翌1593年1月にかけて、明の遊撃である沈惟敬との停戦・休戦交渉がたびたび行われ、平壤からの撤退という重大な局面を迎えるが、その過程における調信の行動は判然としない。

龍山倉での停戦・休戦會談(H) 1593年1月3日(明曆2日)、明の大軍が平壤に攻め込んだ。明・朝鮮・女眞の連合軍が小西・宗・松浦の持城を攻め、義智と松浦鎭信の軍勢は行長の平壤城に逃げ込んだという[222]。5日に平壤城を包囲された行長らは明軍の勧告を受諾し、7日に城を明け渡し、氷結した大同江を渡って漢城方面へ退却した[223]。

1月26日の碧蹄館の戦い、2月12日の幸州山城の戦いで一進一退の攻防が繰り廣げられるなかで、行長・義智・鎭信は漢江北畔の龍山倉(日本史料では「大內藏」「內裏藏」「大利藏」)を防衛していた[224]。3月22日または23日に沈惟敬が「唐人船」30余艘を率いて龍山倉を訪ねたところ、行長は會談の開催を呼びかけた。そして、三奉行(石田三成・增田長盛・大谷吉継)および宇喜多秀家との會談が實現し、沈惟敬は質人7~8人を引き渡した。まもなく「先之都之衆」も釜山浦に撤退せよとの秀吉朱印狀が到來し、漢城からの撤退開始の日限は4月19日と決まった。實際に一番手組が撤退を開始したのは4月20日のことで、順次、撤退が進んだ。小西勢は三番手

---

222) 『安東統宣高麗渡唐記』。
223) 『宣祖實錄』26年1月丙寅(11日)條。
224) 『宣祖實錄』26年2月丙午(21日)條、『安東統宣高麗渡唐記』。

組であった225)。

Ⅳ. 第1次休戰期の講和交渉(1593年5月~1596年12月)

1. 日明講和交渉

　名護屋での日明講和會談　對馬勢が釜山浦に到着したのは1593年5月1日であるらしい226)。この日、新たな「高麗御仕置」を定める朱印狀が發出され、宗義智は蔚山城の在番を命じられたが227)、その間もなく局面は名護屋會談へと遷移した。　三奉行・小西行長・義智と沈惟敬・質官が釜山を發ったのは8日のことで、義智には調信と景轍玄蘇が隨行したという228)。結局、講和會談は決裂し、沈惟敬が名護屋を發った6月29日、加藤清正勢が晋州城を陷落させた。清正の主戰論に行長らは强く反對しており、当初は晋州攻めに加わろうとしていた義智も踏みとどまったらしい229)。

　7月中旬、義智は朝鮮二王子(臨海君・順和君)とともに釜山の陣營にいた。沈惟敬は王子を奪還することができず、ここでの講和交渉も不首尾に終わった230)。その一方で、7月29日には日本の軍勢約5万の撤退が發令

---

225) 『安東統宣高麗渡唐記』。なお、『朝鮮陣略記』は、沈惟敬が現れたのは漢江の支流「セカグ」川であり、義智に書簡を送ってきたので、玄蘇・調信を遣わしたところ、人質1~2名が引き渡されたとするが、『安東統宣高麗渡唐記』の同時代性が高く詳細な記述と比較すれば、信頼性に劣る。

226) 『朝鮮陣略記』。

227) 「宗家文書」(『豊臣秀吉文書集』6-4567号)、「崎山家文書」(『小西行長基礎資料集』151号)。

228) 『朝鮮陣略記』。

229) 『亂中雜錄』癸巳6月29日條。なお、『朝鮮陣略記』は義智の軍勢が加藤勢に先驅けて晋州城に乘り込んだとするが、付會が過ぎよう。

230) 『宣祖實錄』26年7月丁卯(15日)條。

され[231]、閏9月(明暦10月)には「自鎭海・昌原至釜山・東萊、各浦・各島有二十八鎭」は「行長・義智等五六酋所管」、「自機長至蔚山、各浦・各島有十四鎭」は「清正等四五酋所屬」というように、規模を大幅に縮小した態勢となった[232]。行長は釜山、義智は巨濟島の守備を任されたが[233]、義智・調信の活動の場はもっぱら釜山・熊川であった。このように休戦状態へと移行するなかで、8月29日、内藤如安(「小西飛」)が沈惟敬に連れられ、漢城から北京にむけて出發した。

　咸安での停戦會談　1593年12月、沈惟敬が明から釜山に戻り、翌1594年1月には「關白降表」を携え、再び明に戻っていった。この年の9月、秀吉は講和交渉に疑念を抱き、全羅道攻めを号令している[佐島2013]。その裏面では、小西・對馬陣營と朝鮮軍との停戦交渉が行われていた。8月26日(明暦27日)に義智と調信は慶尙道觀察使に書契を送っている。これを取り次いだのは慶尙右道兵馬節制使の金応瑞である。義智書契の内容は、戦前から一貫して講和を求めてきたとする自己主張を繰りひろげながらも、二王子の返還の功績に至るまでの「多年東藩之功」を強調するものである。そして、總督顧養謙も沈惟敬も明への「旧貢路」を開くことを支持してくれているので、この際に朝鮮との「旧好」を修めたいと結んでいる[234]。

　そうした状況であるにも拘わらず、朝鮮水軍による巨濟島攻撃が發生し、逆に「巨濟之倭」が固城・泗川などの辺境を襲撃する事件が頻發したため、日朝兩陣營間で書契が往復することになった[佐島2013][김경태2018][金キョン泰2023]。そのうち調信受發信の書契、および調連に言及した書契を抽出したのが表2である。

231)「山崎家文書」7月29日付朱印状(『豊臣秀吉文書集』6-4677号)。
232)『亂中雜錄』癸巳10月4日條。
233)『宣祖實錄』26年12月癸丑(4日)條。
234)『宣祖實錄』27年8月壬申(27日)條、『壬辰日記』壬辰8月條。

〈表2〉日朝兩陣營の往復文書(調信關連分のみ)

No.	月日	發信者	受信者	摘要	典據
	9.22/23	金海守白士霖	日本將軍(鍋島直茂)	「諭平調信帖」を伝送「巨濟之倭」問題	泰87
	9.25	(李薲)	嘉善大夫平調信	「對馬賊」問題	宣27·10·5
	9.27	成十右(成富茂安)	金海守白士霖	「巨濟賊党」問題	泰70
	10.3	金海守白士霖	豊茂守(中野茂守)	「對馬之賊」問題	泰61
	10.5	朝鮮國大將軍李(李薲)	嘉善大夫平調信	「巨濟賊船」「對馬横行之賊」問題	泰86
	10.7	(柳川調信)	李將軍		宣27·11·8
	10.7	豊臣茂守	(白士霖カ)	「嘉善大夫調信書」を伝送	泰81
	10.8	豊臣直茂(鍋島)	李大將軍	「被寄嘉善大夫之一封」を伝送	泰71
	10.13	大將軍李	日本將領直茂	「平大夫辱復」を接受	泰63
	10.13	朝鮮國大將軍李	嘉善大夫平少監	「巨濟之賊」問題	泰85
	10.18	日本豊臣調信	朝鮮李將軍	「大明・日本和好」問題	宣祖27·11·18
	10.18	日本豊臣直茂	朝鮮國李將軍	「被寄平調信手簡」を伝送	泰97, 宣27·11·18
	10.23	金海守白士霖	(豊茂守カ)	「大將軍答平少監書」「金防禦使諭帖」を伝送	泰51
	10.23	朝鮮國大將軍李	日本將領豊臣直茂	「金令公諭帖」「鄙書」の「平少監麾下」への伝送を依頼	泰53·88
	11.-	(平調信)	(兵使)	會談日違約	宣祖27·12·7
	?	(平調信)	(李薲)	日明講和斡旋	宣27·11·5

* 泰：泰長院文書(數字は『佐賀縣史料集成』古文書編5の文書番号)、宣：宣祖實錄(數字は年月日)

* 豊茂守を中野茂守に比定することについては[佐島2013]參照。

* [김경태2018][金キョン泰2023]は泰長院文書53号と88号を別個の文書とみるが、本稿では88号を正文(前欠あり)、53号をその寫しとみなした。

慶尚道巡辺使李薲と調信との書契の往復を基本とし、これを金海府使白士霖や竹島駐留中の鍋島直茂らが媒介するという構図である。「巨濟

之倭」が毎日のように固城・泗川などの辺境を襲撃し、海村を焚蕩し、民衆を殺掠していることについて、李薲が行長に抗議したところ、行長は「對馬賊倭」の仕業であり、彼らをすべて處斷しても構わないと回答した(No.1)。そこで李薲は、數度にわたって調信に「諭帖」を發したのである(No.1,2,5)。朝鮮側は備辺司が書契などの文案を作成しているわけであるが、「嘉善大夫」(從二品の武官)である調信に「諭帖」(下達文書)を發するにあたり、巡辺使である李薲の名が使用されたのであろう[235]。「諭帖」と称しながら、書契の様式とあまり変わりばえがしないものであるが、外交文書である書契をむやみに日本側陣営に送るわけにはいかないため、下達文書の様式としての「諭帖」を「嘉善大夫」である調信に發したのである。ここに調信の兩國間を媒介する特殊な立場を看取することができる。一方、調信の書契は玄蘇の起草になるものとみられるため[荒木2019]、調信名の書契が發出されたことをもって、小西・對馬陣営における役割を過大評価することはできない。

　鍋島直茂は補佐役に回ったかたちであるが、秀吉の命令を受けて「天朝和好回命」を待っているのは行長であると強調し、行長と會談して講和することが良策であると述べている(No.8)。「巨濟之倭」問題が一段落した11月上旬頃、行長と義智は要時羅を使者として講和(「結婚」「割地」)に關する書契を金応瑞を送り、12日に昌原・咸安境界の峻岩のもとで會談することを求め、その際には義智・調信主從と直茂・茂守主從が單騎で隨行すると申し入れたところ、金応瑞はこれに応諾した[236]。日本側陣営の事情で約束の日を違えることになったが(No.15)、21日に慶尙右兵使の

---

235) 李薲は同知中樞府事(從二品)であるから(『宣祖實錄』25年12月癸卯(17日)條)、品階・官職においては調信と對等である。
236) 「泰長院文書」73号(『佐賀縣史料集成』古文書編5)、『宣祖實錄』27年11月乙亥(1日)條・辛巳(7日)條、『亂中雜錄』甲午11月21日條。

金応瑞が精鋭100余名を率いて咸安の地谷峴に現れたため、行長は使者を派遣して問安した。まもなく玄蘇・竹溪師弟と調信が100余名を率いて現れ、互いに廳舎に入った。遅れて行長・義智が前日の約束に違えて3,000余名の兵を率いて現れ、金応瑞との會談に臨んだ。話題は開戦の理由から封貢問題にまで多岐にわたったが、何か具体的なことを交渉したわけではない237)。示威行動を實行しつつ、慶尙右兵使との對話のチャンネルを確保することで、手薄となっている日本側陣営の防衛を図るのが目的だったのであろう。一方、金応瑞が會談の場で入手してきた「義智等乞降書」(關白降表)の案は、表面に「降」の一字を書くだけで、言辞は簡略で痛愴に堪えないものであったという238)。

　北京での封貢交渉　北京滞在中の内藤如安は、兵部尙書の石星に禀帖を提出し、秀吉を日本國王に封じ、諸將に授職することを請うた[米谷2014]。あくまで小西行長獨自の政權構想であるが、日本國王から「亞都督指揮」までを抽出すれば、表3のとおりである。行長自身と總大將の宇喜多秀家、および三奉行の石田三成・増田長盛・大谷吉継を「大都督」とし、その下位の「亞都督」に德川家康・前田利家・毛利輝元ら大身の大名を位置づけているわけであるが、行長と行動をともにする義智と有馬晴信が「亞都督」に列せられていることが注目される。また、「都督指揮」には豊臣政權の樞要を担う前田玄以・長束正家、前線の兵站を担う寺澤正成、行長の重臣である小西末郷などとともに、調信が列せられている。調信の秀吉直臣(諸大夫)としての屬性の反映とみることができる。さらに、從軍僧の景轍玄蘇・竹溪宗逸師弟には「日本禪師」「日本一道禪師」という特異な禪師号を求めている。

---

237) 『亂中雑錄』甲午11月21日條。
238) 『宣祖實錄』27年12月庚戌(7日)條。

〈表 3〉冊封·授職希望リスト

日本國王	豊臣秀吉 ＊妃 妻豊臣氏(北政所) 世子神童(秀頼) 都督秀政(秀次)
大都督	豊臣行長(小西) 豊臣三成(石田) 豊臣長成(増田長盛) 豊臣吉継(大谷) 豊臣秀嘉(宇喜多秀家)
日本禪師	**玄蘇(景轍)**
亞都督	豊臣家康(德川) 豊臣利家(前田) 豊臣秀保 豊臣秀俊(小早川 秀秋) 豊臣氏郷(蒲生) 豊臣輝元(毛利) 平國保 豊臣隆景 (小早川) 豊臣晴信(有馬) **豊臣義智(宗)**
日本一道禪師	**宗逸(竹溪)**
都督指揮	豊臣玄次(前田玄以) 豊臣吉長(毛利吉成) 豊臣正家(長束) 豊臣行成(寺澤正成) 豊臣全宗(施藥院) **豊臣調信(柳川)** 豊臣吉隆(木下) 豊臣正信(石田正澄) 源家次 平行親 **平末卿(小西末郷)**
亞都督指揮	豊臣義弘(島津) 豊臣鎮信(松浦) 金平豊長(山中長俊) 源純玄(宇久) 源重政(岡本) 平信

＊『経略復國要編』[鄭·張2020]による。太字は對馬宗氏の關係者。

　再び朝鮮方面に視点を轉じると、總督孫鑛の差官駱一龍が釜山の行長陣營を訪れ、調信と玄蘇が慇懃に出迎えている。駱一龍の實地調査により、兵船の大半と兵15,000人が日本に歸還したこと、および明使を出迎えるための「行長幕下殘士」だけが駐留していることが確認されたとして、兵部尚書の石星は勅を乞い、正使李宗城と內藤如安を南原、副使楊方亨を居昌まで移動させ、「東封」(冊封の實行)を知らせることとなった[239]。これは1595年1月のことで、秀吉を日本國王に封じ、行長と宇喜多秀家·増田長盛·石田三成·大谷吉継·德川家康·毛利輝元·豊臣秀保に都督僉事を授け、內藤如安には褒賞、「日本禪師僧」の玄蘇には衣帽などを授けることが決定されている[240]。行長の政權構想は雲散霧消し、万暦帝詔書で授

239) 『明實錄』万暦23年5月1日條。
240) 『明實錄』万暦23年1月12日條。なお、『経略復國要編』は、行長と如安に授けられた

職對象として指定された人物は16名、「對馬グル-プ」のなかでは行長(正
二品・都督僉事)と玄蘇(日本本光禪師)のみとなった[米谷2014]。2年前、明
は戰爭の首謀者の一角とみなす行長・義智・玄蘇・宗逸の首を斬るか生け
捕りにした者に賞銀・官職を授けることとし、玄蘇の場合は銀10,000兩と
封伯世襲、行長・義智・宗逸の場合は銀5,000兩と指揮使世襲とすることを
公布していた[241]。授職によって行長と玄蘇は免罪されたことになる。

　1月15日、調信は朴辰宗との會見の場で册封の實現を渴望していると
語っていたが、2月になると、慶尙右兵使の金応瑞に14日付の書契を發
し、北京から歸還した內藤如安が「封貢の手筈が調い、まもなく詔使が
到來する」と告げてきた旨を伝えている[242]。4月23日(明曆24日)、遊擊の
沈惟敬が釜山の倭營に入ったことをうけ、金応瑞は李弘發を倭營に派遣
した。これに應對したのが調信であり、

　明使が來なくとも、沈惟敬と會見できれば、行長とともに日本に戻り、
秀吉に報告するので、講和は必ず成立します。明は行長に「明使が日本に
赴くときは、朝鮮も通信使を派遣する」と通諭してきました。私は既に
年老いており、特に望むことはありません。日本と明との間を周旋して
いるのは、昔日に朝鮮から受けた恩を忘れていないからです。秀吉は「明
使が來なければ、擧兵してただちに朝鮮を攻める。陸路は運糧が非常に
困難であるから、川沿いに倉庫を設けて兵粮を蓄え、船運については行
長が指揮せよ」と命じました。それゆえ行長はいま金海に赴いています。

　と述べている[243]。　5月下旬から6月初旬までの間に都司の譚宗仁と行
長・調信・玄蘇との會談が行われたが、この場では「朝鮮使臣入去之事」は
触れられなかったという[244]。5月22日付の「大明・朝鮮与日本和平之條目」

　　のは都督指揮使であるとする。
241)『明實錄』万曆21年1月12日條。
242)『五峯先生集』卷12・咨・兵部移咨(乙未3月)、『宣祖實錄』28年2月癸酉(30日)條。
243)『宣祖實錄』28年4月丁卯(25日)條。

において朝鮮王子一名の來日が要求されているので245)、通信使ではなく王子の來日が交渉されていたことになる。6月4日、行長は名護屋に戻ったが、その情報を明使に隨行する接伴使の黃愼に伝えたのは柳川智永であった246)。

撤退問題 義智の陣營は蓴浦に敷かれていた247)。しかし、7月下旬には完全に撤收し、義智自身は熊川の行長陣營に合流し、近日中に東萊へ移動することになった248)。この間、咸安・鎭海・固城の沿海で殺掠事件が發生したため、黃愼は沈惟敬を介して行長に抗議した。行長が調信に語ったところによると、今後、自陣營から20里(約8km)を越えて作賊する者については、すべて斬殺・捕縛して構わないとの旨を朝鮮側に回答したという249)。

10月11日、楊方亨が釜山の小西陣營に到着した。この頃、東萊の陣營はすべて撤收となっていた。義智は總勢500人ほどの兵を率いて熊川縣管內の森浦から東萊に移動していたが、釜山の小西陣營に合流することになった。調信自身は楊方亨の釜山到着を秀吉に急報するため、15日に日本へ戻った250)。遅れて李宗城が11月2日に到着した。12月になっても、日本の軍勢4万弱が駐留していたが、調信が釜山に戻るまでは、撤退が實現するか否かは不透明であると朝鮮側は認識している251)。この頃、釜山に來航・滯在していた毛利友重(高政)は、調信の歸還を待って明使とともに歸國すること、明使の渡海が實現すれば、對馬北端の兵站基地である擊方山城

244)『宣祖實錄』28年6月丁未(6日)條。
245)東洋文庫本(『豊臣秀吉文書集』7-5190号)。
246)『宣祖實錄』28年6月癸亥(22日)條。
247)『宣祖實錄』28年4月辛酉(19日)條。
248)『宣祖實錄』28年7月戊子(17日)條・乙未(24日)條。
249)『宣祖實錄』28年7月己卯(8日)條。
250)『宣祖實錄』28年11月庚午(2日)條・辛未(3日)條、『五峯先生集』卷12・奏文・倭情咨文(丙申2月)。
251)『宣祖實錄』28年12月庚戌(12日)條。

を義智に引き渡すことを予定していた[252]。 そうした状況のなか、 調信が
釜山に歸還したのは19日のことである[253]。 行長と諸將との會合は翌20日
の晝にまで及び、夕刻になって調信が沈惟敬を訪ねた。ここで調信は、

　關白は明使が旣に釜山に到着したことを聞き、 とても喜んでいます。
ただちに全軍を撤退させるので、再び朝鮮と戦うことはありません。た
だし、關白は旧都(京都伏見城)にはおらず、新城(大坂城)で受封したいと
考えています。 現段階では明使の宿泊所の修造が終わっていないので、
來年正月中を待って渡海すべきです。

と伝え、かつ「明使が來日するとき、必ず朝鮮の陪臣を請い、一緒に來
させよ。陪臣の來日の可否を報告を待ち、撤兵の時期を定める」との〈秀
吉の言葉〉も伝えている。 これをうけて沈惟敬は日本への渡海を決し、
宣祖に咨文を發して通信使の隨行を求めた[254]。22日、調信と如安が沈惟
敬を訪ねて會談し、通信使の件を交渉した。24日にも行長・調信・如安・玄
蘇が沈惟敬を訪ね、黄愼を交えて會談が行われたが、黄愼が難色を示し
て紛糾した[255]。後日、調信は黄愼に對し、「朝鮮の使臣は旣に釜山に到
着したのか。二人の王子を旣に返還したにもかかわらず、朝鮮が來謝しよ
うとしないのは、 どういう道理なのか」との 〈秀吉の言葉〉を伝えてい
る[256]。こうした交渉の場における秀吉の〈言葉〉や〈意向〉のどこまでが眞
實であるのか、どこからが詭弁であるのかは判斷が難しいところである。

　李宗城の逃亡　調信は釜山に歸還するにあたり、 明使の迎接のため約
200艘の船を率いてきた。そして1596年1月15日、行長が沈惟敬を連れて
日本に渡海した[257]。その2日前の13日、調信は体察使宛ての書契を送り、

252)「富岡文書」12月6日毛利友重書狀(東京大學史料編纂所影寫本)。
253)『宣祖實錄』29年1月壬辰(25日)條、『五峯先生集』卷12・奏文・倭情奏文(丙申〈1596年〉2月)。
254)『宣祖實錄』28年12月丁卯(29日)條、29年1月壬辰(25日)條。
255)『宣祖實錄』29年1月戊辰(1日)條。
256)『宣祖實錄』29年1月(8日)條。

行長は日本に渡海するが、調信は義智とともに釜山の陣營に留まるので、今後の朝鮮側からの連絡の窓口となるとの旨を傳えている[258]。行長は正成とともに2月6日に京都に到着したのち、3月24日に名護屋に戻り、釜山まで明使を出迎えようとしていた[259]。この頃、調信が黃愼に對し、「近辺の官員を通信使と假称し、數日內に釜山の陣營に送ってくだされば、みずから秀吉のもとへ報告に行きます」と傳えたところ、副使楊方亨が理解を示した[260]。楊方亨は4月中の渡海を期していたが、正使李宗城は日本の軍勢が撤退しないなかでの渡海を躊躇していた。義智は何度も楊方亨の寝所を訪ねて談話し、かつ調信らとともに設宴して兩使を歡待した。楊方亨は義智らの歡心を買おうとしていたといい、李宗城は辭職の上本を提出するに至った[261]。4月2日(明曆3日)夕刻、義智が設宴して講和の4條件(「納質」「通商」「割地」「皇女」)を話題に取り上げたところ、李宗城は皇帝が許しはしないと反論し、渡海を拒絶して歸還する意思を表明した。義智は慰留を図ったが、かえって李宗城は不信感を募らせ、とうとう夜陰に紛れて釜山の陣營から逃亡してしまった[262]。李宗城が金海の草叢に打ち捨てた「皇勅」(誥命・勅諭)と金印(日本國王印)・關防印は、後日、調信によって回收され、楊方亨のもとに届けられた[263]。

257) 『明實錄』万曆24年1月17日條、『宣祖實錄』29年1月壬午(15日)條。
258) 『宣祖實錄』29年1月庚寅(23日)條。
259) 『宣祖實錄』29年4月癸丑(17日)條・丙辰(20日)條。
260) 『宣祖實錄』29年5月戊辰(2日)條。
261) 『宣祖實錄』29年3月戊寅(11日)條。
262) 『宣祖實錄』29年4月丙午(10日)條・己酉(13日)條。
263) 『宣祖實錄』29年4月己未(23日)條、6月丁酉(1日)條。

2. 日朝講和交涉

通信使問題 4月7日に釜山まで到來した「關白文書」は、機張・安骨浦の軍勢が先に撤退し、 釜山・竹島の軍勢は明使の渡海に合わせて撤退せよと命じるものであったという。それに對して、加藤淸正は調信に書狀を送り、洛東江が增水する前に慶州へ行軍する計畫を傳えてきたが、調信がこの計畫を楊方亨に告げたため、 楊方亨は淸正の行軍を阻止した[264]。調信は楊方亨に對し、何度も李宗城の居場所を尋ねたが、不明であるとの回答しか得られず、 數か月間にわたって待機する構えをみせていた[265]。しかし、「朝鮮和事」を管掌していながら通信使が一向に派遣されないことを小西行長から譴責されている[266]。5月15日、淸正の軍勢が西生浦から撤退したことをうけ、 調信は通信使の派遣を强く要請したが、朝鮮側が應じなかったため、これでは竹島などの軍勢を撤退させることはできないと反發している[267]。一方、黄愼はなぜ日本側陣營が新任の正使が到來しないことに不滿を抱いているかを探るため、譯官を調信のもとに遣わした。調信の回答は「行長が李宗城の尊貴性を吹聽したため、身分の低い沈惟敬では代理が務まらないから」というものであった[268]。

こうして閉塞感が强まるなかで、 調信は寺澤正成から「明使だけが來日し、通信使が遲れてくるのであれば、通信使を招聘する必要はない」というのが〈秀吉の意向〉であるとの書狀を受け取り、の旨を黄愼に傳えたが、 雙方の議論は平行線をたどった[269]。結局、6月14日に行長は楊方

---

264) 『宣祖實錄』29年4月癸丑(17日)條。
265) 『宣祖實錄』29年4月甲子(28日)條。
266) 『宣祖實錄』29年5月甲午(28日)條。
267) 『宣祖實錄』29年6月丁酉(1日)條。
268) 『宣祖實錄』29年6月丁未(11日)條。
269) 『宣祖實錄』29年6月戊申(12日)條。

亨らをともなって釜山を出航した。行長は調信に對し、「管朝鮮事者」と
して通信使に隨行するよう命じ、通信使が派遣されるのであれば、あと
十數日は待つが、　そうでなければ明日にも出發すると伝えていた[270]。
これをうけて、調信は黃愼に對し、行長の出航は〈秀吉の命令〉にもとづ
くものであるとして、急ぎ通信使を派遣するよう繰り返し求めた[271]。6
月19日、備辺司は近日中に通信使を派遣することを示唆する調信宛て金
応瑞書契の文案を檢討し、宣祖の裁可を得るに至った[272]。

　　通信使の來日　　結局、　接伴使の黃愼が通信使の正使を兼ねることと
なった。7月14日付の黃愼書狀によると、調信は朝鮮國書がなくとも釜山
を出航するつもりであると黃愼に迫っていた[273]。　朝鮮側が國書の發信
のみを許し、重臣の派遣を拒んだことに調信は大きな不滿を抱いていた
が、これについては默然として從ったという[274]。閏7月3日(明曆閏8月3
日)、ようやく副使が國書を奉じて釜山の陣營に接近すると、調信が5里
外で出迎えた[275]。4日には調信と副使は釜山を出航して絶影島に停泊し
ている。そして通信使一行は8日に對馬西泊に到着し、10日に府中に入っ
た。義智は先回りして大坂へ赴いていたため、調信が通信使を客舍に案內
して寄宿させた。このとき詰勅を護持する沈惟敬も府中に滯在していた。

　　25日、明使・通信使一行は府中を出航し、8月18日(明曆閏8月18日)に堺
まで到着した。　このとき行長と義智が家臣を使わして通信使を迎接し
た。詰勅は明使の兩名が港で、調信が船首で迎接し、通信使も陪した。19
日晝、調信は行長に從って伏見城の秀吉のもとへ向かい、堺での通信使

---

270)『宣祖實錄』29年6月丁巳(21日)條。
271)『宣祖實錄』29年6月癸丑(17日)條・庚申(24日)條。
272)『宣祖實錄』29年6月乙卯(19日)條。
273)『宣祖實錄』29年7月乙卯(19日)條。
274)『宣祖實錄』29年7月壬辰(27日)條。
275) 以下は『日本往還日記』による。

の応接は智永と交代した。この間の様子は、後日の調信の弁解276)によっ
て、ある程度は窺える。調信は秀吉に對し、黃愼が「大官」で毅然とした人
物であることを吹聽して接見を求めた。これに對して秀吉は、「5年にお
よふ戰いが終結することは、調信の功績であり、褒めてつかわそう。た
だし、明使を接待するための館舍は地震ですべて壊れてしまい、接待は
難しい。新館を建設しようとしているので、もう少し待て」と返答した。
しかし、三奉行(石田三成・增田長盛・大谷吉繼)と調信が「新館」の建設には
時間がかかるとして早期の接見を求めたところ、秀吉は明使・通信使との
接見を決定した。そしてみずから筆をとり、楊方亨は德川家康邸、沈惟敬
は宇喜多秀家邸、通信使は前田利家邸というように宿舍を定めたという。

　大坂城會見　8月28日、秀吉が大坂城に移動して9月1日にも明使を接見
する予定であるとの情報がもたらされた。この情報をもたらしたのは行
長と正成のようである。　調信は一足先に堺に戻ってきたのであろうか。
ともあれ、行長・正成が伝えてきたところによると、〈秀吉の意向〉は、

　当初から中國と通じたいと思っていたが、朝鮮が仲介しなかった。兵
を動かしたのち、沈惟敬が兩國の停戰を図ろうとしているのに、朝鮮は
その不可を述べている。明使が渡海してきても、通信使は遅れてきた。
王子も遣わしてこない。まずは天使を接見し、通信使の接見は保留する。
兵部に稟帖して遅延の理由を確認した上で接見を許す。

　というものであった。そこで、行長・正成は調信に對し、

　講和が成立しないことが危惧されるので、この旨を通信使に伝えなけ
ればならない。急ぎ沈惟敬を訪ねて説明を盡くし、關白の怒りを解くの
がよい。沈惟敬は明日大坂に行き、關白と會見してから戻ってくる。楊
天使も再び大坂に行くつもりである。

---

276) 『宣祖實錄』29年11月戊戌(6日)條の「黃愼軍官」である趙德秀・朴挺豪の引見記事をあわ
　　せて参照。

と伝えた。この夜、調信は要時羅を通信使のもとに遣わし、

沈惟敬は明日秀吉を訪ねます。行長と正成はこの旨を關白に伝えており、回答を待っています。

と伝えた。これに對し、黄愼は朴大根を介し、

私は釜山を離れたとき、3か條の計を決した。事態がよい方向に進めば、事を成しとげて歸るのが一計。事態が変化し、拘留されるのであれば、1年でも10年でも留まるのが一計。危害を加えられそうになっても、辭さないのが一計である。

と返答し、沈惟敬を往訪することを拒否し、要時羅は閉口して立ち去った。

30日(明暦9月1日)、黄愼が李愉を沈惟敬のもとに遣わし、聽取した內容は以下のとおりである。

楊方亨は「行長・正成・調信は熊川・釜山で行動をともにし、常に身を挺して行動している」と發言している。午後、行長が戻ってきて、「先に明使と接見し、その後に通信使の接見が許されるでしょう」と語った。調信が正成を訪ねて「明使が先に行くことになったため、關白は私を呼びよせて協議しようとしています。それゆえ私も大坂に行きます」と語った。

そして9月1日(明暦2日)を迎えた。この日の晝、要時羅が通信使のもとに調信の書狀を持參した。その書狀は、

關白が天使と面會しました。たいへん喜ばしいことです。もう一日留まってください。明日面談します。私も終わりしだい堺に歸ります。

というものであった。明使が堺に戻ってきたのは3日のことである。翌4日の夕刻、調信は使者を通信使のもとに遣わし、

沈惟敬は書を關白に送りました。再び正成・行長を大坂に遣わして撤兵を協議させようとしています。通信使のことは、明日午後に回答があるでしょう。

と伝えた。

　講和交渉の決裂　5日夕、行長・正成が石田三成・增田長盛とともに大坂から堺にやってきた。調信は夜牛に通信使を訪ね、

　今日、行長は沈惟敬の書を携えて關白のもとに向かいました。關白は大いに怒り、「明が遣使して册封してきたので、しばらく我慢しているが、朝鮮はきわめて無礼である。いま講和すべきではない。再び戦おうと思う。どうして撤兵を協議することがあろうか。明使も久留する必要はない。明日、すぐに乗船してほしい。朝鮮の使臣も立ち去るがよい。兵を整えて、今冬には朝鮮に行く」との仰せです。聞くところ、清正を召して計を練っておられるそうです。清正が秀吉の意を得れば何が起こるかわかりません。行長も私たちもほどなく命を落とすでしょう。

　との悲觀的な狀況を伝えた。事態の急變は、行長・調信にとって想定外であったらしく、行長は長盛に對して「私は4~5年にわたって講和に注力してきたが、結しなかった。腹を切って死のうと思う」とまで語ったという。ともあれ、調信は通信使にこの間の事情を漢城へ馳啓するよう求め、みずからも早船を密かに遣わすと伝えた。その上で沈惟敬と協議して堺を發つように求めたが、黃愼は伝命が完了していないとして拒否した。これに對して調信は、通信使だけが滯留することは不可能であると說得し、釜山までの護送を約束した。

　7日の夕刻、調信が黃愼を訪ね、

　私は使臣に隨行してここに來ましたが、意外にも關白の怒りを買いました。甚だ恥じるばかりです。いまこの事態を喜んでいるのは清正だけです。三奉行以下はみな恨みに思っています。

　と語り、清正が朝鮮王子を生け捕りにする計策を練っていること、秀吉が清正ら5名を先遣し、後から大軍を繰り出す命令を下したとの旨を伝えた。調信と黃愼との間では王子・撤兵をめぐる問答が行われたが、

「毎年遣使」(歳遣船)ないし「間一年遣使」、あるいは「礼幣之數」など、講和後の對馬-朝鮮間の通交再開にまで議論が及んでおり、調信は講和成立への一縷の望みを捨ててはいなかったようである。 調信がしきりに講和を希求する根底には、 宗氏領國を維持・再建しようとする意図があったのである。

後日、楊方亨は調信をとんでもない「難賊」であると評し、「調信がいなければ、朝鮮は無事である」と吐き捨てている277)。調信は明使・通信使からの不滿を一身に背負わなければならない立場にもあったのである。

通信使の歸國 結局、9月8日に明使と通信使が堺を出航した。10日午後から室津に停泊していたところ、夕刻に調信、夜半に義智が追いついた。15日朝、調信は對馬方面へ先回りするため出航し、しばらくは智永が通信使への隨行を担当した。10月9日に名護屋に到着し、13日の午前まで滯在した。このとき調信は名護屋で通信使に応對している。調信・智永は通事の朴大根に對し、清正が領國の肥後で兵を整え、朝鮮での「屯耕五年」(「耕作五年」)の計策を練っており、それに同調する者たちがいることを伝えており、再戦の意図が如實に窺える。また、調信は「再擧」の場合、最初の標的となるのが全羅道であること、朝鮮に穀物の備蓄がなく、兵糧の輸送が不可欠であるから、まずは朝鮮水軍を破り、その上で水陸から兵を進めることになる、との軍議の内容を暴露している。この情報を受け取った黃愼は、12日に軍官の趙德秀と朴挺豪を先に歸國させて朝廷に急報した。 趙・朴の2名は11月5日(明曆6日)に宣祖に引見され、その問答の結果を踏まえ、 9日には明に「緊急倭情」を報じるための國王咨文が作成されるに至った278)。

---

277) 『宣祖實錄』30年3月甲辰(14日)條

278) 『宣祖實錄』29年11月戊戌(6日)條・壬寅(10日)條、『秋浦先生集』通信回還復書啓(丙申11月)・賊情奏文(丁酉1月)。

　明使・通信使が對馬に到着したのは10月25日の晝のことである。　義智
と調信がみずから小船に乗って明使と通信使の船を迎接した。明使は府
中の館舍、黃愼は西山寺、副使の朴弘長は慶雲寺に寄宿した。27日、調信
は使者を黃愼のもとに遣わし、翌日に義智が酒宴を設けようとしている
ことを伝え、參席を求めたが、黃愼は拒否した。夕刻、義智も要時羅を遣
わして説得したが、黃愼は「王命を關白に伝達するという使命を果たせ
なかったのに、どうして私的に義智の酒宴に赴くことができようか」と
述べて拒否した。結局、通信使が釜山に歸還したのは11月22日(明暦23日)
のことである[279]。

Ⅴ. 第2次の戦闘と休戦(1597年1月~1598年12月)

1. 和戦兩樣の動き

　再戦回避工作　1597年1月10日(明暦11日)、小西行長の意を受け、要時羅
が朝鮮に渡航し、　加藤清正が7,000の兵を率いて3日に對馬まで到着し、
風待ちをしているとの情報を急報した。その上で、朝鮮水軍が急ぎ戦艦
50艘を機張方面に展開し、　かつ5~6艘が釜山近海で警戒活動にあたるな
らば、行長たちは清正に渡海を思いとどまるよう説得するとの共同計畫
を提案している。その上で、清正が行長と調信の講和工作は虚偽である
と秀吉に主張し、兵を動かすことになったものの、最終的に秀吉の信頼
を勝ちとるのは行長であると主張している[280]。しかし、11日に順風が

---

279)　『日本往還日記』。
280)　『宣祖實錄』30年1月庚戌(19日)條。清正の渡海阻止から西生浦の清正陣營の燒打ちに
　　　至るまでの工作については[村井2013]参照。なお、『朝鮮陣略記』は燒打ちの主体を

吹いたため、清正は約150艘の兵船を率い、西生浦に向けて出航した281)。
2月21日には豊臣政權が諸大名の3番編成の陣立を發し、 小西勢は14,700
人、うち行長の手勢は7,000人、宗義智の手勢は1,000人とされた282)。

　一方、沈惟敬は2月8日に漢城を發って釜山をめざした。同月中旬には
滞在中の南原から使者を釜山の行長と寺澤正成のもとへ遣わし、もうじ
き日本側陣營に到着すると約束している283)。 同月下旬には密陽付近ま
で到着したようで、調信と再會・密談し、日本側の對応を責めている284)。
3月5日(明暦6日)にも調信は密陽で沈惟敬と密談し、清正の動向を探ると
ともに、朝鮮王子の派遣をめぐって問答した。行長は王子の派遣が決ま
れば、みずから日本に戻って秀吉に報告するが、決まらなければ、正成
に戻らせて報告するつもりだと伝えている285)。 王子の生け捕りを期し
て再戦の構えをみせる清正に對し、行長は交渉によって王子の引き渡し
を求め、 再戦を回避しようとしたわけであるが、 それが實現しなけれ
ば、行長は日本に戻らない、すなわち約15,000の兵を動かさざるを得な
いと迫ったのである。

　3月15日付で調信が慶尚右兵使の金応瑞に宛てた書契には、 同日午前
に正成とともに日本に向けて出航するとの旨が記されており、調信は再
戦不可避となりつつある状況を嘆いている。その上で、巨濟島で材木の
伐採する日本人が朝鮮側に拘束された事件を憂慮し、その身柄の解放を
求めた。17日付の金応瑞宛て行長書契によると、行長は金応瑞との間で

　調信とする。

281) 『宣祖實錄』30年1月甲寅(23日)條。

282) 「毛利家文書」(『豊臣秀吉文書集』7-5575号)など。

283) 『宣祖實錄』30年2月丙戌(25日)條。以下、戦闘再開に至るまでの調信の動向につい
ては[김문자2021]参照。

284) 『宣祖實錄』30年3月戊戌(8日)條。

285) 『宣祖實錄』30年3月丙申(6日)條。

巨濟島での材木伐採に關する協定を結んでいたようで、鍋島陣營の大船1艘が巨濟島で朝鮮水軍と衝突した事件について弁明している。 調信と行長の書契は、 要時羅が22日(明曆23日)に金応瑞のもとに届けており、このとき要時羅は調信が日本から戻ってくるまでは、双方が偶發的な衝突を避けるよう努めるべきであると提案している[286]。

　調信は秀吉に對し、 王子の引き渡しは難しいため、 大臣の引き渡し、もしくは國王の「書幣」(國書)の送付をもって講和するよう訴えていた。5月7日、 金応瑞の配下である鄭承憲が釜山から戻って報告した偵察結果によると、 秀吉は調信の訴えに応じたといい、 智永は7日早朝にも調信が吉報をもたらすとの見込みを語ったという[287]。 しかし、 これは誤報であったらしい。 調信が釜山に戻ったのは6月1日(明曆2日)のことである。秀吉とのやりとりについても、秀吉が朝鮮は講和條件を受け入れているのかと問いただしたところ、調信は先行き不透明であるとの實情をもって回答した。このため秀吉は激怒し、8月1日を期して全羅道に攻め入るよう命じたという[288]。6月2日、行長は最後の望みをかけて沈惟敬に稟帖し、 明の仲裁(「天命」)によって日朝講和を實現したいと訴えたが、沈惟敬は提督である麻貴の命令によって、 7月1日以前に逮捕されていた[289]。 こうして日明間の交渉のチャンネルが失われ、 再戦回避の工作は水泡に歸したのである。

　戰鬪再開 5月1日、秀吉は義智に巨濟島(「唐島」)の領知を認めており、6月中旬頃には空島と化していた巨濟島に義智の軍勢が駐屯を開始したようである[290]。7月中旬頃、 金応瑞が昌原付近の日本側陣營を偵察した

---

286) 『宣祖實錄』30年3月乙卯(25日)條。
287) 『宣祖實錄』30年5月辛丑(18日)條。
288) 『宣祖實錄』30年6月癸酉(14日)條。
289) 『宣祖實錄』30年6月丁丑(18日)條、7月甲午(5日)・戊戌(9日)條、『文英淸韓記錄』万曆25年7月1日付惟政書簡寫(2通)[吉永2023]。

　ところ、道路の傍文には、8月3日に諸軍勢が各方面に進軍し、行長・義智と島津義弘は巨濟島・南海島を経由して求礼に進軍するとの計畫が公示されていた[291]。義智らは7月中旬に巨濟島から求礼に移動、8月2日~3日頃に南原に到着し、翌日から南原城の攻防戦が開始されたらしい。この戦闘には、小西勢(行長・義智ら)のほか、宇喜多秀家・島津義弘・毛利吉成・藤堂高虎・太田一吉・熊谷直盛らが加わったという[292]。

　8月15日に南原城が陷落したのち、戦線は全羅道から忠淸道・京畿道へと擴大したが、明・朝鮮軍の反撃を受け、10月には諸軍勢が慶尙道・全羅道の沿岸部へと撤退し、「倭城」の普請に努めるようになった[中野2008]。この頃、調信は求礼付近で明軍と對峙していたが、後續部隊の到來を恐れ、蟾津江を経て、南海島(流山島)に駐留した。そして、縣の東門から約5里にある山を丸ごと城とし、堀を造成して船が往來できるようにした。まもなく義智が閑山島を経て、この城に到着して調信と合流した[293]。調信が普請した南海島の城は南海倭城(船所倭城)[訓原2014]に相當しよう。一方、義智はみずからが領知する巨濟島で見乃梁倭城(唐島瀬戸口城)[早川2014]を普請していたのではなかろうか。ちなみに、南海倭城の支配領域で「給牌」と徴税の事務を担当していたのが、のちの講和交渉で朝鮮側のキ-パ-ソンとなる孫文彧である。

---

290)　「宗家文書」5月1日付豊臣秀吉朱印狀(『豊臣秀吉文書集』7-5595号)、『宣祖實錄』30年6月甲戌(15日)條。

291)　『亂中雜錄』丁酉7月16日條。

292)　『朝鮮陣略記』。

293)　『亂中雜錄』丁酉10月15日條、「慶尙道地圖」(1872年、ソウル大學奎章閣所藏、奎10512-v.1-9)には、「倭城」との注記こそないが、「古縣城」より北東の沿岸にある小山に都城とは異なる形状の「古小城」が描かれる。これが南海倭城に相當すると考えられる。なお、朝鮮の鎭城・邑城と區別するため、「南海倭城」のように表記することにする。

2. 倭城の防衛

南海倭城の防衛態勢　1598年1月、蔚山方面の苦戦を踏まえ、宇喜多秀家をはじめとする諸將は、全羅道方面に展開する諸陣營を慶尙道方面に撤退させることを計畫していた[中野2008]。すなわち、行長を順天から泗川へ、島津義弘を泗川から固城へ、義智を南海島から巨濟島(「から嶋瀬戸口之城」)へ移すというものであったが、行長・義智が反對し、義弘は先陣の動き次第であると返答した。このため秀家らは26日付で前田利家・石田三成らに書狀を送り、豊臣政權の判斷を仰いでいる[294]。一方、義弘は2月5日に昌善島の熊谷直盛に書狀を送り、日本への使者の派遣を急ぐべきこと、行長が智永を日本に派遣しようとしていることを傳え、兩使が一緒に出發できるよう日時の調整を図っている。また、調信と協議して昌善島・南海島間の烽火を整備するよう求めるとともに、行長・義智とも烽火のことを相談するよう求めている[295]。海戰の發生に備え、泗川・順天と南海島・昌善島をむすぶ防衛態勢を整備しようとする樣子が窺える。

3月には17日付と18日付の朱印狀が義智に發せられた[296]。秀家らが伺いを立てた順天・南海からの撤退案は却下となり、義智がこれに同調しなかったことを賞するものである。その上で、城の普請を命じるとともに、兵糧米1,000石と「鐵炮・玉藥」の支給を傳えている。詳細は智永が傳えるとあるので、前月に智永が行長の使者として日本に向かったのは、秀家の撤退案に抗弁するためであったことになる。なお、義智に支給さ

---

294)「島津家文書」1206号(『大日本古文書』16-3)。なお、『宇都宮高麗御歸陣物語』[跡部1999]
　　によると、この頃には南海倭城が義智の持城、見乃梁倭城が調信の持城となってい
　　たらしい。
295)『旧記雑錄』(『鹿兒島縣史料』旧記雑錄後編3-373号)。
296)「宗家文書」(『豊臣秀吉文書集』7-5768・5776号)。「島津家文書」978号・5月26日付島津義
　　弘・忠恒宛て熊谷直盛等書狀(『大日本古文書』16-2)も參照。

れた「鐵炮・玉藥」の內譯は、石火矢(大筒)3丁・石火矢玉30・藥500斤・玉500斤であり、寺澤正成から智永に引き渡される予定となっている[297]。

　5月上旬頃、調信は礼曹判書宛ての書契を送った。秀吉は休戰交涉を嚴禁しているが、明將からの申し入れがあったので、2月15日に智永を京都に遣わすことになり、秀吉の意向を探らせたが、いまだに戻ってこないという[298]。智永には順天・南海撤退案に對する抗弁とともに、休戰の可能性を探るという任務が課せられていたのである。おそらく順天・泗川・南海の戰線は拮抗狀態にあり、現地の指揮官レベルで停戰の機運が生じていたため、行長・義智らはこの地域からの性急な撤退は危險であると判斷していたのであろう。あくまで行長・義智・調信が求めていたのは休戰なのであって、撤退案の拒否は主戰論であることを意味しないのである。6月2日(明曆3日)、要時羅が明軍の陣營を訪ね、停戰交涉を試みた。その席上での要時羅の發言によると、智永が發病して對馬に留まっているため、行長は調信を對馬に遣わし、〈秀吉の意向〉を確認させている最中であるという[299]。その〈意向〉がいかなる內容であったかは知りえない。秀吉が沒するのは8月18日のことである。

　完全撤退　1598年8月中旬、行長は朝鮮からの「勅使」(國王使)と「御調物」(礼物)を條件として撤退交涉に着手したらしい[300]。25日付で義智と調信に朱印狀が發せられ、德永壽昌・宮木豊盛が現地を訪ねて長期の滯陣を慰勞するとの旨を伝えるものであるが[301]、實質的には撤退・休戰を指示するための使者であった[中野2008]。行長が明將劉綎との間で停戰を合意したとの情報を得た義智と島津義弘は、9月3日(明曆4日)に順天に集

---

297)「島津家文書」1202号・3月18日付豊臣秀吉朱印狀(『大日本古文書』16-3)。

298)『宣祖實錄』31年5月辛卯(7日)條。

299)『宣祖實錄』31年6月丙辰(3日)條。

300)『宇都宮高麗御歸陣物語』。

301)「宗家文書」「宮木衛氏所藏文書」(『豊臣秀吉文書集』7-5864・5867号)。

まって軍議を行ったのち、南海・泗川へと戻っていった[302]。5日には德川家康・前田利家・宇喜多秀家・毛利輝元の連署狀が行長・義智に發せられた。①休戰交渉は加藤淸正の面前で行うこと、②淸正が難色を示せば誰の面前でも構わない、③休戰にあたり、朝鮮の王子が來日すればよいが、無理ならば調物で構わない、④調物は日本の外聞を保つためなので、多くても少なくても構わない、⑤迎船300艘を遣わす、⑥毛利秀元・石田三成・淺野長政を博多に下向させて歸還の指示をさせる、との内容である[303]。ただし、德永・宮木兩名が釜山に到着したのは10月1日のことで[中野2008]、現地では明軍との交戰が發生していた。

9月19日(明曆20日)、明軍が泗川・順天を攻擊したとき、義智は順天にいた[304]。南海島まで撤退した義智は、10月17日夜に明軍から停戰交涉の使者が順天倭城を訪ねたことをうけ、翌18日に調信と景轍玄蘇を順天に遣わした[305]。25日になって、行長は28日ないし29日に順天から撤退することに決したという[306]。そこで30日、行長・義智・義弘・立花親成(宗茂)が連署で條書を作成し、①日限を定めて順天・南海・泗川・固城から巨濟島へ撤退するものとし、「先手」(南海方面)から順々に撤退すること、②順天・泗川でそれぞれ停戰が成立すれば最良であるが、片方だけでも成立するようであれば、一日でも早く人質を受け取ること、③泗川・固城の船は順天を経由し、唐嶋瀬戶(見乃梁)まで送り届けること、を約束しあった[307]。

---

302) 『亂中雜錄』戊戌9月4日條。
303) 「豊國神社文書」[德川2006]。
304) 『宇都宮高麗御歸陣物語』、『亂中雜錄』戊戌9月20日條。
305) 「島津家文書」1931号・10月20日付島津忠恒宛て宗義智書狀1206号(『大日本古文書』16-5)。
306) 『宇都宮高麗御歸陣物語』。
307) 「島津家文書」1449号(『大日本古文書』16-3)。なお、『宇都宮高麗御歸陣物語』は、行長が人質を受け取ったのは9月25日であるとする。

　明軍との停戰交渉が進展し、人質を受け取った行長は、11月10日、順天から撤退することとし、まずは兵糧を釜山・巨濟に運送しようとした。ところが、兵糧を運送する荷船が明の水軍の急襲を受けたため、もはや順天倭城に籠城することは不可能となった[308]。10日中に行長は明軍の「船の大將」に使者を送り、「陸の大將」と停戰を約束して人質を受け取り、日本へ歸還しようとしているのに、　なぜ攻撃を仕掛けてきたのかと問いただした。翌11日、「船の大將」からの使者が訪れ、順天倭城の本丸は「陸の大將」に、二の丸は「船の大將」に渡すよう迫った。これに對して行長は、順天倭城は「陸の大將」に渡す約束であるとして拒否し、南海倭城と見乃梁倭城（「瀨戶の城」）を「船の大將」に差し出すとの代案を提示した。「船の大將」は、兩城は「端城」に過ぎないとして拒否したが、行長は義智を「高麗と日本の境目の國主」と評し、　明にも名が知れ渡っているので、自分と義智は同格であると主張したところ、　「船の兩大將」は兩城と武具・道具を引き渡すよう求めてきた。そして17日、行長は人質7名を受け取り、「船の大將」との停戰が成立した[309]。

　17日に明の水軍との停戰が合意され、　ただちに義智・調信は南海倭城からの撤退を開始したものと考えられる[310]。前月30日付の連署條書では、「先手」（南海方面）から順々に撤退することが約束されていたため、義智の撤退にともない、義弘も泗川から南海に移動しはじめたことになる。義弘は小船で南海島の北岸まで移動し、順天の行長の樣子を伺おうとしていた。ところが、18日の寅刻（3〜5時頃）に數百艘の番船と遭遇した。島津勢は防戰し

308)『旧記雜錄』12月7日付け島津義弘書狀寫（『鹿兒島縣史料』旧記雜錄後編3-613号）。
309)『宇都宮高麗御歸陣物語』。
310)　『亂中雜錄』戊戌11月19日（和曆18日）條は、露梁津での敗戰の知らせを聞いた「南海留在之賊」が陸路で弥助項（南海島南東部）に逃れ、義智が彼らを收容して去ったとする。『宇都宮高麗御歸陣物語』は、島津勢が「なんはいの城」（南海城）に逃れ、「城主の對馬守殿」は「瀨戶」（見乃梁城）に退却したとする。

て朝鮮の大船4艘と江南の大船2艘を乗っ取り、午刻(11~13時頃)には双方ともに退却し、同日中に順天から小西勢を救出した[311]。露梁津海戦である。海戦の終了後、島津勢は空城となっていた南海倭城に籠城した[312]。

行長勢は19日早朝に南海島から撤退した。20日畫に「瀬戸」(巨濟島の見乃梁城)に到着し、義智・義弘・正成と合流したのち、22日に薺浦まで到着した。23日に淸正が釜山の陣營を燒き拂って撤退したので、入れ替わりで釜山に移動した[313]。そして24日に「惣引」(全軍撤退)が決まったらしい[314]。26日、劉綎らは「日本授職都督僉事」である行長、および義智・正成・親成、義弘・忠恒父子の6名宛てに諭帖(下達文書)を發し、質官9名を釜山に送り屆けたことを傳えている。その上で、「二營」(うち一營は淸正陣營)を燒き拂ったものの、諸將がもうしばらく滯留を願っていることを踏まえ、日本からの使者が到來するまでは認めるが、到來後は速やかに撤退せよと命じている[315]。全軍撤退が始まったのは26日早朝からのようで、行長は質官とともに釜山を出航した[316]。島津勢は12月10日、小西・寺澤勢は11日に博多に着岸した[中野2008]。こうして第2次戰鬪は休戰を迎えたわけであるが、撤退中の調信の動向は定かでない。朝鮮國內では調信が落命したとの巷說も廣がっており、南海島からは調信・智永父子のものとされる首級も運ばれている[317]。

311) 『舊記雜錄』12月7日付島津義弘書狀寫。

312) 『島津家高麗軍秘錄』(『續群書類從』20下)。なお、「朝鮮日々記」は「樺山權左衛門殿ヲ押立、對馬陣ノアキタルニハイリコミ」との記事を10月にかけるが、11月の露梁津海戰に關わるものであろう。

313) 『宇都宮高麗御歸陣物語』。なお、「朝鮮日々記」は、18日のうちに行長が順天から對馬西泊まで撤退したとするが、この行程にはさすがに無理がある。

314) 洲河家覺書C。

315) 「加藤文書」萬曆26年11月26日付け西路欽差委官守備都指揮僉事劉等諭帖(『小西行長基礎資料集』302号)。

316) 『宇都宮高麗御歸陣物語』。

317) 『宣祖實錄』31年12月戊寅(27日)條、32年1月丙申(15日)條。

Ⅵ. おわりに

　以上、 全軍が博多に撤退した1598年12月上旬までを叙述するにとどめ
たが、 　調信は同月中には義智に従って京都に移動・滞在していたらし
い318)。そして翌1599年以降、調信は豊臣・德川政權と朝鮮との狹間にあっ
て、しかし宗氏領國の利害を巧く代弁しながら、講和交涉に盡力し、1605
年3月には京都伏見城での將軍德川秀忠と僧惟政との會談に漕ぎ着けた
[荒木2019・2020]。 仮の講和(終戰)を見届けた調信は、 半年後の9月29日に
没した。その遺志を受け継いだのが智永であり、10月13日付の書契で、

　調信は臨終の場で、 私に對し、「朝鮮と日本との和好については、自分
の生前と同じように努めよ。お前は決して怠ってはならない。兩國の平
安はまさに和好の一事にかかっているのだ」との遺訓を述べました。

　と伝えている319)。最終的に講和が成立したのは、調信が没してから2
年後の1607年のことであった。

　調信の67年の生涯のうち前半生は、その活動の徵証を得ない。それに
對して後半生のうち48歳からの20年間は、戰爭の回避と遂行、停戰・休戰
交涉、 そして講和(終戰)交涉に捧げている。 そうした交涉の局面と比べ
ると、戰時における調信の存在感は、第1次戰鬪の先陣としての役割を除
けば、きわめて薄いものがある。あくまで大名重臣として數百程度の兵を
率いるに過ぎない存在なのであるが、交涉の局面になれば、秀吉の直臣と
朝鮮國王の臣下という二つの名分が作用し、 俄然として存在感を發揮し
たのである。とはいえ、日・朝・明三國間の交涉の最前線にあったため、そ
の決裂の場面に立ち會うことも多く、 相手方から不信と非難を買うこと
もあった。同時代において毀譽褒貶が相半ばする人物であったといえる。

---

318) 『月峯海上錄』。
319) 『海行錄』万曆33年12月10日條[辛・仲尾1996]。

　後年、 嫡孫である調興の代に「柳川一件」が發生し、 柳川氏のうち調信
の系統が途絶えた。 調信の菩提寺である流芳院は廢寺となり、 柳川家の
家財道具は幕府によって沒收され[320]、 調信・智永・調興三代に所縁の品は
何ひとつ傳わらない。 彼らが發した文書が斷片的に島内諸家に殘る程度
である。 對馬藩では柳川姓が忌避の對象となるばかりか、 宗氏庶流とい
う系譜關係さえも湮滅された。 調信は忘却の彼方へと消えていき、 時に
思い起こされることがあっても、「諸國経歴」の「浪人」であるとか、「謀反
人」の娘婿であるなどと貶められた[321]。 しかし、 勞苦をともにした景轍
玄蘇の遺文集『仙巣稿』には、 調信の肖像に寄せた贊(「流芳院殿傑岑宗英
居士肖像贊幷序」)が收錄されており、 贊美が過ぎるとはいえ、 調信の實像
の一端を傳える。 玄蘇の弟子である規伯玄方は、 柳川一件で配流の憂き目
に遭ったわけであるが、 敵對した調興と對比させつつ、 調信・智永父子は
「對馬守を大切におもひ、 公儀をもよく繕ひて、 己が財宝を惜ます、 對馬
守事乏しき時ハ、 自分の物を添て補ふ」人物であったと語っている[322]。

　このように調信は時代によって評価が轉変した人物といえるが、 それ
ゆえにこそ、 ある一面を切り取るのではなく、 その人生の全体像を實証的
に明らかにする必要がある。 本稿は紙幅の都合もあって、1598年までを叙
述するにとどめたが、 斷片的な日本史料と朝鮮史料を繋ぎあわせながら、
調信という一個人の視点から壬辰戰爭をとらえようと試みたものである。

---

320) 『柳川調興公事記録』[김·윤2015]。
321) 『方長老朝鮮物語 付柳川始末』(『改訂史籍集覧』16)、『宗氏家譜略』[鈴木1975]。
322) 『方長老朝鮮物語 付柳川始末』。

「야나가와 시게노부[柳川調信]의 생애」의
토론문

다사카 마사노리 | 선문대학교

오늘 아라키 선생님으로부터, 야나가와 시게노부(柳川調信, 1539-1605)의 1573년부터 1598년까지의 활약을, 양국의 단편적인 사료를 근거로 정리 서술하신 "인물로 보는 한일교류사"라는 학술대회 주제에 상응하는 말씀을 들었다.

그 의의는, 우선 사료 면에서 『조선왕조실록』은 비롯하여 복수의 『사행록』과 유성룡의 『서애집』·이호문의 『오봉선생집』등의 한국 사료, 그리고 종가문서를 비롯한 수많은 일본 사료에 중국의 『명실록』까지 3개국에 걸쳐 널리 바라볼 수 있었다. 그리고 그러한 사료를 엮어서 한정된 기간이지만, 시게노부의 동행을, 그 마음까지 조명하는 듯 서술이 된 것은 깊은 의의가 있다. 개인적으로는, 조선통신사 및 조선후기의 쓰시마번을 주로 연구대상으로 삼아온 본인이 토론자로서는 부족하지만, 한일 간에서 평생을 바쳐 진력한 인물들에게 공통적으로 볼 수 있는 "답답함"을 시게노부에게도 볼 수 있었으며, 많은 공부가 되었다.

내용에 관한 토론을 버릴 수 없어 토론자의 역할을 전혀 못한 것을 용서 바라며, 단 개인적으로 깊은 관심을 유발케 하셨으니 몇 가지 선생님의 의견을 어쮀보고 싶다.

조선과의 위사통교(偽使通交)로 경제적 기반을 닦고 소씨(宗氏)의 신임을 얻는 것을 발판으로, 히데요시(秀吉)가 직접 지배하는 가신의 지위를 부여 받고, 선조로부터 종이품의 가선대부 명칭을 받아, 한일 간의 중요인물로 역사의 무대에 등장하는 과정이 사료를 근거로 객관적으로 서술이 되어, 그 의미하는 바가 잘 정리되어 있다. 시게노부가 역사의 무대에서 맡은 역할은 한일 간의 키퍼선(key person)이었다. 좀 더 자세히 말하자면, 히데요시에 절대적으로 복종할 수밖에 없는 쓰시마 번주 소씨의 이익을 최우선해야 하는 입장인 것과 동시에, 조선왕조가 일본과 교섭하는데 있어 실무적 퍼트너가 되는 입장이라고 할 수 있다. 쓰시마 번주와 일체가 되어 히데요시의 뜻을 절대적으로 받들어, 조선으로부터는 신뢰와 함께 기대를 한 몸에 받는 입장이기도 했다. 그리고 그 기대에 어긋날 경우, 받은 기대의 몇 배의 비난을 받게 된다. 그 비난은 시게노부의 힘으로는 어떻게 할 수 있는 사항이 아님에도 불구하고이다. 그러한 역할은 누군가가 맡아야 하는 것이었다.

한일 간에서 진력한 인물들이 가는 길에는 비극적 내용이 늘 그 발목을 잡는 것 같다. 그만큼 한일 관계에는 일이 있을 때마다 생각지도 않은 문제가 발생하는 것이라고도 말할 수 있을 것 같다. 이웃 나라와의 관계는 그런 것이다라는 말로 끝낼 수 있을 수도 있다.

여쭤보고 싶은 것은, 우선 한일간의 키퍼선으로서 시게노부 외의 인물을 제시하여 과연 그 인물이 한일 간이기 때문에 직면한 비극적 내용이 있는지를 말씀하시고, 다음으로는, 문제의 해결법이다. 예를 들어, 이번과 같이 일본의 권력자가 조선에 무리한 요구를 함으로써, 그 권력자를 추종할 수밖에 없는 입장인 자가 그 권력자와 조선 사이에서 무엇을 할 수 있는가 하는 것이다. 그 외에도 선생님이 한일관계에 오랜 동한 관심을 가지고 오면서 생각한 사항이 있다면 교시하기 바란다.

제 3 Session

日帝强占期의 韓國人과 日本人

재일동포 기업가 서갑호 회장의 삶과 기억

임영언 | 조선대학교

I. 서론

이 연구는 서갑호(徐甲虎)라는 재일동포 기업가를 통해 한일경제교류와 한국 경제성장에 미친 영향을 살펴보는 데 있다. 지금까지 기존 연구들은 재일동포 기업가들의 모국투자와 한일관계 등 국내 경제성장에 미친 영향에 대하여 긍정적인 측면을 부각하고 있다. 하지만, 본 연구는 일본과 한국, 그리고 재일동포 등 세 가지 관점에서 재일동포 기업가에 대한 평가를 비교 분석하는 데 초점을 두고 있다. 또한, 이 연구는 일본에서 최대 마이너리티 집단인 재일동포가 거주국 일본과 모국의 경제성장에 어떠한 공헌을 했는지 기존과는 다른 차원에서 살펴보고자 한다.

재일동포 기업가들은 일본에서 축적한 자산을 모국 경제발전을 위해 기부하기도 했다. 재일동포의 모국투자는 한일 국교 수립이 이루어진 1965년 전후로 시작되어 1974년에는 모국투자의 창구인 '재일한국인모국투자협회'가 설립되면서 본격화하기 시작했다. 한국이 고도성장을 이룬 1965년부터 1978년까지 재일동포 기업가들이 한국에 투자한 총액은 10억 달러를 초과하였다. 이 기간에 한국에서 외국인 투자는 총 9억 3,700만 달러를 상회하였는데 투자자 대부분이 재일동포 기업가였다. 재일동포 기업가의 모국투자가 경제발전 과정에 있는 한국 정부의 외화 부족을 채우고 경제성장에 얼마나 큰 공헌을 했는지 알 수 있다. 나중에 상술하겠지만 이러한 모국투자 과정에서 재일동포 기업가의 조직화와 한국과 일본 경제계의 가교역할을 한 인물이 바로 서갑호 회장이었다.

재일동포의 모국투자는 자본투자나 기업진출뿐만 아니라 출신 고향에 다 리나 도로를 건설하고 학교를 설립하며 가난한 농촌에 식량, 의류, 전자제 품 등 생활물자를 지원하기도 했다. 초기 이러한 재일동포의 모국에 대한 다양한 유형무형의 물품 지원이나 투자가 한국 경제성장의 기반을 만들어 주었다.

이미 한국에 알려진 바와 같이 서갑호 회장에 관한 최근 연구는 초기 재 일동포 기업가의 자본에 의한 본격적인 모국 투자가로 평가되고 있다. 당시 국내에서는 '금의환향의 재일동포 기업가'로 큰 화제가 되기도 했다.[1] 그러 나 지금까지의 연구는 재일동포 연구자들의 시선에서 주일한국대사관의 기 증, 사카모토 방적 회사의 모국진출과 모국 경제발전 공헌 등 한국의 경제적 위상 제고와 더불어 재일동포의 관점을 지나치게 강조한 연구들이 많았다.[2]

본 연구는 재일동포 기업가 서갑호라는 인물에 좀 더 다가가 그의 경영 철학과 기업가정신, 그리고 재일동포 기업가의 조직화를 위한 그의 공헌, 정치적 경제적 격변기 속에 한일관계 가교역할, 그리고 갑작스러운 타계로 이루지 못한 꿈 등을 중심으로 그에 대한 재일동포의 평가, 일본인의 평가, 한국인의 평가 등 세 가지의 관점에서 살펴보고자 한다.

II. 선행 연구 및 이론적 배경

전술한 바와 같이 재일동포 기업가에 관한 기존 연구들은 모국공헌의 관 점을 중점적으로 다루어왔다. 그러나 본 연구는 서갑호 회장에 대하여 기존

---

1) 河明生(2003), 『マイノリティの起業家精神-在日韓國人事例研究-』, 株式會社ITA, pp.101-106。
2) 이민호(2015), 『新韓銀行을 設立한 在日, 자이니치 리더』, 통일일보사, pp.51-73.

의 모국투자 중심의 연구에서 지평을 확대하여 일본 내와 한국 내의 평가
를 추가로 살펴보고자 한다. 최근 몇 년간 괄목할만한 재일동포 기업가에
관한 연구성과들이 쏟아져 나왔는데 그중에서 재일동포 사회나 일본 사회,
한국 사회에 지대한 영향을 미친 인물로서 서갑호 회장만큼 주목받은 인물
은 없을 것이다. 그 이유는 서갑호 회장의 1960년대 주일 한국대표부의 토
지와 건물 기증이 큰 영향을 미쳤을 것으로 생각된다. 최근 2013년에는 주
일한국대사관의 신축으로 다시 서갑호 회장이 주목받았는데 이때 재일동포
기업가의 조직화와 기업가를 통한 한일관계 구축에 기여한 공로로 서갑호
회장의 아호를 딴 '동명실'이라는 자료관을 개관하였다.

　지금까지 재일동포 기업가에 관한 선행 연구는 재일동포 출신 연구자들이
중점적으로 이 문제를 다루다 보니 내용적인 측면에서 재일동포의 모국공헌
에 초점을 두고 전개해온 것으로 생각된다. 본 연구는 이러한 기존 연구의
한계를 극복하는 차원에서 일반적으로 재일동포 기업가의 기존 연구를 3가
지 유형으로 확대하여 살펴보고자 한다. 먼저 제1유형은 재일동포 시각에서
바라본 모국투자와 한국경제 발전에 공헌한 재일동포 기업가, 제2유형은 한
국 내에서 한국인의 관점에서 바라본 재일동포 기업가, 제3유형은 일본인의
관점에서 바라본 한일관계 개선에 앞장선 재일동포 기업가 등으로 구분하였
다. 다음 〈표 1〉은 서갑호 회장에 대한 평가유형을 제시한 것이다.

〈표 1〉 서갑호 회장에 대한 평가 유형 분류3)

유형 분류	주요 내용
제1유형-재일동포 관점	서갑호 회장의 모국투자와 경제발전에 대한 공헌
제2유형-한국인의 관점	한국 내 긍정적 측면과 부정적 측면 평가
제3유형-일본인의 관점	재일동포 기업가의 조직화, 비공식적인 한일 경제교류 추진 및 공식적인 루트로서 한일관계 구축

3) 본 논문의 분석 내용을 바탕으로 연구자가 작성하였음.

구체적으로 상세히 살펴보면, 제1유형은 재일동포 관점의 재일동포 기업가 연구로 대표적으로 가와 메이세이(河明生, 2003)의 마이너리티의 기업가정신-재일한국인 사례연구, 나가노 신이치로(永野愼一郎, 2009)의 '한국경제발전에 대한 재일한국인 기업가의 역할', 양경희(梁京姬, 2009)의 '한국경제발전에 대한 재정 금융 면에서 재일한국인 기업가의 역할', 사사키 켄분(佐々木憲文, 2009)의 '재일한국인의 한국경제발전에의 다양한 공헌', 박일(朴一, 2009)의 '재일코리안에 의한 초기 모국투자의 실태, 그 빛과 그림자-서갑호와 신격호의 사례연구' 등을 꼽을 수 있다. 이들 연구는 2009년 12월 4일 일본 대동문화대학 경제연구소[4]에서 개최한 학술회의 성과였다. 이러한 성과를 바탕으로 2010년에는 '한국의 경제발전과 재일한국기업인의 역할'이라는 단행본이 한국과 일본에서 출간되었다.[5]최근 연구로는 이민호(2015)의 '신한은행을 설립한 재일, 자이니치 리더', 임영언(2015)의 '재일코리안 기업의 형성과 기업가정신', 임영언(2021)의 '재일코리안 기업의 성장과 모국 기여 활동' 등이 주목할만하다.[6] 이들 연구의 주요 내용은 재일동포 기업가의 모국투자와 경제발전에 대한 공헌과 '금의환향'의 기업가정신을 다루고 있다.

또한, 서갑호 회장의 모국진출을 다룬 최근 연구로 야나기마치 사토시(柳町聰, 2023)의 '재일한국인 기업가의 모국진출-사카모토 에이치(坂本榮一)와 시게미쓰 다케오(重光武雄)'의 연구이다. 이들 연구는 서갑호와 신격호의 모국진출에 관한 전략과 인재 활용의 차이 등을 다루고 있다.[7]

제2유형의 대표적인 연구로는 박철호(1976)의 '서갑호'라는 한국의 재계

---

4) 永野愼一郎(2010),「韓國經濟發展に對する在日韓國人企業家の役割」,『經濟研究研究報告』23、pp.15-23.

5) 永野愼一郎編(2010),『韓國の經濟發展と在日韓國企業人の役割』, 岩波書店。

6) 임영언(2021),『재일코리안 기업의 성장과 모국 기여 활동』, 도서출판선인, pp.241-271.

7) 柳町聰(2023),「在日韓國人企業家の母國進出-坂本榮一と重光武雄の事例を中心に」,『次世代人文社會研究』19, pp.1-18。

얼굴을 조명한 연구라고 할 수 있다. 이 연구에서는 서갑호 회장의 한국에서의 긍정적 측면과 부정적 측면을 다루고 있다. 먼저 부정적 측면은 일본 자본의 한국진출 통로와 매판자본의 가능성 내지는 저임금 노동력 수탈 등을 지적하고 있다. 그리고 긍정적 측면은 서갑호 회장에 의한 한국에서의 근대적 기업가정신의 전파와 민족자본으로 발전 가능성에 대한 기대 등이었다.

제3유형의 대표적인 연구로는 야나기마치 이사오(柳町功, 2004)의 '전후 한일관계의 형성과 그 경제적 측면-역할자의 행동을 중심으로'라는 논문이다. 이 연구에서는 재일동포 기업가와 서갑호 회장의 비공식적인 루트로서 재일동포 기업가의 조직화와 공식적인 루트로서 경제계를 통한 한일관계 구축을 높이 평가하고 있다. 이에 관한 구체적인 사례 및 내용분석은 다음 장에서 상세하게 다루고자 한다.

이상과 같이 그동안 서갑호 회장에 관한 연구 동향을 살펴보면 지나치게 모국공헌을 의식하는 연구들이 많았으나 본 연구는 당시 한국인과 일본인의 관점에 초점을 두고 다양한 접근을 시도하고자 한다.

Ⅲ. 서갑호 회장에 대한 삶과 기억의 한일 평가 분석

1. 서갑호 회장에 대한 재일동포의 기억

1) 모국투자의 선구자

해방 이후 일본에서 방적왕으로 불린 서갑호 회장은 재일동포들에게 모국투자의 길을 개척한 선구자로 기억되고 있다. 서갑호 회장은 1915년 한국 경상남도 울주군 삼남면에서 태어났다. 언양 공립보통학교 (현재 언양고등학교)를 졸업한 후 1928년 고향을 떠나 단신으로 일본에 건너갔다. 당시 14

세였던 서갑호는 오사카의 상가 점원으로 일하면서 직조 기술을 배웠다. 직조 기술을 습득한 서갑호는 상가를 그만두고 사탕 장사, 폐품 회수, 타올 공장의 기름치기 등 다양한 직업을 전전했다.[8]

　이러한 직업 경험을 통해 섬유산업의 노하우를 축적한 서갑호 회장은 제2차세계대전 말기 군수물자의 거래를 통해 자산을 축적하여 섬유공장을 창업했다.[9] 해방 후 조선 귀국자에 대한 재산반출 제한 때문에 소유재산을 조선으로 이전할 수 없게 되자 일본에 잔류하였다. 1948년 오사카에서 사카모토 방적을 설립하여 조선의 경기 특수로 많은 자본을 축적하였다. 또한, 1952년 샌프란시스코강화조약 발효 이후에는 주일대한민국대표부 김용식의 연락으로 한국은행 도쿄지점에서 필요자금을 대출받아 주일덴마크공사의 저택(원래 松方正義)을 구매하여 주일대한민국대표부에 빌려주었다. 당시 그가 도쿄 아자부 주일대사관 대지를 구매한 이유는 1947년 일본 국적을 박탈당해 왕족 명부에서 배제된 영친왕에 대한 주거 제공의 목적이었다고 전해지고 있다.[10]

　서갑호 회장에게 비즈니스 기회는 돌연 모국 해방 후 갑자기 찾아왔다. 해방 후 군수물자의 매매로 돈을 번 서갑호는 해방 직후 폐기물 처분된 방적기를 사들여 1948년 3월 사카모토 방적회사를 설립했다. 1950년 봄에는 오사카 센난시(泉南市)에 있는 가와사키 중공업의 공장을 2,000만 엔에 구매하여 제2공장을 증설하였다. 단기간에 방적공장의 규모를 확장한 서갑호 회장에게 명확한 승산이 있었던 것은 아니었다.

　그러나 1950년 6월 공장 규모의 확장 시기에 맞추어 한국전쟁이 일어났다. 한국전쟁의 경기 특수의 파도를 타고 그의 방적 회사는 급성장하였다.

---

8) 나가노 신이치로 편저(2010), 『한국의 경제발전과 재일한국기업인』, 말·글 빛냄, pp.64-65.

9) 姜尙中(2023), 『アジア人物史 11』, 集英社.

10) 徐甲虎: https://www.weblio.jp/wkpja/content/(2023년 7월 11일 검색).

이후 서갑호 회장의 기업 성장 기세는 꺾일 줄 몰랐고 1955년에는 경영 부진에 빠진 히타치 방적(常陸紡績)을 매수하였다. 1961년 서갑호 회장은 연매출 100억 엔을 달성하는 서일본 최대의 방적왕에 올라 1,500명의 종업원과 18만 추의 설비를 가진 사카모토 방적 회사를 일구었다. 그리고 이 회사는 해방 이후 일본 경제부흥을 이끈 10대 방적 회사의 하나인 대기업으로 성장하였다.

〈그림 1〉 1948년 사카모토 산업주식회사 광고와11) 주일대한민국대사관 동명 서갑호 흉상12)

마침내 방적업으로 성공한 서갑호는 기존 사업을 부동산, 호텔, 볼링장으로까지 확대하는 등 다양한 비즈니스 분야에 투자를 전개하였다. 당시 서갑호가 경영자로서 어느 정도 성공했는지를 판단하는 척도로서 고액 소득자

11) 高東元(1990), 「燒跡·闇市からの飛躍-李熙健と徐甲虎-」, 『「在日商工人100年のエピソード」パート6』. 사카모토 산업주식회사 광고 모습.

12) 오른쪽 위 사진은 서갑호 회장이 1962년 8월 15일 서갑호 회장에게 박정희 의장에게 본인 소유 주일한국대표부 대지와 건물의 기증증서를 전달하는 모습. 왼쪽 밑 사진은 2013년 7월 18일 개관한 주일한국대사관 신청사, 오른쪽 밑의 사진은 2016년 12월 25일 설치된 서갑호 회장 흉상으로 자료실인 '동명실' 입구에 자리하고 있음.

랭킹을 살펴보는 다음과 같다. 서갑호는 1950년 소득 1억 2,000만 엔을 벌어 같은 해 오사카부 내 고소득자 톱에 올랐다. 일본 전국적으로 어느 정도 레벨이었는지를 살펴보면, 1950년대 일본 전체 고소득자는 마쓰시타 전기(松下電器 파나소닉)의 창업자인 마쓰시타 고노스케(松下幸之助)가 일관되게 톱의 자리를 유지하고 있었다. 서갑호 회장은 놀랍게도 1952년도 소득 1억 6,966억 엔으로 제5위, 1957년도 소득 1억 332만 엔으로 제8위, 1959년에는 소득 1억 299만 엔으로 제8위에 올랐다. 당시 그는 1950년대 '고액 소득자 순위'에 있어서 일본 경제계 인물과 어깨를 나란히 했다.

1963년 1월에는 한국산업은행으로부터 태창방직을 매입하여 사카모토방적주식회사를 설립하였다. 1967년에는 회사명을 방림방적주식회사로 변경하였고 한국 방적산업의 발달에 크게 기여했다. 하지만 1974년 1월 윤성방직의 대형 화재로 큰 피해를 보았고 그 여파를 이기지 못하고 1976년에 타계하였다.

2) 창업 과정과 기업가정신

현재 울산 출신의 서갑호 회장은 14살 때 일본으로 건너가 '사카모토 방적'을 설립하여 제1세대에서 부를 이룬 인물이었다. 한때 일본에서 고액 납세자 1위로 등극한 적도 있는 그는 1960년대 한국에서 사카모토 방적을 설립하여 한국 섬유산업의 발전에 크게 공헌했다. 1962년에는 박정희 국가재건최고회의 의장과 면담하여 대사관용 대지와 건물을 기증했다.

〈표 2〉 서갑호 회장의 행적 및 주요 활동13)

연혁	주요 행적 및 활동
1915년	한국 경상남도 울주군 삼남면 출생
1928년	언양고등보통학교 졸업 후 14세 때 도일

---

13) 본 논문의 연구내용을 바탕으로 연구자가 작성하였음.

연혁	주요 행적 및 활동
1948년 3월	일본 오사카 센난시(泉南市)에 사카모토 방적 설립
1950년	오사카 센난시(泉南市)에 제2공장 건설, 한국전쟁으로 특수 경기 호황
1953년 5월 13일	오사카한국인상공회 조직화, 역대 회장 역임
1955년	일본 히다치방적(常陸紡績) 매수, 오사카 한국 총영사관 신사이바시(心齊橋) 건립 시 한국 정부에 2,000만 엔 기부
1958년 11월	서울 개최 '재일교포생산품모국전시회' 관서 지방 대표
1959년 6월 20일	'재일한국인경제연합회'가 설립
1960년 12월 27일	한일경제협회의 설립 총회 개최, 부회장 취임
1961년	연 매출 100억 엔 달성, 일본 10대 방적 회사의 하나인 대기업으로 성장
1962년 2월 22일	재일동포 기업가 대동단결을 목적으로 재일한국인상공연합회 설립, 명예회장 취임
1962년 8월 15일	재일동포 참관단의 일원으로 한국의 광복절 기념 식전 참여, 박정희 최고 의회 의장에게 주일한국대사관 토지와 건물 기증증서 전달
1963년 1월	한국산업은행으로부터 태창방적 매입, 한국 사카모토방적주식회사 설립
1963년 12월 15일	'재일한국인경제연합회(한경연)' 흡수 병합, 고문 추대
1967년	한국에서 사명을 방림방적주식회사로 변경
1971년	한국 국회 신민당 부정 축재 의혹 제기
1974년 1월	대구 윤성방적 화재 피해, 석유파동과 경제불황으로 도산
1976년 11월	서울 자택에서 폐렴으로 타계, 향년 61세
1976년 12월	민단 오사카본부 강당 추도식 개최
2013년 7월 18일	재일한국대사관의 신청사 건립, 서갑호 회장의 아호를 따서 개인 자료실 '동명실(東鳴室)' 개관

서갑호 회장은 1945년 해방 직후 오사카 센난(泉南)에 반모나 어업망을 제조하는 사카모토 산업을 창업한 청년 창업가였다. 종업원은 100명 정도로 조련 센난지부위원장을 맡기도 했다. 오사카는 해방 전 '동양의 맨체스터'로 불릴 정도로 섬유산업이 발달하여 해방 직후 다시 'Made in JAPAN'의 의류가 세계를 제패할 것을 우려하여 유럽에서 대일 규제를 강화하고 있었던 터였다. 그러나 1947년 GHQ는 생활필수품이라는 명목으로 방적업

의 부활을 허가하였다. 이러한 비즈니스 정보 입수와 원료, 자금조달은 당시 서갑호가 재일동포 조직인 '조련 간부'라는 신분이 사업에 크게 도움이 되었을 것으로 짐작된다. 1948년 3월에는 폐기 처분된 방적기를 사 모아 관서지방의 방적 업계를 견인하였으며 당시 재벌해체로 폐기된 가와사키 중공업의 공장을 구매하여 단기간에 '서일본 최대의 방적왕'에 올랐다.

이를 바탕으로 서갑호 회장은 1953년에 결성된 '오사카한국인상공회'에서 회장을 역임하였고 1962년에는 재일상공인의 대동단결을 목적으로 '재일한국인상공연합회'의 명예회장에 취임하였다. 재일동포의 중심단체였던 조련은 1949년 GHQ에 의해 강제 해산되었지만, 서갑호 회장은 기업의 효과적 성장을 위해서는 재일동포의 조직화에 의한 정치적 영향력이 필요하다는 것을 통감하고 재일상공인단체의 결집에 앞장섰다. 또한, 당시 그는 경제력을 바탕으로 도쿄 아자부에 저택을 구매하여 한국대사관에 제공하였다. 이와 같은 그의 재일동포 사회, 일본 경제계, 그리고 모국투자 활동은 한국과 일본 양국 사이에 커다란 영향력을 미치게 되었다.

1950년대 후반 일본경제는 불황의 늪을 허덕이고 있었는데 서갑호의 방적 산업도 한국전쟁 특수가 끝나 돌파구를 수출에서 모색하였다. 한국전쟁 후 신흥도상국이었던 한국은 당시 일본기업에 절호의 필드였다.[14] 서갑호는 1958년 11월 서울에서 개최된 '재일교포생산품모국전시회'의 관서지방 대표를 맡았다. 한일 국교 정상화를 지향하는 일본으로서는 한국과 어느 정도 자유롭게 왕래할 수 있는 재일동포 기업가의 존재가 매우 귀중했다.[15] 서갑호는 한일국교수립 과정에서 존재감을 높였으며 일본은 한국 정부의 신뢰를 받고있는 재일동포 기업가를 매개로 많은 경제사절단을 보내게 되

---

14) 高東元(1990), 「燒跡・闇市からの飛躍~李熙健と徐甲虎~」, 『「在日商工人100年のエピソード」パト6』.

15) 柳町功(2004), 「戰後韓日關係の形成とその經濟的側面-擔い手たちの行動を中心に-」, 『經濟學研究』71(1), pp.51-72。

었다.

서갑호 회장은 1962년 8월 15일 재일동포 참관단의 일원으로 한국의 광복절 기념 식전에 참여했다. 이때 서갑호는 당시 박정희 최고의회 의장에게 토지와 건물의 기증증서를 전달했다. 국가자산으로써 활용하도록 하기 위함이었다. 서갑호 회장이 왜 일본의 1등급 토지를 일부러 한국 정부에 기증했는지는 명확하지 않으나 민단 자료에 의하면 박정희 의장의 의욕적인 국가재건 활동에 감명받아 기증한 것으로 기록되어 있다.

1962년 8월 15일 광복절 기념 식전에 재일한국인 참가단으로 방한한 사카모토 방적(阪本紡績)의 서갑호 회장은 회장 개인의 토지와 건물을 국가재산으로 사용하기를 희망하며 당시 박정희 최고회의 의장에게 의사를 전달했다. 도쿄도 미나토구 미나미 아자부 1쵸메(東京都港區南麻布 1 丁目), 현재 주일한국대사관이 들어서 있는 토지(3,086평)는 해방 전 일본인 정치가 마쓰다이라 요리나가(松平賴壽)가 별장으로 소유하고 있었다. 해방 이후 마쓰다이라(松平)의 별장은 사카모토 방적(大阪泉南市)의 재일동포 기업가 서갑호 회장이 구매하였다.16) 그가 어떻게 이 토지를 얼마에 구매했는지는 정확하지 않다. 하지만, 1946년 서갑호가 한국 정부에 별장을 무상으로 제공했다는 기록이 남아 있다. 이것을 고려하면 서갑호가 토지와 건물을 구매한 시기는 해방 직후로 생각된다. 당시 도쿄 미나미 아자부(南麻布) 주변은 일본인이라면 누구나 동경하는 일등급 대지였다. 대사관의 토지를 현재의 시가로 환산하면 1조 원(약 1,234억 엔)에 달한다.

해방 후 1952년까지 재일동포의 후원으로 주일한국대표부가 운영되었는데 같은 해 4월에 '샌프란시스코강화조약'의 발효로 주권을 회복한 일본 정부가 주일 외국공관에 무상으로 대여해온 공관과 관저의 반환을 통보하여 서갑호 회장이 주일 한국대사관 대지를 기증하기 전까지 주일한국대표부는 폐쇄될 위기에 처해 있었다.17)

---

16) 駐日韓國大使館: https://2010151515p380.wordpress.com/2009/03/18(2023년 7월 4일 검색).

그는 1955년 오사카 한국 총영사관을 신사이바시(心齊橋)에 건설할 때 한국 정부에 2,000만 엔을 기부하였고 오사카 민단에는 매년 500만 엔의 찬조금을 기부하였다. 1948년 설치된 주일대표부 오사카사무소는 재일한국인 최대의 거주지역이지만 총영사의 규모가 축소되었다. 이것을 유감스럽게 생각한 관서지방 재일동포들은 1971년 9월 '오사카총영사관건설기성회'를 발족했다. 회장은 당시 후지관광 사장 한녹춘이었다. 기성회는 오사카 중앙구 미야데라초(大阪市中央區宮寺町) 12번지 토지를 평당 단가 200만 엔에 구매하여 1972년 11월에 착공하였다.

그러나 8억 엔에 달하는 공사비용을 마련하는 것은 기성회비만으로는 불가능했다. 기성회는 그 후 3년간 민단 단원들과 대대적인 모금 운동을 전개했다. 민단에서는 오사카, 교토, 시가, 나라, 와카야마 등 5개 지방본부와 각 지역지부에 의해 '모금추진위원회'가 구성되었다. 지역별 모금액이 정해졌는데 오사카는 최고액인 5억 5,000만엔, 교토가 5,000만엔, 시가, 나라, 와카야마가 1,000만엔 등이었다. 당시 황칠복 오사카 단장이 각 지부를 순회하며 모금 활동을 전개했다. 1974년 9월 15일 주오사카한국총영사관은 마침내 완성되었다. 재일동포의 열의가 담긴 지상 9층 지하 2층 마루 면적 5,699m^{2}의 근대적인 건물이었다.

서갑호 회장은 일제강점기인 1928년 초등학교를 졸업한 뒤 일본으로 건너가 갖은 민족적인 차별을 받으면서도 불굴의 의지로 기업을 키워냈다. 그리고 무엇보다 그가 축적한 부를 모국 및 재일동포 사회의 환원에 적극적으로 앞장서면서 재일동포 사회는 물론 한국경제발전의 선구자 역할을 담당했다. 그는 주일한국대사관뿐만 아니라 오사카 한국 총영사관 설립, 오사카 민단이나 민족학교 건설 등에도 엄청난 기부를 실천하였다.[18]또한, 서갑호

---

17) 동경주일대사관에 '서갑호' 선생 흉상 서: https://www.worldkorean.net/news/articleVie w.html?idxno=20707(2023년 7월 5일 검색).

18) 중소기업투데이: http://www.sbiztoday.kr(2023년 7월 14일 검색).

(徐甲虎:1915~1976) 회장은 교토국립박물관에 청동기관(靑銅器館)을 기중하였는데 박물관 측은 그의 일본 성씨를 따라서 '사카모토(板本) 컬렉션'이라고 명명하고 중국 상(商:殷)~한(漢)대까지의 청동기 유물을 상시 전시하고 있다.19)

2013년 7월 18일 재일한국대사관의 신청사가 새롭게 개관했다. 한국 정부는 2010년 노후화된 대사관의 청사를 해체하고 약 800억 원(7억 2,300억 엔)을 들여 신청사를 건설했다. 대사관 측은 서갑호 회장(1915-1976)의 토지와 건물의 숭고한 뜻을 후대에 전달하기 위해 그의 뜻을 기려 신청사 1층에 재일한국공관의 역사를 소개하는 자료관을 설립하고 서갑호 회장의 아호를 따서 '동명실(東鳴室)'로 명명했다.20)신청사는 지하 1층, 지상 7층 건물로 토지면적은 1만 218m²(3,091평)에 달했다. 이상과 같이 도쿄에서도 가장 땅값이 비싼 곳에 한국대사관을 건립할 수 있었던 것은 재일동포 기업가 서갑호 회장이 토지와 건물을 무상으로 기증했기 때문에 가능했다.21)

3) 한국경제 자금줄로서 재일동포와 이중정체성

한국은 1950년대 한국전쟁 이후 1960년~1970년대 걸쳐 '한강의 기적'으로 불리는 고도 경제성장을 이루었다. 이러한 눈부신 경제발전의 배경에는 '재일동포'의 지원이나 투자가 크게 기여한 것으로 평가되고 있다. 하지만 반대로 한국 정부가 재일동포를 차별하고 자금줄로 활용했다는 비판도 적지 않았다.22)1970년대에는 일본 공해산업의 수출이나 한일 정경유착이 크

19) [정승열의 힐링여행 2] 134. 교토국립박물관: http://www.ggilbo.com/news/articleView.html?idxno=937459(2023년 7월 5일 검색).
20) 在日韓國人の實業家が土地・建物を無償で寄贈: http://toriton.blog2.fc2.com/blog-entry-2551.html(2023년 7월 4일 검색).
21) 조선일보 2013년 7월 18일자, '한국대사관이 도쿄 초일 등지에 개설할 수 있었던 이유'.
22) 韓國は在日韓國人をいじめながら「金づる」として利用: https://www.zakzak.co.jp/society/domestic/news/20161031/dms1610310854006-n1.htm(2023년 7월 4일 검색).

게 문제가 되어 중개역을 맡았던 기업가들의 한일 로비스트로서 크게 비난 받은 적이 있었다. 재일동포의 모국 기여는 최근에 널리 알려졌지만, 그 이전만 해도 부정적인 인식이나 무관심이 높았다.

가령, 도쿄 미나미 아자부에 있는 한국대사관의 토지는 1960년대 초 재일동포 기업가 서갑호 회장이 한국 정부에 기증한 것으로 최근까지 한국 세간에 잘 알려지지 않았다. 그러나 한국에 거주하는 그의 아들 서상운이 한국에 대한 아버지의 공헌과 공적을 기록에 남겨두기 위해 노력한 결과, 2013년 노후화로 인한 대사관 재건축과정에서 공적을 기리는 자료실 건립과 흉상을 제작하였다. "미나미 아자부의 광대한 토지를 기부한 서갑호(坂本榮一) 회장은 1929년 전후 도일하였다. 일본에서 대성공한 한국인들이 많지만, 그것을 가능하게 한 장소가 일본이었다고 생각하는 것이 공평하다고 생각한다."[23]라며 한국 정부의 무관심에 서운함을 내비쳤다.

또한, 서갑호 회장의 정체성을 둘러싼 '서갑호인가 사카모토인가?'라는 문제도 종종 등장하는 논쟁거리였다.[24] 전술한 바와 같이 재일동포 기업가 중 모국공헌의 선구자는 사카모토 방적의 서갑호 회장이었다. 사카모토 방적은 한국에 진출하여 인천에 방림방적, 계열회사로 대구에 윤성방직을 설립했다.

서갑호 회장이 모국에 투자하기 시작한 것은 1961년 박정희 정권이 탄생하고 한국이 본격적인 공업화를 시작할 무렵 모국투자 요청을 받았기 때문이었다. 서갑호는 당시 한국 최대 방적공장인 태창 방적을 매수하고 1963년 115억 엔을 투자하여 서울 영등포에 방림방적을 설립했다. 사실상 일본 사카모토 방적이 한국 방림방적의 자금의 75%를 출자하였는데 방적기 14만

---

23) 조선일보 일본어판 2013년 7월 18일자:
   http://www.nomusan.com/jiji2013/130718.html(2023년 7월 12일 검색).
24) 黃七福自叙伝「阪本紡績のこと」,「テコンド協會の會長のこと」:
   https://www.tongil-net.org/(2023년 7월 4일 검색).

추, 섬유기계 4,700대의 설비를 갖추고 직조와 염색까지 마무리하는 전 공정을 완비한 공장으로는 국내 최대 방적 회사였다. 여기에 그치지 않고 이듬해 서갑호는 171억 엔을 투자하여 구미 공업단지에 윤성방직을 설립했다. 윤성방직은 당시 종업원 4,000명의 한국 최대 방적 회사였다.

서갑호의 모국진출은 재일동포 기업가에 의한 최초 본격적인 모국투자로 한국에서도 '금의환향'의 기업가로 화제가 되기도 했다. 그러나 1974년 1월 당시 윤성 방적공장에서 화재가 발생하여 큰 피해를 보았다. 이에 자금 융통이 어려워졌고 일본의 모기업도 어려운 상황에 놓이게 되어 한국 정부에 융자를 신청했지만, 실패하고 방림방적의 경영권을 포기해야 했다. 서갑호는 공장 처분을 결심하고 한국 정부에 자금 융통의 협조를 요청했으나 거절당해 모국으로부터 철수할 수밖에 없었다. 한국 윤성 방적의 화재는 일본 사카모토 방적에도 영향을 미치게 되었고 석유파동에 경제불황으로 볼링장 사업마저 어려워져 1974년 사카모토 방적은 640억 엔이라는 부도를 내고 도산하였다.

서갑호 회장은 일본에서 방적 회사 도산 후 1975년 귀국하여 회사갱생법의 적용을 받아 방적 회사의 재건에 전념하였으나 재기하지 못했고 그 여파로 1976년 11월 타계했다. 이후 일본의 사카모토 방적은 회사갱생법을 적용받아 한국의 방림방적과 함께 장남인 서상근이 사업을 계승했다.

이상에서 살펴본 바와 같이 당시 한국 정부는 국가가 필요할 때 재일동포 기업을 불러들여 이용하다가 문제가 생기면 법적 보호조치가 없는 재일동포 기업이 희생된 경우가 종종 발생했다. 재일동포 기업인이 모국 친척의 요청으로 일본의 금융기관에서 융자받아 자금을 빌려주는 사례도 적지 않았다. 또한, 빌려준 돈을 돌려받고서 일본에서 귀국할 때 외국환관리법 위반으로 체포되어 감옥에 가거나 돈을 강탈당한 경우도 적지 않았다.25)

1967년 대한태권도일본총본부협회 황칠복 회장은 그의 자서전에서 서갑

25) 나가노 신이치로 편저(2010), 『한국의 경제발전과 재일한국기업인』, 말·글 빛냄, p.331.

호 회장에 대해 다음과 같이 회상하고 있다.[26]

　"재일 경제인 중 모국에 공헌한 기업은 사카모토 방적이다. 사카모토 방적이 한국에 진출하여 인천에 방림방적, 대구에 윤성방직을 설립했지만, 윤성방직이 화재로 자금 융통이 어렵게 되었다. 일본에 있는 모기업의 사카모토 방적도 모국투자로 어려운 상황이었다. 한국 정부에 융자를 신청했지만, 허가를 안 내줬다. 사카모토 방적의 부탁으로 한국으로 향했다. 당시 총리는 김종필이었다. 나는 총리에게 일본인의 '차별과 탄압에 견디고 피와 눈물의 결정체가 현재의 재일동포이다. 그리고 애국의 정으로 모국 경제발전을 바라고 모국에 진출했다. 그것이 뜻하지 않게 화재를 만나게 되었다. 역시 모국에서 선후책을 마련해 주었어야 한다. 청와대가 어디인지 모르지만, 모국이 이러한 온정이 없다면 재일동포는 어디로 가란 말인가?'라고 눈물을 흘리면서 말했다. 필요한 자금은 3천만 달러, 일본 엔으로 30억 엔 이었다. 국가재정이 그 정도 규모까지 도달하지 못한 시기라 한국 정부에는 매우 큰 금액이었다. 며칠 후 김종필 총리가 일본에 가서 '정부가 융자하기 위해서는 방림방적의 유가증권이 담보로 필요하다. 무상의 유가증권이다. 변제가 완료되면 유가증권은 반환된다.'라고 말했다. 이러한 상호 이해로 한국외환은행 홍콩지점을 통해 3천만 달러의 융자가 내려왔다. 이러한 사업 이야기가 진행되는 가운데 한국의 유력지인 동아일보에서 검은 사진과 하얀 사진이 게재되고 일본에서는 '사카모토', 한국에서는 '서갑호'라는 타이틀을 달아, 사카모토 방적에 대한 온정 없는 악질적인 중상모략의 기사가 실렸다. '사카모토'는 일본인, '서갑호'는 한국인이라는 의미로 일본인인가 한국인인가? 민족성이 불분명한 서갑호 사장(사카모토 방적)에게 막대한 세금을 투자하는 것은 무슨 일인가라는 내용이었다. 나중에 후일담이지만 김종필 총리에게 동아일보의 중상모략 기사를 이야기하자 외국에서 온 방적

---

26) 黃七福自叙伝「阪本紡績のこと」「テコンド協會의 會長のこと」: https://www.tongil-net.org/ (2023년 7월 4일 검색).

업자와의 세력다툼으로 결국 배척하려고 하지 않았을까? 라고 했다. 재일동포 기업도 외국기업으로 간주하였다. 서갑호 회장은 1976년 11월 폐렴으로 서울 자택에서 영면하였다. 61세라는 젊은 나이였다. 추도식이 같은 해 12월 민단 오사카본부 강당에서 열렸다. 사카모토 방적의 사장으로 세상을 풍미하고 모국공헌의 진정한 마음으로 방림방적을 설립하여 경제활동을 전개했다. 오사카 한국학교 금강학원의 제3대 이사장으로서 민족교육, 혹은 민단 오사카부 본부의 조직 활동 등에 다년간 많은 개인재산을 털어 재일동포 사회의 발전에 크게 공헌하였기 때문에 그의 타계는 재일동포 사회에서 큰 타격이었다."라고 회고하였다.

이상과 같이 재일동포의 서갑호 회장에 대한 평가는 재일동포 기업가의 자본에 의한 최초의 본격적인 모국투자였고, 당시 한국에서는 '금의환향의 재일동포 기업가'로 큰 화제가 되었다고 기록하고 있다.[27]또한, 재일동포 사회 발전을 위한 그의 공헌을 높이 평가하고 있다. 하지만 재일동포 사회는 그의 모국투자의 선구자적 위치와 불굴의 창업가 정신을 높이 평가하면서도 한국 사회에서의 재일동포의 자금줄 이용이나 외국인 취급과 정체성의 강요 등에 비판적인 태도를 보였다. 재일동포의 서갑호 회장에 대한 평가는 모국투자의 선구자, 재일동포 사회 공헌으로 요약된다.

2. 서갑호 회장에 대한 한국 내 평가

다음은 재일동포 기업가 서갑호 회장에 대한 당시 한국 국내에서의 시선은 어떠했는지 살펴보고자 한다. 한국에서의 평가와 재일동포의 평가는 엇갈리는 부분이 있는데, 이에 대한 약간의 설명이 필요할 것으로 생각된다. 박철호(1976)의 '한국의 얼굴(재계)'의 내용을 통해 당시 한국 사회 내 서갑

---

27) 경남일보 2017년 7월 18일자 한국 방적 업계의 선구자였던 서갑호 회장: http://www.gnnews.co.kr/news/articleView.html?idxno=303490(2023년 7월 11일 검색).

호 회장의 평가에 대해 살펴보면 다음과 같다.[28]

　　"서갑호는 태창 방직의 후신인 사카모토 방직의 대표를 맡았다. 태창 방
직은 1961년 5·16 군사혁명 후 부정 축재 처리에 따라 백남일로부터 환수된
기업으로 당시 방직업계에서 상당한 비중을 차지하고 있었다. 특히 일본으
로부터의 시설 개선 투자와 확장에 따라 방직업계에서 비중은 매우 컸다.
1963년 태창 방직 인수 당시 5만 추였던 방추는 1964년 62,200 추로 증가하
였다. 직기는 1,367대로 설비 규모로는 전국 3위를 차지하였다. 방추 수는
금성방직, 한영방직에 이어 3위로 전국 방추수 602,514 추의 10.3% 정도로
직기수에서도 금성방직, 조선방직에 이어 전국 직기수 10,347대의 13.2%를
차지하였다. 생산량은 1964년 면직량이 886,084필(疋)로서 전국 면직물생산
량 4,804,336필(疋)의 18.2%이고 면계가 20,687,49곤(梱)으로 전국 총생산량
203,127,30곤(梱) 등의 10.2%에 달했다.[29] 다른 동종업체에 비하여 근대화된
시설과 총생산량 중 수출용 상품이나 보세가공의 비율이 높고 수출상품의
구성 중 천에 대한 가공직물의 비중이 높았다. 이것은 사카모토 방직이 일본
에 서갑호 소유의 같은 이름의 설비 규모 30만 추에 달하는 방직회사와 유
기적 관련을 맺고 있어서 기술 경영상의 이점과 태창방직을 인수하고 재산
반입과 차관으로 시설을 개선하여 국민경제적 측면에서 높이 평가할만하다.
기술적 측면에서 사카모토는 국내 방직업계의 평균 수준 이상을 유지하였
다. 1964년 방적부문에서 면계 20만 기준시간당 1추량 0.022kg으로 전국평
균 0.020보다 높고 면계 20만 기준 곤당 사용 인원은 7.25명으로 전국평균
9.47명보다 낮았다. 사카모토 방적이 1964년 달성한 422만 9,450.27달러의
수출실적은 면방직업계 총수출 실적이 12,797,356.99달러의 33%로 1964년
말 총 면방직물의 수출업무에 종사하는 업체가 금성삼호무역, 대한산업 등
국내 굴지의 4개 업체가 큰 비중을 차지하고 있었다."[30]

28) 朴喆浩(1976), 「徐甲虎」, 『韓國의 얼굴(財界)』, pp.225-226.
29) 국회전자도서관 한국의 얼굴(재계): https://dl.nanet.go.kr/SearchDetailView.do?cn=K
　　INX1976104880#none(https://dl.nanet.go.kr/SearchDetailView.do?cn=KINX197610488
　　0#none(2023년 7월 5일 검색).
30) 朴喆浩, 앞의 책, p.226.

그러나 당시 한국 내에서는 이러한 사카모토 방적에 관한 관심은 수출실적보다는 면직물 수출시장이 지리적으로 광범위하고 오대양 19개국에 이르는 글로벌시장 확대의 잠재성 때문이었다.

사카모토 방적의 이러한 국내 경제의 양적 평가 이외에도 한국에서 그의 기업가적 유형을 살펴보면 다음과 같다. 첫째, 서갑호는 국적은 한국이지만 자기의 생활권이 일본에 있었다는 점에서 국내 기업가들과는 다르다. 둘째, 서갑호는 자기 소유 한국소재 사카모토 방직 및 일본 소재 사카모토 무역의 구성원으로 동일 업종인 일본 소재 자기 소유의 사카모토 방직의 동일 인물이라는 점이다. 그러나 이와 관련된 중요한 점은 재일동포 기업가로서 사카모토 방적이라는 국적 소재가 다른 기업을 서갑호가 소유하고 있었다는 것은 자본주의 측면에서 기업조직을 생각하면 국내 기업가와 재일동포 기업가는 엄연히 다르다. 어느 한 국가 내이건 글로벌 영역이건 자본은 상호 배타적으로 형식적인 공존 관계가 가능하지만 진정한 의미에서는 책임전가의 형식이고 종속적인 하청 관계나 국가 간 일시적 인위적 제도에 의한 장벽설정으로 가능하다. 그리고 이러한 국가 간 경제적 장벽은 국내 산업의 보호를 위한 관세 제도, 외환통제, 외국자본의 투자 제한 등 국가적인 경제정책에 있다. 그러나 항상 그렇듯이 한 국가 내 자본 간 분리는 초국가적인 자본의 흐름에 무력한데 그 이유는 국가 간 경제적 장벽이 자본수출의 형식이나 국내 자본의 매판 자본화, 혹은 복합적인 형태로 해결되어 왔기 때문이다.[31] 셋째, 재일동포 기업가 서갑호는 기업가로서의 성장 과정이

---

31) 전북도민일보 2002년 11월 30일자 매판이란: http://www.domin.co.kr/news/articleView.html?idxno=596727(2023년 7월 8일). 과거 매판이란 외국 자본가로 종속하여 자국 내의 상거래를 청부하는 상인을 일컫는 말로써, 주로 외국 자본가로 기생하는 매국적 자본가를 비판하는 데 쓰였다. 글로벌시대 외국자본 없이 경제발전을 기대하기란 매우 어려운 상황이다. 물론 국내 자본만으로 경제개발을 추진할 수만 있다면 말할 필요가 없지만, 자본의 규모가 커지고 기술이나 국제적 자본교류가 활발해짐으로써 자본의 인식도 많은 변화를 가져왔다.

국내 기업가의 경우와는 많이 다르다는 점이다. 당시 한국을 대표하는 거대 재벌들이 기형적인 성장 과정을 거쳤는데 일제강점기에는 일본 자본의 매판으로서 해방 후에는 귀속재산의 접수로 한국전쟁 후에는 원조 달러로 성장한 기업들이 대부분이었다. 그러나 재일동포 기업가 서갑호는 국내 거대 재벌의 성장 과정과는 다른 길을 선택했다. 그 이유는 첫째, 일본 국내에서 기업가로서의 상대적인 위치나 마이너리티 기업가로서 소수 독점자본의 횡포에 비판적일 수 있다는 점이다. 둘째, 후진 자본주의 국가의 하나로 비교적 근대자본주의적인 경제풍토를 갖춘 일본에서 기업가로 성장했기 때문에 합리적인 기업활동을 전개해왔다는 점이다. 셋째, 일제강점기 일본에서 활약한 재일동포 기업가의 한사람으로 밖에서 모국과 민족을 발견하는 기회가 많았을 것이라는 점이다.

이를 통해 당시 한국인들이 재일동포 기업가 서갑호에게 가지고 있었던 이미지는 긍정적 부정적 측면의 두 가지 가능성을 모두 생각할 수 있다. 먼저 부정적 측면에서 다른 국내 기업가와 마찬가지로 한국소재 사카모토 방직이 일본 자본의 한국진출을 위한 통로 내지는 일본 내 사카모토 방직을 위해 한국 노동시장에서 저임금노동 수탈을 수행하는 하청기구로 전락할 수 있다는 가능성이다. 당시 한일회담 타결에 의한 한일국교정상화로 이러한 가능성은 매움 커졌다. 이는 경제외적인 강제와 매판성을 자기 속성으로 하는 관료자본으로 기업가로서 서갑호를 전근대적인 기업가 유형으로 정형화시키는 경우이다. 그동안의 몇몇 거대 재벌의 정치권력과의 결탁이나 특혜, 사회적 책임을 망각한 폭리와 같은 배신적 기업활동이 보여준 행태는 최초 재일동포 기업가의 재산반입인 사카모토 방직의 경우 한일회담의 타결과 더불어 향후 발생하게 될 사례의 전례가 될 가능성이 컸기 때문에 이를 비판적으로 검토할 필요가 있다. 긍정적 측면은 국외에서 축적한 자기자본을 기초로 정치권력과의 야합을 배제하고 합리적인 기업활동을 통해 모국 기업가에게 근대적인 기업가정신을 불어넣는 기업가 유형으로 성장하고

민족의 이익에 투철한 민족자본으로 발전한다는 점이었다. 한일 국교 정상
화에 따른 한국경제의 일본경제로의 예속화라는 심각한 문제를 앞에 놓고
일본 자본의 한국 지배를 막는 길이 건전한 민족자본의 육성으로 가능하다
고 볼 때 기업가의 사회적 책임을 통해 사카모토 방직의 서갑호에게 민족
자본의 첨병이 되기를 기대하고 있었다.

그러나 서갑호 회장에 대한 한국에서의 평가는 좋지 않았고 1971년에는
한국 국회에서 신민당의 의원으로부터 부정 축재를 의혹받기도 했다. 한국
에서의 서갑호 회장의 유공 및 공로상은 다음 〈표 3〉과 같다.

〈표 3〉 서갑호 회장의 유공 및 공로상 현황32)

일시	유공 및 공로상 내용
1956년 3월 28일	산업발전 유공
1960년 8월 25일	산업발전 유공
1964년 8월 17일	해외시장육성 공로
1964년 12월 5일	식산 공로
1967년 11월 30일	동탑 산업
1967년 12월 30일	수출 유공
1969년 12월 1일	산업발전 유공
1970년 8월 13일	한국 보건 유공
1971년 4월 19일	재일한국인영주권획득 유공
1972년 11월 30일	외화획득 유공
1973년 5월 18일	국민훈장 모란장
1978년 5월 16일	국민훈장 무궁화장
2013년 7월 13일	주일한국대사관의 신축과 더불어 부지를 무상으로 기증한 공적을 기려 대사관 1층에 '동명실' 개관

1975년 8월 24일 서울경제신문 경제&산업 4면 '사람·기업'난에 방림방
적의 서갑호 사장에 대한 다음과 같은 인터뷰기사 실렸다.33) "경남 울산의

---

32) 본 논문의 내용을 바탕으로 연구자가 작성하였음.
33) 서울경제신문 1975년 08월 24일(일) 4면 [사람·企業] 徐甲虎씨<邦林訪續 社長>:

가난한 농가에서 태어나 14세에 도일, 40년간 사업을 하면서 성실과 신용으로 일관했다는 서갑호 사장은 '앞으로 화섬·방적·봉제품 등 3자가 공동으로 신제품을 개발하고 가격도 정하자'라고 제의했다. 서갑호 사장의 제의는 모든 것이 고무적이었다. '방림에서 생산성을 제고하고 품질을 향상시키며 비용을 절약하는 데 원료 공급자인 선경합섬의 공이 너무도 크다. 저로서는 선경이 보배였다. 지난날에는 여러 회사에서 원료인 폴리에스터·화이버를 구매했으나 선경의 대단위 공장이 가동함으로써 소요량 전량을 공급해주어 원료가 균일하며 품질도 우수하고 적정가격에 성의껏 공급해주었기 때문에 우리는 큰 덕을 보았다.' 서갑호 사장은 선경이 아니면 수입해야 할 화이버를 선경에서 충분히 공급해줌으로써 원단의 품질을 향상시키고 생산능률을 올릴 수 있었다고 했다. '이제 재기할 수 있는 모든 준비가 다 정리되었다. 앞으로 2년 이내에 모든 부채를 상환하겠다. 그리고 내년에는 1억 5천만 달러를 수출하겠다. 내년 하반기부터는 나의 노력의 결실이 드러날 것이며 흐트러진 이미지도 쇄신할 것으로 확신한다.' 작년 9월 일본섬유업계의 불황, 신설공장인 윤성 방적 화재 등 불가항력적 위기를 만나 부도를 냈다는 서갑호 사장은 '우리 정부와 봉제업계에 죄를 지었다.'라면서 열심히 일함으로써 모든 것은 해결될 수 있다고 말했다. 35세로 장년을 자처하고 나선 서갑호 사장은 작업복 차림으로 기계 소리와 더불어 생활하고 있다."라고 보도했다.

　이상의 서갑호 회장의 인터뷰기사 내용은 대구 윤성방직 화재 이후 모국과 동종업계에 대해 미안함을 드러내고 재기를 위한 새로운 각오를 다지고 있었지만, 안타깝게도 이듬해인 1976년 11월 타계하고 말았다.

---

https://www.sedaily.com/DigitalPaper/19750824(2023년 7월 12일).

3. 서갑호 회장에 대한 일본 내 평가

야나기마치 이사오(柳町功, 2004)에 의하면 1952년 샌프란시스코강화조약 발효와 더불어 주일 대표부 사무소와 공사관저가 본래의 소유자에게 반환하게 됨에 따라 당시 주일 대표부 수석대표 김용식이 새로운 대표부 사무소와 관저를 준비하기 위해 모국 정부에 예산 조처를 요구했지만, 순조롭게 진행되지 못했다고 한다.[34] 이러한 가운데 현재 한국대사관이 위치하는 최적의 건물을 만나게 되었다. 그때까지 소유자는 마쓰가타 마사요시(松方正義) 공작, 제2차세계대전 중에는 요나이 미쓰마사(米內光政) 해상의 저택으로 해방 이후에는 덴마크 공사의 저택으로 사용되었다. 덴마크 공사와의 교섭으로 당시 가격은 4,200만엔 정도였다. 수석대표였던 김용식은 오사카 출장 때 관서지방의 유력한 재일동포 기업가인 서갑호 회장에게 현상을 설명하고 물건 구매 건을 상담하게 되었는데 두 가지 방법을 제안하였다. 먼저 서갑호 회장이 한국은행 도쿄지점에서 필요자금을 빌려 건물을 구매하고 대표부에 다시 대여하는 방식이었다.

서갑호 회장의 이러한 경제적 배경에는 1950년 6월 25일 발발했던 한국전쟁이 군수물자로 대표되는 특수 경기의 폭발적인 힘에 의해 해방 전후 일본이 경제 재건에 박차를 가하게 된 상황과 맞물려 있다. 당시 일본의 경제적 상황은 섬유나 금속업계가 이러한 특수와 수출 호조로 큰돈을 벌었다. 일본 대기업뿐만 아니라 지방중소기업들도 경제적 호황이었다. 재일동포 기업가 서갑호 회장의 경제적 성장은 이러한 일본의 특수 경기를 활용한 전형적인 사례라고 할 수 있다.

현재도 마찬가지이지만 한일 간 국교가 수립되지 않았던 시기 한일관계에서 재일동포는 매우 중요한 존재였다. 일본인과 모국 한국인과의 공식 채

---

34) 柳町功(2004), 「戰後韓日關係の形成とその經濟的側面-担い手たちの行動を中心に-」, 『經濟學硏究』71(1), pp.56-57。

널과는 별도의 루트가 존재한 것은 한일관계, 특히 경제적 측면의 관계 형성에 중요한 의미가 있었다. 또한, 재일동포 기업가들은 다수가 결집하여 경제계를 형성하고 조직화해나감으로써 일본재계와의 연계 강화를 도모하고 한일 간 경제적 관계 구축을 한층 다면적으로 추진하였다.

이러한 모든 기능을 가진 대표적인 재일동포 기업가 중 한 사람이 서갑호 회장이다. 서갑호는 1928년 14세 때 일본에 건너와 다양한 업종을 경험하면서 태평양전쟁 말기에 군수품의 납품으로 재산을 축적하고 해방 후 저렴하게 방적기계를 수집하여 방적업을 창업하였다. 해방 후 일본 경제복구의 과정에서 2만 추 규모의 사카모토 방적을 1948년에 오사카부 센난시(大阪府泉南市)에 설립했다. 한국전쟁의 특수 경기에 힘입어 급성장을 이루었으며 오사카 방적(大阪紡績), 히타치 방적(常陸紡績)을 설립하였고 부동산, 호텔, 오락산업 등에 진출하였다. 서갑호의 사카모토 방적은 1959년 일본 고소득 순위에서 마쓰시타 고노스케(松下幸之助, 松下電器産業), 이데미쓰 사조(出光佐三, 出光興産), 스즈키 쓰네시(鈴木常司, ポ-ラ化粧品), 다케나카 렌이치(竹中錬一, 竹中工務店), 오구라 키시치로(大倉喜七郎, 川奈ホテル), 이시바시 쇼지로(石橋正二郎, ブリヂストンタイヤ), 이우에 토시오(井植歳男, 三洋電機)에 이어 8위를 차지하였다.[35]

이상과 같이 일본에서 성공한 서갑호 회장은 한국에서 5·16 군사혁명 후 한국 정부의 강력한 재일동포 기업가의 자본 유치 계획에 따라 모국투자에 적극적으로 나서게 되었다. 부정 축재 처리 과정에서 전 재산의 국가헌납이라는 형태로 한국산업은행의 관리하에 있던 당시 태창 방적을 인수하였고 이를 모체로 방림방적(서울)·윤성 방적(대구)을 설립했다. 일본에서 방적왕으로 불리던 서갑호는 한국에서도 방적그룹 형성을 시도했지만, 윤성 방적의 대형 화재로 경영 위기에 직면하였다. 한국에서 사업을 철수하였고 일본에서도 그 여파로 섬유산업의 불황, 경영다각화의 실패 등의 요인이 중첩되

---

35) 日本経済新聞2000年5月5日(坂本榮一)。

면서 1974년 9월 사카모토방적의 모기업도 도산하였다. 당시 부채총액 580억 엔에 달하는 사카모토 방적의 도산은 해방 후 최대규모였다.

이러한 과정에서 사카모토 방적 서갑호의 최대 공헌은 재일동포 기업가를 결집하여 조직화한 것이었고 일본재계와의 연계 강화와 한일 간 경제네트워크 구축이라 할 수 있다. 먼저 서갑호 회장의 한일 간 경제네트워크 구축은 재일동포 기업가들의 기업 성장을 효과적으로 촉진하고 정치적 영향력을 신장하기 위한 3개의 대표적인 기업가 조직의 조직화에 관여한 것이었다. 첫째, '오사카 한국인상공회' 조직화로 1953년 5월 13일 '재오사카상공업자의 건전한 발전과 민족의 복지향상, 한일 양국의 경제발전에 공헌한다.'라는 것을 목적으로 일본에서 최초로 설립하였는데 서갑호가 제3대와 제5대 회장으로 취임하였다. 둘째, 1959년 6월 20일 일본 전국조직으로 '한일 간 경제교류를 촉진하고 무역 정상화를 위해 제반 활동을 수행한다.'라는 것을 목적으로 '재일한국인경제연합회'가 설립되었다. 1958년 서울에서 개최된 '재일교포생산품본국전시회'를 계기로 결성준비위원회가 조직되었는데 관서지방 대표를 서갑호가 맡았으며 나중에 회장으로 취임하였다. 셋째, 1962년 2월 22일에는 '재일한국인상공회연합회(한상연)'가 설립되었는데 3대 강령으로 '회원 상호의 경제적 향상을 기하고, 모국 경제발전에 기여하며, 국제적인 경제교류와 친선을 도모한다.'를 채택하였다. 이때 일본 국내에서 각 상공회의 강화, 단결, 상공회-민단-신용조합 등 3자의 연계 강화, 전문위원회의 설치, 일본 경제계와의 단결, 모국과의 연계 강화 등 활동 방침을 구체화하였다. 이때 서갑호는 명예회장으로 추대되었으며 당시 전문위원회가 구성되었는데 '모국경제협력특별위원회'의 위원장에 취임하였다. 한상연은 1963년 12월 15일 '재일한국인경제연합회(한경연)'을 흡수 병합하여 조직이 강화되었는데 이때 서갑호 회장이 고문으로 추대되었다.[36]

서갑호 회장의 한일경제협회 설립의 의의와 과정에 대해 살펴보면 "일본

---

36) 在日韓國人商工會連合會(1982), 『韓商連20年史(1962-1982)』, pp.25-53。

경제계로서도 한국과의 국교 수립 정상화에 협력하고 한일경제교류를 촉진하기 위하여 경제계를 집결할 필요가 있다."라는 취지에서 추진되었다. 일본 경제계에서도 해방 이후 한국의 상황에 대해 거의 지식이 전무했기 때문에 한국과의 경제교류에 대응하기 위해서는 재일동포 기업가의 지식과 협력이 필요했다. 마침내 1960년 12월 27일 약 60명의 일본인 기업가 및 재일동포 기업가들이 모여 한일경제협회의 설립 총회를 개최하였다. 이때 부회장으로 서갑호 회장이 추대되었다. 한일경제협회의 최초 활동은 회원에 대한 한국 정보제공이었는데 활동이 본격화되자마자 5·16 군사혁명으로 박정희 정권이 일본과의 국교 수립에 적극적이었기 때문에 협회의 활동도 적극적으로 추진되었다.[37] 실질적으로 1960년 중반 무렵부터 일본인의 방한이 시작되었는데 경제적 목적의 일본기업들이 1965년 12월 한일 국교 정상화 이후 한국진출을 위한 교두보를 만들기 위한 전략으로 활용했기 때문이다. 따라서 1960년대 이후 한일관계는 인적교류의 완화와 자유화가 진행되었고 개인적인 왕래보다는 경제계 단체의 조직 간 왕래가 적극적으로 추진되었다.[38]

이상과 같이 서갑호 회장은 재일동포 기업가의 경제계 조직화에서 매우 중요한 역할을 담당하였다. 오사카 관서지방을 중심으로 개인 기업가에서 일본 전국레벨의 대표적인 재일동포 기업가로 성장하였다. 또한 한일경제협회의 설립과 일본인 경제계와의 중추적인 역할 및 한일 경제인 교류에도 중요한 역할을 담당하였다.

1960년대 한일관계 구축은 1965년 한일국교정상화에 이르기까지 해방 이후 국내외의 환경변화에 대응하면서 간접적인 관계에서 직접적인 관계로 발전하였는데 한일관계 개선에 대한 정치가의 이념이나 필요성에 의해 좌

---

37) 日韓経済協会(1991), 『日韓経済協会30年史-戰後日韓経済交流の軌跡-』, p.30。

38) 柳町功, 앞의 논구, pp.70-71. 1960년 이후 1962년 9월 사절단 방한, 1962년 12월 제1차 경제시찰단 상호 파견, 1964년 10월 제2차 경제시찰단 방한, 1965년 4월 제3차 경제시찰단 방한 등임. 이와 더불어 한국시찰단도 한일경제협회를 통해 4회 방일하였음.

우되었다. 그러나 한일 경제적 관계의 구축은 정치적 관계의 규정에 영향을
받았지만, 그 반대로 정치적 관계를 선도하거나 지원하는 사례도 있었다.
즉 한일 간 경제적 교류는 정치가의 이념 변화에 따른 공식 루트나 비공식
루트, 개인에서 단체 교류 추진 등으로 전환되었다.

　이상과 같이 서갑호 회장은 1960년대 한일 외교관계가 성립되고 공식적
관계가 형성되어가는 과정에서 비공식적인 루트를 지원하고 구축하였으며
문제 발생 시 긴급 대응을 지원한 비공식 루트, 비공식적 채널, 비공식조직
을 가동한 한일관계의 중심적 위치에 서 있었던 인물이었다.

〈표 4〉 서갑호 회장에 대한 국내외 평가[39]

구분	국내외 기억 및 평가 내용
재일동포	사카모토 방적 회사의 모국진출과 모국 경제발전 공헌, 모국투자의 선구자, 재일동포 사회 공헌, 금의환향의 재일동포 기업가, 주일한국대사관 기증, 한국경제 자금줄과 이중정체성 등
한국인	긍정적 측면은 국외에서 축적한 자기자본을 기초로 모국 기업가에게 근대적인 기업가정신을 불어넣는 기업가, 건전한 민족자본 육성 가능성 부정적 측면은 한국소재 사카모토 방적이 일본 자본의 한국진출을 위한 통로 내지는 일본 내 사카모토 방적을 위해 한국 노동시장에서 저임금노동 수탈을 수행하는 하청기구로 전락 가능성, 매판자본과 전근대적 기업가 유형의 정형화, 부정 축재
일본인	재일동포 기업가의 경제계 조직화, 한일경제협회의 설립과 일본인 경제계와의 중추적인 역할 및 한일 경제인 교류 가교역할 1960년대 한일 외교관계가 성립되고 공식적 관계가 형성되어가는 과정에서 비공식적인 관계를 구축하고 지원, 비공식 루트, 비공식적 채널, 비공식조직을 가동한 한일관계의 중심적 인물

---

39) 본 논문의 분석 내용을 바탕으로 연구자가 작성하였음.

Ⅳ. 결론 및 시사점

이 연구의 목적은 서갑호(徐甲虎)라는 재일동포 기업가를 통해 한일경제 교류와 한국 경제성장에 미친 영향을 살펴보는 데 있다. 기존 연구들은 재일동포 기업가들에 대해 모국투자와 한일관계 등 한국경제성장에 미친 영향을 강조하는 경향이 있었다. 본 연구는 일본과 한국, 그리고 재일동포 등 세 가지 관점에서 재일동포 기업가에 대한 평가를 비교 분석하는 데 차별성을 두고 있다. 과거 서갑호 회장에 관한 연구 동향을 살펴보면 지나치게 모국공헌을 의식하는 연구들이 많았으나, 본 연구는 당시 한국인과 일본인의 관점에 초점을 두고 다양한 접근을 시도하였다.

연구 방법은 당시 재일동포 기업 관련 국내 신문보도와 자서전, 일본에서의 연구자들의 평가 등을 참조하여 서갑호 회장의 경영철학과 기업가정신, 그리고 재일동포 기업가의 조직화를 통한 모국공헌, 정치적 경제적 격변기 속에 한일관계 가교역할, 그리고 그에 대한 재일동포의 평가, 일본인의 평가, 한국인의 평가 등 세 가지의 관점에서 분석하였다. 연구 결과는 다음과 같다.

첫째, 서갑호 회장의 기업가정신은 한마디로 성공한 재일동포 기업가로서 모국을 향한 '금의환향의 기업가정신'으로 요약할 수 있다. 연구 결과, 서갑호 회장의 모국투자를 위한 선구자적 도전정신과 불굴의 창업가정신을 높이 평가하는 것으로 나타났다.

둘째, 서갑호 회장에 대한 재일동포의 평가는 재일동포 기업가의 조직화를 통한 재일동포 사회의 결집, 이를 통한 모국투자의 길을 개척한 선구자로 기억되고 있었다. 주일한국대사관의 모국 기증, 사카모토 방적 회사의 모국진출과 한국경제발전을 위한 공헌 등 한국의 경제적 위상 제고에 기여한 바를 높이 평가하고 있었다. 하지만 부정적 시각에서는 한국이 필요할 때 재일동포 기업을 이용하다가 문제가 생기면 법적 보호조치가 없는 재일동포 기업이 희생양이 된 경우가 종종 발생하여 한국 사회에서 재일동포에 대한 자금줄 이용과 외국인 취급, 한국인의 정체성 강요 등에 대해 비판적 태도를 보였다.

셋째, 서갑호 회장에 대한 한국 내 평가는 긍정적 측면과 부정적 측면의 두 가지로 나타났다. 먼저 긍정적 측면으로 국외에서 축적한 자기자본을 기초로 정치권력과의 야합을 배제하고 합리적인 기업활동을 통해 모국 기업가에게 근대적인 기업가정신을 불어넣었다는 것이다. 그러나 부정적 측면에서 다른 국내 기업가와 마찬가지로 한국소재 사카모토 방직이 일본 자본의 한국진출을 위한 통로 내지는 일본 내 사카모토 방직을 위해 한국 노동시장에서 저임금노동을 약탈하는 하청기구로 전락할 수 있다는 가능성을 비판하였다.

넷째, 서갑호 회장에 대한 일본 내 평가는 재일동포 기업가의 조직화를 통한 일본재계와의 연계 강화와 한일 간 경제네트워크 구축 등으로 나타났다. 구체적으로 오사카 한국인상공회 조직, 재일한국인경제연합회 설립, 재일한국인상공회연합회 강화 등 재일동포 기업가의 경제계 조직화에서 매우 중요한 역할 등을 평가하고 있는 것으로 나타났다. 특히, 오사카 관서지방을 중심으로 개인 기업가에서 일본 전국레벨의 대표적인 재일동포 기업가로 성장하여 한일경제협회의 설립과 일본인 경제계와의 중추적인 가교역할 및 한일 경제인 교류 네트워크 구축 등을 높이 평가하였다.

결론적으로 1960년대 한일관계가 1965년 한일국교정상화로 간접적인 관계에서 직접적인 관계로 발전하는 과정에서 한일관계 개선에 대한 정치가의 이념이나 필요성에 의해 좌우되는 경향이 있었는데 서갑호 회장은 반대로 정치적 관계를 선도하거나 지원하는 재일동포 기업가로서 큰 영향력을 발휘하였다. 즉, 서갑호 회장은 한일 외교관계가 공식적으로 성립되어가는 과정에서 비공식적인 루트를 지원하였으며 한일 간 문제 발생 시 긴급 대응을 지원한 비공식 루트, 비공식적 채널, 비공식조직을 가동한 한일관계의 중심적 위치에 서 있었던 인물로 평가된다. 이 연구는 최근 재일동포의 일본 정주와 귀화가 증가하고 있는 가운데 재일동포 1세의 모국 사랑과 실천을 보여주는 사례로 생각된다. 그러나 이 연구는 기준 수집자료에 의존하고 있는 한계성을 가지고 있다. 향후 연구에서는 한국의 경제성장 과정에서 한일 양국에서 가교역할을 한 재일동포 기업가들에 대한 자료수집과 이를 통해 분석하고 재평가하는 연구들이 속속 등장하기를 기대한다.

참고문헌

나가노 신이치로 편저(2010)『한국의 경제발전과 재일한국기업인』말·글 빛냄, pp.64-65.

이민호(2015)『新韓銀行을 設立한 在日, 자이니치 리더』통일일보사, pp.51-73.

임영언(2015)『재일코리안 기업의 형성과 기업가정신』북코리아.

임영언(2021)『재일코리안 기업의 성장과 모국 기여 활동』도서출판선인, pp.241-271

姜尙中(2023)『アジア人物史 11』集英社。

河明生(2003)『マイノリティの起業家精神-在日韓國人事例研究-』株式會社ITA, pp.101-106。

高東元(1990) 「燒跡·闇市からの飛躍~李熙健と徐甲虎~」,『「在日商工人100 年のエピソ-ド」パ-ト6』.

永野愼一郎編(2010)『韓國の經濟發展と在日韓國企業人の役割』岩波書店。

永野愼一郎(2010) 「韓國經濟發展に對する在日韓國人企業家の役割」『經濟 研究研究報告』23, pp.15-23。

日韓経濟協會(1991)『日韓経濟協會30年史-戰後日韓経濟交流の軌跡-』p.30。

朴喆浩(1976)「徐甲虎」『韓國의 얼굴(財界)』, pp.225-226.

在日韓國人商工會連合會(1982)『韓商連20年史(1962-1982)』pp.25-53。

柳町功(2004)「戰後韓日關係の形成とその經濟的側面-担い手たちの行動を中 心に-」『經濟學研究』71(1), pp.51-72。

柳町聰(2023)「在日韓國人企業家の母國進出-坂本榮一と重光武雄の事例を 中心に」『次世代人文社會研究』19, pp.1-18。

국회전자도서관 한국의 얼굴(재게): https://dl.nanet.go.kr/SearchDetailView.do?cn=KI NX1976104880#none(https://dl.nanet.go.kr/SearchDetailView.do?cn=KINX19 76104880#none(2023년 7월 5일 검색).

경남일보 2017년 7월 18일자 한국 방적 업계의 선구자였던 서갑호 회장: http://www.gn news.co.kr/news/articleView.html?idxno=303490(2023년 7월 11일 검색).

동경주일대사관에 '서갑호' 선생 흉상 서: https://www.worldkorean.net/news/article View.html?idxno=20707(2023년 7월 5일 검색).

서울경제신문 1975년 08월 24일(일) 4면 [사람·기업] 徐甲虎씨<邦林紡績 社 長>: https://www.sedaily.com/DigitalPaper/19750824(2023년 7월 12일).

중소기업투데이: http://www.sbiztoday.kr(2023년 7월 14일 검색).

[정승열의 힐링여행 2] 134. 교토국립박물관: http://www.ggilbo.com/news/articleView. html?idxno=937459(2023년 7월 5일 검색).

조선일보 2013년 7월 18일자, '한국대사관이 도쿄 초일 등지에 개설할 수 있었던 이유'.

조선일보 일본어판 2013년 7월 18일자: http://www.nomusan.com/jiji2013/130718.html (2023년 7월 12일 검색).

駐日韓國大使館: https://2010151515p380.wordpress.com/2009/03/18(2023년 7월 4일 검색).

徐甲虎: https://www.weblio.jp/wkpja/content/(2023년 7월 11일 검색).

在日韓國人の實業家が土地・建物を無償で寄贈: http://toriton.blog2.fc2.com/blog -entry-2551.html(2023년 7월 4일 검색).

日本経濟新聞2000年5月5日(坂本榮一)。

韓國は在日韓國人をいじめながら「金づる」として利用: https://www.zakzak.co. jp/society/domestic/news/20161031/dms1610310854006-n1.htm(2023년 7월 4일 검색).

黃七福自叙伝「阪本紡績のこと」/「テコンド協會の會長のこと」: https://www.ton gil-net.org/(2023년 7월 4일 검색).

黃七福自叙伝「阪本紡績のこと」/「テコンド協會の會長のこと」: https://www.to ngil-net.org/(2023년 7월 4일 검색).

〈토론문〉

「재일동포 기업가 서갑호 회장의 삶과 기억」의 토론문

김인덕 | 청암대학교

재외한인학회 회장인 임영언교수님의 발표에 토론을 하게 되어 영광입니다. 많은 재일동포에 대한 연구를 오랜 시간 해 오신 교수님의 연구를 여러 지면을 통해 접해 왔습니다. 오늘 흥미로운 재일동포 기업가에 대한 연구, 서갑호선생님에 대한 연구는 기존의 여러와 함께 재일동포 연구의 또 다른 이정표가 될 것으로 생각합니다.

재일동포의 기업가, 특히 국내에서의 역할에 대해서는 아직도 제대로 된 평가가 없는 실정입니다. 교수님도 연구의 지형을 소개하고 계신데 토론자의 경우도 동의하는 바가 절대 작지 않습니다.

토론자는 재일동포 자본, 기업의 초기 역할은 1960년대 한국산업화에 대한 학문적 연구를 통해 객관적인 실체를 규명하여 새로운 한국산업화에 대한 이론적 틀을 제시할 필요가 있다고 생각합니다.

구체적으로는 1945년 이후 현대 한국자본주의 속 재일동포의 역할을 재구성하기 위해서는 재일동포 자본의 민족경제론적 위상을 재평가하고, 새롭게 역사적 위상에 대해 평가해야 합니다. 동시에 전후 일본자본주의 속 재일동포 자본 형성과 전전 초기 발생의 역사를 고찰하여 전후 재일동포 자본이 제조업에 주목했는지, 특히 고무, 방직, 방적, 섬유업, 기계공업 분야 등에서 자본가로 성장했는지를 파악해야 합니다. 1960년대 재일동포 자본의 본질을 연구하여 민족적 차원이 아닌 이윤 창출의 구조적 한계를 명확히 하여 이민자본의 새로운 이론적 틀을 제시하는 것, 향후 재일동포 자본의 패러다임 재구성을 시도하면 좋을 듯 합니다.

교수님의 오늘 발표에 대해 논자는 사족을 달아 토론에 대신하고자 합니다.

1. 재일동포의 거주국에서의 기여와 국내에서 기여의 지형에 대한 차이와 역할론에 대한 총체적인 분석과 위상의 정립이 요청됩니다. 이 점에 대한 선생님의 고견을 다시 청해 봅니다. 교수님 연구의 핵심적인 논의 주제로 발표문에서 많은 이야기를 하셨지만 다시 한번 이야기해 주시면 감사하겠습니다. 한일간 여러 분야에서 비공식적인 루트를 구축하고 지원하는 것은 중요합니다. 국가간, 한일간에 문제 발생 시 긴급 대응을 지원한 비공식 루트, 비공식적 채널, 비공식조직을 가동한 중심적 위치에 서 있었던 인물이 서갑호선생님입니다.

2. 재일동포 모국투자의 정치경제학적 의미 파악을 재론해 봅니다. 한국 자본주의발달사에서 재일동포 자본의 역할에 대해서는 논의가 거의 없는 편인데, 결국 한국자본주의 구조 속에서 재일동포 기업의 역할, 자본의 역할이 존재적 가치를 더하고 있다고 생각합니다. 낮은 차원이지만 논의를 청합니다.

3. 서갑호선생님 개인의 가족사를 이해하는 것은 재일동포 역사를 이해하는 길이라고 생각합니다. 국내에서는 해외동포의 역사에서 개인의 일상과 다양한 활동을 민족, 자본이라는 이중적 구조 속에서 보는 편입니다. 또 다른 지형에서 해외동포의 역할을 논의해 보는 것은 어떨지요. 민족적 문제를 넘은 글로컬한 관점도, 마이너리티의 관점을 넘은 관점도 요청된다고 생각합니다. 교수님의 고견을 요청합니다. 일반 논자들은 서갑호선생님은 긍정적 측면과 부정적 측면에서 이야기합니

다. 긍정적 측면은 국외에서 축적한 자기자본을 기초로 정치권력과의 야합을 배제하고 합리적인 기업활동을 통해 모국 기업가에게 근대적인 기업가정신을 불어넣었던 사람, 부정적 측면에서는 다른 국내 기업가와 마찬가지로 한국 소재 사카모토 방직이 일본 자본의 한국진출을 위한 통로로 일본 내 사카모토 방직을 위해 한국 노동시장에서 저임금노동을 수탈하는 하청기구로 전락하게 한 인물로도 봅니다.

4. 재일동포, 해외동포의 미래를 논의하는 것도 서갑호선생님을 보면 다시 생각하게 됩니다. 국내 투자의 결과로 인해 발생한 아쉬운 가족의 일상을 보면, 관련 해외동포의 국내로의 귀국, 귀환의 역할론이 무슨 의미가 있는지 재론하게 됩니다. 나아가 미래 한민족의 역사 속 해외동포의 미래는 해외동포 공동체론의 논의가 필요하게 만드는 요인이라고 생각합니다.

5. 한민족의 기억 속 재일동포 기업가 서갑호선생님에 대한 기억은 무슨 의미가 있을지요.

재조선 일본인 화가가 남긴 조선의 단상(斷想)
- 가토 쇼린진(加藤松林人)을 사례로 -

김영미 | 국민대학교

Ⅰ. 시작하며

근대 초기 일본인 화가들의 조선 방문은 19세기 말 청일전쟁과 러일전쟁 때 공무적 임무로 파견된 이른바 '종군 화가'에서 비롯되었다. 이는 제국주의 팽창 정책과 그것을 배경으로 한 일본인 화가들의 진출이 일본의 조선 침략과 식민지화 과정에서 야기되었다는 사실을 시사한다. 1905년 을사늑약 체결 후 일본인들의 이주가 정책적으로 이루어지면서 조선에 정착하여 활동하였던 일본인 화가들의 수도 자연스레 증가했을 것으로 유추된다. 이러한 유추는 그들의 이주 경위나 시기, 작품 활동 등 여전히 밝혀지지 않은 사례가 많다는 사정에 기인한다. 다만 일시적인 유람으로 작품을 남기고 전시회 또는 휘호회를 가졌던 화가들까지 포함한다면 그들의 존재감이나 활동에서 파생된 직, 간접적인 영향력을 생각하지 않을 수 없다.[1] 그러나 해방 이후 한국 미술사에서는 오랫동안 식민지기 미술계에 대한 평가가 기피되어 오거나 그 관심 또한 매우 한정적이었다. 이와 관련해 시대적 배경에 압도된 인식이 무엇보다 큰 장애로 작용하고 있다는 사실을 다음과 같이 확인할 수 있다.

---

1) 강민기, 「근대 한일화가들의 교유 -시민즈도운(清水東雲)을 중심으로」, 『한국근현대미술사학』 27, 2014, 9~10쪽.

일제 식민지기는 서양 미술과 음악 그리고 문학 등이 물밀듯이 소개되어 사실상 근대 문화와 예술 세계가 시작되었다. 하지만 다른 한편으로 한반도 유구한 역사 속에서 면면히 이어 내려온 조선의 전통 예술과 그를 계승, 발전시키려 했던 예술가들에게는 암흑기 그 자체였다. 그러므로 일제강점기 조선의 예술과 여기에 몸을 담았던 사람들을 평가하는 데 있어서 가치 중립적인 시각을 유지하기가 매우 어렵다. 결국 이러저러한 미묘한 이유로 인하여 미술사적으로 그 시간을 부정하려 한다. 깨어진 거울 같은 그 40년 세월을 건너뛰어 오늘의 한국 미술사를 말할 수 있을까?[2]

위에서 드러난 문제의식은 식민지기 미술사를 규명하는 것이 총체적으로 한국 미술사 연구의 공백을 채우는 것일 뿐만 아니라 근대 미술사에서 전통과 현대와의 연속성 혹은 단절성까지를 조망하기 위해서도 필요하다는 것을 보여준다. 이에 일본의 식민지 지배와 함께 형성된 한국 근대미술계를 탐구하는 다양한 접근이 모색되는 가운데 식민지기 조선에 정착해 활동한 일본인 화가에 대한 관심 또한 높아지고 있다. 개인적인 작품 활동뿐만 아니라 일본인 화가들을 통해 서구의 미술 개념과 제도의 많은 부분이 유입되었던 사실이나 조선미술전람회 같은 관전을 주도했던 점 등에서 그들의 활동이 조선의 화단에 미친 영향력을 다방면으로 조명하기에 이른 것이다.[3]

2) 이는 「가토 쇼린이 보는 新팔도유람 : 컬렉터 김용권展」(김희수 기념 수림아트센터에서 2019년 7월 15일부터 7월 26까지 개최된 전시회)의 팜플렛 내용 일부를 인용한 것이다.
3) 식민지기 일본인 화가를 다룬 연구에는 대표적으로 김주영, 「일제시대 在朝鮮 일본인 화가연구-朝鮮美術展覽會 입선작가를 중심으로」, 서울대학교 대학원 석사논문, 2000; 김주영, 「在朝鮮 일본인 화가와 식민지 화단의 관계 고찰」, 『美術史學研究』 233·234, 2002; 강민기, 「近代 轉換期 韓國畵壇의 日本畵 유입과 수용 -1870년대에서 1920년대까지」, 홍익대학교 대학원 박사논문, 2004; 황빛나, 「재조선 일본인 화가 구보다 덴난(久保田天南)과 朝鮮南畫院」, 『美術史論壇』 34, 2012; 金素延, 「재조선 일본인 화가 마츠다 레이코(松田黎光, 1898~1941)와 '조선풍속화'」, 『미술사연구』 39, 2020 등이 있다. 한편 2015년 4월 4일부터 2016년 2월 2일까지 일본 가나가와 현립미술관(神奈川縣立近代美術館)을 비롯한 6곳의 미술관에서 공동으로 기획하고

한편 일반적으로 일제 식민지기 '재조선(在朝鮮) 일본인'에 대해서는 당대의 배경적 요인으로 인해 '식민지 지배자와 식민지 지배를 받는 자'의 사이에 놓인 소위 경계인의 존재로 천착된다. 인물의 입지나 상황에 따라 그 양상은 다양하겠지만 본고가 주목하는 '경계인적 삶'이란 다음과 같다. 요컨대 종주국에서는 불안정한 입지와 때로는 이방인으로 표층을 부유(浮遊)하는 듯한 낯선 객체로 그려지기도 하지만 그 반면에 식민지에서는 이국의 고유한 정서와 생활자의 감수성을 내면화하면서 나름의 서사를 주도하는 주체로 나타나는 지점이다. 이러한 문맥에서 재조선 일본인 화가에 초점을 맞춘다면, '어떤 화가들이 어떤 계기로 조선에 거주하였고 어떠한 활동을 했던가? 또 당시 조선인 화가들과 어떠한 교류 관계를 형성했을까?' 등과 같은 기본적인 의문은 물론 내면에 자리 잡은 '조선'에 대한 그들의 정서로까지 관심이 확장된다.

식민지에 정착한 그들의 시선에서는 의식하든 그렇지 않든 일본 제국의 오리엔탈리즘이 그 저변에 존재하고 있음을 부정할 수 없다. 다만 한편으로 식민지라는 공간에 자리 잡은 주체로서, 개인적이고 심미적인 취향으로 조선을 애정하고 그 풍경과 정취를 작품으로 구현한 측면도 부인할 수 없다. 이는 곧 조선이라는 장소성에 기인한 근원적 의식과 그에서 파생되는 감각 혹은 그것에 대한 자의식의 표출이라 할 수 있는데, 여기에는 화가로서의 예술성뿐만 아니라 이국인 식민지에서 자생한 생활자의 감수성이 투영되어 있다. 그렇기에 식민지기 재조선 일본인 화가에 관한 재조명은 결과적으로 그들이 놓인 개인적 상황과 경계의 심층을 탐구함으로써 그 활동과 작품을

순회한 『日韓近代美術家のまなし : 『朝鮮』で描く』는 일본에서 식민지 조선을 그린 일본인과 한국인에 관한 첫 전시회로 주목받았다. 이는 한일 근대미술사 공백을 채우기 위해 양국의 연구자들이 협동하여 추진한 성과로 더욱 의미가 큰 것이었다. 이에 대해서는 권행가, 서평 「식민지 조선을 그린 일본인과 한국인에 관한 첫 전시 -『한일근대미술가들의 눈 : '조선'에서 그리다』」, 『한국근현대미술사학』 31, 2016 참조.

보다 심도 있게 이해하기 위한 작업으로 치환된다. 이는 곧 식민지에 정착한 '경계인'의 양의적(兩意的) 관계성에 관한 고찰로 이어지는 부분이다.

그 일환으로 본고는 식민지기 조선에서 '화가'로서의 성장과 경력을 쌓고 다양한 활동을 통해 사회적 입지를 다진 가토 쇼린진(加藤松林人)에 주목하여, 그가 남긴 그림과 기록들을 통해 식민지에서의 서사와 전후 일본에서의 여정을 재조명해보고자 한다. 일찍부터 조선의 경성에 정착하여 화단(畵壇)의 중심을 이끌었던 시미즈 도운(淸水東雲)의 수제자로 이름을 알리며, 가토 역시 영향력 있는 주요 인사로 자리 잡았다. 전후 일본으로 돌아간 후에도 양국의 가교 역할을 모색하며 재일 조선인과 친밀한 교류를 가졌을 뿐만 아니라 일생에 걸쳐 망향(望鄕)에 대한 그리움으로 조선의 풍경을 그렸고 그 시간을 기록하였다. 그리고 한일 국교 정상화 이전인 1963년에 전후 일본인으로는 처음으로 한국 정부의 초대를 받아 한국을 방문한 인물로 상징적인 의미를 갖는다. 또 그의 작품은 오늘날 "오리엔탈리즘적 시선으로 단순화시킬 수 없는 개인적인 조선 표현"으로 평가되고 있다.[4]

식민지기에 단순히 조선을 소재로 그린 일본인 작가들과 달리 재조선 일본인 작가는 작품은 물론이고 1945년 일본으로 귀환한 이후의 행적 등 파악되지 못한 부분이 많다. 이런 사정에서 그들의 존재나 작품 여부에 대해서는 1차 사료의 빈곤으로 기본적인 정보조차 규명하기 어려운 실정인데, 그렇기에 전후 가토가 남긴 그림과 유고(遺稿)들은 더욱 가치가 크다고 할 수 있다. 이와 관련해 근래 일본에서도 식민지기 조선의 미술계에 관한 연구가 많아지고 있는 가운데, 특히 가토의 유고들이 발굴·정리되어 제한적으로나마 조금씩 규명되고 있는 상황은 주목할만한 성과이다.[5] 이에 본

---

4) 권행가, 위의 글, 243쪽.

5) 기다 에미코(喜多惠美子)에 의한 일련의 연구 성과로 「在朝鮮日本人畵家加藤松林人の活動 : 自筆履歷書をめぐって」, 『大谷學報』97(2), 2018; 「在朝鮮日本人畵家とツーリズム -加藤松林人を中心に-」, 『大谷學報』 100(1), 2020; 「在朝鮮日本人畵家の遺稿に見る朝鮮畵壇 : 加藤松林人を中心に」, 『眞宗總合硏究所硏究紀要』, 2021을

고는 선행연구를 참고하면서도 현대 미술계에서의 평가를 보완해 재조선 일본인 화가였던 그의 입지를 재고해보려고 한다. 이를 위해 식민지기 조선에서 화가라는 정체성을 획득하게 된 가토의 서사를 조망하는 가운데 그가 구현한 '조선의 색'이 어떠한 정서와 표상을 담았던 것인지 검토하겠다. 다만 방법상 그림에 대한 직접적인 분석이 아닌, 일본으로 귀환 후 그가 표출(기록)한 조선에 대한 '향수'에 초점을 맞추어 그 기제를 고찰하는 것이다. 이상을 종합해 한일 양국에서의 그의 평가가 어떠한 맥락에서 의미화되고 있는 것인지를 생각해보고자 한다.

II. 가토 쇼린진과 '조선의 색'

가토 쇼린진

가토 쇼린진(1898~1983)은 현 도쿠시마현 아난시(德島縣阿南市) 출생으로 본명은 가토 겐기츠(加藤儉吉)이고, 아호(雅號)로 주로 쇼린(松林) 혹은 쇼린진(松林人) 등을 사용했다.6) 도쿠시마 현립(縣立) 도미오카 중학교를 중퇴한 1915년에 도쿄(東京)로 상경, 그해 9월 와세다대학(早稻田大學) 문학과예과(文學科豫科)에 입학했고 1917년 9월에 졸업하였다. 학업적 성취뿐만 아니라 '1917년'은 가토의 인생에서 여러모로 의미가 깊었던, 특별한 한 해였을 것으로 생각된다. 같은 해 8월에 나가노현(長野縣) 출신의 고바야시 나츠(小林なつ)라는 여성과

꼽을 수 있다.

6) 그는 소나무를 좋아하였는지 그와 관련된 다양한 호를 사용하였는데 주로 사용한 松林 혹은 松林人 외에도 小林人, 小琳人, 松松庵, 長松閣主人 등이 확인된다. 자기 집의 당호로는 음풍산장(吟風山莊)을 썼다. 이에 대해서는 황정수, 『日帝强占期 朝日美術交流 일본 화가들 조선을 그리다』, 이숲, 2019, 180쪽 참조.

결혼하였고, 11월에는 사업 관계로 조선에 있던 부친을 따라 가족 모두가
그곳으로 이주했기 때문이다.[7]

『나의 노트(私のノート)』(작성연대 불명)의 회고에 따르면 경성에 거주
하며 사업을 하던 그가 화가로 본업을 전환하게 된 계기는 1920년의 어느
날 "우연한 기회"에서 비롯되었다.[8] 당시 덕수궁 뒤 정동(貞洞)에 살며 화
숙(畵塾)과 사진강습소를 경영하고 있던 시미즈 도운(淸水東雲)[9]의 문하에

---

7) 부친 가토 야스조(加藤安三)는 어업 시찰 업무로 조선에 온 후 그대로 거주하게 되
   었다고 한다(「韓國の獨立記念式にまねかれる」, 『朝日新聞』 1963年 7月 30日).

8) 加藤松林人, 「朝鮮畫壇」, 『私のノート』(도미이 마사노리·김용하, 「경성을 스케치한 화
   가들」, 『1920~1930년대 그림으로 보는 경성과 부산』, 서울역사박물관, 2017, 247쪽).

9) 시미즈 도운(1868?~1929)은 교토(京都) 출신으로 본래 데라야(寺谷)라는 성을 가졌
   지만 스승이자 교토 화단의 중심이었던 시미즈 도요(淸水東陽, 1849~1894)의 양자
   가 되어 그 성을 따랐고, 스승 이름의 '東'자를 따서 자신의 호를 만들었다고 한다.
   그 외에 모리 간사이(森寬齋, 1814~1894), 기시 치구도(岸竹堂, 1826~1897)의 문하
   에서 시조파(四條派)를 익혔으며 인물화를 특히 잘 그렸다고 알려졌다. 1904년경
   정착한 이래 일생을 조선에서 보낸 그는 초창기 가장 활발히 활동한 일본인 화가
   이자 남화 계열의 교토파(京都派) 화맥을 조선의 화단에 전파한 중요 인물로 평가
   된다. 또 일본 본국의 화가들과 지속적인 관계를 맺고 조선의 일본인 화가뿐만 아
   니라 조선인 화단과도 교유하며 폭넓은 인맥을 형성하였다. 이와 관련해 작품 활동
   뿐만 아니라 사진관과 화숙을 운영하며 제자를 양성하면서 일본인 화가들의 좌장
   역할을 한 점이 주목된다. 첫 제자인 이마무라 운레이(今村雲嶺)를 비롯해 오다테
   쵸부시(大館長節), 우메츠 케이운(梅津敬雲), 가토 쇼린진 등과 같은 문하생이 배출
   되었는데, 이들이 바로 일본인 화가 단체로 여운사(如雲社, 1919년 추측)와 홍원사
   (虹原社, 1924년) 결성에 주축이 되었다. 이들은 조선미술전람회를 중심으로 활동
   했던 대표적인 일본 화가들로, 당대의 조선 화단에서 일본 화풍을 주도한 인물로
   평가된다. 이와 같은 활동의 연원에는 그들이 시미즈의 문하생으로서, 또 그에 의
   해 형성된 인적 네트워크에 기초한 바가 크다고 할 수 있다. 이에 관해서는 강민기
   의 「근대 전환기 한국화단의 일본화 유입과 수용」(2004), 「근대 한일화가들의 교유
   : 시미즈 도운(淸水東雲)을 중심으로」(2014)와 喜多惠美子의 「在朝鮮日本人畫家加
   藤松林人の活動 : 自筆履歷書をめぐって」, 『大谷學報』97(2), 2018을 참조.
   참고로 초상화는 물론이고 화조나 풍속화에도 능한 것으로 알려진 시미즈의 작품
   으로 현재 전해지는 것은 고궁박물관의 '설중웅도(雪中熊圖)'와 '응도(鷹圖)' 2점과
   개인 소장의 화첩 『집액(集腋)』 속 '포도'가 있다. 그런데 최근 '최제우 참형도(崔濟

서 사생(寫生)을 시작하게 된 것이었다. 다만 가토의 그림에 대한 관심이나 소양은 조선으로 이주하기 전부터 소재한 것으로 보이는데, 그의 자필 『이력서(履歷書)』에서 다음과 같은 사실을 확인할 수 있다. 즉 도미오카 중학교 시절 당시 미술교사로 재직하고 있던 오츠카 마사요시(大束昌可)[10]에게 "참된 사실(寫實)을 배웠다"라고 한 점이나 와세다대학에 재학 중이던 1915년에는 다니나가(谷中)에 있는 태평양양화연구소(太平洋洋畫研究所)를 1여 년 정도 다니며 데생과 유채의 기본기를 배운 이력이 있다는 점이다.[11]

이처럼 그림에 대한 관심과 취미를 가진 가토가 조선에서 명망 높았던 시미즈의 문하생이 된 것은 자연스러운 일이었다고 할 수 있다. 그러나 가토에게 이는 "화실의 간판을 보고 갑작스레 뛰어 들어갔다"며 마치 우연한 기회에 특별한 계획도 없이 감행한 것처럼 기억되었다.[12] 이러한 문맥에 의미를 부여하자면 조선으로의 이주한 것이나 당시 일본인 화가들의 구심점이자 조선인 화단과도 밀접한 네트워크를 형성하였던 시미즈와 관계를

愚慘刑圖)'와 '최시형 참형도(崔時亨慘刑圖)' 2점이 발견되어 총 5점이 되었다. 이 밖에 1911년에 「최제우상」을 그린 적이 있으나 이 작품은 현재 도판으로만 전하고 실물은 전하지 않는다. 이와 더불어 그가 제작한 소수의 그림엽서가 확인된다. 이에 대해서는 황정수, 앞의 책, 82~83쪽·132쪽.

10) 오쓰카 마사요시(1878~1945)는 현 후쿠오카현 기타큐슈시(福岡縣北九州市) 출생으로, 도쿄미술학교(東京美術學校) 서양화과 재학 중 당시 가장 권위 있는 전람회에 입상할 정도로 실력을 갖춘 인재였다. 1902년에 졸업 후 동년 9월 도쿠시마 현립 중학교 미술교사로 부임해 1918년까지 근무하였다. 이 시기 미술교사로서 서양미술 교육에 힘쓰는 한편 1912년에 도쿠시마 최초로 사진과 서양화 전시를 개최하여 특히 지역 내 서양화가들의 존경을 받았다. 이에 대해서는 德島縣立近代美術館 編, 『近代德島の美術家列伝 : 明治から第二次世界大戰まで』, 2000, 99~100쪽.

11) 加藤松林人, 『履歷書』, 1979년 7월 20일. 덧붙이자면 서양화로부터 회화의 기초를 접한 영향에서 그의 그림은 일본화로 구분되지만 서양화의 구도나 아주 섬세하고 실재적인 묘사 기법이 혼재된 특색있는 화풍으로 평가된다. 이에 대해서는 喜多惠美子, 「在朝鮮日本人畵家とツーリズム -加藤松林人を中心に-」, 『大谷學報』 100(1), 2020, 42쪽.

12) 加藤松林人, 『履歷書』.

맺은 것은 가토에게 화가로서의 정체성을 태동시킨 중요한 사건이었다고
할 수 있겠다. "일본화(日本畵)를 해보고 싶다"는 막연한 생각을 갖고 충동
적으로 화실을 찾아온 가토에게 시미즈의 세심하고 친절한 지도는 단순한
취미가 아닌 본업으로써 화가의 전문적인 기량을 수련하게 한 토대가 되었
다. 가토는 「이력서」에서 그의 문하생으로 그림에 대한 기본적인 기법뿐만
아니라 재료의 종류나 성질 그 사용법, 표구(表具)에 관한 것까지 일본화에
관련된 모든 지식을 지도받을 수 있었던 시절을 회상하며 진심으로 감사하
는 마음을 자세히 기록하였다.[13]

　가토가 일본화를 배우기 시작한 지 2여 년이 되는 1922년에 조선미술전
람회(이하 조선미전)가 창설되었다.[14] 타고난 재능과 실력을 겸비했던 그는
1회부터 작품을 출품해 입선한 것을 시작으로 1944년까지 총 23번 개최된
조선미전에 한 번도 빠지지 않고 매년 출품하며 참가하였다. 이를 통해 가
토는 짧은 시간에 능력 있는 화가의 반열에 올랐는데, 출품자로 시작해
1935년에는 영구무감사(永久無鑑査, 조선미전 초창기부터 역작을 출품하여
특선의 영예를 거듭한 사람들로서 심사위원장의 추천으로 영원히 무감사
진열의 특권을 갖는 제도)와 1937년에는 조선총독부 학무국이 촉탁으로 결
정하는 참여(參與, 일본 본국에서 오는 심사위원을 도와 심사하는 직책으로
조선에 있는 화가들에는 최고직에 해당) 자격으로 심사에도 관여하는 등 조
선미전의 정점에 위치하게 되었다. 또 1941년에는 조선미전 20주년을 기념

---

13) 위의 자료.
14) 조선미전은 조선총독부가 정책적으로 창설한 공모전 형식의 전람회이다. 1922년의
　　제1회를 시작으로 1944년 제23회까지 한 해도 거르지 않고 개최되었는데, 점차 전
　　국적 규모의 관제 행사로 정착하였다. 이러한 배경에서 조선미전은 미술계 신인의
　　등용문이 되었기에 당대 대다수의 미술인이 이를 통해 자신의 존재를 알렸다. 전람
　　회 형식은 일본 본국의 문부성 주최 문전(文展) 또는 제국미술원 주최 제전(帝展)을
　　본떠 동양화와 서양화, 조각 부분 외 조선의 특성을 고려한 서에 부분이 추가되었
　　다. 심사위원에는 조선인도 위촉되었으나 갈수록 일본인 비중이 늘어갔다. 제15회
　　전람회부터는 추천 작가 제도가 신설되어 기성 작가들도 작품을 발표하였다.

한 공로상을 총독부로부터 받기도 하였다.15) 아래의 목록에서 확인할 수 있듯이, 가토는 조선미전을 통해 유례가 없을 정도의 화려한 내력을 쌓으며, 명실상부 조선을 대표하는 일본인 화가로서의 인지도를 굳건히 구축하였다.16)

> 1922년 제1회 「추광요락(秋光搖落)」, 「동의 석모(冬의 夕暮)」
> 1923년 제2회 「사구(砂丘)」(3등), 「잔조(殘照)」
> 1924년 제3회 「행화춘일(杏花春日)」, 「남선의 춘(南鮮의 春)」
> 1925년 제4회 「춘의 실내(春의 室內)」(3등), 「흑선(黑扇)」
> 1926년 제5회 「춘(春)」, 「설의 석(雪의 夕)」
> 1927년 제6회 「하얀 국화」, 「동경(冬景)」
> 1928년 제7회 「절의 오월(절의 五月)」, 「금강산 소견(金剛山所見)」
> 1929년 제8회 「추교(秋郊)」
> 1930년 제9회 「홍엽의 계곡(紅葉의 溪)」, 「잔조(殘照)-농촌 풍경」
> 1931년 제10회 「폐원(廢苑)」(특선), 「맑은 날의 정원」
> 1932년 제11회 「목간의 추(木間의 秋)」(특선, 조선총독상), 「추(秋)」(무감사)
> 1933년 제12회 「정물이제(靜物二題)」(특선)
> 1934년 제13회 「초설의 만물상 육화대 석조(六花台夕照)」
> 1935년 제14회 「춘광이제(春光二題)」
> 1936년 제15회 「산록의 촌(山麓의 村)」(추천)
> 1937년 제16회 「조선명승사취(朝鮮名勝四趣)」
> 1938년 제17회 「부여소견(扶餘所見)」(추천, 참여)
> 1939년 제18회 「문(門)」(추천참여), 「금강산삼제(金剛山三題)」
> 1940년 제19회 「화삼제(花三題)」(추천, 참여)
> 1941년 제20회 「백악석조(白岳夕照)」(참여)
> 1942년 제21회 「조춘의 외금강」(참여), 「남선이제(南鮮二題)」
> 1943년 제22회 「장수산(長壽山)」

---

15) 加藤松林人, 『履歷書』; 喜多惠美子, 앞의 논문, 2020, 49쪽.
16) 황정수, 앞의 책, 180~181쪽.

1944년 제23회 「금강산이제(金剛山二題)」

가토가 조선미전에 출품한 작품은 판매에도 좋은 실적을 냈는데, 제2회
의 「사구(砂丘)」 및 제4회의 「춘의 실내(春의 室內)」는 일본 본국의 궁내성
(宮內省)이 구매한 작품 목록에 포함되기도 하였다. 특히 제2회 때 출품한
작품이 궁내성에 판매된 것은 가토에게 "매우 큰 전환점"이 되었다. 요컨대
그간 취미의 기분으로 "스케치북을 한 손에 들고 이곳저곳 배회하던 것은
그만두고 본격적으로 그림만 해보겠다"고 결심하며, 본업으로 화가의 경력
을 선택하게 되는 계기가 되었기 때문이었다.[17]

이러한 의미에서 가토의 화가로서의 삶은 조선미전과 함께 성장한 역사
라 해도 과언이 아니다. 조선미전의 출품 활동은 빠른 시간에 화가로서 두
각을 드러내게 된 가토가 마침내 화가로서의 자아 정체성과 사회적 입지를
굳건히 해 나가는 또 다른 변곡점과 같았다고 할 수 있겠다. 가토는 시미즈
의 문하생이 주축이 된 일본인 화가 단체 여운사(1919년쯤 결성)나 홍원사
(1924년 결성)의 일원으로 활동했을 뿐만 아니라 예술계 동인으로 구성된
단청(丹靑) 동호회(시기 불명), 고겐사(虹原社, 1923년 결성)의 회원이었
다.[18] 또 조선인 이상범(李象範)과 이한복(李漢福) 그리고 일본인 동양화가
중심이 된 즉 관전(官展) 참여자 중심으로 결성된 조선동양화가협회(朝鮮
東洋畵家協會)에도 관여하였다.[19] 이와 같이 화가로서의 활동을 축으로 조

---

17) 加藤松林人, 『履歷書』.

18) 이우치 가즈에, 「『경성일보』 미술기사로 본 그룹활동」, 『한국근현대미술사학』 27,
2014, 94~95쪽. 참고로 1931년 5월 22일자 『東亞日報』에는 그림을 배운 지 일 년도
되지 않는데 조선미전에 처음 입선한 인물로 동양화부 이옥순(李玉順)을 소개한 기
사가 게재되었다. 이에 따르면 그녀는 가토의 화실을 다니며 지도를 받았다고 한
다. 이 외 이옥순에 관한 구체적인 자료는 발견되지 않지만, 이를 통해 가토가 개인
화실을 운영하며 후학의 지도와 양성에도 힘을 쏟은 사실을 유추할 수 있겠다.

19) 조선동양화가협회는 1927년 조선총독부의 후원을 받아 결성된 미술 단체이다. 이
상범, 이한복과 가토 쇼린, 가타야마 탄(堅山坦), 미토 반쇼(三戸萬象) 등 조선미전

선의 화단과 다양한 관계를 맺으며 활발히 활동했던 그의 이력에서는 '국민
적' 행사에 관여하는 대표 작가로서의 명성을 엿볼 수 있다. 예를 들면 마
쓰모토 다케마사(松本武正)와 공저로 『금강산탐승안내(金剛山探勝案內)』
(1926, 龜屋商店) 집필, 1935년 오사카마이니치 신문사(大阪每日新聞社)가
주최한 조선팔경(朝鮮八景) 풍경화 제작에서 지리산과 주을온천(朱乙溫川)
을 담당한 것 등이다.[20]

더욱이 가토는 조선미전에 심사위원으로 방문한 가와이 교쿠도(川合玉
堂, 1873~1957)나 고무리 스이운(小室翠雲. 1874~1945), 히라이 하쿠스이
(平福百穗, 1877~1933), 유키 소메이(結城素明, 1875~1957) 등과 같은 일본
본국의 저명한 작가들과도 인맥을 쌓게 되었다. 이러한 과정에서 가토는 일
본에서 개최되는 유수 전람회에 열정적으로 작품을 출품하게 되었고, 1927
년 도쿄의 제국미술원(帝國美術院)이 주최한 제8회 제전(帝展)에 입선하는
성과를 달성하기도 하였다.[21] 이러한 활동을 바탕으로 "도쿄 화단에서도
차츰 익숙해지기 시작했다"고 할 정도의 인지도를 얻게 되었는데,[22] 1937
년판 『대일본 화가명감(大日本畵家名鑑)』에 '제전 출품 화가'로 그의 이름
을 확인할 수 있는 것은 그러한 면모를 뒷받침하는 것이라 볼 수 있다.[23]
이러한 점은 가토가 조선에서뿐만 아니라 일본 본국으로까지 화가로서의
인지도를 넓히고 있었다는 점을 시사한다.

과 일본의 제국미술전람회(帝國美術展覽會)을 중심으로 활동한 작가들이 모여 조직
하였다. 설립 당시 협회의 사업으로는 전람회와 강연회 개최와 기관지 발행을 계획
하였으나 현재 구체적인 활동상을 파악할 수 있는 자료는 거의 없다. 최열, 『한국
근대미술의 역사』 열화당, 1998); 김주영, 「일제시대의 재조선 일본인 화가 연구-조
선미술전람회 입선 작가를 중심으로」(김주영, 서울대학교 대학원 석사학위논문,
2000을 참조.

20) 喜多惠美子, 앞의 논문, 2018, 69~70쪽; 喜多惠美子, 앞의 논문, 2020, 43쪽.
21) 加藤松林人, 『履歷書』.
22) 위의 자료.
23) 大日本繪畵講習會, 『昭和12年新版 大日本畵家名鑑』, 大日本繪畵講習會代理部, 1936, 42쪽.

  다만 당대 일본의 청년 화가 대부분이 열악한 환경에 처해 있었던 사실과 비교한다면 그들과 비슷한 연령의 가토가 이만큼 인지도를 높일 수 있었던 배경으로 '식민지에 정착한 일본인'이라는 특수성을 생각하지 않을 수 없다. 기다 에미코(喜多惠美子)가 지적하듯이, 만약 가토가 일본 본국의 화단에 있었다면 그토록 단시간에 능력 있는 화가로서 주목받았을 가능성은 매우 낮았을 것이다. 문하생 경력 불과 2여 년 정도에 더군다나 전문 미술학교 출신도 아니고 단순한 취미적 소양으로 그림을 시작했던 신진 화가에게 일본의 저명한 중진 작가를 접할 기회 자체가 매우 희박한 것이었다고 생각해도 무방하기 때문이다. 그렇기에 조선미전의 심사를 위해 방문한 일본인 중진 작가들의 눈에 가토의 활약은 식민지 조선 화단의 상징적인 존재로 보였을지도 모른다.24) 가토의 "우연한 기회로 시미즈 도운 선생님에 의해서 일본화의 길로 접어들고 조선미술전람회의 장을 통해 넓은 미술계, 화단의 생활이라는 것이 어떤 것인지도 알게 되었고, 그동안 지인이나 그림친구들 외에 일본 화단의 대선배라고 말할 수 있는 선생님들로부터는 직간접으로 여러 귀중한 가르침을 받았다"라는 회상에서도, 화가로서 그가 조선에서 누릴 수 있었던 독보적인 입지를 가늠해 볼 수 있겠다.25)

  이와 함께 식민정착 일본인 화가가 사회적 입지를 빠르게 구축할 수 있었던 토대로써 조선미전이 조선총독부의 정책적 사업 즉 관제 행사의 경향이 강했다는 영향력도 생각할 수 있다. 심사위원에는 일본에서 초빙한 저명한 작가로 구성되었고 재조선 일본인들의 참가 비중이 늘어나면서 조선미전의 주된 경향은 '일본화, 식민지의 로컬리즘, 향토색의 추구'로 굳어졌다.26) 식민지기 유일한 관전으로 미술계 신인 등용의 핵심적 역할을 한 조선미전은 특별한 배경이나 학력이 없는 재조선 일본인 아마추어 화가가 활

---

24) 喜多惠美子, 앞의 논문, 2018, 68쪽.
25) 加藤松林人, 「朝鮮畫壇」, 『私のノート』(도미이 마사노리·김용하, 앞의 책, 248쪽).
26) 황정수, 앞의 책, 14쪽.

로를 모색하는 데 최적의 배경이 되었다. 이러한 의미에서 매회 조선미전에 출품할 정도로 성실히 활동했고 또 그림에 대한 재능이 있었던 사실과는 별개로 가토가 재조선 일본인이었기 때문에 식민지에서의 신생 관전(官展)에 진출하여 일찍부터 사회적 입지를 굳히는 데 유리했던 측면을 부인할 수 없는 것이다.[27]

금강산 구룡연에서(1925년)

그러나 한편으로 그가 시미즈의 문하생으로서 일찍부터 조선인 문인이나 화가와의 교류도 소홀히 하지 않고 조선 화단에서 입지를 구축한 점은 중요한 의미를 가진다.[28] 그리고 이러한 배경은 '재조선 일본인 화가'로서 조선의 풍경과 풍속의 색채를 구현하고자 했던 강한 자의식이 가토에게 동력이 되었다는 점에서 그의 화풍과 더불어 주목되는 점이다. 대체로 다음과 같은 문맥으로 소개되는 그의 작품 활동에서 그 동력의 일면을 확인할 수 있다.

> 그는 너무도 한국을 좋아하여 평생토록 한국의 유적이나 풍경을 소재로 한 그림만을 그렸다. 그림의 소재를 찾기 위해 시간이 나면 늘 전국의 명승을 찾았다. 경주를 가서 계림을 그리기도 하고, 구례를 찾아 화엄사를 그리기도 하였다. 함흥에 가서 본궁을 그리기도 하고, 삼척의 죽서루를 그리기도 하였다. 급기야는 머나먼 제주도를 찾아 독특한 제주 풍속을 사생하기도 하였다. 경성에 있을 때에는 때때로 도성(都城) 부근을 자주 돌아다니며 스케

---

27) 김주영,「在朝鮮 일본인 화가와 식민지 화단의 관계 고찰」,『美術史學硏究』233·234, 2002, 322쪽; 房㪱娥,「在朝鮮日本人畵家·加藤松林人の戰後作品とその制作背景 : 日韓親和會と文學者·金素雲との關係を中心に」,『民族藝術學會誌』37, 2021, 211쪽.

28) 당대 재조선 일본인 화가 중에서 조선인 화가와의 교류를 중요하게 생각하지 않고 적극적으로 관계를 구축할 필요성조차 생각하지 않은 자가 많았던 것에 비하면 가토의 이러한 활동은 독보적이라 할 수 있다. 이에 대해서는 喜多惠美子, 앞의 논문, 2018, 66~67쪽.

치를 하였다. 봄이 되면 특히 세검정 조지서 근처에 자주 놀러 갔으며, 또 북한산에도 자주 올라 복사꽃 핀 봄 풍경을 그리기도 하였다. 또한 인왕산에도 자주 올라 자연을 감상하며 그림을 그리곤 했다.[29]

가토는 조선 전역을 돌며 풍경화와 서민들의 생활을 담은 풍속적인 그림을 그렸다. 그래서 조선 풍경을 묘사하거나 고궁이나 기와집, 숭례문 같은 명승고적들이나 그 주변을 거니는 사람들이 주요 소재가 되었다. 이러한 면모는 당대의 일본인 화가들이 대체로 일상적인 주제나 일본의 특징을 보여주는 소재를 대상으로 삼은 것에 반해 조선인 문인이나 화가들과도 활발히 교류하면서 조선에 생활에 밀착된, 조선의 풍경을 주로 그렸다는 점에서 더욱 의미가 크다. 이것이 곧 가토의 작품이 지닌 가장 큰 특징이자 당대의 다른 일본인 작가와는 차별되는 것으로 평가받는 부분이다.[30] 당시 향토적인 색채를 드러내는 것이 식민지 전람회 경향의 중요한 축이었다 하더라도, 오늘날 유작으로 남아 있는 350여 점의 그림에서 조선의 풍경과 풍속을 오롯이 화폭에 담아내고자 전념했던 가토의 독자적인 화풍과 열정을 확인하는 것은 어렵지 않다.[31] 본격적으로 그림을 시작하고 화가로서의 성장과 경력을 쌓을 수 있었던 '조선'이라는 공간과 그에 얽힌 가토의 서사에 다시 주목해 본다면, 식민지에 정착한 일본인 화가에 관한 여러 갈래의 틈새를 엿볼 수 있는 건 아닐까?

김주영은 재조선 일본인 화가에게 '조선 향토색'이란 일본 본국의 일본

---

29) 미술평론가 황정수의 연재물 <서울미술기행-서촌편> 제26화 「일제강점기 서촌과 일본인 화가들」(2019년 2월 28일)의 일부를 인용한 것이다.

30) 황정수, 앞의 책, 34~35쪽.

31) 전후에 그가 남긴 350점 정도의 그림과 미발표의 자필 원고 4편은 1988년에 도쿠시마현 아난시 정보센터에 기증되었다.

32) 가토가 서사헌정(현 장충동)으로 이사해 정착한 것은 1932년이었다. 그 과정에 대해 『나의 노트』에는 "1917년 가을부터 1945년 말까지 약 30년간 조선에서 생활하면서, 처음 15~16년 동안은 여기저기를 전전했다. 먼저 남대문통 5정목(南大門通五

인 화가나 조선인 화가와는 또 다
른 의미를 지니고 있다고 지적한
바 있다. 척박한 '문화의 오지', '지
방의 화단'으로 인식된 식민지 화
단에서 활동의 기반을 마련한 일본
인 화가로서, 조선미전을 통해 사
회적 지위와 기득권을 획득한 그들

서사헌정 자택에서(1938년 6월)[32]

에게 향토색은 중앙화단에 진출하
기 위한 도구이며, 그들의 애매한 정체성으로부터 표출되었다는 것이다.[33]
가토를 비롯해 당대 재조선 일본인이 구현하려던 '조선의 색'도 이러한 맥
락에서 자유롭지는 않을 것이다. 정치성이 배제되었다고 해도 재조선 일본
인에 내면화된 태도 즉 식민지 피지배자이면서 동시에 식민주의를 실현했
던 시선을 간과할 수 없기 때문이다. 다만 일본의 화가들과는 다른, 식민지
에서 그들만의 독자성을 추구하고자 했던 정착자 일본인 화가의 처지에 초
점을 맞춘다면, 특별한 정치성을 띠지 않고 생활에 기반한 독자적인 '로컬
의 색'으로 조선을 그리고자 했던 '일상성'을 재고할 수밖에 없을 것이다.
가토의 작품과 활동에서 '조선'을 향한 특별한 관심과 깊은 애정을 도출하
게 되는 맥락은 이러한 배경에서 이해할 수 있다.

　가토의 작품에 투영된 '조선의 색'에는 20대에서 50대에 이르는 30여 년

丁目), 봉래(蓬萊町, 현 봉래동), 그다음에 동쪽으로 옮겨서 초음정(初音町, 현 오장
동), 북쪽 동물원 담장 밖의 원남동(苑南洞)이라고 하는 조선 사람들의 거리, 또다
시 초음정으로 돌아와, 여기서 간신히 화가의 생활이 시작되었다. 조선미술전람회
에서 상을 받고 일본 국내의 제전에 처음 입선하고, 다음의 광희정(光熙町, 현 광희
동)에서 점차 생활의 기초는 굳어졌지만 그때까지 아이, 어머니, 여동생, 그리고 여
기서 마지막으로 아버지를 잃고 이를 기회로 어떻게든 자신의 작업실을 만들겠다
고 결심하고 여기저기 찾은 결과 여기로 정한 것이었다"고 기록되었다(도미이 마
사노리·김용하, 앞의 책, 248~249쪽에서 재인용).
33) 김주영, 위의 논문, 323~324쪽.

의 시간 동안 "우연히도 그사이 그곳에 살면서 그 미술계에서 청춘을 살아온" 공간이 있었다. 이는 그가 조선에서 생활하는 일본인 화가로서 '조선'을 그리는 것에 대해 "공기가 마르고 밝고, 명암이 선명한 그 그림자 속에, 말로 표현할 수 없는 깊은 적막이 감도는 풍경, 도무지 이곳은 색채가 아니라 더 근원적인 것, 먹으로 담채(淡彩)하는 것이, 이 정경을 표현하는데 가장 적합한 것이 아닐까라고 생각한 적이 있고, 지금도 그렇게 생각하고 있다"와 같은, 사색과 성찰을 담아 '조선의 색'을 구현한 것임을 생각하게 한다. 이와 함께 비록 일부지만 그의 회고에서 언급되듯이 당시 조선 화단에는 가토 자신을 포함해 "그저 무엇이든지 일본에 따라가기만 해도 좋은 것일까, 조선은 조선으로서 뭔가 거기에 조선다운 특색을 남기고 그것을 키우도록 해야 한다"고 생각했던 작가들의 존재도 부정할 수 없다.[34] 이와 같은 실마리는 식민지기 재조선 일본인 화가의 '경계인적 삶과 그 정체성'이 어떠한 기저에서 발현된 것이었는지에 관해 재고의 가능성을 시사해준다.

Ⅲ. 일본으로 귀환과 조선에 대한 단상(斷想)

일본의 패전으로 1945년 12월 도쿠시마현 아난시에 귀환한 가토는 곧 오사카로 주거지를 옮기며 지인의 소개로 생계를 꾸리게 된다. 이후 그의 이력에서 두드러진 면모는 재일조선인(일제 시기에 일본으로 건너가 거주)의 밀집지와 멀지 않은 환경에서 그들과 다양한 교류를 맺는 등 '조선'에 관련된 활동이 주를 이룬 것인데, 현재까지 확인된 것은 대략 다음과 같다.

1946년 5월에 조선문화사(朝鮮文化社)의 객원 고문으로 재일조선인 자녀를 위한 조선어교과서 발행에 참여하였다. 그러나 여러 직종을 전전하던 그가 화가로서의 본업을 재개하게 된 것은 1948년 재일조선인이 운영하던

---

34) 加藤松林人, 「朝鮮畫壇」, 『私のノート』(도미이 마사노리·김용하, 앞의 책, 247쪽).

『신세계신문(新世界新聞)』에 객원으로 입사, 삽화를 담당하면서부터였다.
『신세계신문』은 오사카의 재일조선인 밀집지에 위치한 작은 규모의 신흥신
문사로 일본어판과 한국어판을 발행했는데, 가토는 한국어판에 조선의 풍
경이나 풍속 관련 삽화를 그렸다. 재일조선인이 그리워하던 고국의 풍경이
30여 년간 그곳에서 살다 귀환한 일본인 화가에 의해 재현된 것이다. 이 외
에도 교토한국학원(京都韓國學園, 현 교토국제학원)에서의 미술 지도나 오
사카의 금강학원(金剛學園)에서 미술 교사로 79세까지 근무하였다.35)

　이 가운데 특히 1952년 6월 도쿄에서 창립된 일한친화회(日韓親和會, 이
화 친화회)에 관련한 활동이 주목된다. 친화회의 설립에서는 문화교류를 통
해 한일 양국의 '친선과 우정'을 도모하는 단체임이 표방되었고, 일본 정·
재계의 유력인사들을 비롯해 가토처럼 조선에서 거주하다 귀환한 일본인뿐
만 아니라 재일조선인도 다수 참여하였다.36) 창립 이래의 회원으로서 가토
는 기관지 『친화(親和)』에 삽화를 비롯해 조선의 화단이나 한일 관계에 대
한 소견 등 약 80편의 글을 기고했으며, 이를 통해 '조선'에 대한 자신의
향수와 애정을 피력하였다. 또 친화회의 문화교류사업에서 가토는 1958년

---

35) 喜多惠美子, 앞의 논문, 2018, 73쪽.
36) 일한친화회의 창립 발단은 1951년 6월 제1차 한일회담의 일본 측 수석대표이자 외
　　무성(外務省) 고문 마쓰모토 도시카즈(松本俊一)의 장행회(壯行會) 석상에서 외무성
　　출입국 관리청(出入局管理廳) 장관이었던 스즈키 하지메(鈴木一) 등 조선 문제에 관
　　심을 가진 민간 각계의 인사 50여 명이 모인 것에 있었다. 그 자리에서 한일회담이
　　시작된 것을 기념하는 성격의 친선단체 설립을 발의, 의결함으로써 회장에 정치가
　　시모무라 히로시(下村宏)와 이사장에 스즈키 하지메로 하여 발족하였다. 친화회는
　　기관지 『親和』(1953년 11월 창간)의 월간 발행을 비롯해, 오무라(大村) 수용소의 조
　　선인 가석방자 보호사업, 재일조선인 상담역 등 재일조선인을 원조하는 활동과 재
　　한국 일본인 아내의 일시귀환, 밀항자 한국인 유학생의 보증, 한일문화 교류에 관
　　련된 각종 강연회와 한국어 강좌의 개최 등 다방면의 사업을 펼쳤다. 1966년에 외
　　무성으로부터 사단법인 허가를 받았다. 이에 대해서는 신승모, 「'인양(引揚)' 후의
　　유아사 가쓰에 론 -연속해가는 혼효성(混淆性)-」, 『日語日文學硏究』 第17輯, 2009,
　　301~302쪽 참조.

수필화집 『조선의 아름다움(朝鮮の美しさ)』 출판을 기념한 '조선풍물화 개인전' 개최나 작품 제작의 후원을 받는 등 그 속에서 인맥을 확장하였다.[37]

　이와 같이 일본으로 귀환 후 '조선'에 관한 그림을 그리고 재일조선인과의 인맥을 형성하며 또 그에 관련된 활동으로 범주를 넓힌 가토의 행적은 지극히 당연한 흐름처럼 보인다. 식민지기 조선의 풍경과 풍속을 주된 소재로 삼았던 독자적인 활동이나 식민지에서의 귀환자로 별다른 기반 없이 생계를 꾸리는 가운데 "귀환 후 뭔가 부끄러운 마음이 들어 화단 활동은 은퇴한 것처럼 지냈지만, 혼자서 매일 그림 연습으로 친숙하고 그리운 조선 풍경을 그렸다"는 점은 그러한 연결점을 시사한다.[38] 그러나 한편으로 가토의 이러한 활동을 단지 '자연스런' 맥락으로 파악할 수 없다는 점에서 그 의미를 다시 생각할 수 있다. 그 요인은 재조선 일본인 화가 중에는 일본으로 귀환 후 그 경력을 밝히는 것을 주저한 자가 적지 않았다는 점이나 나아가 재조선 일본인 화가로서 조선 화단에 관한 기록을 남기고자 한 생각 자체가 일반적이지 않았다는 사실에 기인한다.[39]

　이러한 면모는 그림뿐만 아니라 다수의 집필로 '조선'에 관한 것을 기록하고자 한 가토의 왕성한 집필 활동에서도 잘 나타난다. 앞서 언급한 『친화』의 기고를 비롯해 꾸준히 재일조선인이 경영하는 신문이나 잡지 등에 다수의 글을 게재한 것이다.[40] 또 이와 별개로 가토는 조선에서의 생활이나 화단의 상황 등 그에 관한 기억을 상세히 집필한 미발표의 자필 원고 4편을 남겼는데, 그의 사후 도쿠시마현 아난시 정보센터에 기증된 것은 아래와 같다.

---

37) 喜多惠美子, 앞의 논문, 2021, 185쪽; 房旼娥, 앞의 논문, 210쪽.
38) 加藤松林人, 『履歷書』.
39) 房旼娥, 앞의 논문, 215~216쪽.
40) 화가로서뿐만 아니라 가토의 문필에 대한 취미는 식민지기 조선에서 다방면에 걸친 예술가들과 교류를 가진 점에서도 드러난다. 비록 단편적인 사실에 면밀한 고증이 필요하지만, 일례로 조선의 미술가 및 문인의 종합예술잡지로 1926년에 개간한 『朝』에는 창립 회원으로 그의 이름이 확인된다. 이에 대해서는 喜多惠美子, 앞의 논문, 2018, 72~74쪽 참조.

① 『私のノート』(작성연대 불명, A4 400자 155매)
② 『履歷書』(1979년 7월 20일, 從便箋 20매)
③ 『回想の半島畫壇』(1952년 4월 3일 投了, B4 400자 472매)
④ 『半島畫趣』(1952년 2월, B4 400자 168매)

아난시 정보문화센터 소장41)

다만 이러한 기록이 단순히 개인적으로 '조선'을 추억하기 위한 것이 아니라, 인생에서 주된 서사를 보냈던 공간에 대한 일종의 사명감에 기인한 산물임을 생각할 수 있다. 그 일면에는 "그렇지만 미술계, 거기에 당시 살던 사람들의 생활이나 실상, 제도에 대해서는 거의 알려지지 않고 자세하고 솔직하게 털어놓은 사람은 아무도 없다"는 문제의식이 포함되었다.42) 그리고 1950년 6월 25일에 발발한 한국전쟁은 가토의 그러한 문제의식을 더욱 자극하는 배경이 되었다.

> 1950년 6월 25일에 발생한 조선의 동란(動亂)은 남북을 휩쓸며 이조(李朝), 고려시대의 흔적을 대부분 파괴했다고 전해진다. 평양, 개성, 경성, 수원 여기에는 조선의 역사와 민족의 전통이 연결되는 수많은 고귀한 분위기가 있었다. (중략) 무엇과도 바꿀 수 없는 문화유산 대부분도 사라져버렸다고 한다. 형체가 있는 것은 모두 파괴되고 살던 사람들도 모두 흩어져 행방도 알 수 없다고 한다. 그리운 지인의 소식도 지금은 무엇 하나 알 수 없다. (중략) 지금 전쟁이 한창인데 조선의 예전 모습이나 잃어버린 추억을 역사의 한 페이지로 그려 남겨 놓겠다고 생각한 화가가 조선에 있을 것 같지 않고, 오히려 일본에 있는 우리들 화가가 아니 나 자신이 해야 할 일이 아닌가 하는 생각이 솟구친다.43)

---

41) 도미이 마사노리·김용하, 앞의 책, 245쪽
42) 加藤松林人,「朝鮮畫壇」,『私のノート』(도미이 마사노리·김용하, 위의 책, 246쪽).
43) 加藤松林人,『回想の半島畫壇』, 1952年, 469~471쪽.

이러한 맥락에서 가토가 가졌던 사명감의 기제를 유추해보자면 다음과 같다. 하나는 일본으로 귀환한 지 몇 년이 흘러 화가로서의 본업을 재개하는 와중에 과거 일본의 식민지였던 곳이자 자신의 30여 년 인생을 지탱해 온 뿌리와 같은 '조선'에 관해서 일본 사회의 무관심 혹은 무지한 태도에 직면하여 '조선'을 기록하고 전해야 한다는 의지의 표출이라 할 수 있다. 이러한 상황은 막 시작된 한일회담이 순조롭게 진행되지 않았던 당시의 정황과도 관련된 것이라 본다. 또 다른 하나는 한국전쟁의 발발로 그 공간의 모든 것이 파괴되어 소멸해버릴 것 같다는 절박한 안타까움이 가중됨으로써 가토는 '어떻게든, 절대로'라는 심정으로 그에 관한 기록을 실천한 것으로 생각된다. 이러한 작업을 통해 그는 과거 식민지에 정착했던 일본인의 자격으로 '잘 알려지지 않거나 잊혀 가는 조선'에 대해 나아가 '파괴되어 소멸하기 전에 마음속의 새겨둔 조선'에 대해 기록해야 한다는 동력을 갖추게 된 것으로 해석된다. 요컨대 일본으로 귀환 후 '조선'에 관한 그림과 집필을 통한 기록을 남기고 재일조선인과의 인맥을 형성하며 차츰 활동 범주를 넓힌 가토의 행적 이면에는 사명감이라는 '자각에 의한 의식적 행위'가 뒷받침된 것이었다.

그러므로 일본 귀환 후 가토가 남긴 그림과 집필 활동은 단지 개인의 서사에 그치는 것이 아니라 식민지기 조선 화단의 상황을 객관적으로 기록하기 위한 자료로, 식민지에서 귀환한 일본인의 생활사 일부로, 나아가 한일교류사의 일역을 담당하고자 한 여정의 표상이라고 정의할 수 있겠다. 이러한 그의 여정이 더욱 주목받는 것은 친화회에서의 활동을 비롯해 정부 차원의 한일교류에 관련된 활동으로까지 이어지는 점이다. 여기에는 1962년부터는 일본남화원(日本南畵院) 동인 유지와 함께 일한미술연락협의회(日韓美術連絡協議會)를 결성해 한국에 있는 화가와의 교류를 꾀하는 등 양국의 미술 교류사에서 중요한 역할을 한 것도 꼽을 수 있다.44) 이와 같은 활

---

44) 喜多惠美子, 앞의 논문, 2018, 78쪽.

동을 바탕으로 가토는 한일국교가 회복되기 이전의 1963년에 '전후 일본인
으로서는 최초로 한국 정부의 초대를 받아 방문한 인물'이라는 상징성을 갖
기에 이르렀다. 그의 한국 방문이 당시 어떤 배경에서 추진된 것인지 정확히
확인할 수 있는 자료는 없지만, 가토 본인은 1958년에 출판된 수필화집『조
선의 아름다움』 덕분에 생각지도 못한 행운을 누린 것으로 추측하였다.[45)

　일본으로 귀환 후 가토는 대부분을 조선에서의 일상을 주제로 삼아 그림
을 그렸는데, 이는 귀환 시 가져왔던 스케치를 토대로 제작된 것이었다.
1963년 8월의 한국 방문이 이루어지기 전까지 기존의 스케치에 반복적으로
의존할 수밖에 없었던 작업 방식으로 인해 작품 또한 매우 제한적이고 유
사한 형태로 제작된 한계가 있다.[46) 그러나 이를 통해 표출된 '조선'에 대
한 향수(鄕愁)를 확인하는 것은 어렵지 않다. 그것은 "지금도 조선으로 밀
려가는 나의 마음"으로, "추워지면 온돌을 그리워하고 따뜻해지는 봄에는
담장에 핀 개나리의 노란색"이 눈앞에 떠오르는 무의식적인 기억으로 채워
지는 것이었다. 그래서 '조선'에 관한 생각의 파편이 "평범한 나날에 살아
있는 그 추억, 돌이켜보면 흡사 어제와 같은 추억, 모두 정화되어 아름다워
진다"고 토로하며 '조선'으로부터 들려오는 걱정스러운 소식에 통절한 목소
리와 평안을 염원하는 간절한 바람을 담게 되는 것이었다.[47) 그는 과거 '재
조선 일본인'으로 '조선'을 그렸던 당시를 회상하며 현재의 자신의 심정을
다음과 같이 비유하기도 하였다.

---

45) 한국 정부의 초대는 '건국 15년이 되는 해의 광복절 기념식'이었고, 가토를 비롯해
　문필가 아다 마코토(小田實)와 일한친화회에서 활동한 스즈키 하지메 모두 3명이
　초빙되어 1개월 정도의 자유 여행의 기회까지 누릴 수 있었다. 참고로『朝鮮の美
　しさ』(1958)는 이때 그린 그림과 기행문을 추가해 1973년『韓國の美しさ』으로 제
　명을 변경해 출판되었으며, 2018년에는 교정본이 간행되었다.
46) 湯淺勝衛,「朝鮮素材のもの」,『親和』第10号, 1958, 6쪽; 房旼娥, 앞의 논문, 212쪽.
47) 加藤松林人,「そののち十年」(1956),『韓國の美しさ』, 2018, 彩流社, 4~5쪽.

(중략) 아직도 전쟁의 상흔이 계속되고 새삼 조국 일본에서 뭔가 다시 해보려는 기력도 상실해버렸지만, 이를테면 나날이 정화(淨化)되어 점점 아름답게 자리 잡는 조선의 추억 속에서 잠들어 있는 셈이지요.[48]

이는 일본으로 귀환 후 가토의 '조선적인 것'은 혹은 '조선의 색'은 현재의 처지와 대비되어, 과거의 기억에 지나지 않는 사실이 "정화되고 점점 아름답게" 자리 잡아 구현되었던 것임을 보여준다. 그리고 이러한 기제의 발로는 '망향'의 정서 요컨대 전형적인 노스탤지어(nostalgia)의 서사를 시사한다. 이에 기반해 전후 그가 남긴 그림과 기록들은 조선에 대해 '때에 따라 떠오르는 단편적인 생각'으로 연결된 단상(斷想)의 흐름을 보여준다. 이러한 단상은 보통 "이 무렵의 높고 푸른 하늘을 보고 있으면 이내 어제처럼 조선의 가을이 떠올라, 아름다운 대기 속에 여러 가지 증유(曾遊)의 풍경이 차례로 눈에 아른거린다"[49]는 형태로 회자되는 것이었다. 그래서 연속적이고 뚜렷한 실체가 있기보다는 불안정하고 희미해지는 기억 속에서 되풀이되는 잔상으로 남아 있는 것들이다. 일본으로 귀환 후 가토가 구현하려던 '조선의 색'이란 이러한 단상 속에서 재현된 것이라고 규정할 수 있다. 그래서 그의 유작으로부터는 과거 식민지에 정착했던 일본인 화가라는 정체성에서 조선에 대한 애정과 그리움을 향수로 승화하고 자신의 고유한 '조선의 색'으로 그 간극(間隙)을 채우고자 했던 내면을 엿볼 수 있는 것이다. 이는 조선의 풍경과 조선인에 대한 이해를 추구하고자 했던 가토의 염원이 투영된 것으로, 다음에서 확인할 수 있듯이 조선에 대한 눈에 보이지 않는 아름다움까지를 찾아내고자 했던, 그의 일생에 걸친 노력이 수반된 것이었다.

삼십 년에 이르는 이 땅의 생활은 나의 모든 것 즉 일도 야심도 정열도

48) 加藤松林人, 「日本人の差別觀全和鳳氏の「カンナニの埋葬」出版記念會での挨拶」, 『親和』第54号, 1958, 28쪽.
49) 加藤松林人, 「石潭書院」, 『韓國の美しさ』, 35쪽.

또 절망도 위로도 모든 것은 이 땅의 풍물과 사람을 상대로 느끼고 이해하는 것에서 시작하였고 그 가운데 자신의 살아가는 의도나 목적을 발견해 가는 것이었다고 할 수 있다. 그러한 조선의 풍물과 인정(人情) 속에서 자라난 생활 의식이나 감정은 그대로 현재 나의 생활 태도나 판단 기준이 되어서, 조선의 아름다움이 모든 것의 아름다움에 대한 척도가 되어버린 것도 당연한 일인 것 같다. (중략) 눈에 보이는 것 전부가 아니라 외면에 드러나지 않는 것 속에서 느껴지는 아름다움이야말로 진정 아름다운 것이 아니겠는가. (중략) 조선의 풍토(風土)에 보이는 표면적인 아름다움에 대해서는 이 땅에서 긴 세월을 살아온 생활과 상당히 넓은 범위의 사생(寫生) 여행으로 비교적 잘 알고 있다고 자부하는 나에게도, 눈에 보이지 않는 그 아름다움에 대해서는 지금도 잘 모르겠다. 그렇기에 그것이 무엇인지 알고 싶은 염원은 예전이나 지금이나 매한가지이다. 그것은 필시 내가 살아있는 한 언제까지라도 사라지질 않을 애틋하면서 절박한 희망임이 틀림없다.[50]

가토의 사후 그에 관한 재조명에서는 "잊혀진 화가"이자 "조선을 각별히 사랑한 화가"라는 수식어가 붙여졌다. 이러한 의미 부여는 2009년 11월에 오사카 한국문화원(大阪韓國文化院)의 「加藤松林人展」을 통해 가토의 유작이 처음 공개된 것에서 비롯되었다. 여기에는 그가 부산에서 평양까지 한반도 전역을 돌며 그렸던 풍경화와 서민들의 생활상을 담은 풍속화를 포함한 300여 점이 전시되었다. 구체적으로는 서울 망우리의 옛 모습과 수원 팔달문, 경기도 가평의 강변 마을, 금강산의 수미암, 경남 양산 통도사의 겨울 풍경, 평안남도 성천의 마을 풍경, 평양의 대동문 등 한국의 자연을 화폭에 담아낸 작품들이다. 또 계곡에서 빨래하는 아낙네들의 모습을 비롯해 연날리기나 겨울 강낚시, 쌍검무(雙劍舞)를 추는 무희들, 담소를 나누는 부녀자들 등 거리에서 흔히 볼 수 있는 서민들의 모습을 담은 풍속화들이었다.[51]

---

50) 加藤松林人, 「朝鮮の美しさ」(1958年3月 10日), 『韓國の美しさ』, 160~161쪽.

51) 『民団新聞』, 2009年 11月 5日. 한편 이 전시회는 도쿠시마현의 아난시 박물관이 보관 중이던 가토의 작품들을 발견한 재일 미술사 연구가 강건영에 의해 주도되었다.

전시 작품 목록에서 거론된 장소들은 그가 조선의 풍경과 당시의 생활상을 그리기 위해 활동했던 범주와 식민지에 정착했던 일본인 고유의 관찰자적 시선을 잘 보여준다. 그렇기에 역사의 기록으로써 그의 작품과 삶에 관한 재조명은 곧 '가토가 조선이라는 공간을 어떻게 경험하고 표현했는가'로 연동된다. 여기서 재조선 일본인 작가의 '조선풍속화'가 조선과 일본 간 문화적 매개 역할을 자처했던 일본인에 의해 생산되고 또 일본인에 의해 소비되었던 '혼종적 산물'이지만 복잡한 영향 관계의 공존을 생각해야 한다는 김소연의 지적은 중요하다.[52] 앞서 인용한 "오리엔탈리즘적 시선으로 단순화시킬 수 없다"는 가토에 대한 평가 역시 이러한 문맥으로 재차 소환할 수 있기 때문이다. 이는 그가 구현하려던 '조선의 색' 혹은 '조선에 대한 그리움'을 병존, 번역, 혼재, 대립 등 다양한 방식으로 자리 잡은 혼종적 산물로 직시하게 될 때야 비로소 대면할 수 있는 다층적 시선을 시사한다.

Ⅳ. 마치며

이상 일제 식민지기에 활동한 일본인 화가에 관한 고찰의 일환으로, "조선 미술계 발전을 위해 노력하고 헌신한 사람 중 단연 돋보이는 인물"[53]로 위치 지워진 가토 쇼린진에 대해 검토해 왔다. 본고에서는 작품세계에 대한 직접적인 분석을 시도하지 못했으나, 식민지에 정착해 '화가'로서의 사회적 입지를 마련한 그의 활동은 미술사적으로 한국 근대미술 태동에 많은 영향을 끼친 것으로 평가된다. 이러한 점에서 조선 전역을 다니며 조선의 풍경

이에 관해서는 한국에서도 2009년 11월 16일자 『연합뉴스』의 '한국을 사랑했던 日화가, 유작 첫 공개'라는 제목으로 자세히 보도되었다.

52) 金素延, 「재조선 일본인 화가 마츠다 레이코(松田黎光, 1898~1941)와 '조선풍속화'」, 『미술사연구회』 39, 2020, 317쪽.

53) 황정수, 앞의 책, 177쪽.

과 일상을 작품의 소재로 삼았던 독자적인 화풍과 일본으로 귀환 후에도 조선에 대한 향수로 승화된 다양한 활동과 기록을 남겼던 그의 행보가 더욱 주목받는 것이다.

　한국 근대미술사에서 일본화단과의 관계는 언제나 중요한 논제가 되어 왔지만 그 속에서 재조선 일본인 화가들이 어떤 역할을 했고 그들이 누구인지 관해서는 여전히 연구가 부족한 실정이다. 무엇보다 1차적 자료의 빈곤과 기본적인 정보조차 파악하기 어려운 실정에서 그 이유를 찾을 수 있겠다. 또 다른 이유로는 제국과 식민지라는 정치적, 이분법적 대립 관계를 넘어서 주변부에 위치한 재조선 일본인 화가들의 모호한 입지에 있다고 생각한다. 그러한 경계에서 파생된 복잡한 층위는 그에 관한 탐구를 더욱 어렵게 만드는 요인이기도 하다. 이와 더불어 식민지기 '지배-피지배'의 관계 속에서 재조선 일본인 화가에 대한 고찰 자체를 기피한 연구 경향도 간과할 수 없다.

　20세기 초 일본의 제국주의적 팽창과 함께 식민지에서 기반을 다질 수 있었던 일본인 화가들은 총독부와 식민 언론으로부터 정책적 후원을 받으면서 조선 내 거의 모든 학교의 미술교사로 입지를 갖거나 조선미전의 데뷔를 통해 주요 작가로 활동하며 미술계에서 상당한 영향력을 행사할 수 있었다. 이러한 측면에서 일본인 화가와 식민지 화단의 문화 제국주의적 관계를 규명하는 것은 중요한 과제이다. 다만 그것이 식민 공간을 살아갔던 주체들의 다양한 선택 행위들을 지극히 수동화시키거나 그 내재적 의미를 충분히 해석하지 못한 한계에 머물며, '지배-피지배'에 대한 단선적 인식의 고착화를 초래해왔다는 점을 부인할 수 없다.

　식민지기 연구에 대한 다양한 접근과 방법이 모색되는 시점과 관련해 제국의 제도장치 속에서 자유로울 수는 없어도 각각의 문맥에서 문화 코드를 만들어 간 개별적 주체가 주목받는 것도 그 일환이라고 할 수 있다. 이러한 시도는 "제국과 식민지에 관한 일방적 시선 또는 모든 해석이 제국과 타자화된 식민지의 관계로 환원, 함몰되는 틀을 해체시키고 다양한 상황과 관계를 이해하기 위한 전략적 관점"으로 위치 지을 수 있다.[54]

　'재조선 일본인 화가'였던 가토의 서사와 여정은 식민지기 문화를 만드는 장(場)에서 일본인과 조선인의 양분화된 두 주체 외 그 틈새에 자리 잡은 또 다른 개별적 주체들의 단초를 제공한다. 이는 제국과 식민지 사이의 문화적 역학 관계 속에서 각자의 문맥에 맞게 '조선의 색(혹은 조선의 것)'을 만들어 간 식민정착 일본인의 존재를 다층적으로 고찰할 수 있는 가능성을 시사한다. 이러한 점에서 본고는 가토를 사례로 식민지에 정착한 일본인이 '조선'을 수용하는 방식과 사유하는 태도에 대해 검토한 점에 의의를 두고자 한다. 식민지 조선에서 가토가 구축했던 다양한 교우 관계나 일본으로 귀환 후 활동한 이력 등에 대해서는 향후 보다 면밀한 고찰이 필요한 부분이다. 아직 가토의 유고가 완전히 공개되지 않은 점을 비롯해 예를 들면 동시대에 활약한 다른 작가에 관한 연구로부터 그 틈새를 메우고 저변을 넓힐 수 있을 것이다. 이러한 작업이 한일 양국의 미술사 연구에서 일국사적(一國史的) 관점을 지양하고 나아가 '지배-피지배'라는 단선적 관계에서 탈피하여 일제 식민지기 예술가의 교류 양상을 입체적으로 고찰할 수 있는 토대가 될 것으로 기대된다.

---

54) 권행가, 앞의 논문, 243쪽.

참고문헌

강민기, 「近代 轉換期 韓國畵壇의 日本畵 유입과 수용 : 1870년대에서 1920년대까지」, 홍익대학교 대학원 박사논문, 2005

강민기, 「근대한일화가들의 교유 - 시미즈도운을 중심으로」, 『한국근대미술사학』 27, 2014

권행가, 서평 「식민지 조선을 그린 일본인과 한국인에 관한 첫 전시-『한일근대미술가들의 눈 : '조선'에서 그리다』」, 『한국근현대미술사학』 31, 2016

金素延, 「재조선 일본인 화가 마츠다 레이코(松田黎光, 1898~1941)와 '조선풍속화'」, 『미술사연구』 39, 2020

김주영, 「일제시대 在朝鮮 일본인 화가연구-朝鮮美術展覽會 입선작가를 중심으로」, 서울대학교 대학원 석사논문, 2000

김주영, 「在朝鮮 일본인 화가와 식민지 화단의 관계 고찰」, 『美術史學研究』 233·234, 2002

도미이 마사노리·김용하, 「경성을 스케치한 화가들」, 『1920~1930년대 그림으로 보는 경성과 부산』, 서울역사박물관, 2017

박광현·신승모 편저, 『월경(越境)의 기록-재조(在朝)일본인의 언어·문화·기억과 아이덴티티의 분화』, 어문학사, 2013.

신승모, 「'인양(引揚)' 후의 유아사 가쓰에 론 -연속해가는 혼효성(混淆性)-」, 『日語日文學研究』 第17輯, 2009

양지영, 「'조선색'이라는 방법과 '조선미'라는 사상-식민지기 조선문화 만들기 운동과 야나기 무네요시-」, 『아시아문화연구』 제35집, 2014

이민희, 「일본어 잡지 『京城雜筆』로 본 식민 담론」, 『한림일본학』 29, 2016

이우치 가츠에, 「『경성일보』 미술기사로 본 그룹활동」, 『한국근현대미술사학』 27, 2014

이중희, 「朝鮮美術展覽會 창설에 대하여」, 『한국근현대미술사학회』 3, 1996

정찬홍, 「한국 근대기 무희도 연구 : 조선미술전람회 입선작을 중심으로」, 서울대학교 대학원, 석사논문. 2021

최열, 『한국근대미술의 역사』 열화당, 1998

황빛나, 「재조선 일본인 화가 구보다 덴난(久保田天南)과 朝鮮南畵院」, 『美術史論壇』 34, 2012

황정수, 『日帝强占期 朝日美術交流 일본 화가들 조선을 그리다』, 이숲, 2019

喜多惠美子,「在朝鮮日本人畫家加藤松林人の活動 : 自筆履歴書をめぐって」,
　　　『大谷學報』97(2), 2018

喜多惠美子,「在朝鮮日本人畫家とツーリズム -加藤松林人を中心に-」,『大
　　　谷學報』100(1), 2020

喜多惠美子,「在朝鮮日本人畫家の遺稿に見る朝鮮畫壇 : 加藤松林人を中心
　　　に」,『眞宗總合研究所研究紀要』, 2021

房旼娥,「在朝鮮日本人畫家・加藤松林人の戰後作品とその制作背景 : 日韓親
　　　和會と文學者・金素雲との關係を中心に」,『民族藝術學會誌』37, 2021

曺恩愛,「1950年代における日韓會談の展開と「(旧)在朝日本人」/「在日朝鮮人
　　　」をめぐる記憶・表象の政治學 -日韓親和會機關誌『親和』を中心に-」,
　　　公益財団法人日韓文化交流基金 フェローシップ報告書, 2016

「재조선 일본인 화가가 남긴 조선의 단상(斷想)」의 토론문

김정선 | 동아대학교

본 발표는 일제강점기, 대표적인 재조선 일본인 화가였던 가토 쇼린진(加藤松林人)을 중심으로 기존의 제국과 식민지, 지배와 피지배의 이분법적 해석의 틀에서 벗어나 근대기 한일 예술가의 교류와 문화 수용의 양상을 입체적으로 살펴보려는 시도입니다. 실제 일제강점기 적지 않은 일본인 화가들이 조선에 체류하며 내지와 조선 사이에서 때로는 협력하고 때로는 배척하며 자신들의 이익을 구축했던 경계인으로 존재했습니다. 그리고 무엇보다 이들이 한국 근대미술 형성의 한 축을 담당하기도 했다는 점에서, 재조선 일본인 화가들에 대한 연구는 근대기 한국화단에 대한 다층적인 접근일 뿐 아니라 공백을 메우는 중요한 기회가 될 것으로 기대합니다.

그럼, 발표와 관련해 다음과 같은 몇 가지 질문을 드리고자 합니다.

먼저, 발표자는 가토 쇼린진에 대한 최근의 연구 성과를 바탕으로 일제강점기와 전후 일본에서의 활동상을 상세히 기술하셨습니다. 특히, 일제강점기 가토는 조선미술전람회를 중심으로 활동하며 사색과 성찰을 닮아 '조선의 색'을 구현한 것으로 언급하셨습니다만, 이에 대한 구체적인 내용이나 작품에 대해 보충 설명을 부탁드립니다.

이는 가토가 언급하고 있는 "공기가 마르고 밝고, 명암이 선명한 그 그림자 속에, 말로 표현할 수 없는 깊은 적막이 감도는 풍경, 도무지 이곳은 색채가 아니라 더 근원적인 것, 먹으로 담채(淡彩)하는 것이, 이 정경을 표현하는데 가장 적합"하다와 같은 표현이 당시 조선을 방문한 대부분의 일본인 화가들이 조선을 '맑고 화창한 날씨', '잠들어 있는 듯한 인상' 등의 표현을 사용하여 언급했던 것과 크게 다르지 않기 때문입니다.

이 외에도 예를 들어 〈경성(京城) 다동(茶洞) 소견〉(아난시(阿南市) 소장)과 같이 가토가 즐겨 그렸던 기와지붕이 즐비하게 늘어선 안개 낀 경성의 풍경은 야마구치 호슌(山口蓬春)의 〈시장〉(1932년)과 유사합니다. 이들 작품에서는 특유의 활기를 잃은 채 자욱한 안개 속에서 잠들어 있는 듯한 조선의 풍경이, 풍물이, 적막하고 한가롭게 그려져 있습니다. 이러한 사례는 가토 역시 당대 일본인 화가들의 언설과 작품의 경향에서 크게 자유롭지 않았음을 시사합니다. 내지 화가들과는 다른, 재조선 일본인 화가로서 가토가 추구한 '조선의 색'에 대한 발표자의 의견을 여쭈고자 합니다.

두 번째는 발표 원고에는 구체적으로 언급되어 있지 않습니다만, 조선 거주시기 가토가 교류했던 조선인 화가나 단체가 있으면, 알려주시기 바랍니다.

끝으로 가토의 경우 오히려 일본 귀환 이후, 다방면에 걸쳐 적극적으로 한국과 교류한 흔적이 보입니다. 물론 이러한 활동이 한국에 대한 지극한 애정과 사명감을 기반으로 한 점에는 이견이 없습니다만, 오사카 이주와 재일조선인과의 교류, 그리고 1952년 창립시기부터 관여했던 일한친화회(日韓親和會) 활동 등은 전후 혼란에서 1950년대 한일 관계에 이르는 당대의 정치, 사회적 움직임과 무관해 보이지 않습니다. 인적, 경제적 기반을 잃어버린 채 귀환한 재조선 일본인 가토의 삶의 궤적 속에서 한일 교류 활동을 살펴볼 필요가 있을 것으로 생각됩니다. 이와 관련해 발표자의 의견을 듣고자 합니다.

종합토론

종합토론 녹취록

손승철 : 종합토론을 시작하겠습니다. 저는 한일문화교류기금 이사를 맡고 있고 강원대학교 명예교수 손승철입니다. 이미 알고 계시겠지만, 한일문화교류기금에서는 매년 한가지 테마를 정해서 한일관계 국제학술회의를 진행하고 있습니다. 그런데 최근까지는 주로 정치 상황이나 사건, 또는 제도나 정책 등 그런 것들을 중심으로 주제를 정했습니다만, 최근에는 개회사에서 한일기금 이상우회장님도 말씀하셨지만, 모든 게 사람으로부터 비롯되는 일이니까 사람을 주제로 해보자는 제안하시어, 최근 3년간은 양국인의 상호 인식을 주제로 했었습니다.

그리고 이번에는 아예 개인에 주목하여 개인 한 사람, 한 사람의 경우를 다루어 보자고 하시어 이번에는 개개인을 주제로 진행하게 되었습니다. 그래서 오늘은 기조강연을 포함해서 7개 발표를 들었습니다만 고대부터 현대에 이르기까지 한국 사람으로서 일본에 가서 살았던 사람, 또 일본 사람으로 한국에 와서 살았던 사람, 그 사람들의 인간적인 측면에서의 삶이라든지 환경이라든지 고대부터 현대까지 하다 보니까 사람을 중심으로 다루어 보았습니다.

예를 들면 우선 신분적으로 보더라도 왕족부터 시작해서 백제가 멸망한 후, 일본 땅에 가서 살았던 사람들 가운데, 특히 여인들의 예를 살펴보았고, 또 왜구로 한반도에 약탈을 하러 와가지고는 여기서 살았던 향화왜인들, 또 임진왜란 기간 동안에 전쟁과 평화의 갈림길에서 어떤 활약을 했던 야나가와 시게노부라든지, 또 상인으로 와가지고 돈 벌러 와가지고 살면서 가짜로 위사 행세를 했던 도안이라든지 종금, 그리고 화가로서 일제강점기 때 한국에 와서 살다가 돌아갔던 사람, 그러니까 신분이나 직업으로 봐도 너무 다양한 것 같습니다.

그래서 제가 오늘 종합토론을 어떻게 진행할까 굉장히 고민하게 됐습니다. 다시 말해서 서로 상대국에 와서 살았던 사람들에게는 어떤 시대적인 다름이 있었나, 또 어떤 공통점이 있었던가, 이런 것들이 어떤 역사적의 메시지를 우리들에게 뭔가 좀 공통점이나 특이사항으로 전달될 수 있을까 이런 생각을 해보게 되었습니다.

저도 짧은 기간이지만 일본에서 합쳐보면 한 3년정도 살았거든요. 또 반대로 여기 계신 다사카 선생님 같은 분은 지금 한국의 생활이 몇 년째입니다? 33년 사셨다고 합니다. 그리고 여기 계신 분들이 대부분 일본 유학을 하셨습니다. 여기 김영미 선생님 같은 경우에도 삿포르에 가서 10년을 지내셨지만, 모두 그런 식으로 사실은 조금씩 경험했던 거 아닙니까? 그런 경험을 과거 고대부터 현재까지 살았던 사람의 삶에 투영을 해서 종합토론을 해보자는 것입니다만 그래도 뭔가 나중에 종합이 돼야 될 것 같은데 걱정입니다.

사실은 그래서 물론 이제 다 역사를 전공하니까 구체적인 역사 팩트, 사실이 중요하죠.

이제 그런 거에 관한 질의 응답도 있어야 되겠지만, 제가 지금 서두에서 말씀을 꺼내는 한국인 일본인이라고 하는 특수성이 시공을 초월해서 상대국의 땅에다가 살았던 삶 이것을 어떻게 좀 모아볼 수 있는 뭔가 좀 있을까 이런 생각을 하면서 좀 질의응답을 해주시면 좋겠습니다. 그래서 나중에 어떤 결론은 못 내리더라도 뭔가 모아지는 이야기가 있었으면 좋겠습니다.

그래야 우리가 단순하게 과거로의 여행만 하는 것이 아니라 무언가 현재에 주는 뭔가의 메시지가 있으면 좋겠다. 그런 생각을 했습니다. 오늘 학술대회는 기조강연을 사에키 선생님이 하셨고 그 다음에 이제 6개 주제를 발표했습니다. 그래서 고대부터 순서대로 일단은 약정 토론을 주제당 한 15분

정도 하면, 한 90분 될 것 같고요. 그다음에는 한 30분 정도 상호 토론으로 자유롭게 진행해보도록 하겠습니다.

첫 번째 주제는 고대의 한국인과 일본인의 백제와 왜의 왕실 교류입니다. 건국대학교의 홍성화 교수님의 발표에 대해서 동북아역사재단에 계셨던 연민수 박사님께서 토론을 해 주시기 바랍니다. 부탁드립니다.

연민수 : 67페이지 토론문을 정리된 내용을 그대로 읽겠습니다. 발표는 백제와 외국 간의 교류 사이 특징, 성격에 대해 논한 것입니다. 내용의 핵심은 양국의 우호 관계가 왕실 간의 혼인에 있었음을 논하고 그 구체적인 사례를 통해 증명하려 했습니다.

그간 홍 교수께서 발표한 논문들을 새롭게 종합적으로 정리한 것입니다. 예전에 저도 이 분야에 관심을 갖고 논문을 발표한 적이 있어서 감회가 새롭습니다. 잘 알다시피 4~5세기 한일 관계 연구는 『일본서기』를 비롯하여 일본에 남아 있는 금석문 자료를 통해서 연구할 수밖에 없는 한계가 있습니다. 특히 『일본서기』에 대해서는 예리하고 엄정한 사료비판이 전제되지 않으면 사실에 접근하기 어려운 실정입니다. 다양한 학설이 나오는 것도 사료에 대한 관점, 해석의 차이에 기인한다고 봅니다.

홍 교수 역시 사료 비판이라는 작업을 통해 나름대로의 결론에 이르게 되었다고 생각됩니다. 우선 홍 교수께서 제시한 왕실 간의 혼인 사례를 보면 백제 전지왕의 부인은 왜 왕실의 팔수 부인이고 여기서 태어난 아들이 구이신왕으로 추정합니다.

그리고 561년이 아니고 461년입니다. 461년에 왜국에 간 백제 개로왕의 동생 곤지가 왜국에서 왜계 여성과 결혼하여 동성왕 낳았다고 보고 있습니다.

이 결론에 기초한다면 4, 5세기의 백제와 왜국 간의 왕실은 혈연관계에 있는 이른바 형제국으로 이해에도 문제가 없을 것이고 이러한 역사적 흐름 속에서 양국은 멸망에 이르기까지 우호 관계를 이르렀다는 결론에 이르게 됩니다.

지금부터 20여 년 전에 일본의 아키히토 천왕이 『속일본기』에 나오는 칸무천왕의 모친이 백제계의 여성이었다는 발언을 해서 국내 언론에서 대서특별했던 기억이 새롭게 떠오릅니다. 홍 교수께서 추론한 사료에서는 『속일본기』와 같은 단정적인 확실한 기술은 없지만, 사료의 분석을 통해 그 가능성을 제시했다는 점에서 매우 흥미를 끕니다.

고대의 국가 간의 혼인관계는 결혼동맹의 형태로 추진되기도 하고 상호 간의 인질의 교환이나 복속의 증표의 형태로도 나타납니다. 다만 전지왕 및 곤지의 부인 왜인설은 아직은 가설의 범위에 있고 향후 심도 있는 논의를 불러일으킬 것으로 생각됩니다.

홍 교수 논문에서는 유사한 사례로서 660년 백제 멸망 시에 백제 부흥군은 왜국에 구원 요청을 하면서 당시 외국에 체재하고 있던 의자왕의 아들 풍왕자의 귀국을 요청하는데 이때 외국에서는 왜국 여성을 부인으로 삼아 보냈다고 하여 혼인 관계를 명확히 기술을 하고 있습니다. 그래서 만약 왜국의 여성을 백제의 왕과 동성왕이나 이런 사례와 같이 외국 여성을 백제의 혼인관계를 맺은 것이 사실이라면 일본서기 성격에 있어 보면 당연히 기술할 것 아닌가 이렇게 생각되는데 전지왕이나 곤지의 경우는 직접적으로 확실한 기술이 있었으면 기술했을 텐데 왜 없는지 이런 의문도 듭니다. 물론 여기에는 다양한 추론에 의한 결론이기 때문에 앞으로도 논의를 거쳐야겠죠.

다음으로는 칠지도 명문인데, 한일 고대사의 논쟁 중에 최대 논쟁으로 돼 있는 칠지도 명문은 백제와 왜국의 교류사에 있어서 매우 중요한 사례입니다. 먼저 제작 연대에 대해서는 근년에 새로운 학설이 쏟아지고 있어 논의를 활발하게 하고 있습니다.

홍 교수께서는 408년을 주장하고 있습니다. 명문에 나오는 5월 16일을 11월 16일로 판독하여 역법인 중국의 원가력에서 병오의 간지에 해당되는 연호는 전지왕 4년, 408년에 된다는 결론에 이르게 됐는데, 다만 칠지도는 1500년이라는 오랜 세월동안 심하게 녹이 슬어서 일부 글자 판독에 어려움이 있고, 고대 도검의 명문은 만든 제작일과는 별도로 길한 날에 제작했다는 길상구를 삽입해서 실제 제작일과 다른 경우도 적지 않게 있습니다. 다만 연호에 대해서는 백제 연호설을 따르고 첫글자를 '봉'자로 본 것은 최근의 연구성과가 가져온 결실이고, 이것을 더 확정적으로 결론을 냈다는 데에 큰 의의가 있다고 생각됩니다.

다음은 이 인물화상경인데 스다하치만 신사에 전해 내려 오다가 현재 동경박물관 소장되어 있는데 이미 이 기록에 대해서도 제작연도나 해석에 대해서 많은 학설이 있습니다. 홍교수께서는 479년설을 주장하고 있습니다. 이에는 왜국에 있던 동성왕이 백제로 귀국한 연도이고, 이 화상경은 백제에 있던 이복형인 무령왕이 즉위하기 전이죠. 무령왕이 왜국에서 출생한 동생 동성왕의 왕위 계승을 인정하고 오래도록 섬길 것을 약속하는 증표로서 왜국에 보냈다는 새로운 주장입니다.

나름대로 근거와 논리를 제시하고 있고 한편으로는 매우 대담한 추론이라고도 생각이 됩니다. 다만 백제 금석문에서는 칠지도에서 보이듯이 백제에서는 역법이 발달해서 연월일 간지가 수록된 명문을 초기에서부터 쓰고 있습니다. 일본에서 최근에 발견된 백제에서 제작된 경인명이 들어간 대도에도 연월일 일간지까지 새기고 있습니다. 그런데 인물화상경에서는 무슨 무슨년 8월까지 연월만 기록하고 있다는 점에서 이 문제를 어떻게 봐야할지 고민되게 됩니다. 일간지까지 새기는 명문이 일본에서는 7세기 이후이기 때문에 그 이전은 예외가 없습니다. 모두 월까지만 나오기 때문에 이것을 어떻게 볼 것인가 제 개인적으로는 백제산보다는 왜국 제작으로 보는 게 좋지 않을까 논문은 쓰지 않았습니다만 이런 생각을 해봅니다.

4·5세기 한일관계는 사료의 불안정성 때문에 논란이 많고 향후 홍 교수님께서 제시하신 학설에 대해 갑론을박하는 많은 연구도 나올 것으로 보이고,

앞으로 많은 연구의 진전을 가져올 것이라고 생각됩니다. 네 이상입니다.

홍성화 : 네, 말씀 감사합니다. 일단은 먼저 백제가 660년에 멸망한 이후에 풍왕자가 왜국 여인과 결혼했다라는 기록인데, 『일본서기』에는 전지왕과 곤지에 대해서는 직접적인 기술이 없다고 하셨는데요. 의자왕의 아들인 풍왕자와 같은 경우는 거기에 나오는데, 왜 왕실이랑 직접 결혼한 여인으로 보이지 않습니다. 그렇기 때문에 아마 그런 내용이 기술되었던 것 같고, 그렇다면 지금 여기에서 보이는 것은 제가 앞에서도 말씀드렸듯이 신제도원라든지 모니부인의 딸 적계여랑라든지 이런 백제 여인이 일본의 왕실과 혼인했던 그런 기록은 보이는데 오히려 그 반대의 경우는 이거 보이지 않는다는 거거든요. 그래서 제가 생각하기에는 『일본서기』 편찬 당시에 있었던 채녀 우내메에 관한 그런 관념들이 아마 작용했기 때문이 아닐까 이제 이런 생각을 합니다.

예를 들면 율령 국가의 성립 등으로 인해서 이 채녀 등이 어떤 황자나 황녀를 낳아서 비가 되는 상황이 일단은 7세기 후반으로 종료가 되고, 율령제의 도입에 따라서 남성 관인의 역할이 증대됨에 아울러서 이 시기에는 남녀 차별에 대한 인식들이 굉장히 작용하고 있었던 시기이기도 하거든요. 그렇기 때문에 『일본서기』라는 책도 그 당시의 한반도 남부를 지배했던 것으로 인식했었던 그런 편찬 태도, 그런 것이 혼인 관계를 그런 단순한 주종 관계로 인식하고 있었던 인식에서 백제 여인들이 혼인했던 것은 기록이 되고, 또 역으로 일본의 연인들이 백제 시대에 혼인 했었던 것은 거기에다가 수록하지 않고 빠졌다든지 이렇듯 일본서기의 편찬 태도와 관련이 있지 않나 저는 그런 생각을 하고 있습니다.

그리고 칠지도와 관련해서 아주 중요한 그런 많은 질문을 해주셨는데 사실은 첫글자를 봉자로 봤었던 것도 오늘 토론하셨던 연민수 선생님께서 이미 본격적으로 '봉'자라고 보셨던 겁니다. 저도 사실은 처음에 칠지도 논문을 쓰면서는 '봉'자인지 '태'자인지 명확하게 확인을 할 수가 없는 이제 그런 상황이었는데 저도 이제 근래 논문을 추가적으로 다시 쓰면서 면밀하게 분석을 해보니깐 밑에 하부에 명확하게 획이 3개가 있고 그것은 중국의 이체자를 통해서도 '봉'자라는 게 확인이 됐기 때문에 그것은 명확하게 '봉'자라는 것을 좀 확인할 수가 있었고요. 그런 부분들은 연민수 선생님의 커다란 공이 아닌가 이렇게 생각을 합니다.

그런데 이제 말씀하셨던 중에서 당시 도검이라든지 거기에 길상구를 삽입해서 아마 날짜가 다른 경우도 있다고 이렇게 말씀하셨는데 사실 지금까지 남아 있는 중국이라든지 또는 중국에 많은 시대 동안에 남아 있는 동경이라든지 이런 걸 분석했던 사료가 지금 현재 많이 남아 있는데요. 그것들을 분석한 결과 물론 이제 그중에 연월일과 간지가 맞지 않는 경우가 있지만, 그런 것은 독특하게도 예를 들면 9월 9일이라든지 5월 10일이라든지 10월 10일이라든지 그게 5의 배수라든지 10의 배수로 떨어지는 경우에는 그런 부분들이 명확하게 길상구로 쓰인 사례들은 발견할 수 있습니다. 근데 그 많은 우리 사료들 중에서도 11월 10일이라든지 16이라든지 이런 숫자들이 길상구로 쓴 흔적들은 보이지 않습니다. 오히려 그런 상황들을 볼 때는 11, 16이 길상구로 쓰이지 않았다는 이제 그런 측면들 속에서는 오히려 이것은 11월 16이 병오라고 해서 오히려 역으로 길상구로 맞춰봐야 되는 필요성으로 보는 게 아니라 연도를 맞춰봐야지 그럴 필요성이 있다라고 저는 판단하고 있습니다.

그 다음에 인물화상경과 관련해서 지금 질문해 주셨던 것 중에서는 일본에서 발견되고 있는 백제계의 명문들 중에서는 일간지까지 다 보인다고 말씀하셨는데 일단 그것은 아마 일본 내에 있는 지금 현재까지 발견된 그런 명문에만 아마 한정되지 않나 이렇게 생각을 합니다.

왜냐하면 지금 현재 백제에서 발견되는 여러 가지 금석문속에서는 일간지가 표시가 되지 않는 것들이 많이 나오고 있거든요. 대표적으로는 백제의 금석문으로써 잘 알려져 있는 사택지적비의 비문 같은 경우는 갑인년 정월 9일, 그 다음에 내기성(奈祇城) 사택지적비 이렇게 말해서 일간지가 등장하지 않습니다. 그 다음에 또 근래에 또 발견된 익산의 미륵사지 출토 금제 봉안기에 있는 사리기에도, 사리기에 있는 그런 내용들을 보면 거기는 백제 왕후가 좌평 사택 적벽의 딸로 나오는데 거기에도 보면 기해년 정월 29일에 사리를 받들어 맞이했다. 이렇게 해서 거기도 간지가 일간지로 등장하지 않습니다. 그렇기 때문에 백제가 꼭 일간지를 항상 썼다라고 보기는 좀 어려울 것 같고요. 아마 발견된 것만 봐서 판단하는 것이 타당하지 않을까 이렇게 생각을 합니다.

손승철 : 오늘 홍 교수님 발표가 제가 보기에는 지금 한 세 가지 정도를 새로 말씀하시는 것 같은데 칠지도나 인물화상경은 더 연구가 되야겠지만, 만약 백제 왕들이 일본 여인과 혼인을 했다는 가설은 어떤가요, 이제까지 일본 천왕이 백제 여인들하고 혼인을 해서 일본 천왕가에 백제의 피가 흐른다고 이야기를 하잖아요?

그런데 반대로 백제 왕들이 일본 여인들하고 결혼했으면 백제 왕에게도 일본 왕실의 피가 흐르는거 아닌가요? 예를들면 왕자들이 성장기에 일본에 가서 오래동안 있었잖아요. 그러면 일본 여자를 만나는 것은 당연한 거 아닌가요? 그렇다고 한다면 백제 왕들이 일본 여자하고 혼인을 해서 후계를 이어 간다고 해도 하나도 이상할 게 없는거 아닌가요? 만약 그게 고증이 되고 증명이 되면 어떻게 될까요?.

홍성화 : 지금 그 부분은 저 혼자만 지금 주장하고 있는 건 아니고요. 지금 그 부분에 대해서는 백제사에서 노중국 선생님이 하고 계시고 김기백 선생님, 일본 학자로서는 아직은 없고요. 김용근 선생님까지 이제 그런 정도이고 일본 학자가 본격적으로 하고 있는 것은 없는 것으로 알고 있습니다.

손승철 : 근데 일본 학자가 만약 본격적으로 얘기하면 상당히 이야기거리가 될 것 같은데 사에키 선생님 어떻게 생각하세요

사에키 : 저는 시대가 달라서 잘 모르겠습니다. 관점에 따라서 그럴수 있습니다만, 논쟁이 될 것 같아 저로서는 무어라 말씀드리기가 어렵습니다.

손승철 : 그러니까 혹시라도 아직 한국 언론에서 백제 왕실에 일본 피가 흐른다. 이렇게 보도된 적은 없나요?

홍성화 : 네 그런부분에 대해서는 예를 들면, 최은영 선생님이 말씀하셨던 칸무천왕과 관련된 그런 기사들이 그동안에 제일 많이 나온다고 설명하셨는데 그와 관련해서 일반인들이 생각할 때 예를 들면 현재 일본의 야마토 왕권이 백제로부터 나왔다. 그런 인식 속에서 그런 부분들을 파급하려고 하는 것 같은데 저는 이제 그런 입장은 아닙니다.
사실은 야마토 왕권은 원래부터 따로 있었고, 백제 왕실과는 여러 가지 화친관계라고 하는 입장에서 교류가 이루어졌다고 봅니다. 물론 일부의 군사들이 한반도 남쪽으로 들어온 적도 있었고, 또 선전 문물이 전해지는 과정이 있었지만, 기본적으로 왕실간에 혼인이라고 하는 것은 과거에 중국에서도 그렇고, 우리나라에서도 그렇고 화친관계를 통해서 그런 사례들을 많이 볼 수가 있습니다.

손승철 : 그럼요 혼인관계를 이상하게 볼 것은 없습니다. 괜히 민족감정 가지고 판단할 문제는 아니라고 생각합니다. 최은영 선생님 다음 발표하고도 연관이 되겠지만 『일본서기』에 보면 백재왕씨가 무진장 많이 나오는데, 물론 백제가 망한 다음이니까, 더욱 그러겠지만 그 실제로 왕성하게 교류할 때는 왕실뿐만 아니라 관리들도 다 남녀관계니깐 있을 수 있는 일 아닌가

그런 생각이 드네요.

홍성화 : 중국 같은 경우도 제가 사례를 찾아보니까 특히 북위 같은 경우는 그런 혼인을 통해 외교 관계를 적극적으로 했습니다. 그러다 보니까 서로가 상호간에 중첩되게 혼인을 한다고 했는데 그런 관계들도 중국의 사례에서 좀 보이고 있기 때문에 북위라고 하면 그것도 백제와 왜가 있었던 그 시기와 상당히 유사한 시기거든요. 그래서 그것도 적극적으로 했던 사례가 발견되고 있기 때문에 충분히 개연성이 있는 이야기지 않을까 생각을 합니다.

손승철 : 일본 고대사 하는 분들은 혹시 천왕이나 왕실을 주제로 하면 혹시 일본 내에서 뭔가 거부감이 있나요? 한국사람이고, 일본사람이고 그 주제하면 다 궁금해할 것 같습니다만 ….

연민수 : 전지왕 같은 경우는 어린 나이에 왕자로써 일본에 갔습니다. 거기에 한 십몇 년 있다가 이제 백조왕으로 즉위하는 건 확실한 건데 문제는 일본계 왜계, 왜인이죠. 당시에는 일본이 아니라 왜국이니깐 왜인 여성과 결혼했다는 그냥 추론이지 사료에 남아 있는 게 아니잖아요. 그 가능성이 굉장히 높다. 하지만 그래서 그렇게 얘기하는 사람들이 있어요. 연구자들 중에는 그 가능성으로 십몇 년 살다가 돌아오니까 당연히 왜계 여자와의 교류가 있었을 것이라고 추정 하지만 확실한 근거가 없는 이상은 언론에서 이야기해도 그렇게 갈 것까지는 아닌 것 같아요.

손승철 : 예 감사합니다. 그럼 이제 두 번째 주제로 최은영 박사님 발표에 대해서 송완범 선생님께서 토론을 해 주시겠습니다.

송완범 : 네. 송완범입니다. 발표 잘 들었습니다. 에 아까 좌장으로 계시는 손승철 교수님께서 모두에 말씀을 열어주셨는데 첫 번째 발표 백제의 왜의 왕실 교류라든가 향화왜인이라든가 교린관계든가 서갑호라든가 쇼린이라든가 이런 사람들은 왔다갔다 할 수 있었어요. 그런데 유일하게 백제왕씨라고 하는 특히나 여성들은 왔다 갔다 한 것이 아니에요. 고정된 거죠. 거의 유일한 지금 고정된다지만 그런 면에서는 아까 모두에서 손승철 교수님께서 말씀하셨던 그 내용과 어떻게 연결시킬 것인가에 대해 그런 생각이 들었습니다.

최은영 선생님은 말할 것도 없이 이 분야에 가장 활발하게 논문을 쓰고 계십니다. 저는 사적으로 통역을 제가 여러 번 해봤기 때문에 말을 빨리 하지 않도록 노력하고 있습니다. 통역 부스가 난리가 나거든요.

토론문은 다 읽지는 않고요. 본 발표문은 인물로 본 한 교류에 대한 시대별 원고 중에 고대 여성에 대한 겁니다. 특히나 명신, 귀명, 경명이라고 하는 세 사람에 초점을 맞췄습니다. 시기적으로는 나라시대, 헤이안시대 초기니까 8세기, 9세기가 되겠습니다. 거기에 정사인『육국사』,『유취국사』,『일본기략』,『공경보임』, 연대기 등 다양한 사료들을 다루고 있습니다. 또 그 외에도 아까도 말씀하셨습니다만 문제가 있다고 본인도 인정하는 『백제왕삼송씨계도』도 사용하고 있습니다. 이상과 같이 사료가 다양다종한 면에서 한국학계에는 별로 소개되지 않았던 자료들까지 소개하고 있어 사료취급 능력이 대단히 높다는 것에 대해서 놀라게 됩니다.

근데 본문 2, 3, 4장이 많이 유사합니다. 2장에서는 나라시대와 헤이안시대 초기의 백제왕씨 출신의 여성들의 임관이나 관위의 변경 등 실태를, 3장은 그중에서 明信, 貴明, 慶明의 3인을 중심으로 풀어낸 것이며, 4장은 다시 앞의 3인이 고대 일본의 후궁에 속해 있는 점에 착안하여 재정리 한 것입니다. 결국 구조상으로는 4장이 본고의 의미, 즉 결론의 해당하는 점입니다. 하지만 다양한 사료를 통해서 다면적으로 다시 3장으로 나눠서 풀어

쓰고 있다는 점에서 읽기는 대단히 편하게 읽혀집니다.

　몇 가지 질문을 드려서 다른 분들의 이해를 돕고자 합니다. 첫 번째 아까 말씀드린 것처럼 사료를 많이 다루셨는데 어떻게 생각해보면 9세기 사료부터 15세기 사료까지 다룬단 말이죠. 이렇게 시대 편차가 큰 이런 사료를 다루고 있는 입장에서 어떤 부분에서 동시대 사료가 아닌 부분에서 입장이 있으실 것 같은데 언급을 해주면 어떨까 하는 생각이 있습니다.

　두 번째로 아까도 제가 말씀드렸던 것처럼 이쪽에 있으면서 저쪽으로 갈 수 있는 사람들하고 가지 못하는 사람들이 있었죠. 가지 못하는 사람들로써 지금 여기서 언급하고 있는 것이 백제 왕씨라고 하는 여성들이란 말입니다. 그래서 그런 사람들을 이야기 할 때 고대사에서는 도래인이라든가 귀화인이라든가 한 차원에서 다뤘던 사료적 배경이 있습니다. 그러나 저는 돌아갈 곳이 없는 사람들을 유민이라고 불렀었는데 이런 부분을 처음 시작할 때 구분을 지어놓고 시작해야하지 않나 하는 생각이 있는데 발표자의 의견을 듣고 싶습니다.

　그 다음 세 번째 아까도 언급이 되었지만 백제왕삼송씨계도 이것은 어떤 다양한 평가가 있다고 하시면서도 계속 인용하고 계시는데 이에 대해서는 보강설명이 있었으면 좋겠다고 생각합니다.

　네 번째 백제왕씨 출신의 여성에 대한 언급이나 사례는 물론 여성사의 접근에 있어서 필요한 일입니다. 다만 이들이 헤이안 시대 중기부터 보이지 않는 사정에는 후지와라씨가 대신 그 역할을 했기 때문에 백제왕씨는 사라지게 되었다는 종래의 예를 수용하셨는데 그것만으로 끝내는 것은 조금 아쉽지 않나하는 생각이 저는 항상 있습니다. 어떤 부분에서 대외적 관계가 변화되었다든지 율령국가의 성격 변화가 수반되었다든지 다양한 재난의 발발 사례가 율령국가의 구조적 변화를 초래했고, 그러한 부분에서 대외적 여성의 존재가 중요성을 잃었고, 그로인한 다름이 발생했다. 이런 것도 어느 정도 언급이 되어야 다면적인 설명이 되지 않을까 그런 생각도 기본적으로 갖고 있습니다.

그리고 저희가 아까 일찍와서 이야기를 나눴습니다만 일본에는 여관, 여종, 후궁으로 존재하지만 비슷한 역할로 존재했던 환관이 없는 것이잖아요? 중국이나 한반도에서 존재했던 환관이 일본은 왜 여성이 궁중의 역할을 전담하고 있었던 것일까하는 것을 앞으로 연구하시면서 언급하면 좋지 않을까하는 생각이 듭니다.

최은영 : 네. 먼저 토론 맡아주신 송완범 선생님께 다시 한번 감사드립니다. 조금 전 말씀하신 대로 백제왕씨는 제 박사학위 주제이기도 한데요. 제 논문을 완성하는데 무엇보다도 선행연구자이신 선생님께서 계셨기 때문에 그렇다고 생각합니다. 이번에도 부족한 논문 토론 맡아주셔서 다시 한번 감사드리고 오늘 말씀해주신 내용들은 원고 보강하는데 참고하도록 하겠습니다.

첫 번째 질문은 이번 원고 작성에 사용된 사료들의 시대적 차이가 많이 나는 부분입니다. 오늘 발표에서도 말씀드렸다시피 백제왕씨는 백제 멸망 후 일본 내에 정착한 백제 씨족이기 때문에 국내에는 관련자료가 남아있지 않고, 일본의 자료들을 가지고 연구를 해야합니다. 그렇기 때문에 백제왕씨와 같은 도왜계 씨족들에 대한 자료는 일본 재래씨족이나 유망씨족에 비해 단편적이거나 상대적으로 적습니다. 따라서 이번 논문 보강의 목표는 부족한 사료를 최대한 많이 찾아서 읽어보는 것에 그 목적이 있었습니다. 다만 말씀해주신 것처럼 참고한 사료들은 시대적인 배경차가 많이 납니다. 정사인 『일본서기』 같은 『육국사』를 편찬한 이후에 이를 바탕으로 14, 15세기에 재편찬과 함께 다시 작성이 되면서 후대에 내용이 덧붙여 지기도 하였습니다. 이로인해 실제로 정확도가 떨어지는 부분도 존재하기도 하고, 오류도 발생하기도 합니다. 사료의 기본적인 사용은 국가가 발간한 관찬사료가 그 기준이 되어야 할 것 같습니다. 그리고 먼저 편찬된 사료를 바탕으로 하되 어디서 보강하였는지, 그리고 이 사료에 오류가 없는지도 교차검토를 해야하는 것이 당연한 일인 것 같습니다. 또한 차이점이 있다면 당시 정치적 상황과도 같이 생각해 봐야할 것 같습니다.

그리고 두 번째 주신 질문은 한반도에서 일본으로 건너간 사람들에 대한 용어입니다. 일단 일본 학계내에서는 오래 전부터 귀화인과 도래인이라는 말을 사용해왔습니다. 최근에는 바다를 건너왔다는 의미 그래로의 도래인을 많이 사용하시는 것 같은데요. 저는 이번발표에서 도왜인이라는 단어를 사용했는데 이것은 바다를 건너 일본으로 간 한국사람을 뜻하기 때문에 좀 더 한국적인 시각에서 바라보는 것 같습니다. 도래인이라든가 도왜인이라든가 시대구분 없이 기원전부터 7세기까지 일본으로 건너온 사람을 통칭하는데요. 그에 반해 앞서 말씀하신 유민의 경우에는 나라를 잃은 백성들을 의미하기 때문에 시기적으로는 도왜인보다 폭이 좁습니다. 따라서 백제왕씨의 시조인 선광에 대해서는 7세기말에 나라를 잃은 사람이라고 해서 유민, 아니면 이주민이라는 표현을 쓸 수 있겠지만 그 이후 나라이후 율령국가로 관인이 된 선광의 후손들은 백제계 도왜씨족이라고 설명할 수 있겠습니다. 그래서 앞으로 원고 보강을 할 때는 7세기 말 상황을 생각해서 이주민이라는 용어를 쓰려고 생각하고 있습니다.

세 번째 질문인 백제왕삼송씨계도는 백제왕씨 연구에 가장 큰 고민거리 중 하나라고 생각을 합니다. 사실 반세기도 지난 전부터 자료가 부족한 이 연구에 활용이 되어서 현재 정사에서는 확인할 수 없지만 사실적으로 인용하는 부분도 있습니다. 그렇지만 이 계도는 관찬사료도 아니고요. 또한 삼송씨라는 성의 유래도 일반적으로 성을 바꾼 개성이라든가 성을 내려주는 것과는 다릅니다. 그렇기 때문에 반대하시는 의견들 중에는 사료적 가치가 의심이 되니 사용하지 않는 것이 좋겠다라고 말씀하시는 선생님도 계시고요. 백제왕씨와 삼송씨계도를 연관해서 설명하기도 합니다. 저도 선생님께서 말씀하신대로 이 계도의 신빙성이 의심된다고 생각을 합니다. 다만 인물간의 관계 등이 세부적으로 기록되어 있기 때문에 혹시나 이미 소멸되어 사라진 옛날에 존재했던 계도를 인용하지 않았을까 생각을 합니다. 그러나 역사를 공부하고 있는 입장이기 때문에 불분명한 사료 사용은 위험한 것 같습니다. 앞으로는 참고는 하되 논문 사용에 신중을 가하도록 하겠습니다.

그리고 마지막으로 주신 질문은 앞으로도 도래인을 연구하는 고대사 연구자들이 좀 더 공부해야하는 부분인 것 같습니다. 일반적으로 도래인에 대해서는 7~8세기가 중심으로 연구가 되는데요. 일본 중세로 들어가면 일본 대외 관계가 다양한 상황에 의해서 변화가 많이 됩니다. 헤이안 시대의 중기에 접어서면 아까 말씀하셨다시피 후지와라씨가 정권을 독점하게 되며 섭정이라는 폐쇄성으로 인해서 도왜계 씨족들은 궁전이나 후궁으로 진출이 줄어들게 되는 것도 분명히 영향이 있었던 것 같습니다.

그 다음에 백제왕씨의 경우는 앞서 제가 발표해서 설명드렸다시피 외척으로서의 필요성이라든가 특수성이 사라지면서 쇠퇴하게 되었고요. 그렇다고 해서 원래 존재하던 씨족이 갑자기 사라지지는 않았을 것 같기 때문에 백제라는 메리트가 사라지고 또 백제라는 정체성이 옅어지게 되면서 일본화되는 그러니까 일본식 성을 사용한다든가 아니면 일본에 완전 동화되는 가능성도 같이 고려해야 되지 않을까 싶습니다. 선행 연구 중에는 헤이안 중기 이후에 높은 서인은 아니나 드물게 확인되는 백제왕씨들이 있습니다. 그렇기 때문에 이를 바탕으로 중세 이후에 도왜계에 대해서도 좀 생각할 수 있도록 하겠습니다.

그리고 아까 마지막으로 좀 덧붙여서 질문 주셨던 것 중에 이제 일본에 환관이 없다고 말씀을 해 주셨는데 그때 여관에 대해서 좀 조사를 하다 보니까 이 천왕의 사적인 구역의 남성이 들어갈 수 없기 때문에 여관이 발달했다. 약간 이런 연구가 있어서 이 부분도 조금 더 생각해서 공부를 할 수 있도록 하겠습니다.

손승철 : 그 여관들이 주로 어떤 일을 하는지 알 수 있나요?

최은영 : 이게 여관 같은 경우는 이제 나라시대 말기 쪽을 기준으로 말씀을 드리면 후궁 12사라고 해서 12개의 기관이 있습니다. 그래서 일단 왕의 비서실과 같은 역할을 하는 기관부터 시작을 해서 식사라든가 옷이라든가 침방 이런 부분까지 이제 부분적으로 나누어서 업무를 수행을 했습니다.

손승철 : 그럼 실제로 여기서 위계라든지 서위를 받으면 거기에 합당한 일을 했다 이렇게 볼 수 있겠네요.

최은영 : 사실 고대 위계하고 이제 관직하고는 조금 별개라서 위계는 받았지만 실제로 관직을 받는 경우가 없는 경우도 있고요.

손승철 : 그럼 그렇게 백제왕씨들의 여인들에게 위계나 그런 서위를 주는 것하고 그다음에 순수한 일본 여인들이 있을 거 아니에요? 그죠? 일본 여인들에게 주는 위계와 서위하고의 어떤 그 차이점이 있는지 동등하게 대우했는지 아니면 백제왕씨를 더 좀 이렇게 대우를 더 해줬는지 뭐 그런 것을 이렇게 비교할 수는 없습니까?

최은영 : 일단 위계에 올라가는 기사가 워낙 단편적이기 때문에 인물이 연차적 순차적으로 서위가 되는 상황을 알 수 있는 상황이 많지 않아서 오늘 이 3명을 선정을 했던 것도 있고요.

사실 이 여성들은 조금 특수한 경우라서 좀 비교 대상군이라고 지금 질문 주신 내용에는 좀 답변하기가 어려울 것 같습니다. 그래도 일단 서위 상황을 봤을 때 다른 일본 여성들과 동일하게 서위가 되고 있기 때문에 어느 정도는 좀 동등한 부분도 있었다고 생각은 됩니다.

손승철 : 거기에 조금 구체적으로 이렇게 일본하고 비교해서 예를 들어

가면서 하면 더 좀 재미있고 와닿을 것 같아요. 감사합니다. 그 주제에 대해서는 이 정도로 하고요. 그다음에 세 번째 주제가 조선시대입니다. 조선시대 향화왜인의 문제인데 아까 발표는 늦게 하셨지만 토론은 원래 순서대로 하도록 하겠습니다. 강원대학교에 한성주 교수님 부탁합니다.

한성주 : 안녕하십니까? 강원대 한성주입니다. 발표자인 한문종 선생님께서는 그동안 조선전기 한일관계 특히 조선과 대마도 그리고 향화왜인에 대한 연구를 많이 진행하셨고요. 이번 발표는 이에 대한 종합적인 고찰이라고 할 수 있습니다.

특히 조선전기 향화왜인의 실태, 조선 조정에서의 수용과 통제 대우 등의 정책을 잘 설명하는 한편 皮尙宜와 平道全을 중심으로 향화왜인들의 조선에서의 삶과 활동 등에 대해서 살펴보고 있습니다.

전체적으로 한문종 선생님의 발표에 큰 이견은 없지만 몇 가지 점만 말씀드리고자 합니다.

첫 번째는 대마도 정벌 이후 倭案에 대해서 궁금증이 들었습니다. 조선 초기에 향화왜인들을 포함한 향화인들을 호적에 올리고 병조에서 관장하도록 한 것은 분명하다고 생각합니다.

다만 대마도 정벌 후에 등장한 왜안에 대해서는 일반적인 향화왜인보다는 대마도 정벌에서 피로된 대마도인에 대한 것이었을 가능성이 있다고 생각합니다.

물론 이제 선생님께서 향화왜인의 한 형태로 대마도 정벌 시에 각 지방에 분치, 억류된 자를 말씀하셨지만 조선왕조실록을 검토해 보면 왜안에 기록된 왜인이 31명이라고 하는지 구체적인 수치가 나오고 있어서 이 왜안은 일반적인 향화왜인의 관리를 위한 것보다는 대마도 정벌에서 사로잡아온 일본인에 대한 것이었다고 생각됩니다.

또 이렇게 생각하면 또 다른 한편으로 당시 왜안에 기록된 왜인이 31명이었다는 것은 대마도 정벌시 조선군이 대마도에서 사로 잡아온 인구의 정확한 숫자를 알려줄 수 있다고도 생각되었습니다.

두 번째는 향화왜인 중 일본으로 돌아가는 왜인 중에서 수직인이 돼서 조선의 통교왜인으로 도항한 자들이 있고요. 이들로 인해서 계해약조 체결 이후 일본에 거주하는 수직왜인이 나타나는 배경이 되었다는 선생님의 말씀은 아주 큰 의미가 있다고 생각합니다.

또 피상의는 조선에서 태어난 향화왜인으로 대마도에서 온 평도전과는 차이가 있어 보입니다.

그리고 일본으로 돌아간 조선 출신 향화왜인이 대마도에서 파견되어 와서 타의에 의해 향화왜인이 된 평도전 같은 경우 조선에서 이들에 대한 대우와 인식, 그리고 그들이 지닌 역할 등에 차이가 있었던 것은 아닐까 혹시 이것에 대한 선생님의 생각 있으시면은 말씀을 한번 들어보고 싶습니다.

세 번째는 선생님께서 발표하실 때 수정해서 발표하셔서 큰 문제는 없습니다만 저는 이제 피상의가 원종공신에 녹훈된 게 단순하게 외교적인 활동만으로 인정받아서 된 것은 아니다. 이런 생각이 들었거든요. 그래서 분명히 원종공신 교서에 잠저에서 어려움이 있을 때 세조를 보호하고 수종하거나 정란에 참여하여 방위에 힘쓴 공이 있는 사람들을 포상한다 이렇게 돼 있습니다.

그래서 이 원종공신들은 계유정난 등에 참여하는 등 세조왕의 추대에 힘쓴 사람들인데, 이 좌익원종공신에 노비의 이름이 들어가 있습니다. 그렇기 때문에 피상위 또한 외교적 활동뿐만 아니라 실제 계유정난에 참여하거나 세조의 즉위에 어떤 활동과 역할을 하였을 가능성이 있다라고 참고적으로 생각하는 것을 말씀드렸습니다. 이상입니다.

손승철 : 예 한교수님, 답변해주시죠.

한문종 : 한성주 선생님은 조선전기 여진사를 전공하고 계십니다. 그럼에도 불구하고 오늘 제 발표 논문을 꼼꼼히 읽고 또 제가 또 몰랐던 부분을 많이 보완해줬습니다. 그래서 그런 의미에서 감사를 드립니다.

첫 번째 질문 중에 왜안에 기록된 왜인들 중 대마도 정벌시에 붙잡아온 일본인이지는 않았을까 하는 질문입니다. 여러 기록을 통해서 보면 『세종실록』이나 또 이예가 쓴 『학파실기』 기록을 통해서 보면 대마도 정벌 시에 포획한 왜병은 21명으로 기록이 되어 있습니다.

또 더불어서 대마도 정벌 시에 이 대마도 정벌의 비밀을 유지하기 위해서 각 포소에 머물고 있던 왜인들을 먼 곳에 분치하고 또 경상도의 각 포소에 정박하고 있던 왜인이나 상왜들을 체포해서 분치하였는데 이제 그 수가 경상도 335명, 충청도 203명, 또 강원도 32명 총 591명으로 기록이 되어 있습니다.

이 왜안에는 대마도 정벌 전에 분치된 왜인, 또 대마도 정벌 때 포획된 왜병, 이와 같은 것들을 각각 구분해서 왜안에 기록했는지, 아니면 이걸 모두 같이 기록했는지는 정확히 알 수 없습니다.

다만 이제 왜안에 기록된 그 왜인들이 모두 향화왜인은 아니었을 것으로 생각이 됩니다. 아마 그중에 일부는 향화왜인이 아니었을까라고 하는 생각에서 그런 표현을 썼습니다. 그런데 제가 글 쓴 지가 2001년에 썼으니까 이십 몇 년 전에 일이라 정확하게 잘 파악을 못하고 있습니다.

두 번째 질문은 향화왜인이 여러 종류가 있는데 이 향화왜인에 대한 조선에서의 대우와 인식에 차이가 있었는지에 대한 질문입니다. 향화왜인에 대한 대우는 분명히 차이가 있었습니다. 그래서 향화왜인 중에서 관직을 제수받지 못한 향화왜인은 서울에 거주하지 못하고 지방에 거주하도록 했고, 그에 비해서 관직을 제수받은 왜인은 서울에 거주할 수 있도록 하고 여러 가지 또 원료나 마료나 또 노비 등을 하사하고 성명이나 관직 등을 주어서 우대하였습니다. 이런 의미에서는 대우에서는 차이가 있습니다.

또 평도전의 경우를 보면 평도전은 조선과 대마도주의 의도가 서로 부합했기 때문에 다른 향화왜인에 비해서 우대를 받고 또 그래서 그가 외부 토벌과 대일 사절로 활동할 수 있었던 것이 아닌가라고 하는 생각을 합니다.

그러나 그 이외의 향화왜인에 대한 인식, 또 그들의 역할에 대해서는 사례들이 별로 남아 있지 않아서 구체적으로 이들에 대한 인식, 또 그들에 대한 역할이 어떠한 차이점이 있는가라고 하는 것은 자세히 알 수가 없습니다.

그 다음에 세 번째 질문은 제가 논문을 쓸 때 이것이 정난원종공신이었다 그렇게 썼습니다.

그래서 실록에 보면 원종공신이었다라고 하는 이 기록만 보여서 저는 정난공신이지 않을까 그런데 다행히도 한성주 선생님이 여러 사이트를 뒤져서 이것이 정난공신이 아니라 좌익 원종공신이었다라고 하는 사실을 밝혀주었습니다. 그래서 자료집 118쪽에 두 번째 단락에 나와 있는 피사의가 녹훈된 정난공신은 좌익원종공신으로 수정해 주시면 좋겠습니다.

다만 피상의가 세조가 왕위에 오르는데 어떠한 역할을 하였는지는 알 수 없습니다. 특히 세조 대에는 불교의 기현상과 사리 분신을 치유하기 위해서 왜인들이 집중적으로 조선에 내조하였습니다. 또한 대장경 구청과 또 불사의 조연 등을 요청하기 위해서도 많은 왜인들이 내조하였습니다.

이 때문에 일본 사신과 외교적인 교섭을 할 수 있는 인물이 필요하지 않았을까 특히 이제 그때 여섯 차례나 대일 사절로 다녀온 피상의를 좌익원전공신 3등에 녹훈 한 것은 아닐까라고 하는 생각을 해봅니다.

또한 원전 공신이 2,356명이나 책봉이 됩니다. 그런데 당시 경국대전에 의하면 동반 서반의 실직수 그러니까 정일품에서 9품까지의 관직의 개수가 대략 5,600여 개 정도밖에 안 됩니다.

이와 같은 것들을 고려해보면 이때의 원종공신은 아마도 세조가 단종의 왕위를 찬탈한 것을 정당화하고 또 자신의 왕권을 안정시키기 위한 민심수습책의 일환이지 않았을까라고 하는 생각을 해봅니다.

예 이상으로 답변을 마치도록 하겠습니다.

손승철 : 그런데 지금 한 교수님이 여진 전문이신데 그 여진족과의 비교를 하면 어떻습니까? 향화왜인과 대우가 똑같나요? 여진 족의 경우도 많나요?

한성주 : 여진들이 훨씬 더 많다고 볼 수 있습니다. 그리고 이 원종공신에도 여진인들이 다수 포함되고 있습니다.

손승철 : 지금 한 교수님 발표문을 보면 태종 때, 1410년에 경상도에 분치된 향화 왜인의 수가 무려 2천여 명, 그다음에 임진왜란 후에 항왜가 적게는 1천 명에서 많게는 1만 명에 이르렀다. 이거 어마어마한 숫자 아니에요 결국 일본인들이 조선 사회에 스며 들어간 것 아닌가요? 그러면서 어떻게 동화가 돼 갔는지 그런 거에 대해서는 전혀 예측이 안 되는 거죠.
그럼에도 불구하고 김충선 같은 사람은 어떻게 그 살아 남았는지 가문을 이어가면서…

한문종 : 그러니까 조선 전기뿐만 아니라 임란 중에도 조선의 향화한, 귀화한 왜인 수는 굉장히 많았을 것으로 생각이 됩니다. 기록상 조선전기때는 2천여 명 정도 그다음에 그 임진왜란 때에는 아까 말씀하신 것처럼 적게는 천 명에서 많게는 1만 명이었다.

손승철 : 그런데 그들을 전부 전국의 각지에 분치해버렸다. 그걸로 끝나잖아요. 정작 그다음에 어떻게 됐는지 모르지 않나요?

한문종 : 그들을 어디에 어떻게 배치해서 그들이 어떤 생활을 했는지 어떻게 살아갔는가에 대한 기록은 전혀 남아 있지 않습니다.

다만 이제 그 사야가 김충선의 후손만 오늘날까지 남아 있어서 알려지게 된 거죠.

손승철 : 그러다가 다시 조선을 탈출해서 일본으로 돌아가는 경우도 있지 않을까요?

한문종 : 그랬을 가능성이 있습니다. 그래서 임진왜란 때 투항한 항왜 중에 일부는 북방지방의 변방을 지키기 위해서 보냅니다. 근데 그들이 이괄의 난 때 이괄에 붙어가지고 난에 가담하기도 합니다.

그런 의미에서 보면 상당수는 아마 이쪽 남쪽 지방에 들지 않고 북방지방으로 보내지 않았을까 그런데 이제 그와 같은 이 대우를 불편하게 여겨서 아마 그들이 이괄의 난 때 같이 동참하지 않았을까 그렇게 생각할 수도 있습니다.

손승철 : 혹시 저 사에키 선생님 말이죠. 그 임진왜란 때 항왜들 항왜가 예를 들어서 천 명에서 1만 명이다. 일본 쪽에서 생각할 때는 그 엄청난 손실 아니에요? 뭐 그런 거에 대한 무슨 기록이나 뭐 이런 연구는 없나요?

사에키 : 항왜에 관한 기록은 없습니다.

손승철 : 그러니까 예를 들면 임진왜란 정유재란이 있었는데 임진왜란 때 일본 군 총 숫자를 15만 7천 명 정도로 보잖아요. 침략군을 8개 부대로 나눠 가지고 그러면 그 일본군들이 나중에 일본으로 돌아갈 때 제가 어느 글에서 본 것 같은데 손실률이 60% 됐다 뭐 이런 얘기가 있거든요.

그러니까 그 전쟁을 하다 보면 뭐 죽는 경우도 많았겠지만 투항을 하는 경우 지금 얘기하는 항왜로서, 그러면 몇 명 정도가 죽었고 몇 명 정도가 행방불명이 됐다든지 투항했다든지 이런 식으로 뭔가 그 보고하지 않을까 예를 들어서 그런 기록이 전혀 없나요? 이건 기타지마 선생한테 물어야 되는데 사실은…

아라키 : 전쟁에 참여했던 다이묘들이 각각 참전했기 때문에 종합적으로 그런 보고를 남기지는 않았다고 생각됩니다.

손승철 : 예 알겠습니다. 하여튼 점점 더 궁금해지네요. 그러면 네 번째 주제인 아라키 선생의 발표, 야나가와 시게노부의 실상에 대해서 선문대학의 다사카 마사노리 선생님 토론을 부탁합니다.

다사카 마사노리 : 예. 안녕하십니까 선문대학의 다사카 마사노리입니다. 오늘 아라키 선생님의 발표는 야나가와 시게노부의 1573년부터 1598년까지의 활약을 양국의 단편적인 사료를 근거로 정리하여 서술한 것입니다.
그 의의는 우선 사료면에서 『조선왕조실록』을 비롯하여 복수의 사행록과 유성룡의 서애집, 이호문의 오봉선생집 등의 한국사료, 그리고 종가문서를 비롯한 수많은 일본사료에 중국의 명실록까지 3개국에 걸쳐 널리 바라볼 수 있었습니다. 그리고 사료를 엮어서 한정된 기간이지만 시게노부의 동행을 그 마음까지 조명하는 듯 서술된 것은 깊은 의의가 있습니다.
개인적으로는 조선통신사 및 에도시대의 쓰시마 번을 주로 연구대상으로 삼아온 본인으로서는 토론자로서 부족하지만 한일간의 평생을 바쳐 진력한 인물들에게 공통적으로 볼 수 있는 답답함을 시게노부에게도 볼 수 있었으며 많은 공부가 되었다.
내용에 관한 토론을 버릴 수 없어 토론자의 역할을 전혀 못한 것을 용서 바라며 단 개인적으로 깊은 관심을 이끌어냈으니, 몇 가지 선생님의 의견을 여쭤보고싶습니다.

조선과의 위사통교로 경제적 기반을 닦고 소씨의 신임을 얻는 것을 발판으로 히데요시가 직접 지배하는 가신의 지위를 부여 받고, 선조로부터 종2품의 가선대부 명칭을 받아 한일간의 중요임무로 역사의 무대에 등장하는 과정이 사료를 근거로 객관적으로 서술되어 그 의미하는 바가 잘 정리되어 있습니다.

시게노부가 맡은 역할은 한일간의 키펄슨(key-person)이었습니다. 좀 더 자세히 말하자면 히데요시에 절대 복종할 수 밖에 없는 쓰시마 번주 소씨의 이익을 최우선해야 하는 입장인 것과 동시에 조선왕조가 일본과 교섭하는데 있어 실무적 파트너가 되는 입장이라고 할 수 있습니다. 쓰시마 번주와 일체가 되어 히데요시의 뜻을 절대적으로 받들어 조선으로부터는 신뢰와 기대를 한 몸에 받는 입장이기도 했습니다. 그리고 그 기대에 어긋날 경우 받은 기대에 몇 배의 비난을 받게 됩니다. 그 비난은 시게노부의 힘으로는 어떻게 할 수 있는 사항이 아님에도 불구하고 그러한 역할은 누군가가 맡아야 하는 것이었습니다.

한일간에서 진력한 인물들이 가는 길에는 비극적인 내용이 늘 그 발목을 잡는 것 같습니다. 그만큼 한일관계에서는 일이 있을 때마다 생각지도 않은 문제가 발생하는 것이라고도 말 할 수 있을 것 같습니다. 이웃나라와의 관계는 그런 것이다라는 말로 끝낼 수 있을 수도 있습니다만, 여쭤보고 싶은 것은 우선 한일간의 키펄슨으로서 시게노부 외의 인물을 제시한다면 과연 그 인물이 한일간이기 때문에 직면한 비극적 내용이 있는지 말씀해주시고, 다음으로 문제의 해결법입니다. 예를 들어 이번과 같이 일본의 권력자가 조선에 무리한 요구를 함으로써 그 권력자를 추종할 수 밖에 없는 입장인 자가 그 권력자와 조선 사이에서 무엇을 할 수 있는가 하는 것입니다. 그 외에도 선생님이 한일관계에 오랫동안 관심을 가지고 있으시면서 생각한 사항이 있다면 말씀해주시면 감사하겠습니다. 이상입니다.

아라키 카즈노리 : 네 감사합니다. 질문해주신 한일간의 핵심인물로서 시게노부 이외에 인물이라고 하면, 제가 연구해 온 시기가 기본적으로 15~16세기 한일관계이기 때문에 이것은 한문종 선생님께서 발표하신 것과 겹치지만 평도전을 들 수 있습니다. 대마도와 조선과의 관계가 완성되는 가운데 가장 장애가 되는 것은 역관의 문제라는 것은 말할 것도 없다고 생각합니다. 그 역관문제 해결을 위해 대관으로서 조선에 파견되어 양자 쌍방사이에서 다리를 놓았던 인물이라고 생각합니다만 중세의 일본이라는 것이 역시 중앙정권의 힘이 매우 약한 시기이기 때문에 대마도가 실질적으로 조선과 교류를 실시할 수 있었고, 통일 정권, 도요토미 정권이 되고 나서는 통신사보다 중앙 정권에 무게가 실리는 형태가 되는 것입니다. 그 과정에서 시게노부가 가장 부각된 인물로 나오게 되고, 임진왜란이 동아시아 전쟁이 되고, 야나가와 시게노부가 가장 최전선에서 눈에 띄는 존재라고 생각합니다.

손승철 : 에 어떻게 답변이 됐습니까? 예 질문이 아니니 그 정도로 하겠습니다. 그런데 이 야나가와 시게노부 그다음 세대가 국서 개작 사건으로 연루가 돼 가지고 그 처형당하지 않아요? 처형당하고 또 유배 가고 그러지 않나요? 야나가와 가게나오, 그래서 그 야나가와 시계노부하고 그 아들하고 손자 3대가 어쨌건 조선과 관계가 계속되는 거죠. 그 야나가와 가문을 통해서 봐도 재미있을 것 같은데요. 알겠습니다.

그러면 다섯 번째 주제입니다. 저도 동경 주일 한국대사관에 여러 차례 갔는데 그 건물 1층에 서갑호 회장의 전시실이 있습니다만, 서회장의 경우를 보더라도 재일교포들의 삶이 굉장히 다양한 것 같아요. 그러니까 어렵게 살아간 사람들도 있고 억울한 사람도 많고, 또 이렇게 일본 사회에서 그야말로 훌륭한 기업가가 되어 가지고 조국이라고 그럴까. 한국에 대해서 그렇게 경제적인 도움을 주고 그런 사례가 많이 있습니다만, 어쨌건 기업가의 삶이 어땠을까를 오늘 임영언 선생님이 발표하셨는데 거기에 대해서 김인덕 선생님 토론을 부탁합니다.

김인덕 : 저는 토론문을 읽으면서 천천히 하겠습니다.

오늘 발표해 주신 임영언 교수님은 재일동포 문제만이 아닌 재일동포 일반을 연구하는 재외한인학회에 회장으로 엄청나게 바쁘신 그런 분입니다.

선생님은 일본 유학하시면서 재일동포 기업과 관련된 연구를 하셨던 그리고 지금도 하고 계신 아마 가장 왕성하게 재일동포를 포함한 재외 한인 문제를 다루는 연구자 중에 한 사람이십니다. 선생님의 많은 연구 가운데 여러 지면을 통해서 발표를 하고 계신데 오늘 얘기하시는 재일동포 기업과 서갑호 회장에 관한 연구는 아마 기존에 선생님의 여러 연구와 함께 재일동포 연구에 있어서 또 다른 이정표가 될 만한 것이라고 저는 생각합니다.

재일동포의 기업가 특히 국내에서의 그들의 역할에 대해서는 저는 아직도 제대로 된 평가가 이루어지지 않고 있다고 생각합니다.

선생님의 연구를 소개하는 글을 통해서 일정하게 그 내용이 알려지고는 있지만 오늘 발표를 통해서는 상당히 부족함이 많지만, 오늘 발표에 기본적으로는 동의를 하면서 몇 가지 이야기를 하면서 토론으로 사족을 달고자 합니다.

저는 재일동포 자본 특히 기업의 역할은 1960년대의 한국의 산업화에 대한 학문적 연구의 새로운 실체 규명하는 데 있어서의 또 다른 이론을 제시할 만한 테마라는 그런 생각을 가지고 있습니다. 구체적으로는 1945년 이후 현대 한국 자본주의 속에서 재일동포의 역할을 재구성하면 민족경제이론의 위상을 재평가할 수도 있고 자본의 이동을 통해서 새롭게 역사상의 위상 정립을 다시 시도할 수 있다고 생각합니다.

동시에 저는 일본 자본주의 속에서의 재일동포 자본의 형성과 재일동포 자본 이전에 전전, 그러니까 1945년 이전에 재일동포 자본의 초기 발생의 역사를 고찰하는 것은 아주 중요한 일이라는 생각합니다.

특히 재일동포 자본이 제조업 분야에서 구체적으로는 고무, 방직, 방적, 섬유 기계, 공업 분야에서 자본가로 성장하는 모습은 반드시 구체적으로 논증해 줘야 할 일이라는 생각도 가지고 있습니다.

1960년대 재일동포 자본의 본질을 연구하는 것은 민족적 차원의 문제뿐만 아니라 한국 자본주의에서 구체적으로 케이스가 연구되지 않은 이윤 창출의 또 다른 구조를 밝혀내는 그런 일이기도 하고 이민자본의 새로운 이론적 틀을 제시하는 그런 모멘트가 될 수 있다라고도 생각합니다.

선생님의 발표에 대해서 사족을 달아서 토론회 대신 하겠습니다. 첫 번째는 말씀은 하셨는데요. 이른바 거주국에서의 재일동포의 기여와 한국에서의 국내에서의 기여에 대한 차이와 역할론에 대해서 선생님께서 간단하게라도 위상 정립에 제언을 해 주시면 좋겠다는 생각을 하고요.

아울러서 저는 한일 간에 여러 분야에 있어서 재일동포의 역할론의 일정한 의미부여를 할 필요가 있는데, 특히 비공식적 한일 간의 관계에 있어서의 루트의 역할을 했던 것, 이것은 국가 간 내지는 민족 간의 문제에 있어서 특히 한일 간의 각종 현안이 발생되었을 때 작동되고 시도되었던 일들이라는 생각을 합니다. 그 가운데 서갑호 선생님이 계시지 않았는가라는 게 저의 개인적인 생각입니다.

두 번째 이야기는요. 재일동포의 모국 투자에 이른바 정치경제학적 의미의 입론의 설정이 좀 필요한 게 아닌가라는 이른바 모국 자본의 구체적인 형성 과정에 있어서요.

어떻게 이윤 창출의 구조가 형성되었고 이것이 한국 자본주의 발달사 속에서의 논의 구조 속에서 어떻게 연계될 수 있는가를 한 번은 얘기해 줘야 되지 않은가 이미 이런 논의들이 국내 기여라고 하는 부분에서만 민족적 차원에서 얘기되는 틀은 이제는 벗어나야 될 단계라는 그런 생각에서 말씀을 드려봅니다.

세 번째는요. 서갑호 회장 개인의 가족사를 이해하는 것은 한반도 차원에 있어서의 재일동포와 재외동포의 역사를 이해하는 또 다른 이해의 축이라고 생각합니다. 국내에서는 해외동포의 역사에서 개인의 일상과 다양한 활동을 민족 자본이라는 이중 구조 속에서 보는 편이라고 저는 생각합니다. 또 다른 측면에서 재외동포의 역할을 논의해보는 것은 어떨까 하는 생각도 같습니다. 민족적 문제를 넘는 글로컬한 관점, 마이널리티의 관점을 넘는 그런 관점도 요청된다는 생각을 가져봅니다. 지나치게 긍·부정이라고 하는 논리가 아닌 또 다른 논리도 생각해 봐야 하지 않을까라는 생각합니다.

마지막으로 저는 서갑호 회장의 기억의 장치를 어떻게 가져 나가야 할지의 문제를 한일관계의 미래의 역사 속에서의 재외동포 및 재일동포의 역할론과 관련해서 우리가 어떻게 해줘야 될지라는 생각을 한번 다시 한 번 하고요.

서회장의 귀국 귀환이 갖고 있는 그리고 그 귀국 귀환의 역할이 무엇이 있는지를 가시화된 자본의 이동과 가시화된 국가 민족에 대한 기여 문제가 아닌 또 다른 개인적인 차원에 있어서의 논의는 어떻게 가져 나가야 될지를 한번 생각해 봤습니다. 너무 어렵게 이야기하는지 모르겠지만 저의 개인적인 문제와 고민도 담아서 한번 말씀을 드려봤습니다.

임영언 : 발표를 맡은 조선대학의 임영원이라고 합니다. 오늘 이렇게 또 바쁘신 가운데 김인덕 교수님께서 저의 그런 발표문을 갖다가 꼼꼼히 읽으시고 또 이렇게 저를 여기까지 초대해 주시고 그래서 너무 감사하게 생각합니다. 저는 역사 전공이 아니지만 1945년도 이후에 일본에서의 그런 재일동포 문제를 쭉 다뤄왔습니다.

제가 1993년도에 일본에 유학을 갔다가 2004년도에 돌아와서 2004년도부터 지금까지도 계속해서 재일동포 문제를 가지고 연구를 하고 있습니다마는 그 가운데 또 이렇게 김인덕 교수님이 재일코리안연구소도 직접 만드시고 운영을 하시면서 사실은 저하고도 여러 가지 연구 교류라든지 그런 것들을 해오면서 제가 받은 그런 영향들도 상당히 많습니다.

그래서 제가 못하고 있는 것을 대신해서 해주고 있는 것 같아서 제가 좀 미안하기도 하고 제가 여러 가지 그런 것들을 앞장서서 가야 되는데 그런 거에 좀 미안하게 말씀드리고 오늘 이렇게 귀한 시간 내주셔서 토론해 주신 거 감사드립니다.

그리고 또 이 내용을 오늘 토론해 주신 걸 보니까 사실은 근본적인 물음에 상당히 어려운 질문들이 많아요. 그래서 이 문제를 이제 앞으로 이제 어떤 식으로 해결해 나갈지 여러 가지 어떤 식으로든 방법을 찾아보자 그런 내용이신 것 같아요.

근데 제가 거기에 대해서는 특별하게 다 말씀드릴 수는 없을 것 같고, 제가 생각한 내용 그리고 그런 내용을 중심으로 일단 말씀드리겠습니다.

먼저 첫 번째 재일동포의 거주국에서의 기여라든가 국내에서의 기여 그리고 역할론에 대해서 이야기를 해달라 그렇게 말씀을 하셨는데 사실은 재일동포가 일본에 가서 처음 시작하는 게 대부분의 3대 산업이라고 하지 않습니까? 그게 야키니쿠하고, 빠칭코 하고, 폐기물 재생업이 될 것 같은데 그런 것들을 중심으로 해가지고 하층 경제에서 거기에서의 경제를 바탕으로 해서 성공을 해가지고 그걸 중심으로 해서 조직화를 해서 국내 경제 발전에 기여했다는 측면에서 상당히 평가를 할 수가 있을 것 같고요.

이 사람들이 대부분 이제 거기에서 뭐냐 성공을 할 수 있었던 그런 배경에는 대부분의 이런 마이너리티 기업가의 연구 중에서는 차별을 기반으로 해서 나름대로의 성공을 일굴 수 있었다. 그런 이론들을 많이 내놓고 있습니다. 그래서 그런 것들을 기반으로 해서 사실은 자기들이 성공의 이유가 반드시 있어요. 그 사람들은. 자기가 일본에서의 어떤 크게 기업을 성공을 해야되겠다.

물론 그게 굉장히 중요하지만 또 국내에서의 어떤 그런 성공의 이유는 내가 국내 모국의 고향이라든지 아니면 모국의 현실을 보고, 모국이 잘 살아야지 나도 평가를 받는다 그런 것들이 확실했기 때문에 그런 것들을 바탕으로 해서 이렇게 성공을 할 수 있지 않았는가 대부분 그런 사람들이 우리가 잘 아시다시피 롯데 같은 경우도 그렇고 또 김인수 또 중앙대 회장님도 그렇고 그런 것들을 제가 또 논문으로 이렇게 발표도 한 적이 있습니다마는 어쨌든 간에 이제 국내 산업화에서 어떤 기반을 마련해 줬다는 측면에서는 상당히 거주국에서의 어떤 기여라든지 국내에서의 어떤 기여 그런 것들을 둘로 나누어서 이렇게 생각을 해볼 수 있지 않을까 생각이 됩니다.

그리고 이제 비공식적인 조직화나 그런 채널이라든가 그런 측면에서는 지금도 사실은 최근에 들어와서 그래도 한일 관계가 조금 나아지고 있습니다마는 그때마다 이야기가 돼 있는 게 한일 관계가 어떻게든지 좋아져야 된다. 여기에서는 여러 가지 이야기를 하지만 일본 현지에 가보면 많은 사람들이 직접적인 영향을 받고 있어요.

한국에서야 뭐 그냥 단순하게 이야기를 할 수가 있겠지만 일본 내에서는 재일동포들이 바로바로 한국에서의 말 한마디 한마디에 직격탄을 받기 때문에 그런 문제에 있어서의 어떤 해결자로서 아니면 이 사람들은 정치인이나, 물론 이제 초기에 기업가들이 상당히 정치적인 문제의 영향을 받은 적이 있지만 그래도 기업가들은 정치적인 영향을 덜 받기 때문에 어떤 민간 대사의 역할을 충분히 할 수 있지 않은가 그런 것들이 지금도 요구되는 측면이라고 볼 수가 있을 것 같고요. 그래서 그런 측면에서는 좀 평가할 수 있을 것 같습니다.

그리고 이제 두 번째로 재일동포의 그런 기업의 역할이라든가 자본의 역할 그리고 한국 자본주의 발달사 그런 부분들인데요.

이 부분은 이제 좀 논의를 하고 또 좀 더 연구를 해야 될 것 같습니다마는 60년대, 70년대 사실은 한국의 산업화 과정에서 기술도 부족하고 그런 측면에서 많은 사람들이 그런 기업가들이 일본에 살면서 일본의 기술 그 당시 60~70년대 뛰어난 기술을 이렇게 몰래 가져오기도 하고, 그래서 일본

에서 성공한 기업가들 같은 경우는 자기 이름을 밝히지 않고 일본의 국적
으로 살아가면서 또 은밀히 한국의 여러 기업가들을 도와주는 측면도 있기
때문에 하여튼 60~70년대 한국에서의 그런 기술이라든가 그리고 산업화 과
정에서의 어떤 여러 가지 필요한 것들을 가져다 주고 또 몰래 이렇게 은밀
히 전달해 주고 그런 측면에서 한국의 그런 고도 경제성장에 크게 기여를
했지 않았을까 그렇게 생각을 해볼 수가 있을 것 같고요.

그 다음에 60~70년대 기업가들이 불행한 측면도 있어요. 정치적으로도
이렇게 활용돼가지고 상당히 피해를 본 측면도 있지만은 그래도 한국의 경
제성장에 있어서 없어서는 안 될 그런 사람들이었다는 거 그런 역할을 했
다는 것을 충분히 평가를 할 수가 있을 것 같습니다.

그리고 세 번째로는 해외 동포의 역할 그리고 글로컬적인 관점이라든가
마이너리티 관점 이런 것들을 좀 넘어서서 뭔가 그런 시선이 좀 필요하지
않는가, 그런 것들을 말씀하셨는데 지금까지는 거의 마이너리티 관점이죠.
어떻게 해서 이 사람들이 성공을 했는가 그리고 그런 차별이라든가, 소수민
족으로 살아가는 그런 여러 가지 문제 때문에 이제 성공을 했지만, 그런 논
점이 강했는데 지금 현재 우리나라 해외 한민족들이 한 730만 이렇게 이야
기를 하고 있습니다.

그리고 거기에서 또 재일동포는 한 90만에서 100만 정도 그 가운데 이제
기업가가 있다고 생각이 되는데 과거에는 이승만 정권 때 어떤 기만 정책
이라든지 박정희 정권 때의 어떤 활력론이라든지 그렇지만 현재에 와서는
해외동포론, 재외동포들에 대한 그런 이미지라든지 활용적인 측면에서 크
게 강화가 됐어요.

아시다시피 올해 6월 5일부터서 재외동포청도 신설이 돼 있고 그래서
730만 명을 직접 관리를 하겠다. 그리고 직접 행정적으로나 경제적으로 이
렇게 지원을 하겠다. 그래서 확실하게 정부가 끌고 나가는 측면이고 거기는
이제 보수나 진보가 따로 없어요.

원래 진보 민주당에서부터 이걸 들고 나와서 이번에 정권에서 통과된 측면이 있는데 거기다가 또 이제 국내의 그런 이민청 설립도 이렇게 생각하고 있기때문에 앞으로 이런 재외동포 아니면 일본의 동포들에 대한 과거에는 우리가 너무 많은 것들을 받은 측면이 있고 그들에게 되돌려준 측면이 좀 적지만 한국의 위상도 좀 많이 바뀌었으니까 그런 것들을 다시 한번 재고해 볼 필요가 있지 않을까 그렇게 생각할 수가 있을 것 같습니다.

그리고 네 번째로 이제 해외 공동체론 귀국 기관의 역할론에 대해서 한번 생각해 볼 필요가 있지 않을까에 대한 질문인데요.

사실은 1세대 같은 경우는 제가 아까 발표 때에 재일동포의 실태 그리고 재일동포의 수의 감소라든지 그런 배경적인 설명을 했던 이유가 또 거기에 있습니다. 사회가 많이 변했다. 그래서 어떻게 할 것이냐 그런 측면인데요. 1세대 같은 경우는 사실은 한국에 대한 모국에 대한 그런 사랑도 강했었고 한국이 미워도 무조건적인 사랑을 가지고 있었기 때문에 많이 도와주기도 했고, 6~70년대 80년대를 거쳐서 한국에 여러 가지 경제적 기반이 되었지만 지금 보면 거의 40만에서 50만 정도, 그리고 대부분의 또 1세들이 지금 거의 한 80세, 90세 그리고 2선으로 물러나 있단 말입니다.

그리고 대부분 3, 4세들이 중심이 돼 있는 그런 사회에서 한국에 대한 그런 애정 그러니까 한국을 어떻게 보면 모르고 살아가는 사람들이 대부분이라고 할 수가 있어요. 1, 2세들이 아직 살아계시지만 그래서 귀국, 귀한 측면에서 1세대들의 그런 사랑을 이 사람들이 3세나 4세들도 뭔가 조금 조금이라도 생각 아버지 할아버지 때의 그런 것들을 조금이라도 생각할 수 있는 그런 기회를 줘야 되지 않을까 그래서 요즘에는 외교부라든가 또 이제 이런 동포청이라든가 이런 데서도 과거에는 국적을 중시했어요.

아직도 일본 같은 경우는 90만 중에서 46만 명인가 그 숫자가 지금도 한국 국적으로 살아가고 있지 않습니까? 해외에서 유일하게 한국 국적을 50년 60년 유지하고 있는 데도 일본밖에 없습니다. 사실은 미국이나 이런 데

가면 다 1년 2년이 되면 전부 다 그 나라 국적으로 바꿔버리지만 아직도 통일된 그런 조국, 그리고 한국에 대한 애정 때문에 그런 30~40만 명 정도가. 한국 국적을 가지고 살아가고 있는 측면에서 외교부나 그런 데서는 국적은 어쨌든 추세가 그러니까 글로벌 추세가 그러니까 일본 국적을 취득하더라도 민족적인 그런 것들은 좀 유지하고 살았으면 좋겠다. 그런 정책을 펼치고 있기 때문에 차세대들이 뭔가 한국에 대한 그런 것들 자기 조부모들이 생각하고 있는 만큼의 그런 것들을 조금 생각할 수 있도록 도와줘야 되지 않을까 그런 쪽의 어떤 정책이라든가 그런 것들이 필요하지 않을까 그런 생각을 하게 됩니다.

그리고 이제 마지막으로 서갑호 회장에 대한 기억인데요. 사실은 저희들이 생각하기에는 대사관을 기증하신 분, 대단히 위대하신 분, 이렇게 이제 생각할 수 있겠지만 개인적으로는 상당히 불행하고 또 내용을 읽어보면 아시겠지만 대한민국 정부의 무책임 이런 것들도 상당히 기록이 많이 되어 있어요.

그러니까 이 양면성이 있단 말입니다. 그래서 이것은 사실은 서갑호 개인뿐만이 아니고 김이수 중앙대 총장도 마찬가지입니다. 물론 여러 가지 이야기가 있겠지만 어쨌든 모국에 대한 그런 사랑을 강하게 표현함으로써 경제적으로 이렇게 많은 뒷받침도 하고 그랬지만 결국은 이 모국에서는 좀 약간 뭐라고 할까요? 자기 생각대로 되지 않는 그런 측면들이 있었기 때문에 그런 양면성을 가지고 있었으니까 그런 부분들에 대해서도 좀 더 평가를 하고 1세대들의 모국에 대한 순수한 사랑, 그런 것들을 좀 다시 한 번 평가해 볼 필요가 있지 않을까 이런 생각을 하게 됩니다. 이상입니다.

손승철 : 서갑호 회장의 기업뿐만 아니라 재일동포 전반적으로 가지고 있는 문제점도 짚어주신 것 같습니다.

그럼 이제 오늘 마지막 주제 김영미 박사 그 발표에 대해서 김정선 선생님께서 토론해 주시겠습니다.

　김정선 : 마지막으로 토론문을 읽으면서 시간을 좀 단축을 해보겠습니다.
　본 발표는 일제강점기 대표적인 재조선 일본인 화가였던 가토쇼린진을 중심으로 기존의 제국과 식민지 지배와 피지배의 이분법적인 해석의 틀에서 벗어나 근대기 한일 예술가의 교류와 문화 수용의 양상을 입체적으로 살펴보려는 시도입니다.
　실제 일제강점기에 적지 않은 일본인 화가들이 조선에 체류하며 내지와 조선 사이에서 때로는 협력하고 때로는 배척하며 자신들의 이익을 구축했던 경계인으로 존재했습니다. 그리고 무엇보다 이들이 한국 근대미술 형성의 한 축을 담당하기도 했다는 점에서 이러한 재조선 일본인 화가들에 대한 연구는 근대기 한국 화단에 대한 다층적인 접근일 뿐만 아니라 공백을 메울 수 있는 중요한 기회가 될 것으로 기대합니다.
　그런 발표와 관련을 해서 다음과 같은 몇 가지 질문을 드리고자 합니다. 먼저 발표자는 가토 쇼린진에 대한 최근의 연구 성과를 바탕으로 일제강점기와 전후 일본에서의 활동상을 상세히 기술하셨습니다. 특히 일제강점기 가토는 조선미술전람회를 중심으로 활동하며 사색과 성찰을 담아 조선의 색을 구현한 것으로 언급하셨습니다. 그렇지만 이에 대한 구체적인 내용이나 작품에 대한 보충 설명을 부탁을 드리겠습니다. 이러한 질문을 드리는 것은 실제 가토가 언급하고 있는 공기가 마르고 밝고 명함이 선명한 그 그림자 속에 말로 표현할 수 없는 깊은 적막이 감도는 풍경, 도저히 이곳은 색채가 아니라 더 근원적인 것, 먹으로 담지 않는 것이 이 정경을 표현하는 데 가장 적합하다. 이러한 표현을 사용을 하고 있습니다만 실은 이러한 표현은 당시 조선을 방문을 했었던 대부분의 화가들이 조선을 지칭했었던 이러한 표현과 크게 다르지 않기 때문입니다.
　이 외에도 실제 가토가 그렸었던 경성의 다동 소견과 같은 작품은 야마

구치 후슌과 같은 인물이 그렸었던 시장이라고 하는 작품과 대단히 유사합니다. 그래서 기와지붕이 즐비하게 늘어서 있는 안개가 가득 낀 이런 경성의 풍경들을 당시 작가들이 즐겨 그렸습니다만, 이러한 작품에서는 특유의 활기를 잃은 채 잠들어 있는 조선의 풍경과 같은 것들이 한가롭게 그려져 있습니다.

이러한 사례는 가토가 당대 일본인 화가들의 어떤 이야기 혹은 작품의 경향에서 크게 자유롭지 않았다라고 하는 점을 시사하고 있습니다. 내지 화가들과는 다른 재조선 일본인 화가로서 가토가 추구하고자 했었던 조선의 색에 대한 발표자의 보충 설명을 어쭙고자 합니다.

그리고 발표 중에 말씀하셨던 일상성을 강조를 하시기도 하셨습니다만 문제가 되는 것은 일상성이 실제 당대의 일상적 풍경이라기보다는 이제 그들이 생각하고 있었던 전근대적 혹은 향토성이라고 하는 단어로 대변되는 그들이 보는 일상인 거죠.

그래서 그런 점에서는 역시 당시에 조선을 자주 방문했었던 일본인들과 크게 다르지 않다라고 하는 점에서 가토가 이야기하고자 하는 조선의 색이라고 하는 것이 어떻게 차별되는지에 대한 보충 설명을 부탁을 드리겠습니다.

그리고 두 번째는 이제 발표 원고에서는 구체적으로 언급되어 있지 않습니다만 가토가 조선에서 거주했을 때 교류했었던 조선인 화가나 단체가 있으면 알려주시기 바랍니다.

실제 가토의 조선에서의 활동은 조선미술전람회를 중심으로 자신의 어떤 업적을 쌓는 이러한 점에 초점이 맞춰져 있는 것 같습니다. 이 점은 오히려 가토가 일본으로 귀환한 이후에 훨씬 더 적극적으로 한국과의 교류의 어떤 흔적이 보이기 때문이기도 합니다.

물론 이러한 활동이 한국에 대한 어떤 지극한 애정과 사명감을 기반으로 한 이러한 점에는 이견은 없습니다만 오사카의 이주 그리고 제일 조선인과의 교류, 그리고 1952년에 창립 시기부터 관여했었던 일한친화회와 같은 대

단히 정치적인 단체이기도 합니다만 이러한 활동은 전후 혼란기에서 1950
년대 한일관계에 이르는 당대의 정치사회적 움직임과 무관해 보이지 않기
때문입니다. 인적 경제적 기반을 잃어버린 채 귀환한 조선인 재조선 일본인
가토의 어떤 삶의 궤적 속에서 한일 교류 활동을 살펴볼 필요가 있을 것으
로 생각이 듭니다.

실제 조선에서 거류할 당시에 조선인들과의 어떤 교류라고 하는 것이 좀
희박했던 반면에 일본 귀환한 이후에는 훨씬 더 적극적으로 활동을 하게
되는 거죠. 그래서 아마도 50년대에 귀환한 이후에 어떤 자신의 삶을 이제
구축해가는 과정에서 이러한 단체들과의 어떤 활동이 필요하지 않았을까
개인적인 생각입니다만 이제 그러한 점들이 있어서 이와 관련된 발표자의
의견을 듣고자 합니다.

김영미 : 오늘 제가 여러모로 모험을 간행한 논거를 전개했다라고 앞서
말씀을 드렸는데 거기에 대해서 이렇게 가장 전문가인 토론자 선생님의 조
언을 듣게 되어서 그 영광의 말씀과 감사의 마음을 담아서 먼저 표현을 해
드리고 싶습니다.

크게 세 가지를 토론자 선생님께서 정리를 해 주셨는데요. 이 부분은 제
가 이후에 원고를 수정 보완하는 데 있어서 아주 중요한 지표가 될 것 같고
요. 그래서 제가 아는 범위 내에서 좀 답변을 정리하자면 우선 첫 번째 관
련해서 이제 저도 이 화가를 다루면서 그에 대한 작품과 그 내용을 전혀
제가 일단 근접할 수 없다라고 하는 우선 전공의 한계를 제가 직면하게 됐
고요. 그러면서 이제 그에 관련된 연구나 또 자료들을 보면서 우연찮게 지
금 오늘날 그에 대한 평가라고 하는 부분들을 좀 이렇게 초점을 맞추다 보
니 자연스럽게 이제 이 가토 쇼린지는 조선을 각별히 애정한 이런 이제 번
역으로 표현이 되기도 하고 또 지금 근래에 들어와서는 한국에서도 조선에
대해서 이렇게 상당히 우호적이고 긍정적인 시각을 가진 화가의 1인으로

이렇게 이름을 올리면서 그에 관한 작품이 다른 기타 화가들과 함께 이렇게 소개가 되는 그런 흐름을 타고 있다고 생각이 들었습니다.

그래서 오히려 작품에 관한 내용이나 그런 부분들은 이제 오히려 선생님께서 조언해 주신 그 의견을 제가 충분히 수거하면서 오히려 제가 이 소중한 기회를 빌어서 선생님의 의견을 아주 소중히 참고할 수 있는 그런 계기가 되었다고는 생각이 들고요.

대신에 제가 이 논고에서 좀 초점을 맞췄던 것은 앞서 당연한 그런 가토에 대한 평가 우호적인 평가라고 하는 부분에서 그렇다면 단순히 조선의 30년의 세월 살았다고 해서 무조건 이런 그러니까 조선을 사랑한 화가라고 하는 수식어를 갖는 게 당연한 걸까, 아니면 왜 미술 평론가 사이에서는 전문가의 기본적인 토대 위에서 그런 평가를 내리겠지만 제가 이렇게 전혀 문외한 입장에서 제가 보기에는 너무 또 그런 평가 역시 이렇게 모든 거를 그냥 좀 쉽게 그냥 너무 이분법적인 접근도 문제지만 또 너무 단편적으로 그런 색깔로 가토에 대한 부분들을 정의하고 있는 것이 아닌가라고 하는 그런 부분에 좀 문제의식이 들었습니다.

그래서 가토가 이제 일본으로 귀환한 후에 그가 남긴 유작이나 작품들을 통해서 그에 관한 연구들이 이루어지고 있는 상황인데 그렇다면 가토가 조선의 색이라고 하는 그 나름대로 정의되는 또는 구현하려고 했던 그 의미가 무엇인가 좀 그런 부분에서 저는 의미를 더해서 이 논거에 중심을 두려고 했습니다.

그런데 이제 아까 발표를 할 때는 시간이 촉박해서 막상 그 뒷부분의 내용들을 거의 생략을 해버려서 말씀을 못 드렸는데요. 이 답변의 기회를 빌어서 조금 설명을 드리자면 선생님께서도 말씀을 하셨지만 오히려 재조선 일본인 화가로 그 긴 세월을 살다가 일본으로 귀환한 이후에도 조선에 관련된 일을 그러니까 그런 활동을 하는 게 당연하다고 생각할 수는 있지만 알고 보면 그것도 당연하지 않았다라고 하는 점 그런 점에서 가토의 활동들이 다시 한 번 주목을 받고 있는 것이 아닌가라는 생각이 들었습니다.

그리고 가토가 미발표 원고로 남겼던 그런 부분들도 보면 재조선 일본인 화가가 조선인 화단에 대한 어떤 사실적인 기록이나 또 그들과의 교류를 적극적으로 이렇게 도모하고 시도했던 그런 흔적들을 볼 수 있는데 그런 행위 자체도 상당히 다른 당대 화가들과 비교해 봤을 때는 가토가 상당히 독보적인 특징적인 그런 형태를 가졌다라고 평가를 받고 있습니다. 물론 이 것은 다른 화가들의 활동이나 이런 부분들을 통해서 비교 분석이 돼야지만 그런 의미가 좀 더 명확해질 것 같은데 다만 지금 현재로는 가토를 비롯해서 재조선 일본인 화가에 관한 연구 자체에 좀 기본적인 자료의 부족으로 인한 어려움 그런 부분에서도 조금 한계에 있는 점이 아닌가 생각이 듭니다.

다만 이제 그런 자료들의 의미를 다시 보면 그의 활동이나 그런 지필이 단지 개인의 어떤 추억을 그리기 위한 그런 부분에 있는 것이 아니라 식민 지기 조선 화단의 상황을 객관적으로 기록하기 위한 자료로서 또 식민지에 서 귀환한 일본인의 그런 의미에서 생활사의 일부로 또 볼 수 있고 나아가 그것이 이제 한일 교류사의 큰 영역 큰 부분까지도 조망하기 위한 본인 개인 으로서도 그러한 부분들을 염두에 둔 정말 그 하나의 어떤 개인의 서사와 여 정의 그런 자료들을 통해서 생각해 볼 수 있지 않나라는 부분이 있습니다.

그래서 가토가 실질적으로 발표 때 잠시 말씀을 드렸지만 어떤 사명감이 동 력이 되었다 했는데 그 사명감을 촉발시킨 계기는 한국전쟁의 발발이었고요

그래서 마침 시작된 한일 회담이 좀 정체가 되면서 그런 상황과 겹쳐서 가토가 일단은 조선에 대해 잘 모르는 그러니까 무지한 일본 사회에 대해 그런 것들을 알리겠다라고 하는 부분들이 사명감의 하나를 차지하고 있었 고 또 하나는 한국전쟁으로 인해서 자신이 오랜 세월 살아왔던 어떤 영토 라든지 사람이라든지 그런 것들이 파괴되어 가는 것에 대해서 정말 애절한 어떤 심정을 담아서 어떻게든 절대적이든 뭐 이런 심정으로 그 기록을 남 겼다라고 하는 부분들을 확인할 수가 있습니다.

그래서 이런 부분들 통해서 이제 그가 조선에 대한 소위 말하는 이런 심정의 기재가 전형적인 향수 그러니까 망향에 대한 부분이다라고 사회학적으로도 분석된 측면이 있고, 제가 또 그것을 그대로 인용을 했습니다만 특히 조선의 아름다움이라고 하는 부분들을 보면 단편적으로 이런 거죠. 문득 문득 조선의 온돌이 생각이 나고 개나리의 봄이면 개나리의 생각이 나고 이런 단편들을 연결해 나가면서 그 빈틈의 어떤 간격을 채우고자 했던 그의 염원들 그리고 잠시 발표에도 말씀을 드렸지만, 눈에 보이지 않는 것까지 추구하는데 30년 정도 살 것 같은 이런 경지면 그래도 좀 안다라고 할 것 같은데 가토는 나중에 정리를 하면서 보니까 여전히 자신도 잘 모르겠다라고 하는 이런 겸손의 자세를 취하거든요.

그래서 저는 오히려 이런 자세에서 그가 말하는 조선의 향토 또 조선의 세기라고 하는 의미를 다시 재조명해 볼 필요가 있지 않나라는 생각을 합니다

손승철 : 역시 예술이라서 그런지 어렵네요. 그런데 벌써 토론 시간이 벌써 다 됐네요. 그래서 한 두 분 정도만 말씀을 청해 듣고 제가 마무리하도록 하겠습니다. 오늘 하루 종일 주제 발표 사회를 보신 우리 저 나행주 선생님 감상 한마디를 부탁합니다.

나행주 : 사실은 이제 감상은 짧게 한 그다음에 고대사 발표 두 분에 대해서 질문 주셨던 부분을 조금 말씀드리려고 했는데 시간관계상 생략하고요. 아무튼 평소 고대사에만 관심을 갖고 공부에 있는 입장인데 오늘 모처럼 고대에서부터 근현대까지 폭넓게 또 다양한 인물들의 삶을 알수 있는 기회가 돼서 많은 공부가 됐습니다.

손승철 : 예 감사합니다. 실례가 될지 모르겠는데 아까 다사카 선생님 한국에 33년 사셨다고 그러는데 앞으로 계속 사실 겁니까? 아니면 돌아가실

겁니까?

다사카 마사노리 : 살아있는 한 살 겁니다.

손승철 : 그러면 죽어서도 여기 묻힐 겁니까? 아마도 우스꽝스러운 질문이지만 고대부터 그야말로 일제 강점기까지 상대국에 가서 살았던 사람들 아마 그런 고민을 수없이 했을 것 같아요.

제가 인터넷을 통해 찾아보니까 2021년 외교부 통계로 일본 사람으로 현재 한국에 와서 사는 사람이 38만 명이래요. 엄청나죠. 반대로 한국 사람으로 이제 일본에 사는 사람 아까 말씀하신 재일동포를 빼고 일본에 살고있는 한국 사람이 20만 내지 30만 명이라고 합니다. 그런데 거기에 불법 체류인들이 있기 때문에 그걸 빼면 15만 내지 20만 명 정도가 살고 있다는 거예요. 그러니까 재일교포까지 하면 아마 한 7, 80만 명이 되겠지요. 그래서 제가 생각하면 우리가 고대부터 하루종일 일제강점기까지 6개의 테마를 가지고 했는데 상대국의 가서 정착하는 어떤 과정이나 어떤 유형이 있을까. 그런 생각을 해봤어요. 그러니까 예를 들어서 백제인들이 일본에 교류하면서 사는 케이스가 있었고 또 나라가 망해서 가서 어쩔 수 없이 살아가는 사람들이 있었고 또 반대로 조선시대 한반도에 약탈하러 왔다가 주저앉는 거죠. 그런 수도서인, 향화왜인, 또 전쟁하러 왔다가 그냥 또 전쟁을 포기하고 항왜로 조선에 정착하는 사람들, 또 일제강점기에 여러 가지 사연으로 좌우지간 일본에 가서 살았건 아니면 한반도에서 와서 살았건 나름대로 그 시대마다의 역사 상황과 함께 어떤 정착해 가는 유형이 있을까.

그런데 하나같이 공통점은 그 사회에 억지로 동화가 됐든 아니면 자연스럽게 동화됐든 그렇게 시간이 많이 안 걸리고 그냥 동화가 되어 버렸다는 점이네요. 그게 어떻게 보면 정착해 가기 위해서는 당연할지도 모르겠죠. 이제 그런 생각을 하면서 결국 문제가 되는 것은 민족이 다르다는 생각

상호 인식, 그것에 대한 차별감 멸시감, 그 다음에 대우 이런 것들이 정착하는 데 작용을 해 나가는 게 아닌가 이런 생각을 해가면서 각기 다른 두나라 사람이 공존, 공생하는 방식은 자기 나라에 살면서 다른 나라 사람하고 공존, 공생하는 방식도 있지만 서로 상대국 사회에 들어가서 공존, 공생하는 방식이 있었구나 하는 겁니다.

그렇다고 한다면 현재 한반도에 와서 살고있는 38만 명의 일본 사람, 또 일본에 가서 살고 있는 재일동포를 포함해서 7~80만 명의 한국 사람, 이 사람들에게 우리가 심플하고 간단하게 고대부터 현대까지 정착해 가는 어떤 것을 잘 정리해 줄 수 있다면 거기서도 하나의 공생, 공존 의 역사적인 메시지가 가능하지 않을까 이런 생각을 해봤습니다.

그래서 그것이 가능하다면 우리가 하루 종일 세미나 한 어떤 성과가 있지 않을까. 결국 결론은 낼 수 없지만 그것을 생각하면서 장시간에 걸친 학술 세미나를 종료해야 되겠다 이런 생각을 했습니다. 농담입니다만, 다사카 선생님 어떻게 하실지 두고 보겠습니다. 실례입니다만 결례를 했다면 용서해 주십시오.

마지막으로 부탁말씀을 드립니다. 저희 한일 문화교류기금 에서는 해마다 학술대회를 하면서 학술대회 결과물을 반드시 그 이듬해에 단행본으로 출간을 하고 있습니다. 그래서 경인문화사에서 한일관계 연구총서가 지금까지 92권이 나왔습니다. 오늘 주제는 93권으로 내년 3월쯤 출간하겠습니다. 그래서 그전에 논문을 학술지에 게재하실 분은 개별적으로 게재하시고 저희에게는 11월 말까지 완성된 원고를 보내주시면, 저희가 가지고 있다가 내년 3월쯤 단행본으로 출간하도록 하겠습니다. 완성된 원고는 특별한 형식은 없고 참고 문헌만 달아서, 이달 말까지 좀 보내주시면 감사하겠습니다.

갑자기 기온이 뚝 떨어져서 좀 쌀쌀하네요. 오늘 지방에서 오신 분이 여러 분이 계십니다. 아침 일찍 출발하셨을 것 같은데 안녕히 돌아가십시오. 하루 종일 노고가 많으셨습니다.

저자 소개

발표

사에키 코지佐伯弘次(규슈대학교)

홍성화(건국대학교)

최은영(충청남도역사문화연구원)

한문종(전북대학교)

아라키 카즈노리荒木和憲(규슈대학교)

임영언(조선대학교)

김영미(국민대학교)

토론

연민수(전 동북아역사재단)

송완범(고려대학교)

한성주(강원대학교)

다사카마사노리(선문대학교)

김인덕(청암대학교)

김정선(동아대학교)

종합토론 사회

손승철(강원대학교)

韓國人과 日本人의 삶

: 人物로 본 韓日交流史

2024년 2월 29일 초판 인쇄
2024년 3월   7일 초판 발행

지 은 이   한일문화교류기금
발 행 인   한정희
발 행 처   경인문화사
편 집 부   이다빈 김지선 유지혜 한주연 김윤진
마 케 팅   전병관 하재일 유인순
출판신고   제406-1973-000003호
주   소   (10881) 파주시 회동길 445-1 경인빌딩 B동 4층
대표전화   031-955-9300   팩 스   031-955-9310
홈페이지   http://www.kyunginp.co.kr
이 메 일   kyungin@kyunginp.co.kr

ISBN 978-89-499-6791-2 93910
값 30,000원